Marc Schulz | Friederike Schmidt | Lotte Rose (Hrsg.)
Pädagogisierungen des Essens

Marc Schulz | Friederike Schmidt |
Lotte Rose (Hrsg.)

Pädagogisierungen des Essens

Kinderernährung in Institutionen der Bildung und Erziehung, Familien und Medien

Das Werk einschließlich aller seiner Teile ist urheberrechtlich geschützt. Jede Verwertung ist ohne Zustimmung des Verlags unzulässig. Das gilt insbesondere für Vervielfältigungen, Übersetzungen, Mikroverfilmungen und die Einspeicherung und Verarbeitung in elektronische Systeme.

Dieses Buch ist erhältlich als:
ISBN 978-3-7799-6132-1 Print
ISBN 978-3-7799-5432-3 E-Book (PDF)

1. Auflage 2021

© 2021 Beltz Juventa
in der Verlagsgruppe Beltz · Weinheim Basel
Werderstraße 10, 69469 Weinheim
Alle Rechte vorbehalten

Herstellung: Ulrike Poppel
Satz: text plus form, Dresden
Druck und Bindung: Beltz Grafische Betriebe, Bad Langensalza
Printed in Germany

Weitere Informationen zu unseren Autor_innen und Titeln finden Sie unter: www.beltz.de

Inhalt

Kinderernährung in Institutionen der Bildung
und Erziehung, Familien und Medien.
Eine Einführung
Lotte Rose, Friederike Schmidt und Marc Schulz 9

Teil I
Die familiale Nahrungssorge um das Kind

Pädagogisierung der Säuglingsernährung:
Die Kluft zwischen Programmatik und Praktiken
im Public-Health-Feld
Eva Tolasch 24

Von Brust zu Brei.
Kindheitsbilder und Elternverantwortung
während der Beikosteinführung
Judith Pape 38

Nutritive Sorge in Elternratgebern zur Kinderernährung.
Ergebnisse einer Dokumentenanalyse
Ulf Sauerbrey, Claudia Schick, Sonja Wobig und Sven Schulz 51

Teil II
Praktiken des Essens in öffentlichen Kindheitsinstitutionen

„Riecht mal, wie der schnuppert".
Nahrungszubereitung als ‚pädagogisches Angebot'
im Kindergartenalltag
Katja Flämig 66

Inszenierungen von (Ess-)Tischen, Speisen und professionellen
Akteur_innen und ihre pädagogische Bedeutung für das Essen
von Kindertageseinrichtungen und Grundschulen
Marc Tull 80

Speisen der Zugehörigkeit.
Ethnografische Einblicke zum Essen an Ganztagsschulen
Jochen Lange 94

Zu Tisch und auf die (Picknick-)Decke.
Ein Handlungsforschungsprojekt zur ‚kindlichen Gastlichkeit'
in pädagogischen Settings
Burkhard Fuhs, Mara Beitelstein, Theresia Haack und Deniz Penzkofer 106

Mittagessen in Jugendzentrum und Schule.
Ein ethnografischer Blick auf Praktiken der Gemeinschaft
in Nachmittagsangeboten der offenen Kinder- und Jugendarbeit
Katharina Gosse 121

Die Organisation des Täglichen.
Nahrungsversorgung und Essenssituationen in der Heimerziehung
Michael Behnisch 136

‚Dünne' und ‚dichte' Handlungsspielräume.
Eine Ethnografie der Essenssituationen im Kinderheim
*Marc Schulz, Yesim Karabel, Kristina Pfoh, Jana Romahn,
Linda Thiele und Andrea Vosen* 150

Teil III
Diskurse der Ernährungserziehung

Risiken und Nebenwirkungen der Ernährungserziehung von Kindern
Friedrich Schorb 166

„So ein dicker Hund".
Zur Ambivalenz aufklärerischer Politiken im Kinderbilderbuch
Anja Herrmann 180

Verpackungen von Kinderlebensmitteln als Objektivationen
pädagogischer Vorstellungen über Ernährung
Juliane Noack Napoles 195

‚Essen lehren' zwischen Normativität und Diversitätsreflexivität.
Hochschuldidaktische Herausforderungen der schulischen
Ernährungs- und Verbraucherbildung
Angela Häußler, Maja S. Maier und Katja Schneider 207

Essen an Schulen.
Zur Positionierung von Kindern in den Verhandlungen
zur Qualität von Verpflegungsangeboten
Catherina Jansen 224

Teil IV
Erziehungswissenschaftliche Essensforschung

Kinder und ihr Essen.
Erziehungswissenschaftliche Perspektiven
zur Pädagogizität des Essens
Lotte Rose, Friederike Schmidt und Marc Schulz 244

Die Autorinnen und Autoren 283

Kinderernährung in Institutionen der Bildung und Erziehung, Familien und Medien

Eine Einführung

Lotte Rose, Friederike Schmidt und Marc Schulz

1. Einleitung

Essen und Ernährung sind in der postmodernen westlichen Gesellschaft geradezu thematisch omnipräsent. Dabei sind es vor allem negativ konnotierte Topoi, mit denen die moderne Ernährung in Verbindung gebracht und dabei als Risikoszenario konstruiert wird: Dazu gehören die vielfältigen Problemmeldungen zur Fehlernährung der Bevölkerung – zum überhöhten Zucker-, Fleisch- und Alkoholkonsum, dem zu geringen Verzehr von Ballaststoffen oder auch zur ‚Adipositas-Epidemie'. In den kritischen Blick geraten aber auch die moderne Landwirtschaft und Lebensmittelproduktion: Umweltschäden, Gen-Technik, Digitalisierung der Agrarwirtschaft, Land-Grabbing, Bienensterben und Zerstörung der Artenvielfalt stehen hier im Brennpunkt wie auch Tierqualen, Hunger in der Welt, Lebensmittelverschwendung und der ökologische Fußabdruck von Lebensmitteln. Damit rücken moralische Fragen der Ernährung in den Vordergrund.

2. Problemaufriss: Individuelle Ernährung und Vergesellschaftung

Die modernen Ernährungsverhältnisse erscheinen damit nicht mehr (nur) als ‚Sündenfall' oder Frage des Schicksals – so etwa Diskurse zur menschlichen Ernährung im Mittelalter –, sondern zunehmend als multiples Risiko,[1] bei dem

---

[1] Luhmann (1991) unterscheidet in seiner „Soziologie des Risikos" zwischen Gefahren und Risiken. Beide Begriffe beziehen sich zwar gleichermaßen auf potenzielle Schäden, im Falle des Risikos jedoch werden Schäden in Verhältnis zu den Entscheidungen der Subjekte gesetzt. In diesem Sinne stellt der Schaden eine „Folge der Entscheidung" (ebd., S. 30) der handelnden Person dar. Bei einer Gefahr wiederum wird der Schaden als „extern veranlasst gesehen, also auf die Umwelt" (ebd., S. 31) bezogen.

das Überleben der Menschheit auf dem Spiel steht. Die ethische Hintergrundfolie dieser Problemanzeigen ist dabei die alte philosophische Frage nach den Handlungs- und Gestaltungsmöglichkeiten eines ‚guten Lebens' unter differenten gesellschaftlichen Bedingungen.

Jedoch entzünden sich an der Ernährung nicht nur große gesellschaftliche – gesundheitspolitische, soziale, ökologische und ethische – Konflikte, in denen Zukunftsängste und -fragen verhandelt werden, sondern daran anschließend werden auch gesellschaftliche ‚Rettungsphantasien' entworfen. So liegen verschiedene Vorschläge zur Lösung der diagnostizierten Probleme vor, die darüber hinaus eine ethisch ‚gute Lebensführung' verheißen – zumindest dann, wenn bei der Ernährung spezifische Regeln eingehalten werden: Gesunde, bewusste und achtsame Ernährung, spezielle Diäten, aber auch Genuss werden dabei als Möglichkeiten der Verbesserung der persönlichen Gesundheit, des Wohlbefindens und der Leistungsfähigkeit proklamiert; saisonale, regionale und ökologische Lebensmittel erscheinen als Weg nachhaltiger Zukunftssicherung und ‚faire' Produktionsverhältnisse, Tierschutzlabel und Veganismus als Ausdruck sozialer Moral; Containern, ‚Food-Sharing' oder ‚Mundraub'-Initiativen verstehen sich als Widerstand gegen Lebensmittelverschwendung respektive kapitalistische Produktionsweisen. Essen wird somit zum Politikum. Hinter diesen Forderungen und Praktiken sieht die Kulturwissenschaftlerin Ursula Hudson (2018) eine spezifische bevölkerungspolitische Hoffnung: „Die Verbraucher sind machtvoll, zusammen eigentlich unschlagbar. Wenn sie als kollektiver Akteur das Richtige tun, können sie gemeinsam Großes vollbringen und die Industrie auf den richtigen Kurs zwingen. Gern wird das Bild vom schlafenden Riesen bemüht: Wehe, wenn der aufgeweckt wird und zur Tat schreitet" (ebd., S. 25 f.). Dabei scheint: Je dramatischer die Untergangsszenarien zur *menschlichen* Ernährungsweise ausfallen, desto dringlicher wird die Notwendigkeit der Veränderung und Einflussnahme auf das Essen der einzelnen Menschen betont. Das *individuelle* Essverhalten rückt so in doppelter Weise in den Blickpunkt der Zugriffsinteressen und Aktivitäten: als Sicherung des eigenen *und* des gesellschaftlichen Überlebens.

Dies wird möglich durch ein spezifisches Verständnis von Essen und Ernährung: Essen stellt nach Georg Simmel (1910/1957) einen Teil der „bloßen Notdurft des Lebens" (ebd., S. 243) dar; zugleich ist allen Menschen „das Gemeinsamste: daß sie essen und trinken müssen" (ebd.). Dabei ist unbestimmt, was Menschen konkret essen. Die Ernährung kann deshalb in den Fokus von gesellschaftlicher Regulierung geraten, da jede_r Einzelne essen und trinken *muss*, zugleich das Verzehrte aber nicht festgelegt ist. Dieser Zusammenhang gewinnt insbesondere in der Neuzeit mit dem sich etablierenden Verständnis vom Menschen als selbst- und weltbestimmtes Wesen sowie dem – damit verbundenen – „Vertrauen in die Machbarkeit der Verhältnisse" (Luhmann 1991, S. 21) an Relevanz. So zeigt auch Norbert Elias (1969) eindrücklich, wie die menschliche

Ernährung in den „Prozess der Zivilisation" einrückt und umfänglich und differenziert normiert wird.

Jedoch greift diese Lesart der gegenwärtigen Zugriffe auf die menschliche Ernährung für sich genommen noch zu kurz. Es lässt sich damit nicht hinreichend nachvollziehen, warum und wie das Überleben der Individuen und der Welt derzeit daran gebunden wird, was das Individuum verzehrt. Auch reicht sie nicht aus, um zu erklären, warum letztlich jede_r unter verschiedenen Blickwinkeln in den kritischen Blick gerät. So wird jede_r – unabhängig von der jeweiligen körperlich-geistigen Verfasstheit, also des jeweiligen Subjektstatus – dazu angehalten, sich so zu ernähren, dass zum einen medizinische Gefährdungen vermieden und der körperliche Gesundheitszustand verbessert werden, zum anderen ethische, ökologische und soziale Probleme bewältigt oder zumindest bearbeitet werden und der ‚Gesundheitszustand' der Welt verbessert wird.[2]

Diese multiplen, sämtliche Subjekte erfassenden und zeitlebens greifenden Regulierungen menschlicher Ernährung sind auch als Ausdruck von Veränderungen der gouvernementalen Praktiken zu verstehen, die seit Ende des 20. Jahrhunderts zu beobachten sind. Die Wohlfahrtsstaatsforschung macht deutlich, dass es vor dem Hintergrund politischer, ökonomischer und kultureller Entwicklungen des auslaufenden 20. Jahrhunderts zu einem grundlegenden Umbau bisheriger „staatliche[r] bzw. staatlich organisierte[r] und verantwortete[r] Produktion individueller und/oder kollektiver Wohlfahrt" (Lessenich 2008a, S. 483) gekommen ist. Dabei haben sich die „Technologien des Regierens, die Menschen in bestimmter Weise einbeziehen, das Handeln und die Vorstellungen prägen" (Krasmann 2011, S. 55), insofern gewandelt, als diese zunehmend an dem „Interesse der Allgemeinheit" (Lessenich 2008b, S. 17) orientiert werden. Das Interesse der Allgemeinheit wird dabei ex negativo als Verlust oder Gefährdung von Sicherheit bestimmt, dem vorbeugend zu begegnen ist. Susanne Krasmann (2011) spricht hier auch von einer „Logik des Vorgriffs" (ebd., S. 55), unter welche die „Selbststeuerungspotenziale" (Bröckling 2017, S. 9) der Subjekte zunehmend gestellt werden. So sollen die Subjekte – zum eigenen Wohle und damit zum Wohle aller – ein eigenes Risiko- bzw. Optimierungsmanagement ihrer Lebensgestaltungsweisen betreiben, indem sie vorsorgend mögliche Probleme der Lebensgestaltung bearbeiten. In diesem Rahmen gewinnen die Versuche der Ernährungsprävention an Bedeutung: Ernährung wird als Lebensbereich diskutiert, der mit individuellen sowie gesellschaftlichen Risiken

---

2 Die derzeit in ernährungskritischen Politikkontexten vielfach zitierte „Planetary Health Diet", die berechnet hat, was Menschen durchschnittlich in welchen Maßen essen dürfen, wenn die gesunde und nachhaltige Ernährung der Weltbevölkerung gesichert werden soll, verweist mit ihrem Label exemplarisch auf diese dramatische Relevanz des Essens für die Welt.

‚behaftet' ist und der daher einer vermehrten öffentlichen Regulierung bedarf (vgl. Schmidt 2020a, 2020b).

3. Die Pädagogisierung des Essens

Vor dem Hintergrund der Risikodiskurse zu Ernährung und Essen bedarf es folgerichtig Aufklärungs-, Erziehungs- und Bildungsmaßnahmen, um die Bevölkerung zu einem zukunftsfähigen, ‚richtigen' Essen zu bewegen, das sie aus sich heraus nicht praktiziert. Ziel ist nicht allein die Vermittlung einer ernährungsmedizinisch gesunden Ernährungsweise, sondern auch die Befähigung, „die eigene Ernährung politisch mündig, sozial verantwortlich und demokratisch teilhabend unter komplexen gesellschaftlichen Bedingungen zu entwickeln und zu gestalten" (DGE-Fachgruppe Ernährungsbildung 2013, S. 84). Ernährungsbildung verweist damit weit über sich selbst hinaus und figuriert sich als politische Bildung des bürgerlichen Subjekts der Zivilgesellschaft. An anderen Stellen wird gar von der Notwendigkeit einer „Bildungsoffensive für die Ernährungswende" (Lemke 2017, S. 207) gesprochen, kondensiert im Schlagwort einer „Bewusstseinsbildung" (Koch 2013).

Hier deutet sich eine umfängliche Pädagogisierung des Essens an. In den Fokus gesellschaftskritischer Diskussionen rückt der Pädagogisierungsbegriff seit den 1960er Jahren, als die Ausdehnung pädagogischer Denkmuster an verschiedenen Orten gesellschaftlichen Lebens verstärkt problematisiert wird (vgl. Lüders/Kade/Hornstein 1998; Schäfer/Thompson 2013). Im Blickpunkt sind hier pädagogische Konzepte wie das lebenslange Lernen und die damit zusammenhängende Entstehung von Bildungswelten an neuen Orten gesellschaftlichen Lebens (vgl. Schelsky 1961). Eng damit verknüpft ist die Vorstellung, Pädagogisierung sei ein „totalisierender Zugriff auf die Kultivierung des ‚ganzen' Menschen" (Schäfer/Thompson 2013, S. 9). Hieran knüpfen die Debatten der 1990er Jahre und aktuelle Diskussionen insofern an, als Pädagogisierungen in einem engen Zusammenhang mit einer gesellschaftlichen Entgrenzung „pädagogische[r] Denk- und Handlungsformen in den unterschiedlichsten gesellschaftlichen Sphären und Lebensbereichen" (Lüders/Kade/Hornstein 2004, S. 225) gestellt werden. So spricht Thomas Höhne (2013) von einer „Expansion pädagogischer Denk- und Handlungsformen in außerpädagogische Bereiche" (ebd., S. 27).

Unabhängig davon, ob man sich diesen Gesellschaftsdiagnosen und der Kritik an Pädagogisierungen anschließen möchte oder nicht, verweist die Pädagogisierungsdebatte darauf, dass Pädagogik keine auf entsprechende Institutionen beschränkte Tätigkeit ist, die unter exklusiver erziehungswissenschaftlicher Fachaufsicht steht und ausschließlich von pädagogisch qualifizierten Professionellen getragen wird. Vielmehr stellt der Terminus der Pädagogisierung aus soziologischer Sicht, so Janpeter Kob (1976), eine universelle Rationalisierungsform der industrialisierten Moderne dar, die weit über das Tun einschlägiger pädagogischer Institutionen hinausreicht. Zwar lässt sich eine Institutionengebundenheit von Pädagogisierungsvorgängen feststellen, die mit der Expansion des Bildungswesens in den 1960er und 1970er Jahren auch an Relevanz gewinnt (vgl. ebd.), doch die Übertragung und Ausweitung pädagogischen Denkens und Handelns auf „neue, von der Pädagogik bisher noch nicht erfasste[.] Altersstufen und Lebensbereiche[.]" (Lüders/Kade/Hornstein 2004, S. 226) gerät seit Ende der 1980er Jahre unter der bereits erwähnten Chiffre der „Entgrenzung des Pädagogischen" (ebd.) erneut in den erziehungswissenschaftlichen Fokus, auch weil sich immer mehr, auch nichtpädagogische Akteursgruppen an der pädagogischen Bearbeitung der Subjekte beteiligen und hierbei immer weitere Lebensbereiche in den Fokus rücken.

Dies lässt sich gerade auch für die aktuellen gesellschaftlichen Bezugnahmen auf die Ernährung der Subjekte feststellen. Die verstärkte Pädagogisierung des Essens und damit auch die Frage, *wie* und *weshalb* die Ernährung und das Essen zum Bildungsgegenstand, respektive die Essenden zu Edukand_innen werden, wird gerade von der erziehungswissenschaftlichen Disziplin nicht bearbeitet. So wird die Essensversorgung als Beziehungsverhältnis und institutionelles Verbraucher- und Alltagshandeln ausgewiesen, das Essen als Sozialisierungs- und Disziplinierungsraum, als Körperpraxis und soziale Praxis bestimmt, und Ernährung wird als expliziter schulischer und außerschulischer Erziehungs- und Bildungsgegenstand gefasst. Dies alles gehört zwar selbstverständlich zur alltäglichen Lebenspraxis, ohne dass dies aber von der Erziehungswissenschaft reflektiert wird. Obwohl die enge Verflechtung von Erziehung und Ernährung in Sinne einer sowohl geistigen als auch körperlich-physischen Erziehungs- und Kultivierungspraxis (vgl. Seichter 2020) genuin zum disziplinären Kernbestand der Erziehungswissenschaften gehört und Essen von vielen Akteur_innen an vielen Orten praktisch-pädagogisch bearbeitet wird, wird dies als solches nicht zum – kritischen – Diskursgegenstand der einschlägigen Disziplin und Profession gemacht.

Vor diesem Hintergrund lässt sich festhalten, dass die derzeitigen Bemühungen einer Pädagogisierung der Ernährungssubjekte jenseits erziehungswissenschaftlicher Expertokratie stattfinden: Nicht die fachliche Provenienz ermächtigt die Expert_innen, Hinweise zur kulinarischen Erziehbarkeit und Erziehungserfordernis der Menschen zu geben und entsprechende Maßnahmen zu konzipieren und zu verbreiten. Vielmehr wird dieser Wille zur Ernährungserziehung (im Neologismus der selbstoptimierten ‚Ernährungsbildung') über die ausgemachten Konsequenzen und Effekte selbst begründet, ohne sie zu reflektieren.

4. Kinder als vulnerable Gruppe

Diese enge Verknüpfung von Ernährung mit pädagogischen Erwartungen und Zielen gilt insbesondere für Kinder. Sie gehören zu der Personengruppe, auf welche sich die Bemühungen der Ernährungsregulierung vor allem richten (vgl. Rose/Schmidt/Schulz i. d. Bd.). Wenngleich Sozial- und Gesundheitsstatistiken regelmäßig höchst kritische Befunde zur Ernährung *diverser* Bevölkerungsgruppen vorlegen (vgl. ex. RKI 2015), steht vor allem das Essen von *Kindern*, die entlang unterschiedlicher Begründungen als besonders vulnerable Bevölkerungsgruppe ausgewiesen werden, im Blick der (fach-)öffentlichen Aufmerksamkeit. Dies hängt auch damit zusammen, dass die öffentlich-institutionelle Verpflegung von Kindern große Teile der Bevölkerung direkt betrifft.

Zunächst lassen sich vor dem Hintergrund der Meldungen zur Gewichtszunahme von Kindern, zu ihrer Vorliebe für ‚schlechtes' Essen, zum wachsenden Rückzug der Familie von nutritiven Versorgungsaufgaben und dem Rückgang der gemeinsamen Familienmahlzeit vielfältige Problemszenarien zu Kindern und ihren Ernährungspraxen im modernisierungskritischen Modus nachzeichnen (vgl. Barlösius/Rehaag 2006; Methfessel 2011). Diese Szenarien umfassen Gesundheitsgefahren bis hin zu früherer Sterblichkeit, aber auch den Verlust von relevanten ernährungs- und gesundheitserzieherischen Lernräumen, den Schwund von Ernährungs- und Verbraucherwissen sowie von handwerklichen Zubereitungs- und Küchenkompetenzen für die private Lebensführung. Argumentativer Ausgangspunkt ist hier wiederholt das Kind als das zu kultivierende Subjekt: Das Kind muss in seiner Natur- und Triebhaftigkeit zum vernünftigen Umgang mit dem Essen erzogen werden, um die besagten Probleme zu vermeiden.

Insgesamt sind die Diskurse zur Ernährung von Kindern geprägt von präskriptiven Annahmen zum Kind, dem kindlichen Essen und zur pädagogischen Relevanz von Situationen des Essens, des Nahrungskonsums und der Ernährungsbildung. Kindliches Essverhalten wird als grundlegend anders als das der Erwachsenen bestimmt. Exemplarisch für die Figur der kindlichen Andersartigkeit ist das Standardwerk zur Ernährungspsychologie von Volker Pudel und Joachim Westenhöfer (2003). In ihm wird erklärt, dass ein Kind bestimmte Nahrungsmittel evolutionär präferiert und kognitiv in diesem Alter nicht in der Lage ist, diese Vorlieben rational zu regulieren (vgl. ebd., S. 43). Stellvertretend haben deshalb Erwachsene diese Rationalisierung der Ernährung zu übernehmen, da sie zumindest potenziell fähig sind, dies im alltäglichen Umgang mit dem Kind zu lehren. Das ‚richtige' Essen selbst muss also gelernt werden. Esssituationen werden damit als pädagogische Situationen par excellence gehandelt. Gleichwohl ist der Einfluss der kultivierenden Eltern auf das kindliche Essverhalten prekär, denn – so heißt es in dem Werk auch – sowohl das ‚gute', aber auch das ‚schlechte' Essverhalten der Eltern kann sich im Sinne einer Habitualisierung auf die Kinder übertragen (vgl. ebd., S. 42 f.).

Diese Diskursfiguren haben eine lange Tradition in der pädagogischen Kindheitsgeschichte der Moderne und zählen bis heute zu den kaum hinterfragten Selbstverständnissen pädagogischer Verhandlungen kindlichen Lebens. In dieser Logik begründen sich auch aktuelle Forderungen nach einer präventiven Ernährungserziehung, die Kinder nicht nur zu einer gesunden Ernährungsweise befähigen, sondern sie auch in die Lage versetzen, sich kritisch-reflexiv gegen die Manipulationen des kommerziellen Lebensmittelsektors zu behaupten. Dabei werden vor dem Hintergrund der Defizitdiagnosen zur kulinarischen Erziehung in der Familie zunehmend Institutionen der öffentlichen Erziehung und Bildung als verantwortliche Instanzen der Esssozialisation der Kinder ausgewiesen. Der Idee, dass sie kompensieren sollen, was Familie nicht leistet, wohnt jedoch insofern eine gewisse Paradoxie inne, als pädagogischen Institutionen vielfach eine problematische Verpflegungspraxis nachgewiesen wird. So zeigen zahlreiche einschlägige ernährungswissenschaftliche Studien zur nutritiven Versorgung der Kinder in Kindergärten und Schulen eklatante Mängel auf (vgl. Jahn/Böttcher 2012; BMEL/Arens-Azevedo/Pfannes/Tecklenburg 2014).

Bei all dem bleibt zu bedenken – und dies ist ein Grund der zunehmenden Responsibilisierungen pädagogischer Einrichtungen –, dass das Aufwachsen von Kindern faktisch unter öffentliche Verantwortung gestellt ist: Modernisierungstheoretische Modelle wie die „duale Sozialisation" (Honig 1999) verweisen darauf, dass das alltägliche Kinderleben in vielfältigen und teilweise von ihren familialen Erfahrungszusammenhängen abgekoppelten Räumen wie bspw. Krippen, Kindertagesstätten oder sozialpädagogischen Freizeitangeboten stattfindet (vgl. Betz/Bollig/Joos/Neumann 2018). Diese Pluralität an privater und öffentlicher Erziehung, Bildung und Betreuung verändert die Lebensphase Kindheit erheblich, da die einzelnen Leistungen nicht nur additiv nebeneinander bestehen, sondern diese Lebensphase soziokulturell neu formen (vgl. Bollig/Honig/Nienhaus 2016). Es gilt als ‚normal' und zumindest spätestens ab dem Eintritt in das Grundschulalter weitestgehend gesellschaftlich akzeptiert, dass Kinderbetreuung vom zeitlichen Umfang her gleichrangig sowohl öffentlich als auch privat erbracht wird. Damit verbunden ist, dass Kinder an verschiedenen Orten – und nicht nur in der Familie – mit Essen versorgt werden. Zu diesen nichtfamilialen Orten gehören die familienergänzenden Institutionen wie Kindertagespflege, Kindertageseinrichtungen, Horte, Schule, Kinder- und Jugendarbeit und Angebote der ambulanten Erziehungshilfe, aber auch die familienersetzenden stationären Jugendhilfeeinrichtungen für jene Kinder, die aus Gründen des Kinderschutzes vorübergehend oder längerfristig nicht in ihren Herkunftsfamilien leben können.

5. Beiträge zu pädagogischen Dimensionen von Essen in der Kindheit

Im vergangenen Jahrzehnt entwickelte sich eine erziehungswissenschaftliche Forschung zu Erziehung und Bildung des Essens, die empirisch die pädagogische Relevanz von Essen in pädagogischen Feldern untersucht und die sich beim Essen vollziehenden Subjektivierungs- und Bildungsprozesse nachvollzieht (Überblick vgl. Rose/Schmidt/Schulz i. d. Bd.). Zur Bündelung und Weiterentwicklung dieser Forschungen wurde 2014 das Netzwerk „EssensPaed: Erziehungswissenschaftler_innen machen das Essen zum Thema" gegründet (http://essenspaed.de). Es versammelt Erziehungswissenschaftler_innen, die sich lebensphasen- und handlungsfeldübergreifend mit Praktiken und Diskursen des Essens, der Essensversorgung sowie der Essenserziehung und -bildung in pädagogischen Räumen beschäftigen. Hierbei sind sowohl öffentliche Institutionen der Betreuung, Erziehung, Bildung und Pflege im Blick als auch privat-familiale Kontexte.

In diesem Zusammenhang ist der vorliegende Band situiert. Er versammelt ausgewählte Beiträge der Tagung „Das Essen der Kinder. Zwischen Pädagogisierung, Konsum und Kinderkultur", die im Dezember 2018 an der Universität Bielefeld in Kooperation mit dem dort verorteten Zentrum für Kindheits- und Jugendforschung (ZKJF) und dem Forschungsschwerpunkt „Bildungsräume in Kindheit und Familie" der TH Köln stattfand. Ziel war eine interdisziplinäre Verständigung zwischen Erziehungswissenschaft, Soziologie, Kulturwissenschaft, Wissenschaft Sozialer Arbeit und Ernährungswissenschaft zum Essen im Kinderleben und in Kindheiten. Im analytischen Mittelpunkt der Tagung stand dabei die Empirisierung des Phänomens Essen im Leben von Kindern.

Im ersten Teil dieses Buches *„Die familiale Nahrungssorge um das Kind"* werden die Familie als primäre Sozialisationsinstanz der frühen Kindheit und die Eltern als die in dieser Lebensspanne vorherrschenden Nährenden und Sozialisierenden der Kinder fokussiert. Wie bereits zuvor skizziert, ist die Familie als zentraler Lebensort der meisten Kinder besonderen gesellschaftlichen und politischen Normierungen und Funktionserwartungen ausgesetzt, die sich im Begriff der „verantworteten Elternschaft" (Kaufmann 1990) fassen lassen. Diese analytische Perspektive beschreibt einen wohlfahrtsstaatlichen Wandel, bei dem (Vor-)Sorgeleistungen in die private Verantwortung der Individuen verlagert werden. Für Familien bedeutet dies bezogen auf das Essen, dass von ihnen eine besonders intensive Ernährungssorge um das Kind erwartet wird und sie dabei nicht nur Unterstützung, sondern auch Inpflichtnahme erfahren, was sich wiederum auf die familiale Gestaltung kindlicher Lebenswelten auswirkt (vgl. Lange 2010). Diese Vorgänge werden in drei Beiträgen empirisch ausdifferenziert: in Diskursanalysen zu Dokumenten von Public-Health-Institutionen zur Stillernährung (Eva Tolasch) und Elternratgebern zur Kinderernährung (Ulf Sauerbrey/Claudia Schick/Sonja Wobig/Sven Schulz) sowie in einer ethnografischen Studie zu Angeboten der Familienbildung zur Säuglings- und Kleinkindernährung (Judith Pape).

Im zweiten Teil „*Praktiken des Essens in öffentlichen Kindheitsinstitutionen*" stehen Kinder selbst als Akteur_innen öffentlich-institutioneller Mahlzeiten im Zentrum der Forschungen. Die einzelnen Beiträge geben Einblicke in die Mikropraktiken des Essens und der Essensversorgung in den familienergänzenden Institutionen der Kindertageseinrichtung (Katja Flämig und Marc Tull), der Schule (Katharina Gosse, Jochen Lange und Marc Tull), der außerschulischen und schulergänzenden Bildungs- und Freizeitangebote (Burkhard Fuhs/Mara Beitelstein/Theresia Haack/Deniz Penzkofer und Katharina Gosse) und der familienersetzenden Institutionen der stationären Kinder- und Jugendhilfe (Michael Behnisch und Marc Schulz/Yesim Karabel/Kristina Pfoh/Jana Romahn/Linda Thiele/Andrea Vosen). Die einzelnen Beiträge basieren auf ethnografischen Forschungsdesigns[3], fokussieren jedoch aufgrund ihrer unterschiedlichen epistemologisch-sozialtheoretischen Prämissen differente Phänomene wie die Pädagogisierung respektive Didaktisierung des Essens (Flämig und Tull), die institutionelle Machtförmigkeit der Essensverteilung und -aufnahme (Behnisch), die Schnittstelle von Peer- und Institutionenkultur (Lange), die institutionellen Handlungsspielräume für die Beteiligten (Gosse und Schulz u. a.) oder kindliche Gastlichkeit (Fuhs u. a.). Gerade aus der Perspektive des eingangs skizzierten Spannungsverhältnisses von gemeinsam geteilter Verantwortung für das Aufwachsen von Kindern einerseits und der gegenseitigen Attestierung von erheblichen Defiziten in der Essensversorgung und -gestaltung andererseits erwachsen analytisch deutlich anders gelagerte Fragen. Daneben ermöglicht die Gesamtschau der Beiträge, eine am Lebenslauf entlang sequenzialisierte, institutionalisierte Kindheit empirisch nachzuvollziehen. Sie erlaubt den Leser_innen, die älter werdenden Kinder an verschiedene pädagogische Orte zu begleiten und damit Differenzen institutioneller Logiken, aber auch institutionenübergreifende Adressierungsfiguren zu erkennen.

---

3 Zugleich aber eint sie die grundlegende Vorstellung, dass neuartige und überraschende Einsichten in Kultur und Sozialität des Essens lediglich vor Ort zu gewinnen sind – also teilnehmender Beobachtungen im Feld bedürfen und entlang der Logik der ‚dichten Beschreibung' (Geertz 1987) als Datenquelle hervorgebracht werden. Dies scheint gerade bei einem „Totalphänomen" (Mauss 1923/1968) wie dem Essen naheliegend zu sein, geht es doch nicht nur um interaktiv-versprachlichte und damit prinzipiell auch mit (digitalen) Medien dokumentierbare Phänomene, sondern auch um eine leiblich-stumme, faktisch einverleibende, sinnliche Seite dieser Praxis, die ausschließlich über die leibliche Resonanz der beteiligten Forschenden erspürt werden kann.

Der dritte Teil des Buches „*Diskurse der Ernährungserziehung*" versammelt Beiträge, die sich dem ‚Sprechen über' die Ernährung der Kinder widmen. Dies geschieht auf Basis unterschiedlicher Methodologien und in Bezug auf unterschiedliche soziale – alltagskulturelle, institutionelle und wissenschaftliche – Kontexte. Dazu gehören Studien zu den konsumanimierenden Adressierungen von Kindern in der ästhetischen Gestaltung der Verpackungen von Kinderlebensmitteln (Juliane Noack Napoles), der Aufklärung zur Gewichtsabnahme im bebilderten Kinderbuch (Anja Herrmann) und den Problemdiskursen zur Gesundheitsgefährdung der Kinder mit hohem Körpergewicht (Friedrich Schorb). Auf das Feld Schule bezogen analysieren die Beiträge die Fachdebatte um Qualitätsstandards in der Schulverpflegung von Kindern (Catharina Jansen) und diskutieren hochschuldidaktische Herausforderungen der schulischen Ernährungs- und Verbraucherbildung im Spannungsfeld zwischen Normativität und Diversitätsreflexivität (Angela Häußler/Maja S. Maier/Katja Schneider).

Der Band schließt mit einem vierten Teil „*Erziehungswissenschaftliche Essensforschung*", in dem ein Überblick zu den historischen und aktuellen Entwicklungen der gesellschaftlichen und erziehungswissenschaftlichen Diskurse zum kindlichen Essen geliefert wird (Lotte Rose/Friederike Schmidt/Marc Schulz). Argumentativer Kern hierbei ist, dass die Spezifik erziehungswissenschaftlicher Essensforschung nicht gegenstandstheoretisch begründet werden kann, sondern aus den jeweiligen Auslegungen des Essens und den erziehungswissenschaftlichen Bezugnahmen auf Essen und Ernährung als pädagogischer Gegenstandsbereich nachzuvollziehen ist. Vor diesem Hintergrund werden auch (selbst-)kritisch disziplinäre Entwicklungsaufgaben formuliert.

Auf der Grundlage pluraler disziplinärer Perspektiven und methodischer Zugänge erweitert der Band die Debatte um die Kinderernährung und deren Pädagogisierung in den Institutionen der Bildung und Erziehung, Familien und Medien. Damit versteht er sich als Vorstoß zu einer Verschiebung des wissenschaftlichen Diskurses zur Kinderernährung, der dazu beitragen will, den ungebrochenen normativen Impetus des Erziehen-Müssens des kindlichen Essens kritisch zu befragen, ohne zugleich für eine radikal postmoderne Entpädagogisierung zu plädieren, die letztlich in eine „Verachtung der Institutionen" (Brumlik 2013, S. 31) mündet. Stattdessen expliziert die Publikation an verschiedenen empirischen Ausschnitten, wie die vielfältigen alltagspraktischen Arrangements der Essensversorgung und die sie begleitenden Erziehungs- und Sorgepraktiken aussehen, was sich bei den entsprechenden Bildungsmaßnahmen vollzieht, wie sich diese Situationen aus der subjektiven Perspektive von Kindern darstellen und wie sie sich selbst Essen und Ernährung ‚eigensinnig' aneignen. Zugleich markieren die Beiträge in ihrer Gesamtschau Forschungsdesiderate als Aufgaben für die Zukunft.

Abschließend bedanken wir uns an dieser Stelle bei Caroline Hamsch, die als Koordinatorin des Forschungsschwerpunkts „Bildungsräume in Kindheit und Familie" an der TH Köln mit der kritischen Durchsicht des Manuskripts einen wichtigen Beitrag zur Vollendung des Buches geleistet hat. Unser weiterer Dank gilt dem Zentrum für Kindheits- und Jugendforschung (ZKJF) der Universität Bielefeld für die Möglichkeit, die Tagung zu veranstalten, und insbesondere Stephan Dahmen für seine tatkräftige Unterstützung bei der Vorbereitung und Durchführung der Tagung.

Literatur

Arens-Azevêdo, Ulrike/Pfannes, Ulrike/Tecklenburg, M. Ernestine, im Auftrag der Bertelsmann Stiftung (2014): Is(s)t Kita gut? KiTa Verpflegung in Deutschland: Status quo und Handlungsbedarfe. www.bertelsmann-stiftung.de/fileadmin/files/BSt/Publikationen/ GrauePublikationen/GP_Isst_Kita_gut.pdf (Abfrage: 08.06.2020).

Barlösius, Eva/Rehaag, Regine (Hrsg.) (2006): Skandal oder Kontinuität. Anforderungen an eine öffentliche Ernährungskommunikation. Berlin: Wissenschaftszentrum Berlin für Sozialforschung. Auch online unter www.ssoar.info/ssoar/bitstream/handle/document/ 11013/ssoar-2006-barlosius_et_al-skandal_oder_kontinuitat.pdf?sequence=1&isAllowed= y&lnkname=ssoar-2006-barlosius_et_al-skandal_oder_kontinuitat.pdf (Abfrage: 08.06. 2020).

Betz, Tanja/Bollig, Sabine/Joos, Magdalena/Neumann, Sascha (2018): Institutionalisierungen von Kindheit. Childhood studies zwischen Soziologie und Erziehungswissenschaft. Weinheim und Basel: Beltz Juventa.

Bollig, Sabine/Honig, Michael-Sebastian/Nienhaus, Sylvia (2016): Vielfalt betreuter Kindheiten. Ethnographische Fallstudien zu den Bildungs- und Betreuungsarrangements 2–4jähriger Kinder. Belval: Université du Luxembourg. Auch online unter urn:nbn:de:0111-pedocs-123053 (Abfrage: 08.06.2020).

Bröckling, Ulrich (2017): Gute Hirten führen sanft. Über Menschenregierungskünste. Frankfurt am Main: Suhrkamp.

Brumlik, Micha (2013): Bildung zum Staatsbürger oder zum Zoon Politikon? Eine Alternative, die keine ist! In: Frost, Ursula/Rieger-Ladich, Markus (Hrsg.): Demokratie setzt aus. Gegen die sanfte Liquidation einer politischen Lebensform. Paderborn: Schöningh, S. 25–32.

Bundesministerium für Ernährung und Landwirtschaft (BMEL)/Bundeskongress Schulverpflegung (2014): Qualität der Schulverpflegung – Bundesweite Erhebung. Ergebnispräsentation. Kongressband 25. Autor_innen: Arens-Azevêdo, Ulrike/Schillmöller, Zita/Hesse, Inga/Paetzelt, Gunnar/Roos-Bugiel, Joana. Berlin: BMEL. www.in-form.de/fileadmin/Dokumente/Materialien/20150625INFORM_StudieQualitaetSchulverpflegung.pdf (Abfrage: 02.03.2018).

DGE-Fachgruppe Ernährungsbildung (2013): Ernährungsbildung – Standort und Perspektiven. In: Ernährungs Umschau 2, 84–95.

Elias, Norbert (1969): Über den Prozeß der Zivilisation. Soziogenetische und psychogenetische Untersuchungen. Frankfurt am Main: Suhrkamp.

Geertz, Clifford (1987): Dichte Beschreibung. Beiträge zum Verstehen kultureller Systeme. Frankfurt am Main: Suhrkamp.

Höhne, Thomas (2013): Pädagogisierung als Entgrenzung und Machtstrategie. Einige kritische Überlegungen zum erziehungswissenschaftlichen Pädagogisierungsdiskurs. In: Schäfer, Alfred/Thompson, Christiane (Hrsg.): Pädagogisierung. Martin-Luther-Universität Halle-Wittenberg, S. 27–36. Auch online unter www.pedocs.de/volltexte/2013/7722/pdf/Schaefer_Thompson_2013_Paedagogisierung.pdf (Abfrage: 08.06.2020).

Honig, Michael-Sebastian (1999): Entwurf einer Theorie der Kindheit. Frankfurt am Main: Suhrkamp.

Hudson, Ursula (2018): Schlafende Riesen? Über den selbstwirksamen Verbraucher. In: Aus Politik und Zeitgeschichte 68, 1–3, 25–31.

Jahn, Ingeborg/Böttcher, Silke (Hrsg.) (2012): Studie zu Gesundheit und Ernährung in Kindertagesstätten. Schlussbericht. Bremen: MS.

Kaufmann, Franz-Xaver (1990): Zukunft der Familie. Stabilität, Stabilitätsrisiken und Wandel der familialen Lebensformen sowie ihre gesellschaftlichen und politischen Bedingungen. Perspektiven und Orientierungen. München: Beck.

Kob, Janpeter (1976): Soziologische Theorie der Erziehung. Stuttgart: Kohlhammer.

Koch, Sandra (2013): Der Kindergarten als Bildungsort – Wie Essen bildet. In: Siebholz, Susanne/Schneider, Edina/Busse, Susann/Sandring, Sabine/Schippling, Anne (Hrsg.): Prozesse sozialer Ungleichheit. Bildung im Diskurs. Wiesbaden: Springer VS, S. 205–215.

Krasmann, Susanne (2011): Der Präventionsstaat im Einvernehmen. Wie Sichtbarkeitsregime stillschweigend Akzeptanz produzieren. In: Hempel, Leon/Krasmann, Susanne/Bröckling, Ulrich (Hrsg.): Sichtbarkeitsregime. Überwachung, Sicherheit und Privatheit im 21. Jahrhundert. Wiesbaden: VS, S. 53–70.

Mauss, Marcel (1923/1968): Die Gabe. Die Form und Funktion des Austauschs in archaischen Gesellschaften. Frankfurt am Main: Suhrkamp.

Methfessel, Barbara (2011): ‚Gesunde Ernährung' als gesundheitspädagogische Aufgabe. In: Knörzer, Wolfgang/Rupp, Robert (Hrsg.): Gesundheit ist nicht alles? – Was ist sie dann? Gesundheitspädagogische Antworten. Baltmannsweiler: Schneider Hohengehren, S. 78–90.

Lange, Andreas (2010): Bildung ist für alle da oder die Kolonialisierung des Kinder- und Familienlebens durch ein ambivalentes Dispositiv. In: Bühler-Niederberger, Doris/Mierendorff, Johanna/Lange, Andreas (Hrsg.): Kindheit zwischen fürsorglichem Zugriff und gesellschaftlicher Teilhabe. Wiesbaden: VS, S. 89–114.

Lemke, Harald (2017): Philosophie der allgemeinen Ernährungsbildung oder: Bildungsoffensive für die Ernährungswende. In: Wittkowske, Steffen/Polster, Michael/Klatte, Maria (Hrsg.): Essen und Ernährung. Herausforderungen für Schule und Bildung. Bad Heilbrunn: Klinkhardt, S. 207–224.

Lessenich, Stephan (2008a): Wohlfahrtsstaat. In: Baur, Nina/Korte, Hermann/Löw, Martina/Schroer, Markus (Hrsg.): Handbuch Soziologie. Wiesbaden: VS, S. 483–498.

Lessenich, Stephan (2008b): Die Neuerfindung des Sozialen. Bielefeld: transcript.

Lüders, Christian/Kade, Jochen/Hornstein, Walter (2004): Entgrenzung des Pädagogischen. In: Krüger, Heinz-Hermann/Helsper, Werner (Hrsg.): Einführung in die Grundbegriffe und Grundfragen der Erziehungswissenschaft. Wiesbaden: Springer Fachmedien Wiesbaden GmbH, S. 223–232.

Luhmann, Niklas (1991): Soziologie des Risikos. Berlin und New York: De Gruyter.

Pudel, Volker/Westenhöfer Joachim (2003): Ernährungspsychologie: Eine Einführung. Göttingen: Hogrefe.

Robert Koch-Institut (RKI) (2015): Gesundheit in Deutschland. Gesundheitsberichterstattung des Bundes. Berlin: RKI. Auch online unter www.rki.de/DE/Content/Gesundheitsmonitoring/Gesundheitsberichterstattung/GesInDtld/gesundheit_in_deutschland_2015.pdf?__blob=publicationFile (Abfrage: 08.06.2020).

Schäfer, Alfred/Thompson, Christiane (2013): Pädagogisierung – eine Einleitung. In: dies. (Hrsg.): Pädagogisierung. Halle: Martin-Luther-Universität. Auch online unter www.pedocs.de/volltexte/2013/7722/pdf/Schaefer_Thompson_2013_Paedagogisierung.pdf (Abfrage: 08.06.2020).

Schelsky, Helmut (1961): Anpassung oder Widerstand? Soziologische Bedenken zur Schulreform. Heidelberg: Quelle & Meyer.

Schmidt, Friederike (2020a): In Sorge ums Kind. Transformationen der Sorge am Beispiel von Ernährungspräventionen. In: Dietrich, Cornelie/Sanders, Olaf/Uhlendorf, Niels/Beiler, Frank (Hrsg.): Anthropologie der Sorge im Pädagogischen. Weinheim und Basel: Beltz Juventa, S. 202–212.

Schmidt, Friederike (2020b): Konfigurationen von Ängsten und Unsicherheiten in präventiven Gesundheitsmaßnahmen. In: Fuchs, Thorsten/Meseth, Wolfgang/Thompson, Christiane/Zirfas, Jörg (Hrsg.): Erziehungswirklichkeiten in Zeiten von Angst und Verunsicherung. Weinheim und Basel: Beltz Juventa (i.E.).

Seichter, Sabine (2020): Erziehung und Ernährung. Ein anderer Blick auf Kindheit. Weinheim und Basel: Beltz Juventa.

Simmel, Georg (1910/1957): Soziologie der Mahlzeit. In: ders.: Brücke und Tür. Essays des Philosophen zur Geschichte, Religion, Kunst und Gesellschaft. Stuttgart: Koehler, S. 243–250.

Teil I
Die familiale Nahrungssorge um das Kind

Pädagogisierung der Säuglingsernährung: Die Kluft zwischen Programmatik und Praktiken im Public-Health-Feld

Eva Tolasch

1. Einleitung: Ernährung als *Lerngegenstand* ‚guter Mutterschaft'

Ausgehend von den derzeitigen Debatten zum Essensarrangement der Kindheit lässt sich schnell feststellen, dass vor allem institutionalisierte Arrangements in den Fokus geraten (vgl. II Praktiken des Essens in öffentlichen Kindheitsinstitutionen i. d. Bd.). Diskutiert werden ihr pädagogischer Anspruch, ihre Leitlinien und Ideen zum Thema Kinderernährung und ihre Möglichkeit einer ‚Reparatur' gesellschaftlicher Missstände, etwa die Fehlernährung von Kindern und das Fehlen von Manieren bei Tisch. Die Ernährung von Kleinstkindern wird in diesen Kontexten in der Regel nicht mitdiskutiert, gilt sie doch vordergründig eher als privat und letztendlich auch schnell als eindimensional: Der Säugling bekommt Milch aus der Flasche und/oder aus der Brust.

Ein zweiter Blick auf die Säuglingsernährung offenbart jedoch weitreichende Pädagogisierungen und mitunter Politisierungen. Denn durchgesetzt hat sich in Deutschland mittlerweile die Annahme, dass das Stillen an der Brust der eigenen Mutter die beste Ernährungsweise für Säuglinge ist (vgl. ex. Seehaus 2014; Seichter 2014; Vögele/Heimerdinger 2020). Damit wird die Säuglingsernährung einerseits zum Bildungsgegenstand insbesondere für Mütter, um ‚gute Mutterschaft' zu praktizieren, andererseits wird sie mit pädagogischen Aufträgen zur Erziehung des Kleinstkindes verbunden. Die fortwährende Debatte zu Rhythmen, Zeitumfängen und Anlässen des Stillens kreist um Fragen des Verwöhnens und Verziehens des Babys (vgl. ex. Seehaus 2014).

Diskurse, Ratgeber und Institutionen des öffentlichen Sektors sind als Erziehungsakteur_innen zu begreifen, die vor allem (werdende) Mütter im Umgang mit ihren Säuglingen (be-)lehren, informieren, trainieren wollen respektive sollen. Sie vermitteln aktuelle Normen und Werte bezüglich Er- und Beziehung, Kindheit, Elternschaft – insbesondere Mutterschaft, Care und Verantwortung. Somit wird Ernährung zum *Lerngegenstand* erhoben. Als Imperativ gilt dabei häufig: Mutter ist man nicht einfach, eine ‚gute Mutter' muss man *werden*.

Dieser Imperativ wird maßgeblich von Expert_innen des Public-Health-Feldes[1] bestimmt, die durch Programme zur Säuglingsernährung, wie bspw. Handlungsanweisungen, Empfehlungen oder Mitteilungen der Nationalen Stillkommission bzw. des Bundesinstituts für Risikobewertung, des Bundesministeriums für Gesundheit oder der Weltgesundheitsorganisation, als zentrale Deutungsgeber_innen bei der Ernährung des Kleinkindes wirken. Die hierüber organisierte Pädagogisierung der Säuglingsernährung sorgt dafür, dass die Art der Säuglingsernährung keine private Angelegenheit mehr ist (vgl. etwa Knaak 2006; Ott/Seehaus 2010; Tolasch/Rose/Seehaus i. E.).

Vor diesem Hintergrund wird in diesem Beitrag untersucht, wie Eltern, Kinder und Stillberaterinnen als Akteur_innen der Säuglingsernährung sich in ihrem Tun – den Praktiken – zu den „Anrufungen" (Althusser 1977, S. 142) des Public-Health-Expert_innenwissens – den Programmatiken – positionieren. Dabei stehen die analytischen Fragen im Zentrum, in welchem Verhältnis das Expert_innenwissen zum Handeln der Akteur_innen unter Berücksichtigung von Öffentlichkeit und Privatheit steht und was in der Säuglingsernährungspraxis im Spiegel der Programmatik des Public-Health-Feldes passiert.

Ausgehend von einem geschlechterkritischen und empirisch-reflexiven Standpunkt werden zur Beantwortung dieser Fragen einerseits Daten aus einer ethnografischen Untersuchung zu Stillproblemen und Behandlungstechniken auf einer Geburtsstation und andererseits Daten einer diskursanalytischen Untersuchung zu den Still-Anrufungen im Public-Health-Kontext herangezogen und in ihrer Verbindung diskutiert. Epistemologischer Ausgangspunkt ist im Anschluss an poststrukturalistische Zugänge (vgl. Butler 1995), dass Stillprogrammatiken sich nicht eins zu eins in Handlungspraktiken umsetzen, sondern auf individuelle Weise rezipiert und angeeignet werden. Daraus entstehen neue (Re-)Konfigurationen des individuellen Positionierens im Kontext des sich ‚Ins-Verhältnis-Setzens' (vgl. ebd.) zu Normen der Ernährung, Elternschaft und Kindheit auf der Ebene der Praktiken. Dieses Verhältnis entlang des individuellen Eigensinns, welches zu Brüchen und Diskontinuitäten – hier Kluft genannt – führen kann, wird über den Brückenschlag zur Positionsanalyse skizziert. Abschließend werden die Ergebnisse hinsichtlich der Frage nach der Pädagogisierung der Säuglingsernährung diskutiert.[2]

---

[1] Das Public-Health-Feld ist das Fachgebiet, das sich der Bevölkerungsgesundheit zuwendet und präventive Strategien zur Förderung und Erhaltung der Gesundheit und Vorbeugung von Krankheiten anstrebt.

[2] Die Gedanken haben sich im Austausch mit Lotte Rose und Rhea Seehaus (Frankfurt University of Applied Sciences) entwickelt. Teile der Einleitung sind gemeinsam mit Rhea Seehaus verfasst. Darüber hinaus möchte ich Bertram Henning (FSU Jena) für seine Anregungen im Schreibprozess danken!

2. Empirische Bezugspunkte

Empirische Basis dieses Beitrags sind zwei Studien zum Stillen. Die Studie „Diskursanalyse des Public-Health-Feldes zur Ernährung des Babys"[3] (vgl. Tolasch/Rose/Seehaus i. E.) beschäftigt sich mit der Frage, wie Säuglingsernährung in Programmtexten des Public-Health-Systems normiert und staatliche Zugriffe auf diese private Sorgepraxis legitimiert werden. Ausgangspunkt der Studie ist, dass das Stillen des eigenen Kindes gegenwärtig als beste Ernährungsform gesehen wird, gleichwohl es künstlich hergestellte Alternativen zur Ernährung des Säuglings gibt und auch Ammen oder Muttermilchbanken eine Möglichkeit wären. Immerhin wollen gut 90 Prozent der Frauen heute stillen, wobei die Zahl ansteigt (vgl. Brettschneider et al. 2018). Von diesen 90 Prozent haben 97 Prozent der Mütter angefangen zu stillen, wie aus der KiGGS-Studie 2018 hervorgeht (vgl. ebd.). Dass das Stillen durch die Mutter bei der Ernährung des Kindes priorisiert wird, ist sicherlich ein Ergebnis der intensiven Agitation von politischen Still-Akteur_innen wie La Leche League (gegründet 1956 in den USA), die u. a. die WHO berät und deren Positionen in staatlichen Programmen und Kampagnen ihren Niederschlag finden.

In der Studie wurden einschlägige Textdokumente, die im Zuge der internationalen Public-Health-Kampagne zur Stillförderung seit den 1980er Jahren von Relevanz waren und sind, in Anlehnung an die wissenssoziologische Diskursanalyse (vgl. Keller 2008; Tolasch/Rose/Seehaus i. E.) untersucht. Die Textdokumente wurden von einschlägigen Akteur_innen des Public-Health-Feldes (bspw. Weltgesundheitsorganisation oder der Nationalen Stillkommission), aber auch von zentralen Institutionen (bspw. Bundesministerium für Ernährung und Landwirtschaft) rund um die ‚gute Ernährung' des Säuglings publiziert. Dieses veröffentlichte Wissen wird im vorliegenden Beitrag als Stillprogrammatik des Public-Health-Feldes gefasst und als Expert_innenwissen verstanden. Die Auswertung zielt darauf, die kollektiven Selbstverständnisse zu ‚guter' Säuglingsernährung herauszuarbeiten. Welche Sinnketten lassen sich als kollektive Selbstverständlichkeiten in den Public-Health-Dokumenten konkretisieren, um Muster des „Intelligible[n]" (Butler 1991, S. 38) zu skizzieren? Verbunden ist damit, den kulturellen Denkhorizont auszuleuchten, indem der Blick auf das (Un-)Sagbare der Programmatiken gelegt wird.

Die Studie „Ethnografie in der Stillberatung eines Krankenhauses" (Rose/Tolasch/Seehaus 2017)[4] rekonstruiert das eigensinnige Handeln der Eltern an-

---

3 Die Studie wurde 2017 vom Gender- und Frauenforschungszentrum der Hessischen Hochschulen (gFFZ) gefördert.
4 Die Studie war ein Teilprojekt im Forschungsprojekt „Stillen als mütterliche Aufgabe", das 2015 bis 2016 vom Hessischen Ministerium für Wissenschaft und Kunst gefördert wurde.

hand ethnografischer Beobachtungen der Stillberatung in einem Krankenhaus. Diese fand an zwei Orten statt – im ‚Elternzimmer' und im ‚Stillzimmer'. Während zum ‚Elternzimmer' auch Väter und andere Fürsorgegeber_innen Zugang hatten, war das ‚Stillzimmer' ausschließlich Müttern vorbehalten. Auch die materielle Einrichtung der beiden Räume war unterschiedlich: Während das ‚Elternzimmer' durch Couch und Bilder eher Wohnzimmeratmosphäre ausstrahlte, wirkte das ‚Stillzimmer' durch die zahlreichen medizinischen Utensilien, wie bspw. Stillhütchen und Pumpen, klinisch. Dort fand in der Regel die eigentliche Stillberatung statt: Eine Stillberaterin pro Schicht betreute dort die Mütter mit ihren Säuglingen. Wenn die körperliche Verfassung der Mütter es verlangte, besuchten die Stillberaterinnen die Mütter auch in ihrem eigenen Stationszimmer. Die Stillberatung basierte auf einer ‚Schick-Struktur'. Die Frauen, die aus Sicht der Professionellen in der Klinik als ‚Problemfälle' identifiziert wurden, wurden zur Stillberatung geschickt. Zum Zeitpunkt der Beobachtung nahmen mehr als die Hälfte der Frauen, die auf Station waren, die Stillberatung in Anspruch, vorrangig um Stillprobleme zu überwinden.

Beide Untersuchungen orientierten sich an der Positionsanalyse von Harré und van Langenhove (2007), indem der Frage nachgegangen wurde, welche Positionen im Material auftauchen. Der Begriff der Positionierung verweist auf den institutionell-strukturellen Vorgang des (eher passiven) Positioniert-Werdens von Individuen als Subjekte in und durch normative Programmatiken, der Begriff des Positionierens hingegen auf den (eher aktiven) Prozess der Einnahme einer Position in alltäglichen Handlungsvollzügen (vgl. ebd., S. 395). Dabei positionieren die Akteur_innen nicht nur sich selbst, sondern auch die anderen Akteur_innen im Feld werden von den Akteur_innen durch die Einnahme der eigenen Position positioniert (vgl. ebd., S. 398). Dabei haben die Akteur_innen ihre Positionen nicht selbst geschaffen (vgl. ebd.). Vielmehr sind diese Positionen das Produkt historischer Konventionen und machtvoll-performativ-interaktiver Aushandlungen. Folglich wird davon ausgegangen, dass

> „in Praktiken soziale Positionen strukturell angelegt sind, Beteiligte auf diese verwiesen sind, sie aber auch annehmend und transformierend aufgreifen: Die soziale Position(-ierung) ergibt sich demnach aus miteinander verwobenen unterschiedlichen Voraussetzungen (z. B. Statusmerkmale, professionelle Rollen, organisierte Handlungsbedingungen wie Räume, Dokumentationstechnologien, feldspezifisches Wissen), welche Handlungsoptionen vermitteln." (Ott 2017, S. 275)

Für die vorliegende Untersuchung bedeutet dies, dass das Public-Health-Feld – hier in Form der Stillberatung im Krankenhaus – bereits Positionen für Eltern, Kinder und Professionelle bereitstellt, die dann von ihnen gefüllt werden können respektive müssen. Dies ist unabhängig davon zu verstehen, wie die Akteur_innen sich zu den „Anrufungen" (Althusser 1977, S. 142) als ‚gute Mutter' oder ‚guter Vater' oder ‚gute Professionelle' oder ‚gutes Kind' im Setting der Stillberatung konkret „umwenden" (ebd.) bzw. sich ins Verhältnis setzen. Sie müssen sich in irgendeiner Form dazu verhalten, da sie Teil des Diskurses bzw. der diskursiven Praktiken sind, aber die Frage des ‚Wie' bleibt dem Eigensinn bzw. der Kreativität der Akteur_innen unter Berücksichtigung historischer Zufälligkeiten und des Gewordenseins in Kontexten vorbehalten, wobei es niemals zu einer vollständigen Verkörperung der vorhandenen Normen und Werte kommt (vgl. Butler 1991, S. 204f.).

3. Elternschaftspraktiken und Stillprogrammatik – eine Kluft

In der Programmatik des Public-Health-Feldes wird Stillen als das Beste für den Säugling propagiert: Über Naturalisierungskonstrukte zum Stillen wird diese Form der Säuglingsernährung normalisiert und normiert, während alle anderen Formen als Abweichung vom Ideal erscheinen. In den Dokumenten wird ein ‚Still-Common-Sense' als eine Art gemeinsame ‚Mission' hergestellt, nach dem alle nur das Stillen für eine nachhaltigere und humanere Welt wollen können. Wenn jedoch Frauen nicht stillen (wollen), ohne dass medizinische bzw. körperliche Gründe vorliegen, ist dies erklärungsbedürftig: Als Grund wird häufig angeführt, dass die mütterliche Stillbereitschaft durch stillunfreundliche Einflüsse wie die der Werbeindustrie (vgl. WHO/UNICEF/IBFAN 2016, S. 7) oder der Arbeitsbedingungen (vgl. BfR 2003, S. 5) manipuliert worden sind (vgl. Tolasch/Rose/Seehaus i.E.).

Zugleich wird Stillen als Gegenstand des Lernens entworfen, was die Expertise von Professionellen erforderlich macht (vgl. ebd.): Die Akteur_innen des Public-Health-Feldes tauchen in dieser Programmatik als Begleiter_innen, Beschützer_innen und Helfer_innen der Mütter auf. Damit wird der öffentliche Zugriff der Stillberaterinnen auf die private Sphäre der Familie legitimiert. Die Beziehung zwischen Mutter und Professioneller wird harmonisch gezeichnet und vom gemeinsamen Wunsch getragen, das Stillen zu ermöglichen. Konflikte scheint es kaum zu geben. Im Vergleich zu diesen Konstrukten der Dokumente zeigen die Praktiken des Public-Health-Feldes aber keine ‚harmonische, konfliktfreie Stillwelt', sondern eine ‚harte Arbeitswelt' der stillenden Frauen.

3.1 Stillen ist ‚harte Arbeit'

Stillen ist nach den Dokumenten bequem für die Mutter, natürlich und machbar. Eine andere gleichwertige Ernährungsform scheint es in diesem Rationalitätshorizont nicht zu geben: Stillen sei, wie aus den „Stillinformationen für Schwangere" der Nationalen Stillkommission des Bundesinstituts für Risikobewertung (vgl. 2015, S. 2) hervorgeht, nicht aufwendig, da die Milch immer die richtige Temperatur habe und stets dabei sei, ohne dass die Mutter dafür etwas tun müsste. Dies ist jedoch letztlich ein paradoxes Bequemlichkeitsversprechen, denn es setzt die Körpergebundenheit des Kindes an die Mutter voraus. Die Muttermilch ist nur dann einfach und praktisch verfügbar, wenn Mutter und Kind sich fortwährend in einer 24-Stunden-Alltagsnähe miteinander befinden. Eine Mutter, die etwa aus eigenen Interessen oder beruflichen Gründen nicht bei ihrem Kind ist, scheint in dieser Konzeption nicht vorgesehen und nicht erwünscht (vgl. ebd.).

Ferner heißt es: „Stillen ist praktisch und fast jede Mutter kann es, wenn sie es möchte und wenn sie dabei die notwendige Unterstützung erhält" (BMEL 2013, S. 2). Dass die Mutter üblicherweise nicht nur stillen *kann*, sondern auch *sollte*, wird an anderer Stelle deutlich. So wird erläutert: Durch das Stillen sorgt sie nicht nur für das Wohlergehen für sich selbst und für das Kind, sondern auch für die gesamte Bevölkerung. Wer nicht stillt, bzw. Muttermilch gibt, der nimmt bspw. das Risiko in Kauf, dass das Kind weniger intelligent und gesund ist sowie sich emotional schlechter entwickelt. Darüber hinaus wird in Kauf genommen, den Staat durch erhöhte Krankheitskosten finanziell zu belasten und sich selbst gesundheitlich zu schädigen (vgl. WHO 2016, S. 7; BfR/NSK 2016, S. 1).

Auch in der Praxis der Stillberatungssituation wird deutlich, dass Stillen das Ideal ist, zu dem sich alle ins Verhältnis setzen. Stillen stellt sich aber in diesem Setting keineswegs ‚einfach' dar, sondern zeigt sich als eine schwierige Aufgabe, die Stillberaterinnen und Müttern enorme Anstrengungen abverlangt. Nicht zuletzt zeugen die zahlreichen Hilfsmittel im ‚Stillzimmer' davon, dass Stillen durchaus aufwendig und kompliziert sein kann. Dass dem Stillen und der Muttermilch ein hoher Wert beigemessen wird, zeigt sich u.a. im Fall von Frau Weiß-Schwarz im Stillzimmer:

> *Die Stillberaterin schiebt den Wagen [mit weinendem Kind drin] zu Frau Weiß-Schwarz rüber, die gerade beidseitig abpumpt. Sie blickt auf die abgepumpte Milch: „Da kommt schon das kostbare Gold", sagt sie.*

Die Muttermilch als „Gold" zu bezeichnen, bringt ihren hohen Wert zum Ausdruck. Gleichzeitig wird die Mutter in diesem Vorgang völlig ausgeblendet: Die Stillberaterin fokussiert gestisch und sprachlich nur die Milch, nicht die Mutter als Milchgebende. Im Zentrum der Situation steht allein die Frage des Muttermilch-Habens, an der Erfolg und Scheitern als Mutter ablesbar werden. Die Stillberaterinnen, aber auch die Mütter selbst sind konzentriert auf die Menge der Milch und bewerten, messen und ranken den Output. Für viel Milch gibt es viel Lob, bleibt die Milch aus, bleibt auch das Lob aus. Mütter werden auf ihre Position der Milchgeberinnen verwiesen und primär an dieser Leistung bzw. Funktion gemessen.

Diese Reduzierung der Mutter auf ihre körperliche Sachfunktion der Milchspende zeigt sich auch im Umgang mit Schmerzen und Verletzungen durch das Stillen in der Stillberatung. Hier ging es kaum um das Leid der Mütter, sondern vor allem um die Frage, ob die Verletzungen ein Hindernis für das Milchgeben sind und wie dies ggf. zu kompensieren ist (vgl. Rose/Tolasch/Seehaus 2017, S. 54). Diese sozialen ‚Verkleinerungen' der Mütter werden institutionell und professionell ‚normalisiert'. So erlebte die Ethnografin im Aufenthaltsraum des Personals eine Kinderkrankenschwester, die konstatierte: „Ja, es dauert, bis die Mütter merken, dass sie eine Milchkuh sind." Es ist offenbar in diesem Raum erzählbar und legitim, Mütter einzig auf die Ernährungsfunktion ihres Kindes zu reduzieren und dabei in einer gewissen Form zu ‚animalisieren'.

Zugleich messen auch die Mütter selbst sich am Erfolg ihres Milch-Gebens. Dies war im ‚Stillzimmer' an den Körperhaltungen unmittelbar sichtbar: Die Körper waren angespannt, solange es nicht ‚klappte', und sie entspannten sich, wenn die Milch floss – auch mittels Milchpumpe. Die Frauen richteten sich auf, strahlten, wenn sie es ‚hinbekommen' haben, Muttermilch zu geben. Der Stillerfolg schafft zufriedene Eltern. Das Scheitern daran macht umgekehrt verzweifelt.

Die Ethnografie zeigt zudem: Auch für die Stillberaterinnen wird es problematisch, wenn das Stillen nicht funktioniert. Sie sind nicht allein erfolglos in ihrem professionellen Tun, sie geraten auch in die Bredouille, wenn Mütter weiterhin am Stillen festhalten, auch wenn das Kind zu viel an Gewicht verliert und damit sein Leben aus der Sicht der Stilberaterinnen gefährdet ist. Der mütterliche Wille zu stillen, der ansonsten begrüßt und gefördert wird, erweist sich in diesem Fall plötzlich als Gefahr, sodass die Mutter jetzt von ihrem Willen abgebracht werden muss – eine paradoxe Situation.

Die Mütter werden als verantwortlich für das Stillen adressiert und sie positionieren sich auch selbst in diesem Rahmen so. Einige Frauen formulierten in den beobachteten Situationen sehr klar, dass ihnen nicht bewusst war, dass Stillen so fordernd ist. „Harte Arbeit" ist eine Formulierung, die sowohl von den Stillberaterinnen als auch von den Müttern immer wieder verwendet wurde – nicht nur, wenn Frauen ihre verletzten Brustwarzen zeigten, sondern auch, wenn sich alle abmühten, das Neugeborene an der Brust zu nähren. Gleichzeitig ist diese Arbeit nicht hintergehbar. Es scheint zum mütterlichen Selbstverständnis zu gehören, dass Stillen in der Regel mit körperlichem und emotionalem Aufwand einhergeht, der nicht zu vermeiden ist. So sagte eine Mutter: „Ich mache das, weil es gut für das Kind ist, aber nicht, weil ich das toll finde, oder gar aus Leidenschaft."

Auch wenn in dieser Aussage eine Brechung des offiziellen Stillideals durch eine Mutter sichtbar wird, folgt die institutionelle Praxis doch konsequent der Zielsetzung, die Muttermilchernährung durchzusetzen. Dabei geht es auch immer wieder darum, die unmittelbare Ernährung an der Mutterbrust zu normalisieren und das Abpumpen und spätere Verfüttern der Milch zu entnormalisieren. Eine Beobachtung im Krankenhaus veranschaulicht dies:

> *Die Stillberaterin informiert zum Umgang mit der Muttermilch: „Die Muttermilch kann maximal drei Stunden ohne Kühlung aufbewahrt werden. Im Kühlschrank kann sie drei Tage aufbewahrt werden. Diese abgepumpte Milch können Sie auch gebrauchen, wenn Sie sagen, ich muss zur Kur oder ins Krankenhaus. Dann können Sie die Milch nehmen."*

Abgepumpte Milch zu geben, wird als Ausnahme in einer Notsituation verhandelt. Legitim ist das Verfüttern der Milch aus der Flasche nur, wenn die Mutter sich aus bestimmten Gründen vom Kind trennen muss, z.B. wegen eines Kur- oder Krankenhausaufenthalts. Auch wenn es nicht ausgesprochen wird, ist zu vermuten, dass andere denkbare Gründe für eine Trennung von Mutter und Kind kaum anerkannt würden, wie z.B. Beruf oder Freizeitvergnügungen.

Eine öffentliche Widerrede der Frauen in der Position der Mütter findet sich hier nicht. Die Mutter ist offenbar nicht nur in der Schwangerschaft das „Ökosystem" des Ungeborenen (vgl. Duden 1991, S. 65; auch Nowicka/Tolasch 2014), sondern auch danach das „Ökosystem" des Geborenen. Sie geht im Muttersein, verstanden primär als Sich-Sorgen ums Kind, auf. Die Optimierung des ‚Ökosystems' scheint wichtig und richtig, da damit die Versorgung und das Überleben des Kindes gesichert sind.

3.2 Stillen als Konfliktfeld

Die Dokumente zur Förderung des Stillens zeichnen ein harmonisches Bild der Still-Akteur_innen. Mutter und Baby sind eine symbiotische Nähr- und Beziehungseinheit, und Kinderärzt_innen, Hebammen sowie Väter unterstützen dies und beschützen diese ‚Einheit' vor der schädlichen Beeinflussung des Marktes der künstlichen Säuglingsmilch. Interessenskonflikte gibt es in diesem Bild kaum bis gar nicht. Zum Beispiel heißt es zur Frage des Endes der Stillzeit, dass dieses erfolgen soll, wenn Mutter und Kind dies wollen (BMEL 2013, S. 2). Dieses Konstrukt unterstellt selbstverständliche Interessensgleichheit und damit Konfliktlosigkeit (vgl. Tolasch/Rose/Seehaus i.E.).

Die Praxisbeobachtungen zeigen jedoch, dass das Stillen und auch die Angebote der Stillförderung diverse Konfliktpotenziale bergen. Im Stillzimmer kommt es zu folgender Situation:

> *Frau Orange kommt rein und möchte gerne im Liegen behandelt werden. Die Stillberaterin ist, wie an der Mimik, Gestik und am Ton deutlich wird, wenig begeistert von dieser Idee. Die Mutter: „Ich hatte gestern erst meine OP." Ich hatte das Gefühl,*

> dass die Stillberaterin denkt, dass die Mutter sich nicht so anstellen soll. Auch die anderen Mütter, die hier sitzen, hätten häufig erst am Vortag ihre OP gehabt. Frau Orange sagt, sie könne auch später kommen, und schaut mich irritiert an. Den Blick kann die Stillberaterin nicht sehen, da sie einer anderen Frau zugewendet ist. Die Mutter will, so mein Gefühl, die Bestätigung von mir, dass die Stillberaterin unfreundlich oder komisch ihr gegenüber ist.

Die Mutter äußert ein Bedürfnis, das jedoch von der Stillberaterin nicht als legitim aufgegriffen, sondern als unangemessen etikettiert wird. Die Stillberaterin ist nicht bereit, der Mutter entgegenzukommen, sondern setzt ihr eigenes Interesse durch. Die Mutter begehrt jedoch in der Situation nicht offen gegen die Stillberaterin auf, sondern verhält sich defensiv. Einzig in der Ethnografin sucht sie ein ‚stilles' Bündnis gegen die Stillberaterin. In einer anderen Szene kommt es ebenfalls zu einer unterschwellig gespannten Situation zwischen einer Mutter mit einem zu früh geborenen Baby und der Stillberaterin:

> Die Beraterin sagt: „14 Tage hätte sie noch gekonnt." Die Mutter erwidert: „Zehn Tage!" Die Stillberaterin meint: „Mädchen müssen sich noch schön machen!" Die Mutter entgegnet: „Sie ist schon schön!" Es war eine freundliche, aber unterschwellig auch eine leicht gereizte Stimmung.

Die Mutter zeigt sich nicht als lernwillige Schülerin, sondern stellt sich der Stillberaterin offensiv als Widerständige und Wissende entgegen: Sie korrigiert nicht nur den Zeitraum bis zum eigentlichen Geburtstermin der Tochter, sondern ist auch nicht bereit, den geschlechterstereotypisierenden Witz der Stillberaterin anzuerkennen und demontiert ihn. In einer weiteren Situation zeigt sich eine andere Mutter wenig kooperationsbereit:

> Nun adressiert die Stillberaterin die Mutter mit der Ansage: „Sie greifen die Brust mit der rechten Hand." Die Mutter macht nicht das, was die Stillberaterin von ihr erwartet. Ich überlege, was der Grund dafür sein könnte: Will sie nicht mitmachen? Versteht sie die Stillberaterin nicht? Ist sie verärgert? Ist sie mit den Anweisungen überfordert? Eine Antwort bekomme ich nicht. Die Stillberaterin sagt mir später, dass insbesondere Frau Lila sie die ganze Zeit kontrollierend beobachtet habe. Die Stillberaterin meinte, dass Mütter jedes Handeln der Stillberaterin bewertend verfolgen würden und Frau Lila ihr auch deutlich gemacht hätte durch Mimik und Gestik, dass es überhaupt nicht ginge, dass sie während des Anlegens ein Ohr des Babys umgeknickt hätte. Ich konnte es von meiner Beobachtungsposition aus nicht sehen.

Auch hier wird sichtbar, dass das Angebot der Stillförderung keineswegs auf Einvernehmlichkeiten zwischen Mutter und Professioneller basiert, sondern ein Feld der Aushandlung von Macht und Interessen ist. In diesem Fall ist die Mutter nicht einverstanden mit dem, was die Stillberaterin – mit ihrem Baby und seinem Ohr – macht. Umgekehrt ist aber auch die Stillberaterin nicht einverstanden mit dem, was die Mutter macht. Im Protokoll heißt es weiter, dass die Stillberaterin im nachfolgenden Gespräch mit der Ethnografin feststellt, „dass ein umgeknicktes Ohr – besonders in diesem Fall – das geringste Problem ist. Das Kind wiegt etwa 1,8 kg und müsste zu Kräften kommen". Die Stillberaterin positioniert sich zum einen als überlegene Expertin gegenüber der Mutter, die die dramatische Situation des Babys realistisch sieht, zum anderen erklärt sie die Mütter zu prinzipiellen Gegnerinnen: „Wir sind immer die Buhmänner." Dieses Konstrukt der mütterlichen Feindseligkeiten taucht in den Selbstdarstellungen der Professionellen immer wieder auf. Eine Stillberaterin erzählt:

Sie befindet sich direkt nach dem Kaiserschnitt mit dem Vater im Zimmer. Sie notiert etwas oder bereitet etwas vor und sagt dann zum Vater: „Sie können das Kind jetzt auf die Wickelunterlage legen." Dann sieht sie, dass der Vater das Kind wie einen ‚Mehlsack' aus dem Baby-Wagen nimmt, ohne den Kopf zu stützen. Und sie sagt zum Vater: „Haben Sie keinen Geburtsvorbereitungskurs besucht?". Der Vater war wohl sehr verärgert und hat sich bei der Leitung beschwert. Sie hat ordentlich einen „auf den Deckel" bekommen. Sie meinte, sie könnte doch nicht zuschauen, wie das Kind einen „Genickbruch" erleidet. Auch dann wäre sie vermutlich schuld. Egal wie sie sich verhalten würde, es wäre immer sie, die zur Verantwortung gezogen wird. Und zur Nachfrage hinsichtlich des Kursbesuchs meint sie: „Ich wollte einfach wissen, ob er es nicht gelernt hat, dann sei es ihm verziehen, oder ob er es wissentlich gemacht habe."

Die Schilderung der Stillberaterin ist getragen von zwei Narrativen. Zum einen gibt es das Narrativ der verantwortungsvollen und kompetenten Wächterin über das Leben des Neugeborenen, das einschließt Eltern beim Umgang mit ihrem Kind zu kontrollieren und zu korrigieren – und dies selbst dann, wenn den Eltern dies nicht angenehm ist. Zum anderen gibt es aber auch das Narrativ der sozialen Unterlegenheit: Sie wird mit ihrem Verhalten von der Institution nicht geschützt und verteidigt gegenüber dem Vater, sondern sogar sanktioniert.

Die ethnografische Perspektive auf das Feld der Stillförderung offenbart dieses Hilfeangebot als weitaus konfliktträchtiger als die Dokumente der Stillförderung es darstellen. Die Konflikte tun sich vornehmlich zwischen Müttern und Professionellen auf, was nicht überraschend ist, da sie die Hauptakteurinnen mit dem Kind im Feld sind. Der Vater tritt bei der Stillberatung kaum in Erscheinung. Er ist als Zuschauer und Begleiter in der Regel am Rand positioniert und verlässt diese Position selten (vgl. Seehaus/Tolasch 2017). Andere mögliche Fürsorgegeber_innen tauchen in diesem Setting nicht auf.

4. Fazit: Die Biopolitik der Pädagogisierung des Stillens

Die Pädagogisierung der Säuglingsernährung erfolgt über die Normalisierung der Idee, dass Babys zu stillen sind und Mütter Begleitung und Schutz durch Professionelle benötigen, um diese Aufgabe zu erfüllen. Historisch gesehen ist diese ‚Ausschließlichkeit' der Säuglingsernährung ein relativ junges Phänomen.

Die Ethnografie im Krankhaus zeigt, dass die Stillernährung voraussetzungsreich für Mütter und Kinder ist und auf beiden Seiten spezifische Probleme schafft, die bearbeitet werden müssen. Auf der Seite der Mutter liegen die Stillprobleme darin, genügend Milch, das als „Gold" codiert wird, zu ‚produzieren' und ‚zum Laufen zu bringen', auch wenn dies unter Umständen von Schmerzen begleitet ist und zu Verletzungen der Brust führt. Die Stillprobleme des Kindes liegen darin, dass es die Brust als Nährquelle nicht annimmt und sich unfähig zeigt, aus der mütterlichen Brust Milch zu saugen. Es werden enorme Anstrengungen unternommen, um diese Probleme zu lösen. ‚Harte Arbeit' ist eine wiederkehrende Formulierung in den ethnografischen Beobachtungen.

Gleichzeitig wird sichtbar, dass die Pädagogisierung des Stillens Konflikte zwischen Müttern und helfenden Expertinnen schafft. Sie entstehen vorwiegend dann, wenn die Frau nicht die vorgesehene Position der Still- und Lernwilligen einnimmt, die primär die Bedürfnisse des Kindes in den Vordergrund stellt und von den eigenen absieht. Die Frau hat sich unter der Belehrung und Überwachung der Stillberaterin als Stillende zu qualifizieren und zu bewähren und damit als ‚gute Mutter' zu beweisen (vgl. auch Ott 2017, S. 284). Es ist ein machtdurchdrungener Raum, in dem die Stillberaterin und die Mutter – auch der Vater und die Kinder – hierarchisch positioniert werden: Die Stillberaterin ist qua Position adressiert, die Mutter zu überwachen. Dabei wird nicht explizit formuliert, dass es darum geht, die Erziehungsfähigkeit der Mutter (staatlich) zu bearbeiten. Vielmehr erscheint das Verhältnis auf der Ebene der Programmatik auf einer Form der Freiwilligkeit beruhend, in der die Beziehung zwischen den Akteur_innen als harmonisch und frei von Interessen entworfen wird.

Diese Freiwilligkeit verdeckt, dass die Konflikte nicht in den Personen der Stillberaterin und der Mutter begründet sind, sondern in den (biopolitisch) institutionell-strukturellen Rahmungen, in denen Frauen als Mütter und Stillberaterinnen positioniert werden (vgl. Foucault 1976/2003). Aufgabe der Stillberaterin ist, im Zuge staatlicher Gesundheitspolitiken qua Position zu helfen und zu überwachen. Die Mutter wird angehalten, sich diesen Maßnahmen und Techniken zu unterwerfen und ihren Körper bearbeiten zu lassen und selbst zu bearbeiten. Dass die Frauen damit aber auch widerständig umgehen, wird an einzelnen Protokollauszügen deutlich, in denen die Mütter Kritik üben, sich verweigern oder offen aufbegehren.

Nun kann man es bei der Feststellung belassen, dass die normative Programmatik des Stillens nicht der Praxis entspricht. Sie kann jedoch auch zum

Ausgangspunkt genommen werden, um zu reflektieren, ob ausgehend von der normativen Programmatik die Praktiken oder ausgehend von den Praktiken die normative Programmatik pädagogisch anders gestaltet werden sollte – was immer das genau standpunktabhängig heißen mag. Die ethnografische Rekonstruktion dessen, was „tatsächlich stattfindet" dient dann als gewinnbringende „Reflexionsfolie für praktisches Handeln" (Unterkofler et al. 2018, S. 13).

Vor diesem Hintergrund kann bspw. eine reibungslose ‚Erziehung' der Mütter und Stillberaterinnen für die Ernährung des Säuglings konzeptualisiert werden, um Stillen zu fördern und zu fordern. Während dieser Zugang aus der Perspektive des Public-Health-Feldes durchaus attraktiv sein wird, ist er es aus geschlechterkritischer Perspektive nicht. Vielmehr löst der Gedanke daran Unbehagen aus, weil es die geschlechterbezogenen Verantwortlichkeiten auf Seiten der Frauen als Verantwortliche der Sorge bekräftigt und die konservative mütterliche Care-Position festschreibt. So sollte die zunehmende Verdrängung alternativer Ernährungsweisen des Säuglings jenseits der unmittelbaren Ernährung an der Brust der eigenen Mutter in ihrer Verbindung zum biopolitischen (Geschlechter-)Verhältnis reflektiert werden. Es ist dieses Verhältnis, das die Pädagogisierung des Stillens des (leiblichen) Kindes entlang heteronormativer Geschlechtsnormierungen erst möglich werden lässt.

Dieser Reflexionsprozess, mit dem Blick auf die Geschlechtergeschichte die eigenen (un-)sozialen Ordnungen zu befremden (vgl. Duden 2002, S. 7), hat das Ziel, die Position(ierungen)en zu verschieben oder gar umzuschreiben, um neue Choreografien des Lebbaren zu ermöglichen. So würde sichtbar werden, durch welche politischen, ökonomischen, demografischen, staatlichen und sozialen Interessen die Mutter als Hauptadressatin der Familie bzw. der Säuglingsernährung zum Objekt der biopolitischen Regierungstechniken gemacht wird (vgl. Foucault 1976/2003, S. 26; siehe dazu Lorey 2015, S. 58 ff.). In diesem Licht wird auch die rekonstruierte Kluft zwischen der Programmatik der ‚heilen Welt des Stillens' und der Praxis der Säuglingsernährung mit ihren Widerständen und Widersprüchen entfaltbar.

Literatur

Althusser, Louis (1977): Ideologie und ideologische Staatsapparate. In: Ideologie und ideologische Staatsapparate: Aufsätze zur marxistischen Theorie. Hamburg/Berlin: VSA, S. 108–153.

Brettschneider, Anna-Kristin/Lippe, Elena v. d./Lange, Cornelia (2018): Stillverhalten in Deutschland – Neues aus der KiGGS Welle 2. In: Bundesgesundheitsblatt – Gesundheitsforschung – Gesundheitsschutz. URL: https://www.springermedizin.de/stillverhalten-in-deutschland-neues-aus-kiggs-welle-2/15867018 (Abfrage: 21.03.2020).

Bundesinstitut für Risikobewertung/Nationale Stillkommission (2016): Stillen – Fundament für eine nachhaltige Entwicklung 39/2016. URL: http://www.bfr.bund.de/de/presseinformation/2016/39/stillen___fundament_fuer_eine_nachhaltige_entwicklung-198725.html (Abfrage: 22.03.2020).

Bundesinstitut für Risikobewertung/Nationale Stillkommission (BfR/NSK) (2015): Stillinformationen für Schwangere. www.bfr.bund.de/cm/350/stillempfehlungen-fuer-schwangere-deutsch.pdf (Abfrage: 31.05.2017).

Bundesministerium für Ernährung und Landwirtschaft (BMEL) (2013): Schwangerschaft und Baby. www.bmel.de/DE/Ernaehrung/GesundeErnaehrung/SchwangerschaftBaby/_Texte/DossierSchwangerschaftUndBaby.html?docId=635206 (Abfrage: 31.05.2017).

Bundesinstitut für Risikobewertung/Nationale Stillkommission (2003): Stillen und Berufstätigkeit. URL: http://www.bfr.bund.de/cm/343/stillen_und_berufstaetigkeit.pdf (Abfrage: 12.06.2017).

Butler, Judith (1991): Das Unbehagen der Geschlechter. Frankfurt am Main: Suhrkamp.

Butler, Judith (1995): For a Careful Reading. In: Benhabib, Seyla/Butler, Judith/Cornell, Drucilla/Fraser, Nancy (Hrsg.): Feminist Contentions. A Philosophical Exchange. London. Routledge, S. 127–143.

Duden, Barbara (1991): Der Frauenleib als öffentlicher Ort. Vom Missbrauch des Begriffs Leben. Frankfurt am Main: Mabuse.

Duden, Barbara (2002): Die Gene im Kopf – der Fötus im Bauch. Historisches zum Frauenkörper. Hannover: Offizin.

Foucault, Michel (1976/2003): Die Gesundheitspolitik im 18. Jahrhundert. In: Ders.: Schriften in vier Bänden. Bd. III: 1976–1979. Hrsg. von Daniel Defert und François Ewald unter Mitarbeit von Jacques Lagrange. Frankfurt am Main: Suhrkamp, S. 19–37.

Harré, Rom/Van Langenhove, Luk (2007): Varieties of Positioning. In: Journal of the Theory of Social Behaviour 21, H. 4, S. 393–407.

Keller, Reiner (2008): Wissenssoziologische Diskursanalyse. Grundlegung eines Forschungsprogramms. Wiesbaden: Springer VS.

Knaak, Stephanie. J. (2006): The Problem with Breastfeeding Discourse. In: Canadian Journal of Public Health 97, H. 5, S. 412–414.

Lorey, Isabell (2015): Das Gefüge der Macht. In: Bargetz, Brigitte/Ludwig, Gundula/Sauer, Birgit (Hrsg.): Gouvernementalität und Geschlecht. Politische Theorie im Anschluss an Michel Foucault. Frankfurt am Main: Campus, S. 31–89.

Nowicka, Magdalena/Tolasch, Eva (2014): (Un)Fassbare Körper. Frauen erzählen von ihrer Schwangerschaft. In: Schmidt, Wolf Gerhard (Hrsg.): Körperbilder in Kunst und Wissenschaft. Würzburg: Königshausen & Neumann, S. 139–164.

Ott, Marion (2017): ‚Mütterliche Kompetenz' im Spannungsfeld von Darstellung und Adressierung, Erziehungsverhältnisse in stationären Mutter-Kind-Einrichtungen machtanalytisch betrachtet. In: Tolasch, Eva/Seehaus, Rhea (Hrsg.): Mutterschaften sichtbar machen. Sozial- und kulturwissenschaftliche Beiträge. Opladen/Berlin/Toronto: Barbara Budrich, S. 271–288.

Ott, Marion/Seehaus, Rhea (2010): Stillen – zum Wohle des Kindes. Reproduktion und Effekte von Stilldiskursen in Praktiken der Kindervorsorgeuntersuchungen. In: Feministische Studien 28, H. 2, S. 257–269.

Rose, Lotte/Seehaus, Rhea/Tolasch, Eva (2017): Stillen als mütterliche Aufgabe: ethnografische Einblicke in die Praxis der Stillberatung auf einer Geburtshilfestation. In: Gender. Zeitschrift für Geschlecht, Kultur und Gesellschaft 9, H. 2, S. 46–61.

Seehaus, Rhea (2014): Die Sorge um das Kind. Eine Studie zur Elternverantwortung und Geschlecht. Opladen: Barbara Budrich.

Seehaus, Rhea/Tolasch, Eva (2017): Vom Eltern-Projekt zum Mutter-Projekt. Über Fürsorgeverantwortlichkeiten in der Stillberatung. In: Tolasch, Eva/Seehaus, Rhea (Hrsg.): Mutter-

schaften sichtbar machen. Sozial- und kulturwissenschaftliche Beiträge. Opladen/Berlin/ Toronto: Barbara Budrich, S. 241–254.
Seichter, Sabine (2014): Erziehung an der Mutterbrust. Eine kritische Kulturgeschichte des Stillens. Weinheim und Basel: Beltz Juventa.
Tolasch, Eva/Rose, Lotte/Seehaus, Rhea (i. E.): Mütter für das Wohl des Kindes und der Welt?! – Still-Anrufungen im Public-Health-Setting. In: Jahrbuch für Kritische Medizin und Gesundheitswissenschaften, Bd. 53 (Schwerpunkt: Sexualität und Reproduktion zwischen individuellen Vorstellungen und gesellschaftlichen Normen). Hamburg: Argument.
Unterkofler, Ursula/Aghamiri, Kathrin/Streck, Rebekka/Reinecke-Terner, Anja (2018): Einleitung. Doing Social Work – Ethnografische Forschung als Theoriebildung. In: Unterkofler, Ursula/Aghamiri, Kathrin/Streck, Rebekka/Reinecke-Terner, Anja (Hrsg.): Doing Social Work. Ethnografische Forschung als Theoriebildung. Rekonstruktive Forschung in der Sozialen Arbeit. Opladen/Berlin: Barbara Budrich, S. 7–20.
Vögele, Jörg/Heimerdinger, Timo (Hrsg.) (2020): Infant Feeding and Nutrition during the Nineteenth and Twentieth Centuries – Perceptions and dynamics. Göttingen: Cuvillier.
WHO (2016): Marketing of Breast-milk Substitutes: National Implementation of the International Code. Status Report 2016. URL: http://apps.who.int/iris/bitstream/10665/206008/1/9789241565325_eng.pdf?ua=1 (Abfrage: 22.03.2020).

Von Brust zu Brei
Kindheitsbilder und Elternverantwortung während der Beikosteinführung

Judith Pape

1. Problemaufriss: Säuglingsernährung als Basis ‚guter Kindheit'

Kinder entscheiden in der Regel nicht selbst, was sie essen. Vor allem in den ersten Lebensjahren sind es meist die Eltern, die maßgeblich über das Was, Wann und Wie der Ernährung ihrer Kinder entscheiden und damit auch Verantwortung für diese tragen. Die sozialwissenschaftliche Forschung zu Ernährung im Säuglingsalter konnte zeigen, dass die Ernährung des Kindes und die damit verbundenen Aufgaben in den ersten Lebensmonaten zudem weichenstellend für das Ausformen von Geschlechterrollen in der Elternschaft sind (vgl. Rose/Steinbeck 2015, S. 103 f.).

Die erste Nahrung des Kindes ist Milch in Form von angerührtem Formulapulver oder Muttermilch. Eine ausschließliche Brusternährung wird in den ersten Lebensmonaten normativ als das Beste für das Kind verhandelt (vgl. ebd., S. 101 ff.; Ott/Seehaus 2012, S. 132). Dabei werden dem Stillen sowohl gesundheitliche als auch erzieherische Vorteile zugeschrieben (vgl. Rose/Steinbeck 2015, S. 108 f.). Im Umkehrschluss sind Ernährungsformen, die mit der Stillnorm brechen, mit diversen Risikokonstruktionen verbunden. Sie werden mit negativen individuellen und gesellschaftlichen Folgen in Verbindung gebracht (vgl. Rückert-John/Kröger 2015, S. 83). So wird z. B. ein Zufüttern mit der Flasche abgelehnt, da dies die Milchproduktion und Versorgung des Kindes stören könne. Auch erzieherische Wirkungen werden dem (Nicht-)Stillen zugeschrieben, etwa die Befürchtung, das Kind lerne ohne das Saugen an der Brust nicht, sich für seine Ziele anzustrengen (vgl. Seehaus/Tolasch 2017, S. 251 f.). Der Aufruf zum (ausschließlichen) Stillen in den ersten Lebensmonaten wirkt so stark, dass ein Verzicht auf das Geben der Mutterbrust nahezu den Eindruck eines Vorenthaltens wichtiger Entwicklungsressourcen entfaltet und mit dieser Deutung „nahe heran an den mächtigen Bedeutungshof der Kindeswohlgefährdung" (Rose/Steinbeck 2015, S. 104) rückt. Entsprechend verwundert es nicht, dass Schwierigkeiten beim Stillen für Mütter häufig zu Schuld- oder Versagensgefühlen führen (vgl. ebd., S. 103).

Angesichts der dem Stillen zugeschriebenen Relevanz wird die Fähigkeit der Mutter, die Brust zu geben, teilweise auch in egalitär eingestellten Paaren dazu herangezogen, die größere Fürsorgekompetenz der Mutter zu betonen (vgl. Rüling 2008, S. 4782f.), auf ihre herausragende Rolle im Elternpaar hinzuweisen (vgl. Flaake 2014, S. 59) und eine besonders enge Beziehung zwischen Kind und Mutter zu begründen (vgl. Ott/Seehaus 2012, S. 136f.; Rückert-John/Kröger 2015, S. 87ff.). Rückert-John und Kröger (2015) stellen fest: „Der Mutter wird, vermittelt über das Stillen, implizit und explizit die Verantwortung für die psychosoziale und gesundheitliche Entwicklung des Kindes auferlegt" (ebd., S. 87). Nur sie kann und soll die beste Ernährung für ihr Kind bereitstellen und damit dessen Wohl und Gesundheit garantieren, so die Logik des Diskurses. Das Einhalten der Stillnorm sichert der Mutter dabei einen exklusiven Zugang zum Kind. Gleichzeitig wirkt der Aufruf zum Stillen, insbesondere angesichts der dem Nicht-Stillen zugeschriebenen Risiken, verpflichtend. Selbst engagierte Väter werden von der essenziellen ersten Ernährungsbeziehung ausgeschlossen (vgl. Rose/Steinbeck 2015, S. 103). Eine Rolle bei der Säuglingsernährung können sie bestenfalls als Unterstützer der Mutter einnehmen (vgl. Rückert-John/ Kröger 2015, S. 87ff.). Die Mutter als diejenige, der in der Folge ihrer Zuständigkeit auch innerhalb des Paares größere Kompetenz bei der Versorgung des Kindes zugeschrieben wird, bestimmt als Gatekeeper, wie stark und auf welche Weise der Vater sich an der Sorge um das Kind beteiligen kann (vgl. ebd., S. 90).

Anhand der Auseinandersetzungen mit dem Stillen wird sichtbar, dass Kinderernährung, zumindest zu Beginn des Lebens, ein Feld darstellt, auf dem maßgeblich ausgetragen wird, wer Zugang zum Kind erhält und wer Verantwortung für ein ‚gutes' und ‚gelingendes Leben' des Kindes, kurzum: eine ‚gute Kindheit' tragen darf und muss. Sich der zugewiesenen Verantwortung zu entziehen, funktioniert dabei nicht ohne mit gängigen Normen ‚guter Elternschaft' zu brechen.

Während die Forschung der letzten Jahre somit deutliche soziale Auswirkungen der Stillnorm in Familien aufgezeigt hat, herrscht zu den sozialen Prozessen während der Umstellung von Milchernährung auf feste Kost ein Forschungsdesiderat. Wenn die Ernährung des Kindes von der Muttermilch – und damit potenziell auch dem Mutterkörper – losgelöst wird, bildet sich Raum für Neuverhandlungen der familiären Ordnung und Verantwortungszuweisungen in der weiteren Modellierung von ‚guter Kindheit'. Der vorliegende Beitrag, basierend auf meiner Bachelor-Thesis im Fach Soziale Arbeit (vgl. Pape 2016), beleuchtet diesen sozialen Prozess der Ernährungsumstellung und arbeitet heraus, wie der Ernährungsübergang im Rahmen von Elternbildungsangeboten von Eltern und Institutionen der Familienbildung normativ gerahmt wird. Nachfolgend skizziere ich das Forschungsfeld, die Kurs- und Beratungsangebote der Familienbildung (2.), um empirisch den Fragen nachzugehen, wie erstens die erste feste Kost dem als optimale, sichere Ernährung dargestellten Stillen gegenübergestellt wird und zweitens wie dabei Verantwortlichkeiten von Müttern und Vätern neu verhandelt werden und Eltern sich im Feld der Kleinkindernährung positionieren (3.1 und 3.2). Ich schließe mit einem Fazit, welches die Auswirkung der Beikosteinführung auf die elterliche Sorge für das Kind diskutiert (4.).

2. Das Forschungsfeld: Kurs- und Beratungsangebote der Familienbildung

Um Einblicke in den Prozess der Beikosteinführung zu erhalten, wurden sieben teilnehmende Beobachtungen in einem Familienzentrum durchgeführt. Es wurden an Eltern gerichtete Kurs- bzw. Beratungsangebote besucht: fünf ‚Stillcafés', zwei Kurse zu Beikosteinführung und eine angeleitete Eltern-Kind-Spielgruppe. Dabei steht weniger die tatsächliche Praxis des Essens oder Fütterns im Familienalltag im Fokus – obwohl vereinzelt auch während der Beobachtungen Still- oder Esssituationen stattfanden – sondern stärker die institutionelle Rahmung der Beikosteinführung sowie die Selbstinszenierungen der teilnehmenden Eltern in diesem Kontext. Ein ethnografischer Ansatz ermöglicht es, hierbei nicht nur explizit Gesagtes, sondern auch die implizite Eigenlogik des Feldes, ihre soziale Ordnung, über das Handeln und Interagieren der Akteur_innen[1] im Feld zu erfassen (vgl. Breidenstein et al. 2013, S. 40 f.). Dabei war ich als teilnehmende Beobachterin an Interaktionen im Feld beteiligt (vgl. ebd., S. 71). Die Analyse der im Anschluss an die Beobachtungen fertiggestellten Beobachtungsprotokolle orientierte sich an der Grounded Theory. Die Protokolle wurden in mehreren Durchgängen codiert. Es wurde zunächst ein Überschuss an Ideen und Analyserichtungen generiert, aus dem im Anschluss zentrale Kategorien für die Analyse herausgearbeitet wurden (vgl. Boehm 1994, S. 127 ff.).

Das Familienzentrum zeigt sich als deutlich von Frauen geprägtes und mehrheitlich von ihnen aufgesuchtes Feld. Männliche Mitarbeiter sind in den besuchten Angeboten nicht vertreten. Alle Angebote fanden in Gruppen statt und wurden von Sozialpädagoginnen oder Erzieherinnen geleitet. Das ‚Stillcafé' ist ein offenes Beratungsangebot, in dem Eltern Fragen zu Stillen, Beikost oder anderen Säuglingspflegethemen vortragen können. Die Beikostkurse bestehen zum Großteil aus Vorträgen der Mitarbeiterin zur Ernährungsumstellung auf feste Kost. Die Eltern-Kind-Spielgruppe wird zum gemeinsamen Spiel und Austausch besucht.

---

[1] Im folgenden Text sind bei einer Nutzung des Gendergap („Akteur_innen") sowohl Männer als auch Frauen gemeint. Wurde nachfolgend das männliche oder weibliche Genus verwendet, so ist auch nur das jeweilige Geschlecht gemeint.

In allen Veranstaltungen herrscht eine informell wirkende Wohnzimmeratmosphäre: Man duzt sich, zieht in den Kursräumen die Schuhe aus und sitzt auf Matten auf dem Boden. Die Mehrheit der Teilnehmer_innen besuchte die Angebote mit einem Baby oder Kleinkind.

3. Empirische Ergebnisse: Praxen der institutionellen Beratung und Begleitung

Es werden zunächst die institutionelle Rahmung der Kinderernährung und damit korrespondierende Kindheitsbilder dargestellt. Dabei zeigt sich, dass das Stillen insbesondere im Kontext der ersten festen Kost als sicher und die Beikost demgegenüber als riskant konstruiert wird. Im Anschluss wird anhand einer Typologie der teilnehmenden Mütter herausgearbeitet, wie diese sich im Kontext der aktualisierten Sicherheits- und Risikokonstruktionen sowie den damit korrespondierenden Kindheitskonstruktionen als verantwortliche Ernährerinnen positionieren.

3.1 Institutionelle Rahmung: Stillen als Sicherheit – Beikost als Risiko

Das Beobachtungsprotokoll dokumentiert, dass die Kursleiterin im Verlauf der Kurse mehrfach Bezüge zum Stillen herstellt. So erfragt sie etwa, ob die Kinder der Teilnehmer_innen gestillt wurden oder werden. Die Kursleiterin steigt über eine Gegenüberstellung von Beikost und Stillernährung in die Beikostkurse ein, indem sie erzählt, dass „manche Kinder keine Lust auf Beikost hätten. Das sei aber nicht weiter schlimm. Stillkinder seien bis Ende des ersten Lebensjahres voll versorgt. Für Flaschenkinder gelte dies nur bis zum zehnten Monat."[2]

Solange das Kind ausschließlich Milch bekommt, erscheint die Ernährung unkompliziert. Vorteile gegenüber anderen Ernährungsformen werden hervorgehoben: Muttermilch wird als optimal zusammengesetzte, vom Kind bevorzugte Nahrung konstruiert, deren Ablehnung, im Gegensatz zur Ablehnung der Beikost, nicht denkbar scheint. In Bezug auf Flaschennahrung wird auf das Risiko einer mangelnden Versorgung des Kindes, zumindest gegen Ende des ersten Lebensjahres, verwiesen. (Nur) das Stillkind, so die Erzählweise, versorgt sich – gerade ohne Beikost – im ersten Lebensjahr automatisch voll. Es entsteht ein Bild von der Stillernährung als Sicherheit, auf die Eltern und Kinder zum

---

2 Dieses und weitere nicht gekennzeichnete Zitate bzw. Paraphrasierungen sind aus dem Datenkorpus meiner Arbeit entnommen (vgl. Pape 2016).

jetzigen Zeitpunkt – die Kinder sind hier zwischen drei und fünfeinhalb Monaten alt – immer wieder zurückkommen können. Darin steckt auch eine zeitliche Normierung: Das Einführen von Beikost wird als wenig dringend gerahmt, während ein weites Zeitfenster für das Aufrechterhalten der Stillernährung konzipiert wird. Dieses orientiert sich an Bedürfnissen, die dem Kind zugeschrieben und von diesem durchgesetzt werden. Das Stillkind wird als widerständige_r und kompetente_r Akteur_in der eigenen Ernährung gezeichnet: Es bevorzugt intuitiv die als vorteilhaft konstruierte Brusternährung und zeigt sich widerständig gegen deren Durchbrechen mit fester Kost.

Sowohl im Stillcafé als auch in den Beikostkursen wird häufig auf die dem Stillen zugeschriebene Vorteile verwiesen, etwa die ständige Frische und Verfügbarkeit, Keimfreiheit und die individuelle Anpassung der Muttermilch an Bedürfnisse des Kindes. Zudem wird auf eine festigende Wirkung der Brusternährung auf die Mutter-Kind-Bindung verwiesen. In der Gegenüberstellung zur als ideal und sicher konstruierten Stillernährung erscheint die erste feste Kost als Wagnis. Neben Gesundheitsrisiken durch Inhaltsstoffe der Nahrung geht es bei der Besprechung der Beikost z. B. um Allergien, Verträglichkeitsprobleme, Dehydrierung, Verderblichkeit, Verunreinigung von Lebensmitteln oder Verletzungsrisiken. Die antizipierten Risiken reichen bis zur Lebensgefahr, v. a. durch Ersticken – ein Thema, das in beiden Beikostkursen sowohl von der Leiterin als auch den Kursteilnehmerinnen ausgiebig behandelt wird. Indem Eltern mit der Beikosteinführung über Ernährungsformen und verabreichte Nahrungsmittel entscheiden, wird das Kind diskursiv vom Versorgungssubjekt zum Versorgungsobjekt, das empfängt, statt zu entscheiden, und somit möglichen Fehlern Ernährender ausgeliefert ist. Mit der Einführung von Beikost wird das Kind so vom selbstbestimmten Akteur einer sicheren Stillernährung zum potenziell gefährdeten Kind. Entsprechend häufig werden in den Kursen Strategien, um das Kind von Risiken der Beikost abzuschirmen, thematisiert, wie der nachfolgende Ausschnitt zeigt. Eine Kursleiterin erklärt, dass „Stillkinder durch die Muttermilch einen natürlichen Darmschutz hätten, der eine bessere Verarbeitung von Gluten ermögliche. Wenn das Kind nicht gestillt worden sei, sei es gut die ersten vier Wochen, in denen es Getreide gäbe, auf Gluten zu verzichten. Danach beginne man mit Hafer, der weniger Gluten beinhalte als andere Sorten, um langsam heranzuführen."

Die Erklärung der Kursleiterin zeigt exemplarisch die Fallstricke, die mit der Einführung fester Kost in Verbindung gebracht werden. Im Gegensatz zur Ernährung mit der optimal zusammengesetzten Muttermilch, so die Darstellung, werden mit fester Kost auch potenziell problematische Stoffe, hier Gluten, eingeführt. Das Stillen wird nicht nur als sicher, sondern auch als Prävention gegen diese Risiken der Beikost eingebracht. Welche Komplikationen genau ohne den „natürlichen Darmschutz" von glutenhaltigen Lebensmitteln erwartet werden, bleibt diffus. Klar wird jedoch, dass mit der Beikost das zuvor gezeichnete

Bild des sich kompetent und selbstbestimmt ernährenden Kindes abgelöst wird durch ein Bild des verletzlichen und abhängigen Kindes. Mit der Übertragung von Ernährungsentscheidungen – etwa der Wahl des ersten Getreides – an die Eltern entsteht Raum für Fehler, die auf das Kind und dessen Entwicklung zurückfallen könnten.

Mit der Einführung von Beikost wird sowohl für Ernährende als auch für Kinder ein neues und schwer zu navigierendes Terrain entworfen. Die Selbstbestimmungsfähigkeit des Kindes als kompetente_r Akteur_in der eigenen Ernährung wird infrage gestellt, etwa durch die Annahme, Widerstände des Kindes gegen bestimmte Nahrungsmittel könnten zu Mangelernährung führen. Derartige Risiken der Beikosteinführung werden oft mit der Empfehlung, parallel weiter zu stillen, beantwortet: Dies ergänze die möglicherweise einseitige Beikost mit den benötigten Nährstoffen und mit Flüssigkeit. Entsprechend wird in den besuchten Angeboten immer wieder betont, Beikost ergänze das Stillen und nicht andersherum.

Mit der Beikosteinführung taucht auch die Konstruktion des maßlosen Kindes auf: Während das Stillen nach Bedarf des Kindes empfohlen wird, eröffnet die Beikost das Risiko einer unregulierten Aufnahme als ungesund angesehener Nahrungsbestandteile, etwa Zucker oder Geschmacksverstärker. Somit wird das Kind in zweifacher Weise als abhängig von Ernährenden gezeichnet: sowohl in der Auswahl geeigneter Nahrung als auch bei der Regulation der Nahrungsmenge – in den Kursen sichtbar gemacht durch Schaubilder wie Kleinkinderernährungspyramiden oder genaue Portionierungsempfehlungen. Über die Konstruktion des nunmehr gefährdeten und abhängigen Kindes wird die Beikosteinführung zur komplexen Aufgabe für Ernährende, die spezifisches Wissen, Vorsicht und ein auf das individuelle Kind abgestimmtes Risikomanagement erfordert.

3.2 Selbstpositionierungen der Ernährerinnen

In diesem neuen Feld der als kompliziert gerahmten Beikost gilt es für die Kursteilnehmer_innen, sich entsprechend gängiger Normen ‚guter Elternschaft' als Ernährer_innen ihrer Kinder zu positionieren. Für den vorliegenden Beitrag werden die in den Kursen und Beratungen am deutlichsten hervortretenden Selbstpositionierungen der teilnehmenden Mütter fokussiert.[3]

---

[3] Insgesamt waren bei den Beobachtungen drei Väter anwesend, weswegen nachfolgend nur die Selbstpositionierungen der Mütter fokussiert werden. Überlegungen zur geringen Teilnahme von Vätern an den Ernährungsbezogenen Elternbildungsangeboten wurden an anderer Stelle ausgeführt (vgl. Pape 2015, S. 25 ff.; Pape 2017, S. 48 f.).

Die Verunsicherte
In allen besuchten Veranstaltungen stellen die Teilnehmerinnen zahlreiche, teilweise grundlegende Fragen zu Kinderernährung. Eine Mutter sagt in einer Veranstaltung, „sie habe schon oft Joghurt gegeben, aber sie frage sich, ob man ihn auch kalt füttern könne. Die Beraterin meint, sie könne ihn ja eine Weile vorher aus dem Kühlschrank nehmen, aber warm machen solle sie ihn nicht. Das schmecke nicht gut. Die Mutter sagt, aber ganz kalt sei er vielleicht auch nicht gut." Eine weitere Mutter erzählt im selben Kurs, „sie koche für ihr Kind immer mit, lasse dabei nur die Gewürze weg. Bei der Tagesmutter bekomme es aber auch eine warme Mahlzeit am Mittag. Das Kind esse also zweimal täglich warm. Ob das schlimm sei."

Beide Mütter scheinen bereits mehr oder weniger etablierte Ernährungspraxen zu beschreiben. Beikost wird, trotz dieser gesammelten Erfahrungen, als völliges Neuland konstruiert. Für Erwachsene gängige Ernährungspraxen scheinen nicht automatisch auf das Essen des Klein(st)kindes anwendbar zu sein. Die Reaktion des Kindes auf die erprobten Ernährungspraxen wird nicht zur Beurteilung herangezogen. Die Annahme scheint zu sein, dass das Kind diese nicht beurteilen und/oder sich nicht mitteilen kann. Die Absicherung der von den Müttern getroffenen Ernährungsentscheidungen können diese also, so die Konstruktion, nur über die Rückmeldung einer Expertin, in diesem Fall der Kursleiterin, erhalten. Die diffusen Befürchtungen, bisherige Praxen könnten ‚schlimm' oder ‚nicht gut' sein, zeichnen das essende Kind dabei nicht nur als verletzlich und abhängig von Handlungen Ernährender, sondern auch als fremdes Wesen, das zu verstehen erst noch erlernt werden muss und dessen Ernährung daher umso komplexer und problematischer erscheint. Dies scheint es vorsorglich auch notwendig zu machen, Sicherheitsüberlegungen vor Fragen nach dem Genuss der Mahlzeit zu rücken: Während etwa die Beraterin zur Frage nach der geeigneten Temperatur von Joghurt in erster Linie darauf hinweist, erwärmt schmecke dieser nicht, markiert die Mutter durch ihren Einwand, kalter Joghurt sei „vielleicht auch nicht gut", ihre Sicherheitsbedenken als Priorität und unterstreicht deren Dringlichkeit.

Genaue Fragen sind im Verlauf der besuchten Angebote sehr häufig. Sie verdeutlichen die Verunsicherung bei der Umstellung von Milch auf feste Kost, jedoch auch die damit einhergehende Verantwortungsübernahme: Auch auf den ersten Blick vermeintlich Unverfängliches wird von den Müttern genau überprüft. Dabei nennen sie keine bestimmten Konsequenzen, die sie als Resultat der Ernährungspraxen erwarten, sondern scheinen vielmehr eine ungefähre Vorstellung davon zu haben, dass etwas daran problematisch sein könnte. Durch ihre Fragen inszenieren sich die Mütter als sensibilisiert für mögliche Risiken der festen Kost und als lernwillige Ernährerinnen.

Die Risikobewusste

Die mit dem Beikosteinstieg erwarteten Risiken bleiben nicht immer diffus, sondern werden teilweise explizit benannt, oder anders gewendet: Die Einführung der Beikost gefährdet das verletzliche und hilflose Kind ganz konkret. Die antizipierten Risiken der Beikost spitzen sich bis zu möglichen Notfällen zu, wie in nachfolgendem Ausschnitt verhandelt wird:

> *Mutter 4 sagt, sie habe kürzlich einen Erste-Hilfe-Kurs für Kinder gemacht und das einzig wirklich Gefährliche seien kleine runde Lebensmittel wie Trauben oder Cocktailwürstchen. Wenn die stecken blieben, müsse man das Kind über das Knie legen und richtig fest den Rücken klopfen. Sie deutet es an ihrer Tochter an. Ganz kleine Babys könne man noch an den Füßen über Kopf halten. Das sei doch sicher schlecht für den Rücken, meint Mutter 1. Man mache es ja auch nur im Notfall, sagt Mutter 4. Wenn etwas in der Luftröhre stecken bleibe, dann komme es im schlimmsten Fall darauf an, wie weit es nach unten gerutscht sei. Wenn es hoch genug stecke, könne man noch einen Luftröhrenschnitt machen.*

Das Risiko des Erstickens wird in nahezu allen Veranstaltungen angesprochen. Eine Mutter weist hier auf ihr bereits vorhandenes Bewusstsein für solche konkreten Risiken der festen Kost hin und demonstriert gleichzeitig ihre erarbeitete Expertise, um diesen entgegenwirken zu können. Dabei demonstriert sie ebenso ihre Bereitschaft sowie die Notwendigkeit für die Sicherheit ihres Kindes handelnd aktiv zu werden. Durch ihren vorsorglichen Besuch eines Erste-Hilfe-Kurses für Kinder und ihr Vorführen des dort eingeübten Vorgehens konstruiert sie das Wissen über die nötige Intervention bei Essensunfällen während der Beikosteinführung als nicht nur für ihre eigene Familie wichtig, sondern als auch für andere Eltern relevant. Die anderen anwesenden Mütter schließen sich dem durch die ihr gewidmete Aufmerksamkeit und ihre Nachfragen an. Dabei wird jedoch ein Dilemma sichtbar. Wird das Ersticken durch die erlernte Intervention erfolgreich vermieden, ergibt sich daraus ein neues Risiko: Verletzungen durch die Rettungshandlungen.

Das so entstehende Bild eines notwendig werdenden anspruchsvollen Risikomanagements bei der Ernährung des Kindes taucht in den besuchten Veranstaltungen immer wieder auf. So werden etwa Argumente für das Selbstkochen, das eine Gewöhnung des Kindes an industriell verarbeitetes Essen vermeiden soll, durch Gegenargumente zur Verderblichkeit von Selbstgekochtem beantwortet, oder Risiken möglicherweise bleibelasteten Leitungswassers den Risiken von Weichmachern aus Plastikflaschen gegenübergestellt. Das essende Kind wird als umfassend gefährdet konstruiert. Ein gelungenes Risikomanagement, so die gemeinsame Konstruktion, kann nur eine Annäherung an eine sichere Kindheit, jedoch niemals ein Garant für diese darstellen, denn wird ein Risiko erfolgreich vermieden, zeigt sich in der Folge ein neues, das abgewogen werden muss.

Die Mitschreiberin
Bei den besuchten Beikostkursen, vereinzelt auch in den Stillcafés, werden Materialien wie Skripte und Rezeptsammlungen ausgeteilt und auch auf weiterführende Literatur und andere Informationsmaterialien verwiesen. Zusätzlich bringen viele Teilnehmerinnen Notizbücher mit oder schreiben auf den ausgeteilten Materialien mit. In beiden Beikostkursen tun einige Mütter dies besonders ausführlich, wie der nachfolgende Ausschnitt exemplarisch illustriert:

Die Beraterin sagt den Eltern, aufpassen müssten sie mit kleinen, harten Lebensmitteln. [...] Eine Mutter fragt, ob das wegen der Verschluckungsgefahr sei. Die Beraterin bejaht das. Gerade Erdnüsse seien wie kleine Saugnäpfe, wenn sich die Hälften trennen. Die Mutter schreibt mit. Sie fragt, was mit Trauben sei. Die Beraterin sagt, würden Trauben ganz verschluckt, sei das eigentlich ok. [...] Die Mutter möchte wissen, ab wann man dann Trauben geben könne. Die Beraterin meint, das komme auf das Talent des Kindes an. Sie würde jedoch unter neun Monaten noch keine Trauben geben.

Die Mutter schreibt ausgiebig mit und stellt dabei gezielt Fragen, mit denen sie die im Kurs vermittelten Informationen ergänzt und lückenlos das von ihr als wichtig ausgewählte Wissen zu Kinderernährung dokumentieren kann. Die sicherheitsbezogenen Überlegungen zu verschluckbaren Lebensmitteln werden von ihr durch ihr Mitschreiben als relevant markiert. Mit ihren Nachfragen verweist sie auch auf ihre bereits erfolgte Vorbereitung auf das Thema – bereits im Vorfeld zum Kurs scheint sie sich über potenziell gefährliche Lebensmittel informiert zu haben.

Mit vertiefenden Nachfragen inszenieren sich die Mütter nicht nur als vorinformiert, sondern auch als gründlich – mögliche Informationslücken werden von ihnen gezielt und vorausschauend geschlossen. Sichere Kinderernährung wird als etwas konstruiert, das spezialisiertes und umfassendes Wissen erfordert, um gut und sicher bereitgestellt werden zu können. Der Beikostkurs dient als eines der Mittel der hierfür als nötig konstruierten Expertisierung. Die mitschreibenden Mütter inszenieren sich als verantwortlich für diese Sicherheitsmaßnahme. Das Mitschreiben ist Teil einer Qualitätssicherung, die verdeutlicht, dass die Mütter für die Ernährung des Kindes quasi bürgen. Über diese Übernahme des Qualitätsmanagements festigen sie auch ihre Beteiligung an der Kinderernährung, unabhängig davon, ob sie selbst oder andere diese ausführen. Gleichzeitig verdeutlicht die Art der Informationsbeschaffung und -dokumentation einen Fokus auf quasi standardisiertes Expert_innenwissen als prioritär bei der Beurteilung des Kinderessens. So wird das gemeinsame Sammeln von Esserfahrungen mit dem Kind nicht als Möglichkeit eingebracht, mehr über sichere Kinderernährung zu lernen. Dies kann als Verweis auf die erwartete Unfähigkeit des Kindes zu urteilen und sich mitzuteilen gelesen werden, aber auch als Hinweis auf die Konstruktion einer Verletzlichkeit des Kindes, die das unbedingte Vermeiden von Fehlentscheidungen, wie sie im Rahmen einer Trial-and-Error-Herangehensweise unumgänglich wären, begründet.

Die Gatekeeperin

Die fortschreitende Expertisierung der Mutter am Ende der Stillzeit, etwa durch das Wahrnehmen der untersuchten Bildungsangebote, sichert ihre Stellung als Informationsquelle zu kindbezogenen Themen. Selbst wenn sie nicht eigens präsent sein kann und Verantwortung an den Vater abgibt, bleibt sie so in der Position, dessen Beteiligung an Kinderernährung anzuleiten und zu bewerten. Dies zeigt sich exemplarisch an einer Szene aus dem Stillcafé, in deren Vorfeld die teilnehmende Mutter erklärt, wegen ihres bevorstehenden Berufseinstiegs einen Teil der Ernährungsaufgaben an ihren Partner abgeben zu müssen und deswegen Rat zu suchen.

Die Beraterin fährt fort: „In diesem Alter wissen die Kinder, dass nur ihr stillt." [...] Die älteren Kinder wüssten schon, dass sie ohne die Mutter etwas anderes bräuchten und holten es sich dann auch. [...] Die Mutter wirft ein, ob das denn nicht psychische Gewalt sei, so den Willen des Kindes zu brechen. Sie bezieht sich wohl darauf, dass das Kind in der Abwesenheit der Mutter Brei oder andere Nahrung essen muss. [...] Sie wolle aber morgens und abends auf jeden Fall noch stillen. Die Beraterin beruhigt sie und sagt, dass sie das auch könne.

Während die Beraterin das Füttern durch den Vater hier als relativ problemfrei und die Mutter als zumindest phasenweise ersetzbar entwirft, verteidigt diese ihre Position als zentrale Ernährerin. Das Kind wird von ihr als reflexives Wesen mit eigenem Willen – nämlich weiterhin gestillt zu werden – entworfen. Gleichzeitig wird das Kind durch die Einführung von Beikost als der Fremdbestimmung durch andere ausgeliefert und daher in der Phase der Ernährungsumstellung als besonders schutzbedürftig entworfen. Den vermeintlichen Zwang der Beikosteinführung zu vermeiden, ist mit der stärkeren Beteiligung des Vaters an Ernährungsaufgaben kaum vereinbar und sichert der stillenden Mutter eine Position als einzige, die die Bedürfnisse des Kindes befriedigen und so eine positive psychische Entwicklung gewährleisten kann. Für den Vater entsteht ein Doublebind: Er soll sich aktiv an der Kinderbetreuung beteiligen, jedoch im Sinne der Mutter und innerhalb der von ihr gesetzten Grenzen (vgl. Meuser 2011, S. 76). Die Mutter inszeniert sich als diejenige, die zum Schutz des Kindes entscheidet, welche Aufgaben wann delegiert werden, während dem Vater nur die ausführende Rolle zugestanden wird. Die Mutter verteidigt dabei über die Bezugnahme auf Risiken der Beikosteinführung ihre Position als Gatekeeperin und sichert ihre Machtposition innerhalb des Elternpaares. Legitimiert wird dies über die Konstruktion, dass der dem Kind zugeschriebene Wille und dessen Recht auf Schutz nur durch ein Weiterführen der Stillbeziehung gewährleistet werden können. Die Konstruktion der vom Kind bevorzugten und als einzige zur Bedürfnisbefriedigung geeigneten stillenden Mutter wird so bis in die Beikostphase hinein fortgeschrieben. Auch wenn sie für die Umsetzung von Ernährungsaufgaben nun nicht mehr allein zuständig ist, reguliert sie so den Zugang des Vaters zum Kind. Es wird sichtbar, dass die Umstellung auf feste Kost durchaus Raum für eine Verschiebung der Verantwortungsübernahme zugunsten des Vaters bietet, dass dessen stärkere Beteiligung jedoch nicht automatisch als selbstverständlich akzeptiert wird, sondern vielmehr ein Feld intensiver Auseinandersetzung unter Einbezug der vermuteten Position des Kindes darstellt.

4. Fazit: Beikosteinführung und ihre Auswirkung auf die elterliche Sorge für das Kind

Die Beikosteinführung zeigt sich als Umbruchzeit, in der Verantwortlichkeiten im Elternpaar, mit Blick auf das zu versorgende Kind, neu ausgehandelt werden. Mit dem Ende der als unkompliziert konstruierten reinen Milchernährung wird der Beginn einer riskanten Phase konstruiert, in der Fehler und das Eintreten von Risiken wahrscheinlich sind. Diese Risiken, so die Rahmung, müssen ernst genommen werden, denn Ernährung wird weiterhin als ausschlaggebend für eine positive Entwicklung und somit eine ‚gute Kindheit' konzipiert.

Der Blick ins Feld gibt nicht nur Einblicke in institutionell mitgetragene Konstruktionen von Kindheit und (un)sicherer Kinderernährung, sondern auch darin, wie Eltern sich zu diesen Konstruktionen und den damit einhergehenden Verantwortungszuweisungen positionieren. Das gestillte Kind wird als aktives Versorgungssubjekt konstruiert, ausgestattet mit persönlichem Geschmack, Willen und der Fähigkeit, sich ‚zu holen, was es braucht' – nämlich die als optimale Nahrung dargestellte Muttermilch. Mit der Entwöhnung von der Brust und der Einführung fester Nahrung zeigt sich eine andere Konstruktion: Dem Kind wird nicht länger die Fähigkeit zugeschrieben, zu erkennen und einzufordern, was ihm guttut. Es wird zum passiven, empfangenden Versorgungsobjekt, das von Ernährungsentscheidungen anderer abhängig, diesen sogar ausgeliefert ist.

Diese Konstruktion des essenden Kindes als unfähig, eigene Bedürfnisse mitzuteilen und eigene Entscheidungen zu treffen, legitimiert Eingriffe durch Ernährende und im Rahmen der Elternbildung aufgesuchte sozialpädagogische Fachkräfte. Als „advokatorisch Fürsorgende" (Brumlik 2004) müssen sie im Sinne des Kindes entscheiden und handeln. Der Besuch bzw. das Leiten von Kursen und Beratungen kann als Teil dieser Verantwortungsübernahme verstanden werden. Hier wird vor allem von Expert_innen vermitteltes Wissen über Kinderernährung als Voraussetzung konstruiert, gute und sichere Nahrung

– und damit eine gute und sichere Kindheit – bereitstellen zu können. Trotzdem offenbart sich im Besuch der Elternbildungsangebote ein gewisser Widerspruch: Wurden Reaktionen des (nicht) essenden Kindes während der Stillzeit im institutionellen Setting als kompetente Willensäußerungen des Kindes verstanden, die von Eltern gelesen werden können, wird ein Aktivwerden des mit Beikost gefütterten Kindes anders gedeutet: Es wird nun als widerständiges oder maßloses Kind problematisiert, das Gesundes verweigert, dafür jedoch Schädliches, etwa zu viel Zucker, verlangt. An Ernährende wird „der Anspruch auf Kontrolle und Korrektur" (Hungerland 2003, S. 140) herangetragen, der aus der Darstellung der kindlichen Entwicklung als „sehr störanfälligem Prozess" (ebd.) erwächst. Gleichzeitig besteht der Anspruch sich in das Kind hineinzuversetzen, um advokatorisch für das Kind handeln zu können und es langfristig gesehen auf die eigene Mündigkeit vorzubereiten (vgl. Brumlik 2004, S. 164), hier in Form eines zukünftig verantwortlichen und gesunden Essverhaltens.

Ausnahmen, also Konstruktionen eines reflexiven und sich während der Einführung fester Kost kompetent ernährenden Kindes, zeigen sich, wo gleichzeitig Grenzen zwischen Stillernährung und Beikosteinführung und damit auch Machtverschiebungen innerhalb des Elternpaares mitverhandelt werden: Dem die Beikost verweigernden, die Mutterbrust bevorzugenden Kind wird erneut der Subjektstatus zugesprochen. Der dem Kind zugeschriebene Wunsch nach einem weiteren Stillen, zumindest parallel zur festen Kost, wird als Ausdruck von dessen Selbstbestimmung gelesen und dient dazu, ein Gatekeeping der Mutter gerade in der Ernährungsumstellungsphase zu legitimieren. Die väterliche Beteiligung bleibt so über ein Fortschreiben der Stillnorm und des mütterlichen Gatekeepings während der Einführung von Beikost optional – während die Mutter weiterhin als Haupternährerin des Kindes die Verantwortung für dessen Wohl trägt.

Literatur

Boehm, Andreas (1994): Grounded Theory – Wie aus Texten Modelle und Theorien gemacht werden. In: Gesellschaft für Angewandte Informationswissenschaft e.V. (Hrsg.): Texte verstehen: Konzepte, Methoden, Werkzeuge. Konstanz: UVK Universitätsverlag, S. 121–140.

Breidenstein, Georg/Hirschauer, Stefan/Kalthoff, Herbert/Nieswand, Boris (2013): Ethnografie. Die Praxis der Feldforschung. Konstanz und München: UVK Verlagsgesellschaft.

Brumlik, Micha (2004): Advokatorische Ethik: zur Legitimation pädagogischer Eingriffe. 2. Auflage. Berlin: Philo.

Flaake, Karin (2014): Neue Mütter – Neue Väter. Eine empirische Studie zu veränderten Geschlechterbeziehungen in Familien. Gießen: Psychosozial.

Hungerland, Beatrice (2003): „Und so gedeiht das Baby!". Altersgerechte Entwicklung und Gesundheit als gesellschaftliche Norm und Leistung. In: Hengst, Heinz/Kelle, Helga

(Hrsg.): Kinder – Körper – Identitäten. Theoretische und empirische Annäherungen an kulturelle Praxis und sozialen Wandel. Weinheim und München: Juventa, S. 139–160.

Meuser, Michael (2011): Die Entdeckung der „neuen Väter". Vaterschaftspraktiken, Geschlechtsnormen und Geschlechterkonflikte. In: Hahn, Kornelia/Koppetsch, Cornelia (Hrsg.): Soziologie des Privaten. Wiesbaden: VS, S. 71–82.

Ott, Marion/Seehaus, Rhea (2012): „Es ist halt durchs Stillen. Dadurch ergibt es sich einfach.": Familiale Arbeitsteilungsmuster und Naturalisierungseffekte von Stilldiskursen. In: Moser, Vera/Rendtorff, Barbara (Hrsg.): Riskante Leben? Geschlechterdimensionen reflexiver Modernisierungsprozesse. Opladen, Berlin, Toronto: Barbara Budrich, S. 131–140.

Pape, Judith (2016): Von Brust zu Brei – Ein geschlechterkritischer Blick auf die Gestaltung des Übergangs von Milch zu Beikost. In: gFFZ (Hrsg.): Abschlussarbeiten Nr. 5/2016. Frankfurt am Main: Frankfurt University of Applied Sciences. www.gffz.de/fileadmin/user_upload/Abschlussarbeiten/Pape_Thesis.pdf (Abfrage: 25.06.2020).

Pape, Judith (2017): Beikost als komplizierte Angelegenheit: erwartete Risiken bei der Umstellung auf feste Kost und daran gebundene Verantwortlichkeiten beim Elternpaar. In: Soziologiemagazin 10, H. 1, S. 35–52. https://doi.org/10.3224/soz.v10i1.28499 (Abfrage: 05.11.2019).

Rose, Lotte/Steinbeck, Stephanie (2015): Die Ernährung des Säuglings an der Mutterbrust. Ethnografische Notizen zu einer Geschlechterasymmetrie qua Natur. In: Seehaus, Rhea/Rose, Lotte/Günther, Marga (Hrsg.): Mutter, Vater, Kind – Geschlechterpraxen in der Elternschaft. Opladen, Berlin, Toronto: Barbara Budrich, S. 101–121.

Rückert-John, Jana/Kröger, Melanie (2015): ‚Stillende' Männer. Väterselbstbilder und Väterfremdbilder im Übergang zur Elternschaft. In: Seehaus, Rhea/Rose, Lotte/Günther, Marga (Hrsg.): Mutter, Vater, Kind – Geschlechterpraxen in der Elternschaft. Opladen, Berlin, Toronto: Barbara Budrich, S. 81–99.

Rüling, Anneli (2008): Das Stillen – Traditionalisierung der Arbeitsteilung durch naturalisierende Deutung von Geschlecht? In: Rehberg, Karl-Siegbert (Hrsg.): Die Natur der Gesellschaft. Verhandlungen des 33. Kongresses der Deutschen Gesellschaft für Soziologie in Kassel 2006. Frankfurt am Main: Campus, S. 4774–4786.

Seehaus, Rhea/Tolasch, Eva (2017): Vom Eltern-Projekt zum Mutter-Projekt. Über Fürsorge-Verantwortlichkeiten in der Stillberatung. In: Seehaus, Rhea/Tolasch, Eva (Hrsg.): Mutterschaften sichtbar machen. Sozial- und kulturwissenschaftliche Beiträge. Opladen, Berlin, Toronto: Barbara Budrich, S. 241–253.

Nutritive Sorge in Elternratgebern zur Kinderernährung
Ergebnisse einer Dokumentenanalyse

Ulf Sauerbrey, Claudia Schick, Sonja Wobig und Sven Schulz

1. Kinderernährung in Elternratgebern – eine Einführung

Wissen über Sorgepraktiken im Umgang mit Kindern wird heute vielerorts an Eltern vermittelt. Nicht nur unmittelbar in Gesprächen mit Freund_innen, Verwandten, Hebammen, Ärzt_innen oder pädagogischen Fachkräften, sondern auch auf dem Buchmarkt, in Magazinen, im Internet und im Fernsehen findet sich ein mitunter breites Angebot populär aufbereiteter Themen, darunter auch Wissen und Rat zum Thema Kinderernährung bzw. zum gemeinsamen Essen mit Kindern. Die Produktion, Verbreitung und Inanspruchnahme[1] von Elternratgebern zu diesem Themenkomplex wurde bislang kaum untersucht. Dies erstaunt vor dem Hintergrund, dass mediale Ratgeber nahezu allgegenwärtig sind. Sieht man von den kaum überschaubaren Angeboten des Internets einmal ab, so bildeten Ratgeber in den einzelnen Warengruppen im deutschen Buchhandel im Jahr 2018 immerhin einen Umsatzanteil von 14 Prozent (vgl. Börsenverein des deutschen Buchhandels 2019). Einen großen Teil bilden dabei die sogenannten Lebensratgeber, unter die auch an Eltern adressierte Bücher zu den Themen Pflege, Gesundheit und Erziehung fallen (vgl. Heimerdinger 2015; Krüger 2017). Neben Kindheitsbildern in ‚klassischen' pädagogischen Texten, die nicht selten explizit ratgeberförmig artikuliert und oft unmittelbar an Eltern bzw. Pädagog_innen adressiert waren (vgl. etwa bzgl. Salzmann: Hopfner 2019 oder bzgl. Rousseau: Schmidt 2018), hat die Forschung auch verschiedene Elternschaftsentwürfe in Ratgebern herausgearbeitet (vgl. Krüger 2017). Ein Vergleich historischer und zeitgenössischer Ratgeberbücher zur Geburt gab zudem „Hinweise auf Veränderungen in der Sicht auf Mütter und Väter, ihre Rollen und Aufgaben" (Baader 2008, S. 133). Auch die historische Entwicklung des

---

1 Ratgeberforschung lässt sich in Anlehnung an eine Systematik von Christian Lüders (1994) in drei zentrale Zugänge gliedern: die *Produktion* (Fragen nach dem Material: Wie ist es beschaffen? Wer produziert es? Welche Inhalte finden sich darin? Welches wissenschaftliche oder anderweitig generierte Wissen wird präsentiert?), die *Verbreitung* (Wie viele Ratgeber werden wo angeboten und gekauft?) und die *Verwendung* des Materials (Wer kauft Ratgeber? Wer liest sie? Wie werden die Informationen rezipiert?).

Stilldiskurses in Elternratgebern macht deutlich, dass kulturelle Entwicklungen einen starken Einfluss auf gesellschaftliche Ansprüche insbesondere an mütterliches Sorgeverhalten haben (vgl. Heimerdinger 2009; Busch 2016; auch: Seichter 2014). Rhea Seehaus (2014) hält in ihrer Studie „Die Sorge um das Kind" mit Blick auf die „Rahmenbedingungen moderner Elternschaft" (ebd., S. 21) fest, dass solche Ratgeberliteratur einen nicht unbedeutenden Einflussfaktor für das Familienleben darstelle. Elternratgeber stellen demnach regelrecht Anforderungen, das in ihnen enthaltene „populärwissenschaftlich aufbereitete pädagogische, psychologische und medizinische Wissen" (ebd., S. 26) auch zur Kenntnis zu nehmen, und Elternschaft werde darüber hinaus „zunehmend als Lernaufgabe entworfen" (ebd.).

Vor diesem Hintergrund haben wir mit dem Anliegen, die Produktionsdimension von Elternratgebern zum Thema Kindergesundheit aufzuklären, im Herbst 2017 im Rahmen des Forschungsprojekts GeWiMe („Gesundheitswissen in populären Medien") am Universitätsklinikum Jena an Eltern adressierte Ratgeberbücher aus drei der am häufigsten für den Bücherkauf genutzten deutschsprachigen Online-Buchhandelsportale erfasst (vgl. Statista 2017; zur Erhebungsform vgl. Ramos/Youngclarke 2006; Kennedy et al. 2009; Kanis et al. 2016). Durch spezifische Suchanfragen generierten wir dabei zwischen dem 28.10.2017 und dem 03.11.2017 eine Liste mit 788 Elternratgebern und kodierten diese anschließend mittels einer vorrangig induktiven Inhaltsanalyse unter Verwendung der Software MAXQDA mit Themenkategorien (vgl. Kuckartz 2016). Dabei zeigte sich, dass Ernährung mit 134 Büchern die häufigste Themenkategorie der erfassten Elternratgeber bildete (vgl. Sauerbrey et al. 2018).

In einer ersten explorativen Untersuchung, die sich auf die Fragen nach den pädagogischen Begründungsmustern in den Elternratgebern zur Kinderernährung und auf die Rezeption wissenschaftlichen Wissens richtete (vgl. Sauerbrey et al. 2019), konnte an einem Sample von sechs Büchern bereits gezeigt werden, dass sie sich hinsichtlich der Vermittlung richtigen Essverhaltens bzw. gewünschter familialer Esskultur vorrangig auf eine Handlungsform beziehen, die sich in Anlehnung an Prange und Strobel-Eisele (2015) als *ostensives Zeigen* beschreiben lässt (vgl. dazu auch 4.). Darüber hinaus konnten wir exemplarisch zeigen, dass in den Ratgeberbüchern eine eher selektive Wissensrezeption stattfindet (vgl. Sauerbrey et al. 2019). Anschließend an diese dokumentenanalytisch generierten Ergebnisse soll im Folgenden die *nutritive Sorge,* die in den Elternratgebern durch bestimmte Ratschläge zum richtigen Umgang mit Kinderernährung jeweils konzipiert wird, herausgearbeitet werden.[2] Um den voll-

---

2   Dabei handelt es sich – streng genommen – um eine auf den Vorarbeiten basierende Sekundäranalyse. Der vorliegende Beitrag greift dabei das bereits rekonstruierte Begründungsmuster des ostensiven Zeigens, das in allen sechs Elternratgebern vertreten ist, erneut auf,

zogenen Forschungsprozess angemessen abzubilden, werden zunächst die Materialauswahl und das dokumentenanalytische Auswertungsverfahren skizziert (2.), bevor anschließend die nutritive Sorge als Programmatik in den Elternratgebern herausgeschält (3.) und mit Blick auf das ostensive Zeigen als deren zentrales Element skizziert wird (4.). Den Abschluss bilden eine Diskussion sowie Fazit samt Plädoyer für eine erziehungswissenschaftlich fundierte Ratgeberforschung zum Thema Kinderernährung (5.).

2. Materialauswahl, Auswertungsverfahren und Charakteristik des Samples

Zunächst interessierte uns die fachliche Provenienz der Autor_innen der 134 Elternratgeber zur Kinderernährung. Wie Markus Höffer-Mehlmer (2003) in einer umfassenden historisch angelegten Studie herausgearbeitet hat, haben wir es im Falle von Elternratgebern im Allgemeinen mit einer Textklasse zu tun, die von Personen mit verschiedenen fachlichen Hintergründen verfasst wird. Eine von uns eigens durchgeführte, auf Bibliothekskatalogen basierende Suchstrategie (vgl. Haffner 2013) nach den Berufen der Autor_innen führte zu dem Ergebnis, dass auch die von uns erfassten Elternratgeber heterogene fachliche Provenienzen aufweisen: Es wurden 40 verschiedene Berufe bzw. fachliche Hintergründe bei den 135 Autor_innen der 134 Bücher identifiziert (vgl. Sauerbrey et al. 2019). Die häufigsten fachlichen Provenienzen bilden Ernährungswissenschaftler_in/Ökotropholog_in (30 Personen), Ärzt_in (27), Ernährungsberater_in (9), Journalist_in (9), Psycholog_in (8), Heilpraktiker_in (7), Lehrer_in (3), Logopäd_in (3), Diät-Assistent_in (3) und Köch_in (2) (vgl. ebd.). Dieses Ergebnis zur Herkunft der Elternratgeber fügt sich stimmig ein in die Ergebnisse des jüngeren Forschungsstands über die Heterogenität der Autor_innen von Elternratgebern zu den Themen Schwangerschaft und Geburt (vgl. Kennedy et al. 2009) und zu den klassischen Kinderkrankheiten (vgl. Gärtner 2010).

Um für die Auswertung des Konzepts nutritiver Sorge einen Kontrast der Bücher zu ermöglichen, wurden aus der generierten Elternratgeberliste drei Bücher von Ärzt_innen und drei von Personen der Gruppe der Ernährungswissenschaftler_innen/Ökotropholog_innen und Ernährungsberater_innen ausgewählt. Es wurden inhaltliche Unterschiede, die durch die fachliche Provenienz der Autor_innen bedingt sind, vermutet. Um ein möglichst breites Bild der Ratgeberbücher zu erhalten, haben wir bewusst nicht die Ranglistenplätze der am häufigsten gekauften Bücher als Einschlusskriterium gewählt. Das erste Ein-

---

vertieft jedoch auf Basis des empirischen Materials noch einmal die programmatisch-konzeptuellen Dimensionen nutritiver elterlicher Sorge.

schlusskriterium für die Materialauswahl bildete eine Alleinautor_innenschaft, um möglichst zu vermeiden, dass sich verschiedene berufliche Perspektiven mehrerer Autor_innen auf das Thema Kinderernährung in einem Buch überlagern bzw. verdecken. Das zweite Einschlusskriterium umfasste provokante oder auf eine Problemlösung hinweisende Buchtitel sowie auffällig gelayoutete Buchcover (farbig, visuell ansprechend durch Fotografien oder Zeichnungen). Ziel war es dabei, diejenigen Bücher auszuwählen, auf die möglicherweise auch Eltern aufmerksam werden, denn „[i]nsgesamt sind Ratgeber gegenüber der Beratung eher an öffentlichkeitswirksamen Konkretisierungen ausgerichtet" (Cleppien 2017, S. 116). Als drittes Einschlusskriterium wurde beschlossen, dass kein Buch in der letzten Auflage vor 2005 erschienen sein sollte, um möglichst aktuelle Elternratgeber und ggf. zeitgenössische Debatten und Motive über Kinderernährung erfassen zu können. Das vierte Einschlusskriterium bezog sich schlussendlich auf die Produktionsdimension der Verlage: um auch hier eine möglichst kontrastreiche Vielfalt erfassen zu können, wurden die Bücher sowohl von bekannten (GU, Goldmann, Elsevier/Urban & Fischer) als auch von eher unbekannten Verlagshäusern (Artulen, Nova MD, Unimedica/Narayana) ausgewählt.

Aufseiten der Ärzt_innen haben wir vor diesem Hintergrund Dr. Claudia Bergers „Dicke Kinder sterben früher" (2017), Dr. Joel Fuhrmans „Gesunde Kids durch Powerfood" (2017) sowie „Das große GU Familienernährungsbuch" (2011), verfasst von Dr. Ute Gola, ausgewählt. Demgegenüber haben wir das Buch des prominenten französischen Ernährungsberaters und ‚Diät-Gurus' Michel Montignac[3] mit dem Titel „Montignac macht Kinder schlank. Europas erfolgreichster Schlankmacher" (2006), das Buch „Kinderernährung gesund & richtig. Expertenwissen und Tipps für den Essalltag" (2012) der Ökotrophologin Gabi Eugster sowie das Buch „Die Walleczek-Methode für Ihr Kind. Richtig essen leicht gemacht" (2011) der in Österreich prominenten Moderatorin und diplomierten Ernährungsberaterin Sasha Walleczek hinzugezogen.

Die Auswertung der Bücher erfolgte in Anlehnung an das dokumentenanalytische Verfahren nach Wolff und damit in einem „konversationsanalytisch[en]" Ansatz (Wolff 2017, S. 508; vgl. Hoffmann 2018), dessen zentrales Merkmal es ist, dass die mit dem Forschungsanliegen fokussierten Daten nicht (im strengen Sinne) selbst erhoben werden – etwa durch teilnehmende Beobachtung, Interviews oder Gruppendiskussionen. Stattdessen werden Daten aus der bereits vorfindbaren „dokumentarische[n] Wirklichkeit" (Wolff 2017, S. 502) menschlicher Kulturerzeugnisse ausgewählt und auf diese Weise (im erweiter-

---

3 Die Montignac-Methode ist nach Michel Montignac (1944–2010) benannt und verfolgt als Ernährungskonzept vor allem eine Gewichtsreduktion.

ten Sinne) ‚erhoben'.[4] Alle sechs Ratgeberbücher wurden in Bezug auf die im Forschungsprozess generierten Leitfragen zusammengefasst und auf dieser Basis im Forschungsteam diskutiert.[5] Es wurden dabei nicht nur die schriftlichen Texte, sondern auch die Gestaltung bzw. das Layout der Bücher und andere ästhetische Dimensionen in die Analyse einbezogen, die teilweise in Kombination mit dem Text spezifische „methodisch gestaltete Kommunikationszüge" (Wolff 2017, S. 511) der Dokumente bildeten. Für die hier vorliegende Sekundäranalyse wurden die Bücher und unsere Zusammenfassungen erneut diskutiert, um das Konzept nutritiver elterlicher Sorge herauszuarbeiten.

3. Nutritive Sorge als Konzept in Elternratgebern

Zur allgemeinen Charakteristik der ausgewählten Elternratgeber lässt sich zunächst festhalten, dass fünf der sechs Bücher umfangreich bebildert sind. Auffällig ist weiterhin, dass in jedem der Elternratgeber neben allgemeinen Informationen zur Ernährung (bspw. die Ernährungspyramide der DGE) zahlreiche Rezepte enthalten sind – zum Teil sogar im stetigen Wechsel zwischen Darstellungen zur Kinderernährung und zum elterlichen Verhalten in Essenssituationen.

Im Zentrum der Darstellung aller sechs Ratgeber stehen Ratschläge zur ‚richtigen' Kinderernährung. Wer solchen Rat zum korrekten Verhalten von Eltern bei der Auswahl und Zubereitung von Lebens- und Nahrungsmitteln sowie zum richtigen Umgang mit Kindern in Essenssituationen gibt, argumentiert notwendigerweise normativ. Dies bedeutet: Elternratgeber fokussieren im Unterschied zu Theorien oder auch im Vergleich mit dem Sachbuch *nicht primär* darauf, wie etwas *ist*, sondern vor allem wie etwas *sein soll* – und geben dementsprechend Ratschläge, wie es zu diesem oder jenem Soll-Zustand kommen könne. Die Darstellung des ‚Wie' nutritiver Sorge in Elternratgebern bildet somit keine Beschreibung tatsächlicher Zustände. Sie wird vielmehr als Programmatik bzw. als Handlungskonzept verfasst, die von bestimmten defizitären Zuständen ausgeht und mittels derer ‚andere' Zustände des Kindes erst erreicht werden

---

4 Dies festzuhalten ist notwendig, da unter dem Begriff ‚Dokumentenanalyse' z.T. sehr unterschiedliche Forschungsverfahren in der Erziehungswissenschaft verstanden werden. Die Analyse von Daten im Rahmen einer Dokumentenanalyse lässt sich mit zahlreichen gängigen Auswertungsverfahren, etwa der Diskursanalyse, der Inhaltsanalyse oder der Dokumentarischen Methode, durchführen (vgl. dazu grundlegend Hoffmann 2018).

5 Die Leitfragen unserer Primäranalyse lauteten: Welche pädagogischen Begründungsmuster werden in Elternratgebern zur Kinderernährung angeführt? Und: Welches Wissen über Kinderernährung wird in den Büchern rezipiert und welche Rolle spielen dabei – in Abhängigkeit von der fachlichen Provenienz der Autor_innen der Ratgeber – die Empfehlungen wissenschaftlicher Fachgesellschaften (vgl. Sauerbrey et al. 2019, S. 155)?

können. Diese ‚anderen' Zustände bilden in den sechs ausgewählten Elternratgebern schlussendlich durchweg das ‚richtige' kindliche Essverhalten. Dieses wird als solches jedoch kaum explizit in den Büchern herausgehoben, sondern vor allem in die Darstellung von praktischen Tipps dazu, wie Esssituationen durch Eltern gestaltet werden können bzw. wie eine gesunde Ernährung im Alltag umgesetzt werden kann, eingeflochten. Nutritive Sorge erscheint in den Ratgeberbüchern somit vorrangig als ein Tätigkeitskomplex der Eltern und kaum als Selbstfürsorge der Kinder. Anders formuliert: Im Kern konzipieren die Elternratgeber nutritive Sorge vorrangig als elterliche Aufgabe bzw. als eine der die Kinder umgebenden Menschen.

Die Art und Weise, wie diese Sorge in den Büchern dargestellt wird, differiert je nach Buch (vgl. Sauerbrey et al. 2019): Teils präferieren die Ratgeber eher indirekte elterliche Einwirkungsformen, teilweise wird aber auch explizit von „Ernährungserziehung" (Gola 2011, S. 271) gesprochen. Auffällig wird dies etwa in den präsentierten Ansätzen nutritiver Sorge, die eine Zurückhaltung gegenüber oder gar die *Ablehnung von Verstärkermethoden* (vgl. insbes. Walleczek 2011), aber auch von *zu spielerischen elterlichen Verhaltensweisen* in Esssituationen mit Kindern anmahnen (vgl. ebd.). Für unser Forschungsteam war es durchaus überraschend, dass in den Ratgebern zum Teil explizit auch die grundlegende pädagogische Frage nach *Autonomie oder Zwang* verhandelt wird (vgl. Montignac 2006; Gola 2011; Walleczek 2011; Eugster 2012; vgl. dazu grundlegend: Helsper 2006). Wir hatten erwartet, dass die Elternratgeber entsprechend ihrer Definition als „technologische Sachbücher" (Höffer-Mehlmer 2003, S. 10) vorrangig handlungsleitend ausgerichtet sind und weniger stark auf grundlegende pädagogische Probleme eingehen. In den Ratgebern wird zum Teil ein starker Fokus auf den kindlichen Ess- und Lernwillen gerichtet, ohne den die elterlichen Bemühungen ins Leere laufen würden (vgl. insbes. Montignac 2006). Das Konzept nutritiver elterlicher Sorge spannt sich somit durchaus dialektisch auf „[z]wischen Verbieten und ‚Laisser-faire'" (Eugster 2012, S. 76). Außerdem werden in den Ratgebern auch *dingliche Zeigemittel* zur Unterstützung des kindlichen Essens (etwa Bannlisten und Ampelsysteme) als Teil der Sorgekonzepte angebracht (vgl. Montignac 2006; Walleczek 2011, S. 121) sowie das *ostensive Zeigen*. Dieses Element des Konzepts nutritiver Sorge soll im Folgenden aufgezeigt werden.

4. Ostensives Zeigen als zentrales Element nutritiver Sorge

Das zentrale Begründungsmuster nutritiver Sorge bildet das *ostensive Zeigen* (vgl. Prange 2012; Prange/Strobel-Eisele 2015; Sauerbrey et al. 2019), das in allen sechs Elternratgebern gefunden wurde und das im Bereich der elterlichen Einwirkungsformen und -mittel zugleich am stärksten präsent war. Mit dieser elementaren Form pädagogischen Handelns lassen sich Situationen bezeichnen, in denen Kinder nachahmen, was Eltern und andere Personen ihnen im Kontext des Essens vorleben. Insbesondere das frühe Lernen in der menschlichen Ontogenese sei nach Klaus Prange und Gabriele Strobel-Eisele (2015) „darauf angewiesen, dass der Lernende eine Gebärde oder eine Bewegung vollzieht, indem er gewissermaßen den Erziehenden ‚wiederholt'" – diese Form des Zeigens und Lernens wird daher auch als „Üben", genauer: als „feste Koppelung von Ausübung (auf Seiten der Lernenden) und Einübung (auf der Seite des Erziehens)" beschrieben (ebd., S. 49). „Verglichen mit den anderen Formen des Zeigens besteht hier die größte Nähe zwischen denen, die pädagogisch handeln, und den Lernenden" (ebd., S. 49 f.).

In den Elternratgebern finden sich verschiedene Variationen dieses Verbunds von Zeigen und Lernen. Die Ökotrophologin Gabi Eugster stellt in ihrem Elternratgeber umfangreich die Phänomene des Ernährungsverhaltens in verschiedenen Lebensphasen des Kindes- und Jugendalters dar. Vom zweiten bis zum fünften Lebensjahr finde demnach nicht selten ein Erproben und ein Ablehnen durch die Kinder statt, doch dies bedeute nicht, „dass ein Nahrungsmittel für immer durchgefallen ist, wenn das Kind beim ersten Probebissen ‚Bäh!' ruft" (Eugster 2012, S. 1). Bis ein neues Lebensmittel akzeptiert werde, brauche „es oft bis zu zehn Versuche" – Voraussetzung hierfür sei jedoch, „dass die Eltern diese Speise selbst mögen und [beim Essen, Anm. U. S. et al.] herzhaft – und nicht mit saurer Miene – zugreifen" (ebd.). Im Kapitel „So geht man's an" (Walleczek 2011, S. 87) werden im Elternratgeber der Ernährungsberaterin Sasha Walleczek zahlreiche Ratschläge gegeben, die helfen sollen, den Ess-Alltag mit Kindern zu gestalten (vgl. ebd., S. 92 ff.). Eltern sollten demnach beim Essen selbst Vorbild sein, also sich selbst von gesunden Lebensmitteln ernähren, wenn sie sich dies auch von ihren Kindern wünschen. Außerdem sollen Kinder gemeinsam mit anderen Mahlzeiten zu sich nehmen, um Essen als soziales Ereignis in der Familie wahrzunehmen. Gegessen werde außerdem – dies wird von der Autorin als zentrale Regel markiert – am Esstisch, wobei „die Ausnahme von dieser Regel […] ‚schwierige Esser'" sein können, insbesondere „wenn man mal einfach die ‚Spielregeln' ändern will, um den Druck aus der Essenssituation zu nehmen" (ebd., S. 97). Nahrungsmittel sollen immer wieder vorgesetzt werden, um das Kennenlernen des eigenen Geschmacks durch die Gewohnheit zu unterstützen:

„Aber, wie schon erwähnt, um einen Geschmack für ein Nahrungsmittel zu entwickeln und wirklich entscheiden zu können, ob man etwas mag, muss man es mindestens achtmal, manche Experten sagen sogar 15- bis 30-mal, gekostet haben. Also: Die beste Reaktion, die Sie als Eltern zeigen können, wenn Ihrem Kind etwas nicht schmeckt, ist die gleiche wie beim Gehen-Lernen, wenn es umfällt: Sie helfen ihm wieder auf und lassen es weiter probieren." (ebd., S. 100 f.)

Im Grunde müssen Kinder laut Walleczek die „Lust am Essen [erst] lernen" (ebd., S. 127), daher sollten Eltern das „Essen spannender machen" (ebd., S. 129), etwa indem sie Kräuter und andere Nutzpflanzen selbst anpflanzen und gemeinsam Erdbeeren pflücken gehen.

Herausgehoben wird in einigen Elternratgebern zudem explizit, dass sich bereits angeeignete Gewohnheiten der Kinder auch wieder ändern lassen. Zur Ernährung vom zweiten Lebensjahr bis in die Pubertät etwa entwirft Michel Montignac (2006) konkrete Regeln zur Gestaltung der einzelnen Mahlzeiten. Insbesondere mit Blick auf Getreide hält er dabei fest: „Wenn das Kind industriell gezuckerte Cerealien oder Getreideflocken gewöhnt ist, sollten diese durch ungezuckerte naturbelassene Vollkornflocken […] ersetzt werden" (ebd., S. 104) – um so ein entsprechendes Umlernen zu ermöglichen. Montignac geht außerdem umfangreich auf den Zusammenhang von Ernährung und Bewegung ein und fordert die Leser_innen auch in diesem Zusammenhang auf: „Seien Sie Ihrem Kind ein Vorbild. Es wird sich dann ähnlich sportlich verhalten und Ihnen nacheifern" (ebd., S. 152).

Der Arzt Dr. Joel Fuhrman erläutert auf der Grundlage seiner Erfahrungen, dass und wie eine gesunde Ernährung durch die Umgebung des Kindes beeinflusst wird – gerade hier zeige sich die Bedeutsamkeit der Eltern, da diese die Umgebung bilden und gestalten (vgl. Fuhrman 2017, S. 9 f.). Das Motiv einer Gewöhnung der Kinder an das erwartete Essverhalten durch entsprechendes Vorleben findet sich außerdem im Buch der Ärztin Dr. Claudia Berger, die konstatiert, „dass nicht nur die Kinder ihr Verhalten ändern müssen, sondern gerade auch die Erwachsenen" – insbesondere „das elterliche Vorbild" wirke „enorm auf die Kinder" (Berger 2017, S. 65).

Dr. Ute Gola (2011) spricht mit Blick auf die Ernährung in der frühen Kindheit sogar explizit von „Rituale[n] und Gewohnheiten in der Familie" (ebd., S. 261). Sie schlägt im Umgang mit Kindern vor, von „theoretische[n] Unterweisungen" (ebd., S. 272) Abstand zu nehmen und empfiehlt vielmehr: „rein in die Küche, Hocker rangeschoben und gemeinsam Essen zubereiten. Im besten Fall vorher noch zusammen mit dem Sprössling die erforderlichen Zutaten einkaufen" (ebd.). Hinsichtlich der Zubereitung von Gerichten skizziert sie folgende Optionen:

> „Wie wäre es, wenn Sie die Kinder beim Kochen einbeziehen würden? Rohkost können Sie zusammen klein schneiden. Kinder schauen auch gern zu, wenn Mama oder Papa kochen. Und ein Ei in die Pfanne schlagen, das kann bereits ein Zweijähriger – voller Begeisterung und Freude, dass er mithelfen darf" (ebd., S. 263).

Doch auch ältere Kinder werden in einigen der Ratgeberbücher erwähnt. Mit Blick auf die Ernährung in der Pubertät gibt etwa Gabi Eugster (2011) den Ratschlag: „Ein gravierender Fehler wäre es, Essen zum Hauptthema der Familie zu erklären oder den Ablösungskampf übers Essen auszufechten, sodass die Jugendlichen aus Trotz in die Imbissbude gehen. Damit käme der Ernährung eine Bedeutung zu, die sie nicht verdient" (ebd., S. 6).

Trotz der pubertätsbezogenen Hinweise zum Essenlernen beschreibt der Großteil der Autor_innen im von uns ausgewählten Sample die frühe Kindheit als sensible Phase des Zeigens und Lernens von Geschmack und Essverhalten. Im Ratgeber von Michel Montignac wird sogar beschrieben, dass bereits ungeborene Kinder während der Schwangerschaft durch das so genannte Jacobsenorgan – ein Teil des olfaktorischen Systems bei Wirbeltieren – das Fruchtwasser schmecken. Dadurch werde das ungeborene Kind auf viele Geschmäcker vorbereitet, sodass Kinder mit ihrer Geburt bereits bestimmte Geschmäcker kennengelernt haben und damit verbundene Lebens- und Nahrungsmittel in der Folge weniger ablehnen würden (vgl. Montignac 2006, S. 77). Solche Erinnerungsspuren des kindlichen Geschmacks bilden demnach bereits dispositionelle Voraussetzungen für die weitere Gewöhnung an den Geschmack in der frühen Kindheit.

Die Möglichkeit der Gewöhnung von Kindern an das Zubereiten von Gerichten sowie ans Essen und die vor diesem Hintergrund explizierte elterliche Vorbildfunktion bilden das häufigste und zugleich am stärksten aufgegriffene pädagogische Begründungsmuster der nutritiven elterlichen Sorge in den von uns untersuchten Elternratgebern. Die skizzierten Gestalten pädagogischen Handelns lassen sich unter Bezugnahme auf die empirischen Untersuchungen von Dominik Krinninger zur Familienmahlzeit als praktisch-pädagogischem Arrangement als ein *Lernen durch Erfahrung* (vgl. Krinninger 2016, S. 104ff.) oder eben als *ostensives Zeigen* bezeichnen. Pointiert zusammenfassen lässt sich der den Ratgeberbüchern gemeinsame konzeptuelle Kern nutritiver Sorge somit wie folgt: ‚Egal ob beim Einkauf, beim Zubereiten der Speisen oder beim gemeinsamen Essen: Sei ein gutes Vorbild, wenn du willst, dass dein Kind sich gesund ernährt und sich am Esstisch konform verhält!'

5. Diskussion und Fazit

‚Richtige' Kinderernährung findet aus Sicht der Ratgeberautor_innen vor allem durch die ‚richtige' Ernährung der Eltern vor den Augen der Kinder statt. Bei diesem pädagogischen Begründungsmuster eines Gewohnheitslernens, aber auch bei weiteren Mustern, kommen die Elternratgeber über knappe und lediglich andeutungsweise ausformulierte Ratschläge zur Lösung schwieriger Esssituationen jedoch kaum hinaus. Die Darstellungen bleiben in aller Regel vage. Diese Einsicht könnte rasch zur Polemik führen, in deren Folge Elternratgeber als Dokumente des Banalen oder als bloß aufgeblähte Dokumente des Altbekannten bezeichnet werden können. Auf den ersten Blick erscheinen die Darstellungen in pädagogischer Hinsicht als ‚alter Wein in neuen Schläuchen'. Auf den zweiten Blick jedoch verhandeln die Autor_innen der Bücher durchaus zentrale pädagogische Fragestellungen.

Auffällig ist zudem, dass die Elternratgeber Kinderernährung kaum in einem weiten Sinn als *Kultur* des Essens und Trinkens verstehen, sondern sich vorrangig auf ein Ess*verhalten* beziehen, das aus ihrer Sicht zur Aufnahme bestimmter erwünschter und zur Vermeidung unerwünschter Lebens- und Nahrungsmittel durch das Kind führt. Obwohl die Herkunft und Zubereitung von Speisen zum Teil in diese zu vermittelnde Kultur einbezogen wird, fokussieren alle ausgewählten Elternratgeber primär auf Problemlösungen im Sinne der Herstellung des gesund ernährten, zumindest aber ausreichend Kalorien aufnehmenden und am Tisch essenden Kindes. In dieser Hinsicht zeigt sich das Bild des Kindes in den Ratgebern als defizitär, da seine Zustände als ein Noch-nicht-Wissen und Noch-nicht-Können mit Blick auf Gesundheit, Essrituale und Tischsitten modelliert werden. Die in den Büchern angesprochenen Eltern werden als die verantwortlichen Agent_innen zur Lösung dieser Defizitzustände adressiert.

Elternratgeber erscheinen vor diesem Hintergrund durchaus als geeignete Dokumente für die sozial- und erziehungswissenschaftliche Forschung. Sie präsentieren eine breit verfügbare ‚dokumentarische Wirklichkeit' von Kindbildern und Elternschaftsentwürfen zum Essen, die in dieser Form bislang wenig untersucht wurde. Die gegenwärtige Forschung, insbesondere in der Sozialpädagogik bzw. der Sozialen Arbeit, hat sich aus pragmatischen Gründen vorrangig auf die Face-to-face-Beratung konzentriert (vgl. Sauerbrey/Vollmar 2019, S. 152f.). Die erziehungswissenschaftliche Forschung zur Ratgeberliteratur legte bislang einen Schwerpunkt auf buchförmige Elternratgeber und hat dabei vor allem die Themen Lebensbeginn, Erziehung und Schule in den Blick genommen (vgl. zur Übersicht: Schmid/Sauerbrey/Großkopf 2019). Einen noch weitgehend blinden Fleck bilden vor diesem Hintergrund digitale Ratgeberangebote für Eltern (vgl. ex. Berger 2012), aber auch für Kinder. Bezüglich des Essens ist die Erforschung von Ratschlägen zur Säuglingsernährung in Ratgebern am weitesten vorangeschritten: Beatrice Hungerland und Bruno Heimerdinger haben in empirischen Studien entsprechende Ratgebertexte zur Säuglingsernährung bereits im Spannungsfeld von ‚Brust oder Flasche' untersucht und dabei die verschiedenen Normierungen der Still- bzw. Ernährungsdiskurse im 20. Jahrhundert rekonstruiert (vgl. Hungerland 2003; Heimerdinger 2009; Busch 2016). Eine tiefergehende Forschung anhand der verschiedenen medialen Formen von Elternratgebern zur Kinderernährung, die sich vorrangig auf ‚feste Nahrung' richtet, steckt jedoch noch weitgehend in den Kinderschuhen (vgl. Pape i. d. Bd.).

Der vorliegende Beitrag konnte an einem kleinen, aber dennoch vielfältig ausgewählten Sample zeigen, dass eine solche Forschung ertragreich sein kann. Die in den Ratgebern transportierten Normen spiegeln gesellschaftliche Diskurse zur Kinderernährung wider, die heute möglicherweise stärker denn je pädagogisiert werden. Dominik Krinninger konkretisiert dies, wenn er festhält, dass sich heute eine „Vielzahl von Projektionen" auf „das gemeinsame Essen von Kindern und Eltern" richte – etwa die „Gesundheit", die „psychosoziale Entwicklung von Kindern", „familialer Zusammenhalt", aber auch der „Erhalt kulinarischer Kultur" (Krinninger 2016, S. 91). Eine solche Pädagogizität des Essens in der Familie findet sich im Kern auch im Konzept nutritiver Sorge in Elternratgebern zur Kinderernährung.

Literatur

Baader, Meike Sophia (2008): Geburtsratgeber zwischen Beruhigungs- und Risikorhetorik in kulturgeschichtlicher Perspektive. In: Wulf, Christoph (Hrsg.): Das Imaginäre der Geburt. Praktiken, Narrationen und Bilder. München: Fink, S. 122–135.
Berger, Claudia (2017): Dicke Kinder sterben früher. o. O.: Nova MD.
Börsenverein des Deutschen Buchhandels (2019): „Umsatzanteile der einzelnen Warengruppen im Buchhandel in Deutschland in den Jahren 2017 und 2018". https://de.statista.com/statistik/daten/studie/71155/umfrage/umsatzanteile-im-buchhandel-im-jahr-2008-nach-genre (Abfrage: 10.09.2019).
Berger, Julia (2012): Erziehungsdiskurs im Online-Forum. Eine qualitative Untersuchung über elterliche Forendiskussionen zum kindlichen Internetgebrauch und ihren Einfluss auf den Erziehungsalltag. Diss. Univ. Erfurt.
Busch, Sandra (2016): Über Mütterlichkeit und Ernährung: „Eine gute Mutter stillt ihr Kind". In: Althans, Birgit/Bilstein, Jörg (Hrsg.): Essen – Bildung – Konsum. Pädagogisch-anthropologische Perspektiven. Wiesbaden: Springer, S. 127–137.
Cleppien, Georg (2017): Elternratgeber. In: Bauer, Petra/Wiezorek, Christine (Hrsg.): Familienbilder zwischen Kontinuität und Wandel. Weinheim und Basel: Beltz Juventa, S. 113–129.
Eugster, Gabi (2012): Kinderernährung gesund & richtig. München: Elsevier/Urban & Fischer.
Fuhrman, Joel (2017): Gesunde Kids durch Powerfood. Kandern: Unimedica/Narayana.
Gärtner, Jana (2010): Elternratgeber im Wandel der Zeit. Deskriptive Ratgeberanalyse am Beispiel der sogenannten klassischen Kinderkrankheiten unter Berücksichtigung der Impfdebatte. Berlin: Wissenschaftlicher Verlag.
Gola, Ute (2011): Das große GU Familienernährungsbuch: Das Handbuch zur ausgewogenen und gesunden Ernährung. München: Gräfe und Unzer.
Haffner, Alexander (2013): Institutionenübergreifende Integration von Normdaten (IN2N). In: Dialog mit Bibliotheken 25, S. 42–45.
Heimerdinger, Timo (2009): Brust oder Flasche? – Säuglingsernährung und die Rolle von Beratungsmedien. In: Simon, Michael/Hengartner, Thomas/Heimerdinger, Timo/Lux, Anne-Christin (Hrsg.): Bilder. Bücher. Bytes. Zur Medialität des Alltags. Münster und New York: Waxmann, S. 100–110.
Heimerdinger, Timo (2015): Zwangloser Zwang? – Lebensratgeber-Literatur, Selbstformung und Alltagspragmatik. In: Conrad, Ruth/Kipke, Roland (Hrsg.): Selbstformung. Beiträge zur Aufklärung einer menschlichen Praxis. Münster: Mentis, S. 97–113.

Helsper, Werner (2006): Pädagogisches Handeln in den Antinomien der Moderne. In: Krüger, Heinz-Hermann/Helsper, Werner (Hrsg.): Einführung in Grundbegriffe und Grundfragen der Erziehungswissenschaft. Opladen und Farmington Hills: Barbara Budrich, S. 15–33.

Höffer-Mehlmer, Markus (2003): Elternratgeber. Zur Geschichte eines Genres. Baltmannsweiler: Schneider Hohengehren.

Hoffmann, Nicole (2018): Dokumentenanalyse in der Bildungs- und Sozialforschung. Überblick und Einführung. Weinheim und Basel: Beltz Juventa.

Hopfner, Johanna (2019): Wissenschaft und Erziehungsratgeber – Brüche und Widersprüche. In: Schmid, Michaela/Sauerbrey, Ulf/Großkopf, Steffen (Hrsg.): Ratgeberforschung in der Erziehungswissenschaft. Grundlagen und Reflexionen. Bad Heilbrunn: Klinkhardt, S. 199–211.

Hungerland, Beatrice (2003): „Und so gedeiht das Baby!" Altersgerechte Entwicklung und Gesundheit als gesellschaftliche Norm und Leistung. In: Hengst, Heinz/Kelle, Helga (Hrsg.): Kinder – Körper – Identitäten. Theoretische und empirische Annäherungen an kulturelle Praxis und sozialen Wandel. Weinheim und München: Juventa, S. 139–160.

Kanis, Julia/Link, Victoria/Dippon, Christina/Becker, Nicole/Kübler, Andrea (2016): Schlaf, Kindlein, schlaf? Eine Inhaltsanalyse von Elternratgebern zu Schlafproblemen bei Babys. In: Somnologie 20, H. 4, S. 261–274.

Kennedy, Holly Powell/Nardini, Katrina/McLeod-Waldo, Rebecca/Ennis, Linda (2009): Top-Selling Childbirth Advice Books: A Discourse Analysis. In: Birth 36, S. 318–324.

Krinninger, Dominik (2016): How to do education while eating. Die Familienmahlzeit als praktisch-pädagogisches Arrangement. In: Täubig, Vicki (Hrsg.): Essen im Erziehungs- und Bildungsalltag. Weinheim und Basel: Beltz Juventa, S. 91–108.

Krüger, Jens Oliver (2017): Wissen, was gut ist? Zur Adressierungsproblematik in Erziehungsratgebern für Eltern. In: Krüger, Jens Oliver/Jergus, Kerstin/Roc, Anna (Hrsg.): Elternschaft zwischen Projekt und Projektion. Aktuelle Perspektiven der Elternforschung. Wiesbaden: Springer VS, S. 201–213.

Kuckartz, Udo (2016): Qualitative Inhaltsanalyse. Weinheim und Basel: Beltz Juventa.

Lüders, Christian (1994): Pädagogisches Wissen für Eltern. Erziehungswissenschaftliche Gehversuche in einem unwegsamen Gelände. In: Krüger, Heinz-Hermann/Rauschenbach, Thomas (Hrsg.): Erziehungswissenschaft. Die Disziplin am Beginn einer neuen Epoche. Weinheim und München: Juventa, S. 163–183.

Montignac, Michel (2006): Montignac macht Kinder schlank. Offenburg: Artulen.

Prange, Klaus (2012): Die Zeigestruktur der Erziehung. Grundriss der operativen Pädagogik. Paderborn: Schöningh.

Prange, Klaus/Strobel-Eisele, Gabriele (2015): Die Formen des pädagogischen Handelns. Eine Einführung. Stuttgart: Kohlhammer.

Ramos, Kathleen D./Youngclarke, Davin M. (2006): Parenting advice books about child sleep: cosleeping and crying it out. In: Sleep 29, S. 1616–1623.

Sauerbrey, Ulf/Petruschke, Inga/Schulz, Sven/Herklotz, Ketura/Vollmar, Horst Christian (2018): Elternratgeber zur Kindergesundheit. Ein Überblick über populärmedizinische Themen auf dem deutschen Buchmarkt. In: Zeitschrift für Allgemeinmedizin 94, H. 6, S. 269–275.

Sauerbrey, Ulf/Schick, Claudia/Wobig, Sonja/Petruschke, Inga/Schulz, Sven (2019): Essenlernen durch ostensives Zeigen. Eine Dokumentenanalyse zu Elternratgebern über Kinderernährung. In: Schmid, Michaela/Sauerbrey, Ulf/Großkopf, Steffen (Hrsg.): Ratgeberforschung in der Erziehungswissenschaft. Grundlagen und Reflexionen. Bad Heilbrunn: Klinkhardt, S. 153–172.

Sauerbrey, Ulf/Vollmar, Horst Christian (2019): Digitale Beratung in der Sozialen Arbeit – ein Einblick in die gegenwärtige Lage. In: Zeitschrift für Sozialpädagogik 17, H. 2, S. 150–166.

Schmid, Michaela/Sauerbrey, Ulf/Großkopf, Steffen (Hrsg.) (2019): Ratgeberforschung in der Erziehungswissenschaft. Grundlagen und Reflexionen. Bad Heilbrunn: Klinkhardt.

Schmidt, Friederike (2018): Pädagogische Kinder? Zur Konstruktion des Kindes in der Pädagogik. In: Bloch, Bianca/Cloos, Peter/Koch, Sandra/Schulz, Marc/Smidt, Wilfried (Hrsg.): Kinder und Kindheiten. Frühpädagogische Perspektiven. Weinheim und Basel: Beltz Juventa, S. 109–120.

Seehaus, Rhea (2014): Die Sorge um das Kind. Eine Studie zu Elternverantwortung und Geschlecht. Opladen und Farmington Hills: Barbara Budrich.

Seichter, Sabine (2014): Erziehung an der Mutterbrust. Eine kritische Kulturgeschichte des Stillens. Weinheim und Basel: Beltz Juventa.

Statista (2017): „Umfrage zum Online-Einkauf von gedruckten Büchern in Deutschland 2016. Wo kaufen Sie gedruckte Bücher, wenn Sie diese online bestellen?" https://de.statista.com/statistik/daten/studie/661064/umfrage/online-einkauf-von-gedruckten-buechern-in-deutschland (Abfrage: 23.11.2017).

Walleczek, Sasha (2011): Die Walleczek-Methode für Ihr Kind. Richtig essen leicht gemacht. München: Goldmann.

Wolff, Stephan (2017): Dokumenten- und Aktenanalyse. In: Flick, Uwe/von Kardorff, Ernst/Steinke, Ines (Hrsg.): Qualitative Forschung. Ein Handbuch. Reinbek bei Hamburg: Rowohlt, S. 502–513.

Teil II
Praktiken des Essens in öffentlichen Kindheitsinstitutionen

„Riecht mal, wie der schnuppert"

Nahrungszubereitung als ‚pädagogisches Angebot' im Kindergartenalltag

Katja Flämig

1. Einleitung

Der folgende Beitrag schließt an die Perspektive einer erziehungswissenschaftlichen Essensforschung an, die sich für die konkreten Aktivitäten, Prozeduren und die strukturelle Gestalt der Ernährungsarrangements in pädagogischen Organisationen interessiert. Mit einer ethnografischen Zugangsweise verdeutlicht diese Forschung die Situativität und Materialität höchst unterschiedlicher Essenssituationen in ihrer Verflechtung mit organisatorischen und diskursiven Praktiken. Dabei werden in Kindertageseinrichtungen vor allem die ‚prominenten' Versorgungssituationen wie das Frühstück oder das Mittagessen in den Blick genommen (vgl. Mohn/Müller-Hebenstreit 2007; Dietrich 2016; Tull 2019), zudem richtet sich in jüngerer Zeit die Aufmerksamkeit auch auf Snacks und Zwischenmahlzeiten (vgl. Mohn/Althans 2014; Schulz 2016). Die Fokussierung auf diese organisatorisch und interaktiv hergestellten Verzehrsituationen macht unter anderem deutlich, wie sie sich in ihrer inhärenten Vollzugslogik ausgestalten und als Bildungsereignis inszeniert werden.

Im Folgenden sollen nicht die Essenssituationen des Kindergartenalltags im Mittelpunkt stehen, sondern die Förderungssituationen, die die Praktiken des Essens für einen „lehr-lernbezogenen Zugriff" (Herrle 2013, S. 48) verwenden. Bei diesen Förderungssituationen handelt es sich um ‚pädagogische Angebote', die seit Jahrzehnten ein wesentliches Element der Tagesgestaltung in Kindertageseinrichtungen ausmachen. Mit dem Begriff ‚pädagogisches Angebot' ist eine Organisationsform gemeint, die den Alltag des Kindergartens konstituiert, wie z. B. auch verschiedene ‚Sitzkreise', ‚Mahlzeiten' oder das ‚Freispiel'. Es handelt sich hierbei um geplante und pädagogisch inszenierte Arrangements, die von den Fachkräften geleitet und moderiert werden. Es sind also eher raumzeitlich eingegrenzte und themenzentrierte Einheiten gemeint, wie z. B. die Durchführung von naturwissenschaftlichen Experimenten, kreatives Gestalten mit verschiedenen Materialien oder Sportspiele (vgl. vertiefend Flämig 2017).

Auffallend häufig und mit zum Teil ausgeprägter Regelmäßigkeit haben die Angebote die Zubereitung einer Speise (z. B. Pizza, Kuchen, Süßspeise, Salat, Milchshake, Brötchen) zum Inhalt. In ihren skriptförmigen Prozeduren und ihren vergemeinschaftenden Qualitäten erinnern sie an Situationen des privatfamilialen und häuslichen Lebensraums und haben genau deswegen einen hohen Gebrauchswert für die Organisation und ihre Akteur_innen.

Diesen Zusammenhang führe ich im Folgenden differenzierter aus: Im ersten Kapitel analysiere ich, wie die auch im häuslichen Kontext praktizierte Herstellung einer Speise zu einer pädagogisch veranstalteten und institutionalisierten Lehr-Lern-Situation transformiert wird, sodass sie von Kindern, Fachkräften und Dritten als ‚pädagogisches Angebot' erkannt wird und durchführbar ist (2.1). Ein wichtiges Kriterium der Erkennbarkeit ist die implizite Vereinbarung, im ‚pädagogischen Angebot' nicht zu essen. Auf welche Art und Weise die Fachkräfte und die Kinder mit dieser Vereinbarung umgehen, wird im darauffolgenden Abschnitt vorgestellt (2.2). Auf organisationstheoretischer Ebene und im Rahmen des Spannungsverhältnisses von familialer und öffentlicher Erziehungs- und Sorgeverantwortung wird abschließend diskutiert, welchen „Sinn" (Bongaerts 2011, S. 5ff.) es haben kann, Speisen als ‚pädagogisches Angebot' zuzubereiten (3. und 4.).

2. Techniken der Transformation der Nahrungszubereitung in eine lehr-lern-bezogene Aktivität

Im Folgenden verwende ich empirisches Material aus meinem Dissertationsprojekt (vgl. Flämig 2017). Unter Bezug auf praxistheoretisch-ethnomethodologische Konzepte des Sozialen wurden dort die organisierenden Bedingungen und Konstitutionsmomente der ‚pädagogischen Angebote' analysiert und Aussagen zu ihrer Bedeutsamkeit und Funktion für die frühpädagogische Praxis gemacht. Mittels einer ethnografischen Forschungsstrategie wurde über einen Zeitraum von knapp zwei Jahren in zwei Kitas teilnehmend beobachtet. Das ethnografische Material besteht hauptsächlich aus Beobachtungsprotokollen ergänzt durch Fotografien, Dokumente und ethnografische Interviews. Die Auswertung erfolgte mit Arbeitstechniken des Codierens nach Glaser und Strauss (1967) und sequenzanalytischen Verfahren (vgl. Deppermann 2008; Kurt/Herbrick 2015).

2.1 Die Erkennbarkeit des Settings als ‚Lehr-Lern-Arrangement'

Die folgenden kurzen Ausschnitte aus dem empirischen Material dienen dazu, Kriterien deutlich zu machen, die die Erkennbarkeit des Settings als ‚Lehr-Lern-Arrangement' ermöglichen:

> *Auf einem Tisch, einer Art Sitzgruppe in der Nähe des Hauses, liegt ein Kürbis. Drei Kinder sitzen drumherum. Frau Müller steht an der Stirnseite des Tisches, beugt sich*

etwas vor und sagt: "Guckt mal die schöne glatte Schale." Dabei hält sie jedem Kind den Kürbis hin, die streichen mit den Händen darüber. "Riecht mal, wie der schnuppert", sagt sie. Frau Müller hält den Kürbis fest, die Kinder beugen sich vor und riechen an der Schale. Einige rufen: "Mmh".

Der hier erzeugte Eindruck einer sequenziell geordneten und mit pädagogischer Intention versehenen Situation wird maßgeblich durch ein für die Angebote typisches räumliches Arrangement erzeugt. Die Fachkraft steht, während die Kinder sitzen. Mit ihrer stehenden Position hat Frau Müller Bewegungsraum, wird von allen Kindern gesehen und kann auch selbst die Teilnehmenden gut überblicken. Das räumliche Arrangement verteilt aktive und passive Parts (vgl. Wiesemann 2002). Dies manifestiert sich z. B. auch in dem für die soziale Form sehr wichtigen „Berührrecht" (Flämig 2017, S. 112 ff.): Der Kürbis wandert nicht von Hand zu Hand, sondern die Fachkraft hält ihn, bewegt ihn durch den Raum und entscheidet darüber, auf welche Art und Weise und zu welchem Zeitpunkt die Kinder ihn berühren dürfen.[1] Komplementär dazu nehmen die Kinder den Status eines ‚Publikums' ein, das die Vorführung der Fachkraft wahrnehmend verfolgt, zuhört, zuschaut sowie motorische und emotionale Reaktionen zeigt (vgl. Fischer-Lichte 2004). Es werden „stabile Beteiligungsformate" sichtbar, die festlegen „wer, was, wann, womit tun kann" (Wiesemann 2002, S. 149). Eine asymmetrische Struktur wird erzeugt, die lokale Beobachtbarkeit ermöglicht und wesentlich zur Transformation in einen Lehr-Lern-Kontext beiträgt. Verstärkt wird die Reproduktion dieses räumlichen Arrangements durch direktive Sprechakte wie Instruktionen. Dazu folgende Sequenz:

Nachdem Jacky nach den Jungen, die die Pflaumen waschen, geschaut hat, kommt sie wieder an den Tisch und nimmt die Packung Backmischung in die Hand: „So, wir brauchen noch 60 Gramm weiche Butter und 180 Milliliter lauwarmes Wasser", liest sie von der Rückseite der Packung vor. „Ich", ruft sofort Lara, noch den Mund voll Mehl, und meldet sich. „Ich, ich, ich", rufen andere Kinder versetzt hinterher. „Ich weiß nicht, was ihr machen wollt", sagt Jacky, „weil, wir haben keinen Messbecher im Moment und gar nichts. Als Erstes machen wir mal die Butter." Sie faltet das eingepackte Butterstück ein bisschen auf: „In der Butter, ich möchte es erst mal zeigen…", sagt sie etwas genervt zu Linus, der das Stück in ihrer Hand anfassen möchte, „das sind 250 g. Wir brauchen aber nur 60 g." […] Valerie und ein anderes Kind haben inzwischen wieder die Finger ins Mehl getaucht. Während Jacky erklärt, ruft Valerie: „Mmh, das schmeckt süß." Jacky geht vom Tisch weg, holt ein Messer aus der Küche und stellt sich mit Messer und Butterstück in der Hand wieder an den Tisch: „So, weiß

---

1 Die Übergabe des „Berührrechts" erfolgt in der Regel durch Verteilungsaktionen, die rituell aufgeladen sind (vgl. Flämig 2017, S. 115 ff.).

jemand, wie viel fünf plus eins ist?". „Zwei", sagt Henri. „Nein. Fünf plus eins, fünf Finger und ein Finger noch dazu." Jacky zeigt ihre Finger hoch. „Sieben", ruft Ida. „Sieben", wiederholen einige Kinder im Chor. „Sechs", ruft Linus dazwischen. „Sechs", wiederholen noch zwei Kinder. „Ja, sechs", sagt Jacky. „Hier steht ja 50 g drauf. 50 plus zehn ist gleich 60 g und 60 brauchen wir ja, ne?", sagt sie und schaut die Kinder an. Niemand sagt etwas. Dann schneidet Jacky das Butterstück ab und schneidet noch ein kleines Stück hinterher. Ida und Valerie unterhalten sich darüber, dass die Hefe süß schmeckt, aber auch ein bisschen wie Suppe. „Das sind hoffentlich 60", murmelt Jacky.

Die Kinder bekommen nicht nur Informationen zu benötigten Lebensmitteln oder zur Herstellung eines Kuchenteiges, sondern werden in das kommunikative Format des „Unterrichtsgespräches" (Lüders 2011, S. 652) einbezogen *(„So, weiß jemand, wie viel fünf plus eins ist?" „Zwei", sagt Henri. „Nein. Fünf plus eins, fünf Finger und ein Finger noch dazu.")*. Durch seine besondere Strukturierung[2] ermöglicht das Unterrichtsgespräch eine pädagogische Kommunikation. In pädagogischer Kommunikation geht es nicht nur um bloße Informationsübermittlung „im Sinne einer Mitteilung oder Darstellung von Wissen" (Kade/Seitter 2007, S. 17), sondern sie ist „dadurch gekennzeichnet, dass sich die Akteure der Wissensvermittlung für Fragen der Aneignung interessieren" (ebd., S. 63). Die Instruktionen zur Benutzung von Backutensilien und die Segmentierung des Verlaufs durch Vorlesen der Vorgehensweisen auf der Backmischung sind als pädagogische Praktiken des „Vermittelns" (Kade 1997, S. 38) beschreibbar, weil sie aneignungsbezogen strukturiert sind. Die Fachkräfte können lehren und Informationen wie z.B. *„wir brauchen noch 60g weiche Butter"* so vermitteln, dass sie Räume für Aneignung eröffnen. Das Kuchenbacken wird so in einen lehr-lern-bezogenen Kontext transformiert und die Aufführung eines Aktivitätsmusters möglich, das von anderen Aktivitäten (wie Freispiel oder Mittagessen) unterscheidbar ist.

Es wird also deutlich, dass mithilfe von räumlichen Arrangements, Positionierungen von Körpern im Raum, Besitz von ‚Berührrechten', Segmentierungen des Verlaufs, gesprächstechnischen Mitteln wie dem ‚Unterrichtsgespräch' Unterscheidungen zu anderen Organisationsformen des Kindergartenalltags

---

2   Während im Alltagsgespräch das Recht, selbständig das Wort zu ergreifen, unter den Gesprächsteilnehmer_innen kooperativ gehandhabt wird und allen Teilnehmer_innen zusteht, ist es im Unterrichtsgespräch nur an eine Person (die Lehrperson) delegiert (vgl. Mazeland 1983; Lüders 2011). Lehrpersonen stellen im ‚Unterrichtsgespräch' in der Regel Fragen, deren Antwort sie bereits kennen. In den Termini der Konversationsanalyse wird von einer Erweiterung der kleinsten Einheit des Alltagsgesprächs, der „Paarsequenz" (z.B. Frage – Antwort, Gruß – Gegengruß, vgl. Schegloff/Sacks 1973) zu einem „Triple" (d.h. Frage-Antwort-Bewertung) gesprochen (vgl. Mehan 1979). Auf die Frage der Lehrperson folgt eine Antwort der Schüler_innen, die wiederum durch die Lehrperson bewertet wird.

eingeführt werden. Aus ethnomethodologischer Perspektive betrachtet, stellen sich die Beteiligten gegenseitig dar, dass es sich um eine geplante und systematisierte Veranstaltung zum Lehren und Lernen handelt.

Das dominanteste Mittel, das die Nahrungszubereitung aus ihrem lebensweltlichen Zusammenhang löst und einen „lehr-lernbezogenen Zugriff" (Herrle 2013, S. 48) ermöglicht, ist jedoch die Auslagerung des Verzehrs von Nahrung aus dem Angebot. Mittels methodisch und interaktiv hervorgebrachter Verbindlichkeiten gilt die unausgesprochene Regel, während der Durchführung des Angebotes weder die verwendeten Zutaten noch das entstandene Produkt zu essen.

2.2 Varianten des Umgangs mit der Nicht-Essen-Regel im ‚Angebot'

Wie im Beispiel ‚Kuchenbacken' zu sehen ist, verleiben sich die Kinder jedoch trotz der ‚Nicht-Essen-Regel' fortwährend Kuchenzutaten wie Mehl und Trockenhefe ein. Dies steht exemplarisch für weitere Beobachtungsprotokolle. In den beobachteten Essenszubereitungssituationen halten sich die Kinder nicht an die Regel des Verzichtes auf Nahrungsaufnahme. Die Auslagerung des Verzehrs aus dem Angebot ist stattdessen stetig Gegenstand von interaktionalen Aushandlungen zwischen Kindern und Fachkräften. Bezugspunkt der Verhandlungen ist dabei zum einen die Frage, in welchem Verarbeitungszustand die Lebensmittel als ‚essbar' gelten,[3] und zum anderen die Frage, in welchem Umfang die Nahrung trotz des Verbotes gegessen werden kann. Aus Platzgründen gehe ich auf den letzteren Aspekt ein. Zur Illustration wird hier ein weiteres Beispiel dargestellt:

> *Jolanda fällt auf, dass Robin die Honigflasche hält und sagt dies Frau Neubert. Diese jedoch bittet die Kinder, am Getränk zu riechen. Robin riecht an der Schüssel. Linus auch. „Wonach riecht das, riech mal?", fragt Frau Neubert. „Nach Milch", sagt Robin. „Und nach was noch?", fragt Frau Neubert. Ein Kind ruft: „Nach Erdbeermilch." „Genau", sagt Frau Neubert. Sie nimmt jetzt Plastikbecher aus der Kinderküche, verteilt diese auf dem Tisch und gießt in jeden Becher ein bisschen Milchshake ein. Währenddessen wieder viel Heiterkeit und Ulk am Tisch [...]. Frau Neubert sagt jetzt, dass sie erst mal nur ein bisschen Milchshake in die Becher füllen würde, dann könnten die*

---

3 Mehl, Trockenhefe und Zierkürbisse werden von den Fachkräften als ‚nichtessbar' kategorisiert, ebenso u. a. zu häufig und zu lange gekneteter Hefeteig oder zu große Mengen Zucker. Die Frage der Essbarkeit eines Lebensmittels nehmen die Kinder zum Gegenstand peerkultureller Aushandlungen um Status und Gerechtigkeit als auch subversiver Praktiken, von denen Attraktivität und Unterhaltungswert eines Angebotes abhängen (vgl. ausführlich Flämig 2017, S. 211 f.).

Kinder kosten und dann würde entschieden, ob noch Honig dazu soll oder nicht. Eine Weile ist Ruhe am Tisch, weil einige Kinder am Becher nippen. „Das schmeckt sauer", sagt Bruno. „Mir schmeckt das lecker", sagt Linus. Auch Jolanda ruft aus dem Hintergrund, dass es schmeckt. „Da seht ihr mal, wie unterschiedlich das ist mit dem Geschmack. Manchem schmeckt das und manchem nicht", sagt Frau Neubert.

Ähnlich wie in der eingangs gezeigten Kürbissequenz werden die Kinder zu Beginn dieser Szene auf einer sinnlich-ästhetischen Erfahrungsebene angesprochen. Sie dürfen haptisch wahrnehmen und auch riechen, jedoch zunächst nicht schmecken. Erst die Zuteilung einer äußerst geringen Menge des Milchshakes in Plastikbechern macht die Wahrnehmung des Geschmacks zugänglich. Die fortwährende Einverleibung von Nahrung durch die Kinder wird in diesem Beispiel durch eine ‚Kostprobe' gerahmt, die als soziale Praktik (vgl. Reckwitz 2003) gelesen werden kann. Sie stellt Bewältigungsstrategien für den Umgang mit der stetigen Nahrungsaufnahme der Kinder bereit. Die als unkontrolliert und affektgesteuert erscheinenden leiblichen Regungen der Kinder werden nicht unterbunden, jedoch kontrolliert und kanalisiert.

Die Kostprobe ist für Kinder und Fachkräfte gleichermaßen ein geeignetes Format, um strukturelle Gefährdungen des Angebotes sowie das Risiko einer stetigen Konfrontation zu vermeiden. Aus einer skripttheoretischen Perspektive betrachtet (vgl. Schank/Abelson 1977) ist die Kostprobe Teil eines „standardisierten sozialen Prozesstypen[s]" (Willems/Jurga 1998, S. 41), als üblich legitimiert und daher gut in die Ablauforganisation des Aktivitätszusammenhangs integrierbar. Das ‚Kosten' als Prüfung des Geschmacks umfasst nur eine kurze Zeitspanne und ist durch die Verteilung geringer Mengen an ein oder mehrere Kinder von den Fachkräften gut zu überblicken. Zudem handelt es sich um eine kontrollierte mentale Tätigkeit, die neben des multimodalen Sinneseindrucks in der Regel mit der gezielten Verarbeitung des Wahrgenommenen und der Erinnerung an bisherige Geschmackseindrücke sowie einer Verbalisierung und der Suche nach Begriffen verbunden ist *(„Das schmeckt sauer", sagt Bruno. „Mir schmeckt das lecker", sagt Linus.)*. Diese auf Wahrnehmung und Kognition konzentrierte Tätigkeit ist es zum einen anschlussfähig an die Idee des ‚Lehrens' und ‚Lernens', die von den Fachkräften im Angebot aufgeführt wird (vgl. Flämig 2017, S. 254), und zum anderen an das stetig wirksame Postulat der Bildung (vgl. Schulz 2016; Jergus/Thompson 2017) in der Frühpädagogik, die in diesem Fall als Geschmacksbildung (vgl. Methfessel/Höhn/Miltner-Jürgensen 2016) legitimierbar wäre *(„Da seht ihr mal, wie unterschiedlich das ist mit dem Geschmack. Manchem schmeckt das und manchem nicht", sagt Frau Neubert.)*. Für die Kinder hat die Option der ‚Kostprobe' ebenfalls einen funktionalen Wert. Dazu nochmals ein Ausschnitt aus dem bereits bekannten Beobachtungsprotokoll ‚Pflaumenkuchen':

Jacky streut aus der Backschüssel Streusel über den Teig. Die Kinder sind begeistert. Sie rufen „ui", „boah", „lecker" etc. „Ich lass euch was drin, dann könnt ihr kosten", sagt Jacky leise, während sie weiter schüttet. Sie stellt den Rest in der Schüssel auf den Tisch. Die Kinder stürzen sich darauf, fassen mit ganzen Händen in die Krümel und lecken sie von den Handflächen ab. Dabei fällt die Hälfte der Krümel auf den Tisch. Jacky guckt mich entgeistert an und sagt, dass sie das Gefühl hätte, die Kinder wären völlig verhungert.

Von der Option des Kostens als Teil des Skriptes ‚Kuchen backen' machen die Kinder Gebrauch. An der Inszenierung der Fachkraft ist jedoch abzulesen, dass der Umfang dieses Gebrauchs weitaus ungewöhnlicher ist als ‚üblich'. Das Prozedere des Kuchenbackens variieren die Kinder, indem sie das übliche ‚Kosten' als Element des Skriptes stark erweitern. Die exzessive Verkostung von Zutaten wie Mehl, Hefe, Butter in größeren Mengen, die hohe Frequenz und der körperliche Einsatz, mit dem sich jedes einzelne Kind mehrfach Teile der Zutaten einverleibt, machen das ‚Kosten' als Element des Skriptes ‚Kuchen backen' zum eigenständigen Element. Nicht mehr ‚kosten' als Teil der Nahrungszubereitung, sondern ‚essen' als Teil der Nahrungsaufnahme wird als Varianz in die Szenerie eingeführt.

Mit dieser Aktivität bewegen sich die Kinder jedoch weiterhin innerhalb der situativen Rahmung ‚Kostprobe', d.h. sie stellen das Skript des Kuchenbackens nicht in Frage. Obwohl sie von der geltenden Ordnung abweichen, kooperieren sie darin, die Veranstaltung aufrechtzuerhalten und strukturelle Gefährdungen zu vermeiden.[4] Bühler-Niederberger (2011) hat vorgeschlagen, diese Rolle der Kinder bei der Fortführung und Stabilisierung spezifischer Praktiken als „Komplizenschaft" (ebd., S. 202) zu benennen.

Die Einhaltung der offiziellen Vereinbarung der ‚Nicht-Essen-Regel' mithilfe der Kostprobe sorgt dafür, dass die Fachkräfte und die Kinder die Veranstaltung ohne ‚Gesichtsverlust' beenden können. Die Kinder fügen ‚Nebenpfade' und ‚Ausschweifungen' ein und gestalten so das soziale Setting attraktiver.[5] Die Fachkräfte erhalten die situative Rahmung der Nahrungszubereitung als institutionelles Lehr-Lern-Arrangement aufrecht.

---

4 Der gleiche Effekt ist bei Verhandlungen um die Essbarkeit des Produktes beschreibbar: Lebensmittel werden nur temporär während des Angebotes in nichtessbare umgewandelt. Die Kinder kooperieren darin, dass die Speisen verzehrbar bleiben (vgl. Flämig 2017, S. 200f.).
5 Die Gestaltung von Attraktivität durch die Kinder ist für die Aufrechterhaltung des ‚pädagogischen Angebotes' als Organisationsform funktional wichtig (vgl. Flämig 2017, S. 211f.).

3. Der funktionale Gebrauchswert der Nahrungszubereitung als ‚pädagogisches Angebot'

In diesem Zusammenhang sei jedoch darauf hingewiesen, dass das Angebot in den von mir beobachteten Fällen nicht als bewusst ernährungsbildendes Setting z. B. zum Zweck des Wissenserwerbs über die Vielfalt von Lebensmitteln angelegt ist. Vielmehr hat die Nahrungszubereitung als Angebot und ihr charakteristisches Merkmal der Auslagerung des Verzehrs auch einen funktionalen Wert für die Organisation und ist aus organisationstheoretischer Perspektive diskutierbar. Die Bedeutung dieses Arrangements betrachte ich im Folgenden in drei Begründungszusammenhängen.

Gewährleistung organisationaler Anforderungen

Während einerseits der Verzicht auf den Verzehr permanenter Aushandlungsgegenstand im pädagogischen Angebot ist, wird andererseits über die noch zu essende Speise beständig kommuniziert. Bei der Auslagerung des Verzehrs handelt es sich also nicht um einen generellen Verzicht auf die Speise, sondern um das räumliche und zeitliche Aufschieben der Nahrungsaufnahme. Die Analyse des ethnografischen Materials zeigt durchgängig, dass Essenssituationen in den vormittäglichen Angeboten eng mit Zwischenmahlzeiten am Nachmittag verknüpft sind. Milchshake, Pflaumenkuchen, Melonensalat und Brötchen sind als (zum Teil ergänzende)[6] Speisen für zeitlich und schriftlich fixierte Mahlzeiten in der Organisation vorgesehen. Aus einer organisationstheoretischen Perspektive sind die Mahlzeiten eingebunden in die zweckrational gestalteten Organisationsstrukturen, die wiederum interne Effizienzkriterien produzieren (vgl. Drepper 2010). Aus Perspektive eines eigenlogischen Operierens der Organisation ist es daher effizient, einen Teil des institutionellen Speisekatalogs in der vormittäglichen ‚Angebotszeit' herzustellen. In der Administration von Zeit im Tagesablauf in den beobachteten Kindertageseinrichtungen sind kaum andere Zeitfenster für die Zubereitung selbst hergestellter Speisen zu finden als am Vormittag. Als Teil einer organisationalen Ordnung bietet die Nahrungszubereitung als Angebot die Möglichkeit, strukturelle Bedingungen und Logiken der Organisation mit pädagogischen Programmatiken (z. B. Ernährungserziehung, frühkindliche Bildung) zu verknüpfen. Wie Jung (2009) zeigt, muss der gesellschaftliche Auftrag der Bildung, Betreuung und Erziehung nicht nur inhaltlich ausgestaltet, sondern in Alltagsordnungen überführt und organisatorisch bewältigt werden.

---

6 Neben mitgebrachten Speisen aus dem Familienhaushalt (vgl. Schulz 2010) oder von der Institution bereitgestellten Speisen wie Brot und Obst, das bei gewerblichen Essenanbietern bestellt wird.

Gewährleistung gesellschaftlicher Aufträge und Funktionszuschreibungen
Die Nahrungszubereitung als Angebot ist zudem diskutierbar als eine Variante der Austarierung des Spannungsfeldes von öffentlicher und privat-familialer Erziehung. Die öffentliche Kindertagesbetreuung ist seit ihren Anfängen immer in funktionaler Interdependenz zur Familie zu denken (vgl. Reyer 1987; Cloos/Karner 2010). Trotz eines aktuell breit akzeptierten eigenständigen Bildungsauftrages ist gesellschaftlicher Wert und Auftrag der institutionellen Kindertagesbetreuung von der „Verträglichkeit bzw. Unverträglichkeit" (Franke-Meyer/Reyer 2010, S. 27) mit der Erstzuständigkeit der Familie bestimmt. Organisationstheoretische Betrachtungen weisen darauf hin, dass Organisationen wie Kindertageseinrichtungen ihre Orientierungen aus ihren institutionellen Umwelten importieren und installieren. Sie richten ihre Strukturen und Prozesse mit Blick auf die gesellschaftlichen Aufträge und Ansprüche ein, um Legitimität zu erzeugen und ihre Existenz zu sichern (vgl. Drepper 2010). Der gesellschaftlich gültige Auftrag an die öffentliche Kindertagesbetreuung ist eine Trias aus Bildung, Erziehung und Betreuung. In den Erwartungen der Organisationsumwelten (Familien, Schule, Politik, Träger) spiegelt sich diese Trias als ein geschützter, an die Komplexität und Alltäglichkeit des sozialen Lebens angepasster Erfahrungsraum wider, der den anthropologisch konstituierten Entwicklungs-, Bildungs- und Schutzansprüchen des Kindes gerecht werden soll.

Die Aktivitäten der Zubereitung einer Mahlzeit stellen sich als geeignetes Medium zur Bearbeitung solcher Aufträge und Erwartungen dar. Die Stofflichkeit, Amorphie und Körperlichkeit der Nahrung ist anschlussfähig an die anthropologische Wesensbestimmung des jungen Kindes als Lern- und Entwicklungswesen, das vorrangig ganzheitlich, anschaulich, sinnlich wahrnehmend und in tätiger Auseinandersetzung lernt (vgl. Schäfer 2005; Liegle 2013). Der gemeinschaftliche Vollzug der Nahrungszubereitung und seine Nähe zu Aktivitäten des privaten Familienhaushalts (vgl. Barlösius 2016, S. 199 f.) sind anschlussfähig an den lebensweltlichen, aber geschützten Erfahrungszusammenhang, den die Kita bieten soll. Mahlzeiten und ihre Zubereitung sind historisch und diskursiv eng an die Lebenswelt des privat-familialen Haushalts gekoppelt und im kollektiven Gedächtnis mit Familie assoziiert (vgl. ebd.). Die Zubereitung einer Mahlzeit als ‚pädagogisches Angebot' hat, ebenso wie die Mahlzeit selbst, ausgeprägt hohe vergemeinschaftende Qualitäten. Soziologisch und sozialpsychologisch betrachtet, ist sie in der Lage, emotionale Zuwendung, soziale Zugehörigkeit, kulturelle Identitäten und leiblich-seelisches Wohlbefinden zu erzeugen. Diese Konnotationen können den Alltag eines Kindergartens sowohl als erwartungsgerecht, d. h. *betreuend* in Form von Geborgenheit, Schutz, Anerkennung (vgl. Dietrich/Wedemann 2019), als auch *erziehend und bildend* ausweisen (vgl. Honig/Joos/Schreiber 2004).

Bearbeitung von Heterogenitätsanforderungen

Die als Angebot hergestellte Speise bietet darüber hinaus Bearbeitungsmöglichkeiten für die Herausforderungen, die mit der Durchmischung des Kindergartenalltags mit privat-familialen Speisen einhergehen (vgl. Schulz 2010, 2016). Schulz (ebd.) weist daraufhin, dass familiäre Essgewohnheiten und individuelle Geschmacksvorlieben – durch häusliche Nahrung, die in die Kindertageseinrichtung mitgegeben wird – soziale Diversität und Ungleichheit deutlich in den Blick rücken. Für diese Heterogenität können die Fachkräfte kaum Bearbeitungsstrategien entwickeln, weil sie in Handlungsdilemmata zwischen gesundheitserzieherischen und frühpädagogischen Aufträgen geraten. Zudem wird mitgebrachtes Essen von den Fachkräften als „Abbild familiärer Ernährungspraktiken" (Schmidt 2018, S. 219) im Sinne mangelnder Essfertigkeiten des Kindes meist negativ bewertet, die Zuschreibung einer Erstzuständigkeit elterlicher Erziehungs- und Sorgeverantwortung manifestiert und die damit einhergehende Mehrarbeit von den pädagogischen Fachkräften thematisiert (vgl. ebd., S. 216). Im Unterschied zu privat mitgebrachten Lebensmitteln wirken die in institutioneller Verantwortung entstandenen Brötchen, Blechkuchen, Salate etc. homogenisierend. Auf einer performativen Ebene betrachtet kann die Speise in gleiche Teile aufgeteilt werden, ermöglicht Überblick und Kontrolle über die Qualität verzehrter Nahrung, über Nahrungsmengen pro Kind und über das mit dem Verzehr einhergehende Essverhalten. Die in gemeinsamer Tätigkeit zubereitete Speise muss aufgrund des Reziprozitätsprinzips (vgl. Stegbauer 2011) von den Beteiligten und Dritten in der Regel positiv bewertet werden und hat dadurch vergemeinschaftende Effekte. Schulz (2010) zeigt zudem, dass von den Fachkräften ausgewählte Lebensmittel in institutionellen Versorgungssituationen offensiver als „multifunktionale Lernsettings" (ebd., S. 39) genutzt werden können als die mitgebrachten Lebensmittel aus dem familiären Kontext. Die mit den Kindern hergestellte Speise erleichtert also auch den bildenden und lehrenden Zugriff der Fachkräfte auf die Mahlzeit. Aus organisationsinterner Perspektive erhöht dies die Effizienz, weil Erwartungen (z. B. Ernährungsbildung) intern integriert werden können.

4. Fazit

Die vorangegangenen Ausführungen haben nicht die Praktiken der Mahlzeiten fokussiert, sondern den Umgang mit Lebensmitteln und Speisen, die Gegenstand institutionalisierter Förderungsarrangements in der Kindertageseinrichtung sind. Die praxistheoretische Perspektive zeigt, dass Praktiken des Hantierens mit Lebensmitteln im pädagogischen Angebot einen hohen Gebrauchswert für die Organisation sowie für die Akteur_innen in der Kindertageseinrichtung haben. Sie sind sowohl anschlussfähig an das Bildungsparadigma in der Frühpädagogik als auch an die Funktionsbestimmungen der Kindertagesbetreuung. Aus organisationstheoretischer Perspektive bietet die selbst hergestellte Speise im Angebot und ihr Verzehr in Mahlzeiten am Nachmittag eine Operationalisierung der Erwartungen von Anspruchsgruppen (wie Eltern, Fachwissenschaftler_innen, Trägervertreter_innen, Bildungspolitiker_innen) und ihre Überführung in die interne, an Effizienz ausgelegte Aktivitätsstruktur an. Die selbst gemachte, in familiärer Analogie hergestellte Speise, die wie ein Hybrid zwischen organisationalen und familiären Kontexten fungiert, kann darüber hinaus Lösungen für die Bewältigung struktureller Differenzen anbieten, die aus der Verschiebung familienbezogener Sorgeaufgaben resultieren.

Praxistheoretisch grundgelegte, ethnografische Studien können einerseits zu einem Verständnis der Bezugsprobleme beitragen, auf die die Kindertageseinrichtung und ihre Akteur_innen mit Praktiken des Essens und des Umgangs mit Nahrungsmitteln rekurrieren. Zum anderen können sie – wie auch die hier vorgestellten Speisezubereitungen in Angeboten zeigen – die erstaunlich hohe Varianz, Situativität und das breite Spektrum von Speisesituationen in Kindertageseinrichtungen (vgl. Schulz 2016) in den Blick nehmen, deren Beschreibung und Kenntnis eine notwendige Voraussetzung für eine realistischere Einschätzung des Essens in der Kindertageseinrichtung wäre.

Im Rahmen dieses Beitrags konnte knapp angedeutet werden, dass die Nahrungszubereitungssituationen nur in interaktiver Zusammenarbeit mit den Kindern aufrechterhalten werden können. Die Kinder verfügen über vielfältige Varianten des Umgangs mit Nahrungsmitteln (vgl. dazu auch Schulz 2014) und der Inanspruchnahme des institutionellen Nahrungsangebotes, die den Essenssituationen eine eigene Gestalt geben. Die Erforschung der Sinnzuschreibungen und Aktivitäten der Kinder kann zu einem tieferen Verständnis der Beschaffenheit institutioneller Essenssituationen und ihrer Reproduktionen im Kindergartenalltag beitragen.

Insbesondere im Zusammenhang mit dem sozialen Pragmatismus und der Einbindung der Nahrungszubereitung als Angebot in Effizienzkriterien der Organisation sei darauf hingewiesen, dass es sich bei den Einrichtungen, die an der ethnografischen Studie teilgenommen haben, um ostdeutsche Kindertageseinrichtungen handelt. In der erziehungswissenschaftlichen Essensforschung ist bisher kaum thematisiert, dass die Mahlzeiten und Essenssituationen dort einen höheren Institutionalisierungsgrad aufweisen, weil Ganztagsbetrieb und damit verknüpfte Ganztagsverpflegung seit über 60 Jahren praktiziert werden (vgl. ex. Ministerrat der DDR 1975). Dies hat meines Erachtens Auswirkungen auf die programmatisch geforderten ernährungsbildenden Tätigkeiten. Die als Selbstverständlichkeit wahrgenommene, soziale Wirklichkeit ist voraussichtlich tiefer in den sozialen Praktiken eingelagert und das praktische Wissen in Bezug auf die Tauglichkeit und die Effizienz der Aktivitäten des Essens in der Kita ausgereifter.

Literatur

Barlösius, Eva (2016): Soziologie des Essens. Eine sozial- und kulturwissenschaftliche Einführung in die Ernährungsforschung. Weinheim und Basel: Beltz Juventa.
Bongaerts, Gregor (2011): Sinn. Bielefeld: transcript.
Bühler-Niederberger, Doris (2011): Lebensphase Kindheit. Theoretische Ansätze, Akteure und Handlungsräume. Weinheim und München: Juventa.
Cloos, Peter/Karner, Britta (Hrsg.) (2010): Erziehung und Bildung von Kindern als gemeinsames Projekt. Zum Verhältnis familialer Erziehung und öffentlicher Kinderbetreuung. Baltmannsweiler: Schneider Hohengehren.
Deppermann, Arnulf (2008): Gespräche analysieren. Eine Einführung. Wiesbaden: VS.
Dietrich, Cornelie (2016): Essen in der KiTa: Institution – Inszenierung – Imagination. In: Althans, Birgit/Bilstein, Johannes (Hrsg.): Essen – Bildung – Konsum. Pädagogisch-anthropologische Perspektiven. Wiesbaden: Springer VS, S. 65–75.
Dietrich, Cornelie/Wedemann, Jutta (2019): Betreuung – ein pädagogisch unterbestimmter Begriff. In: Dietrich, Cornelie/Stenger, Ursula/Stieve, Claus (Hrsg.): Theoretische Zugänge zur Pädagogik der frühen Kindheit. Weinheim und Basel: Beltz Juventa, S. 452–464.
Drepper, Thomas (2010): Soziale personenbezogene Dienstleistungsorganisationen aus neo-institutionalistischer Perspektive. In: Klatetzki, Thomas (Hrsg.): Soziale personenbezogene Dienstleistungsorganisationen. Soziologische Perspektiven. Wiesbaden: VS, S. 129–167.
Fischer-Lichte, Erika (2004): Ästhetik des Performativen. Frankfurt am Main: Suhrkamp.
Flämig, Katja (2017): Freiwillig und verbindlich. Ethnografische Studien zu Angeboten in der Kindertageseinrichtung. Weinheim und Basel: Beltz Juventa.
Franke-Meyer, Diana/Reyer, Jürgen (2010): Das Verhältnis öffentlicher Kleinkindererziehung zur Familie und zur Schule aus historisch-systematischer Sicht. In: Cloos, Peter/Karner, Britta (Hrsg.): Erziehung und Bildung von Kindern als gemeinsames Projekt. Zum Verhältnis familialer Erziehung und öffentlicher Kinderbetreuung. Baltmannsweiler: Schneider Hohengehren, S. 26–40.
Glaser, Barney G./Strauss, Anselm L. (1967): The discovery of grounded theory. Strategies for qualitative research. Chicago: Aldine Pub. Co.
Herrle, Matthias (2013): Ermöglichung pädagogischer Interaktionen. Disponibilitätsmanagement in Veranstaltungen der Erwachsenen-/Weiterbildung. Wiesbaden: VS.
Honig, Michael-Sebastian/Joos, Magdalena/Schreiber, Norbert (Hrsg.) (2004): Was ist ein guter Kindergarten? Theoretische und empirische Analysen zum Qualitätsbegriff in der Pädagogik. Weinheim und München: Juventa.
Jergus, Kerstin/Thompson, Christiane (Hrsg.) (2017): Autorisierungen des pädagogischen Selbst. Studien zu Adressierungen der Bildungskindheit. Wiesbaden: Springer VS.
Jung, Petra (2009): Kindertageseinrichtungen zwischen pädagogischer Ordnung und den Ordnungen der Kinder. Eine ethnografische Studie zur pädagogischen Reorganisation der Kindheit. Wiesbaden: VS.
Kade, Jochen (1997): Vermittelbar/nicht-vermittelbar: Vermitteln: Aneignen. Im Prozeß der Systembildung des Pädagogischen. In: Lenzen, Dieter/Luhmann, Niklas (Hrsg.): Bildung und Weiterbildung im Erziehungssystem: Lebenslauf und Humanontogenese als Medium und Form. Frankfurt am Main: Suhrkamp, S. 39–70.
Kade, Jochen/Seitter, Wolfgang (Hrsg.) (2007): Umgang mit Wissen. Recherchen zur Empirie des Pädagogischen. Opladen: Budrich.

Kurt, Ronald/Herbrik, Regine (2015): „Wir müssen uns überlegen, wie es weitergeht ...": Die Sequenzanalyse als Methode der Sozialwissenschaftlichen Hermeneutik. In: Hitzler, Ronald (Hrsg.): Hermeneutik als Lebenspraxis: Ein Vorschlag von Hans-Georg Soeffner. Weinheim und Basel: Beltz Juventa, S. 192–206.

Liegle, Ludwig (2013): Frühpädagogik: Erziehung und Bildung kleiner Kinder; ein dialogischer Ansatz. Stuttgart: Kohlhammer.

Lüders, Manfred (2011): Forschung zur Lehrer-Schüler-Interaktion/Unterrichtskommunikation. In: Terhart, Ewald (Hrsg.): Handbuch der Forschung zum Lehrerberuf. Münster, New York, München, Berlin: Waxmann, S. 644–666.

Mazeland, Harrie (1983): Sprecherwechsel in der Schule. In: Ehlich, Konrad/Rehbein, Jochen (Hrsg.): Kommunikation in Schule und Hochschule. Linguistische und ethnomethodologische Analysen. Tübingen: Narr, S. 77–101.

Mehan, Hugh (1979): Learning lessons. Social organization in the classroom. Cambridge, Mass.: Harvard University Press.

Methfessel, Barbara/Höhn, Kariane/Miltner-Jürgensen, Barbara (2016): Essen und Ernährungsbildung in der Kita. Stuttgart: Kohlhammer.

Ministerrat der DDR (1975): „Verordnung über die Schüler- und Kinderspeisung vom 16. Oktober 1975" (GBI DDR 1975 I S. 713). www.gesetze-im-internet.de/schkispv/index.html (Abfrage: 02.09.2019).

Mohn, Bina Elisabeth/Althans, Birgit (2014): Mahl_Zeit. Essen im Übergang von KiTa und Schule. Göttingen: IWF Wissen und Medien gGmbH.

Mohn, Bina Elisabeth/Hebenstreit-Müller, Sabine (2007): Zu Tisch in der Kita. Mittagskonzert und Mittagsgesellschaft. Göttingen: IWF Wissen und Medien gGmbH.

Reckwitz, Andreas (2003): Grundelemente einer Theorie sozialer Praktiken. Eine sozialtheoretische Perspektive. In: Zeitschrift für Soziologie 32, H. 4, S. 282–301.

Reyer, Jürgen (1987): Kindheit zwischen privat-familialer Lebenswelt und öffentlich veranstalteter Kleinkinderziehung. In: Erning, Günter/Neumann, Karl/Reyer, Jürgen (Hrsg.): Geschichte des Kindergartens. Institutionelle Aspekte, systematische Perspektiven, Entwicklungsverläufe. Freiburg im Breisgau: Lambertus, S. 232–284.

Schäfer, Gerd E. (2005): Bildung beginnt mit der Geburt. Ein offener Bildungsplan für Kindertageseinrichtungen in Nordrhein-Westfalen. Weinheim und Basel: Beltz.

Schank, Roger C./Abelson, Robert P. (1977): Scripts, plans, goals and understanding. An inquiry into human knowledge structures. Hillsdale, NJ: Erlbaum.

Schegloff, Emanuel A./Sacks, Harvey (1973): Opening up closings. In: Semiotica 8, H. 4, S. 289–327.

Schmidt, Friederike (2018): „Es verschiebt sich alles viel viel mehr in die Kita und Schule". Perspektiven von Pädagog*innen auf Erziehung und Sorge im Kontext der Nahrungsversorgung. In: Diskurs Kindheits- und Jugendforschung 13, H. 2, S. 211–224.

Schulz, Marc (2010): Bildung während des Essens? In: Sozial Extra 34, H. 3/4, S. 38–41. (auch online unter link.springer.com/article/10.1007%2Fs12054-010-0040-5, Abfrage: 02.09.2019).

Schulz, Marc (2014): Der Kindergarten als Gabe-Ort: Kinder zwischen spielender Subjektwerdung und bildender Nahrung. In: Althans, Birgit/Schmidt, Friederike/Wulf, Christian (Hrsg.): Nahrung als Bildung. Weinheim und Basel: Beltz Juventa, S. 116–127.

Schulz, Marc (2016): Essen im Kindergarten. In: Täubig, Vicki (Hrsg.): Essen im Erziehungs- und Bildungsalltag. Weinheim und Basel: Beltz Juventa, S. 132–150.

Stegbauer, Christian (2011): Reziprozität: Einführung in soziale Formen der Gegenseitigkeit. Wiesbaden: VS.

Tull, Marc (2019): Essen in Kindertageseinrichtungen und Grundschulen. Eine ethnographische Studie zur Inszenierung von Frühstücken und Mittagessen. Wiesbaden: Springer VS.

Wiesemann, Jutta (2002): Situationistische Unterrichtsforschung. In: Breidenstein, Georg/Combe, Arno/Helsper, Werner/Stelmaszyk, Bernhard (Hrsg.): Forum qualitative Schulforschung 2. Interpretative Unterrichts- und Schulbegleitforschung. Opladen: Leske + Budrich, S. 133–158.

Inszenierungen von (Ess-)Tischen, Speisen und professionellen Akteur_innen und ihre pädagogische Bedeutung für das Essen von Kindertageseinrichtungen und Grundschulen

Marc Tull

1. Einleitung

In öffentlichen Diskussionen über das ‚Essen der Kinder' erlangen die Essenssituationen von Kindertageseinrichtungen und Grundschulen seit geraumer Zeit große Aufmerksamkeit. Aufgrund der Annahme eines zunehmenden Verfalls der Essgewohnheiten von Familien und eines mangelhaften Wissens zur Ernährung sowie deren Ausgestaltung vonseiten der Eltern wird dem Essen beider pädagogischer Institutionen eine bedeutende Kompensationsfunktion zugeschrieben: Es wird als gewichtige Chance wahrgenommen, um ein Mindestmaß der vermeintlich schwindenden ‚Esskultur' zu wahren und diese an die nächste Generation weiterzuvermitteln. In der Konsequenz werden die Essenssituationen beider Bildungsstufen in besonderem Maße mit vielfältigen Erwartungen der am Diskurs beteiligten Akteur_innen aufgeladen.

Während die öffentliche Auseinandersetzung damit – ähnlich wie der Diskurs um das Essen von Kindern generell – immer noch vornehmlich von der Thematisierung von Nahrungsmitteln und dem gesunden Umgang mit ihnen geprägt ist, hat sich die sozial- und erziehungswissenschaftliche Forschung in den letzten Jahren für vielseitige Fragestellungen zum Essen im Elementar- und Primarbereich geöffnet. Einerseits setzt sie sich damit auseinander, wie es den Einrichtungen überhaupt gelingt, Essen in ihren organisationalen Alltag zu integrieren (vgl. Klapp 1997; Deinet 2009), wie sich Essen dort tagtäglich praktisch vollzieht (vgl. Kalthoff 1997; Dilfer/Kallert/Wieners 2009; Mohn/Althans 2014; Schütz 2015; Dietrich 2016; Rose/Seehaus 2019; Tull 2019) und inwiefern es als Erziehungs- und Bildungsgegenstand fungieren kann (vgl. Althans/Schmidt/Wulf 2014; Schulz 2014, 2016a, 2016b; Schütz 2015, 2016; Rose/Seehaus 2019; Tull 2019), andererseits beschäftigt sie sich mit den an das Essen gerichteten Vorstellungen derjenigen, die es tagtäglich in den Einrichtungen gestalten (vgl. Althans/Schmidt/Tull 2014; Schütz 2016). Sie leistet so einen wichtigen Beitrag dazu, bisherige, weitestgehend standardisierte Untersuchungen, die sich primär auf die Qualität angebotener und mitgebrachter Speisen sowie die Versorgungsstruktur fokussieren, um einen qualitativen Blick auf die konkrete Inszenierungspraxis zu erweitern.

An die skizzierten sozial- und erziehungswissenschaftlichen Arbeiten schließen die nachfolgenden Ausführungen an, in denen ‚räumliche Arrangements' von Frühstücken und Mittagessen untersucht werden. An ihnen lässt sich beispielhaft veranschaulichen, dass die Gestaltung von Essenssituationen Einfluss auf deren pädagogische Bedeutung im Einrichtungsalltag hat, folglich sich mit Varianzen in der Ausgestaltung von Frühstücken und Mittagessen auch deren pädagogischer Sinn verändert. In Erörterung dieser These wird nachfolgend zunächst das Forschungsdesign der Studie vorgestellt, die Forschungspraxis reflektiert und das Vorgehen bei der Analyse des Datenmaterials erläutert (2.). Anschließend werden zentrale Begriffe zur Interpretation des Datenmaterials geklärt (3.), bevor ausgewählte Ergebnisse entlang von drei Beispielen veranschaulicht werden (4.). Der Beitrag schließt mit einer kurzen Diskussion der Ergebnisse hinsichtlich ihrer Relevanz für das Essen von Kindertageseinrichtungen und Grundschulen (5.).

2. Generierung des Datenmaterials und Zusammenstellung des Forschungssamples

Dieser Beitrag diskutiert einen analytischen Ausschnitt der Dissertation „Essen in Kindertageseinrichtungen und Grundschulen. Eine ethnographische Studie zur Inszenierung von Frühstücken und Mittagessen" (Tull 2019)[1]. Diese Untersuchung beschäftigt sich zum einen mit den Organisationskulturen von Kindertageseinrichtungen und Grundschulen beim Essen; zum anderen untersucht sie, wie mit der Ausgestaltung der Frühstücke und Mittagessen welche Handlungsvorschläge an ihre Nutzer_innen formuliert, welche gleichzeitig eher in den Hintergrund gedrängt werden und wie sich dementsprechend deren pädagogische Bedeutung im Einrichtungsalltag verändert. Zu diesem Zweck wurden in sieben Einrichtungen (KiTa *Rosmarin*, Grundschule *Thymian*, Maison Relais *Basilikum*, Maison Relais *Dill*, KiTa *Koriander*, KiTa *Majoran* und Grundschule

---

1 Das dem Promotionsprojekt zugrundeliegende Datenmaterial entstammt einer Teilstudie des ESF-/BMBF-geförderten Projektes mit dem Titel: „Erwartungen, Praktiken und Rituale – Explorationen des Übergangs zwischen Elementar- und Primarbereich (am Beispiel von Ernährung)" der Universität Trier, das den institutionellen Übergang am Beispiel des Gegenstands- und Handlungsbereichs „Essen" untersucht hat. Das Projekt wurde unter der Leitung von Birgit Althans sowie der Mitarbeit von Bina Elisabeth Mohn, Friederike Schmidt und Marc Tull zwischen dem 01.11.2011 und dem 31.10.2013 an der Universität Trier durchgeführt (Althans/Schmidt/Tull 2014).

Oregano) teilnehmende Beobachtungen (ohne Kamera) durchgeführt. Forschungsgegenstand sind die dort beobachteten Frühstücke und Mittagessen, da diese über den gesamten Untersuchungszeitraum hinweg beständig in allen dieser Einrichtungen stattfanden. Damit liefern diese Essenssituationen eine geeignete Möglichkeit, das Essen im Elementar- und Primarbereich in seiner Alltäglichkeit zu untersuchen und entlang verschiedener Schwerpunktsetzungen zu analysieren (vgl. Tull 2019, S. 93 ff.).

Beim ersten Blick in die entstandenen Beobachtungsprotokolle ähneln sich viele Momente der erlebten Essenssituationen, da bei ihrer Inszenierung zahlreiche (ess-)kulturtypische Praktiken über einzelne Einrichtungen hinweg aufgeführt werden: Es wird z. B. an bestuhlten Tischen gegessen, diese Tische werden gedeckt und Speisen bereitgestellt, vor dem Essen werden Hände gewaschen, es wird gebetet und ein guter Appetit gewünscht. Im Forschungsprozess rückten aufgrund dieser Feststellung anfangs zwei Fragen in den Fokus: Welche Praktik(enkomplexe) werden zu welchem Zeitpunkt im Ablauf der jeweiligen Essenssituationen aufgeführt? Inwiefern lassen sich die einrichtungsspezifischen Situationen aufgrund dessen unterscheiden?

Diese Fragen wurden im Projektverlauf anschließend noch einmal geöffnet. So offenbarte ein genaueres Hinsehen, dass mit kleineren und größeren Varianzen in der Aufführung ebensolcher Praktiken deren pädagogische Bedeutung für das jeweilige Essen changiert, sich damit deren Funktion im Rahmen der verschieden gestalteten Frühstücke und Mittagessen verändert. Mit dieser Erkenntnis und mit fortschreitender Aufarbeitung des bisherigen Forschungsstandes zum Essen in pädagogischen Einrichtungen fiel der Entschluss, den empirischen Teil der Dissertation in zwei Abschnitte zu gliedern: Auf Mesoebene wurde ein Überblick über die einrichtungsspezifischen Frühstücke und Mittagessen herausgearbeitet. Die Kulturen der jeweiligen Einrichtungen wurden an dieser Stelle miteinander verglichen, und es wurde zueinander in Kontrast gesetzt, wann im Ablauf der jeweiligen Essenssituationen welche Praktiken zu beobachten sind. In einem zweiten Teil, der im Endeffekt den Hauptteil der Arbeit und den Gegenstand dieses Beitrags ausmacht, wurde die Logik der Einrichtungen verlassen. Auf Mikroebene wurden einzelne Praktiken bzw. Praktikenkomplexe der Frühstücke und Mittagessen sowie das Spektrum ihrer Bedeutung, das mit Varianzen in ihrer Aufführung einhergeht, in den Mittelpunkt gestellt.

Bereits Ergebnisse der Studien von Kalthoff (1997), Schütz (2015, 2016) und Schulz (2016a, 2016b) deuten an, dass sich insbesondere an vermeintlich typischen Praktiken von Frühstücken und Mittagessen des Elementar- und Primarbereichs aus erziehungswissenschaftlicher Sicht interessante Fragen herausarbeiten und daran Bedeutungsverschiebungen für das Essen von pädagogischen Einrichtungen festmachen lassen. In Kalthoffs (1997) Vergleich zwischen ‚Mensa-‘ und ‚Speisesaalmodell‘ beim Mittagessen in Internatsschulen wird an mehreren Momenten des Essens (z. B. Eintreten und Verlassen der Räumlichkeiten, Eröffnung der Nahrungsaufnahme oder Eindecken der Tische) aufgezeigt, wie mit den unterschiedenen Inszenierungsmöglichkeiten verschiedene Formen von Sozialität und damit verbunden bestimmte Ordnungen des Essens entstehen. Schütz (2015, 2016) veranschaulicht an Varianten in der Ausgestaltung des Settings beim ganztagsschulischen Mittagessen differierende Adressierungspraktiken professioneller Akteur_innen. Die Studie zeigt insbesondere, wie sich in diesem Zusammenhang unterschiedliche Positionierungsmöglichkeiten für die Kinder ergeben. Schulz verdeutlicht, wie die „Inszenierungs- und Aufführungsformate von Mahlzeiten" (2016a, siehe auch 2016b) sowohl Erfahrungs- als auch Handlungsspielräume für die Nutzer_innen präfigurieren und damit deren Bedeutung als Lernort variiert.

In der hier diskutierten Dissertation wurden die Gestaltung einzelner Elemente von Frühstücken und Mittagessen sowie ihr Zusammenspiel analysiert und in diesem Zusammenhang wurde die Breite an vorgefundenen Arrangements nachgezeichnet. Bei der Auswertung des entstandenen Datenmaterials wurde eine analytische Trennung vorgenommen, die die Beobachtungsprotokolle entlang der Oberbegriffe ‚räumliche' und ‚zeitliche Arrangements' – verstanden als gestaltete Situationen – untersucht. Der vorliegende Beitrag fokussiert auf den analytischen Schwerpunkt ‚räumliche Arrangements' und zeigt anhand exemplarischer Vergleiche relativ ähnlicher Situationen, welche Spielräume trotz aller Gemeinsamkeiten von Frühstücken und Mittagessen entstehen und wie sich je nach Umgang mit ihnen die pädagogische Bedeutung der Situationen verändert. Insgesamt können mit Blick auf die beforschten Esssituationen fünf differente Bedeutungen bzw. Funktionen unterschieden werden, die bei Frühstücken und Mittagessen Relevanz erlangen. Diese werden allerdings von Einrichtung zu Einrichtung über unterschiedliche Praktiken und auf unterschiedliche Arten und Weisen hergestellt. So geht es beim Essen in den beforschten Kindertageseinrichtungen und Grundschulen generell um: Versorgen, Fürsorgen, Disziplinieren, Lernen und Vergemeinschaften (vgl. Tull 2019, S. 173 ff.; siehe dazu auch Schulz 2016b und Schütz 2016).

3. Frühstücke und Mittagessen als Inszenierungen

Neben bisherigen Studien zum Essen in pädagogischen Einrichtungen bilden praxistheoretisch inspirierte (vgl. Reckwitz 2003) und an performativitätstheoretische Arbeiten (vgl. Wulf/Zirfas 2007) anknüpfende Überlegungen den Ausgangspunkt für die zugrundeliegende Untersuchung. Damit einhergehend wird die Annahme formuliert, dass sowohl Frühstücke als auch Mittagessen im Alltag der Einrichtungen über kollektive, die soziale Wirklichkeit konstituierende „Inszenierungs- und Aufführungspraktiken" (ebd., S. 10) aller an den Essenssituationen beteiligten Akteur_innen hervorgebracht werden. (Un-)Soziale und (un-)pädagogische Momente der Essenssituationen erscheinen in diesem Sinne als eine Kombination aus performativen, mimetischen und rituellen Prozessen des Essens. Damit wird eine explorative Betrachtung dieses Untersuchungsfeldes angelegt, in der der Blick auf die konkrete Materialität von performativen Räumen und Zeiten des Essens und ihre Herstellung, seine Gegenstände, aber auch seine Körperlichkeit in den Vordergrund gestellt wird. Statt das Geschehen rund um das Essen in den Kindertageseinrichtungen und Grundschulen also über eine Aufschlüsselung dahinterliegender Strukturen verstehen zu wollen, wird an dieser Stelle die körperliche Ausführung von Praktiken rund um die Essenssituation aus erziehungswissenschaftlicher Sicht in den Blick gerückt (vgl. Tull 2019, S. 57 ff.).

Hieran anschließend werden im vorliegenden Beitrag Frühstücke und Mittagessen als Inszenierungen – im Sinne eines geplanten und gestalterischen Handelns, als ein In-Szene-Setzen von Handlungsabläufen – verstanden (vgl. Wulf/Zirfas 2007, S. 24). Ihre gestalteten (Un-)Möglichkeiten werden als Arrangements und einzelne Praktiken als Aufführungen betrachtet und damit ein alternativer Blick auf die Essenssituationen des Elementar- und Primarbereichs eröffnet, der dabei helfen soll, sie in ihrer Bedeutungsvielfalt zu rekonstruieren (vgl. ebd., S. 18; siehe dazu auch Engel 2014, S. 108). Die Ergebnisse bisheriger Studien legen nahe, dass nicht alle in den Frühstücken und Mittagessen vorzufindenden Arrangements durchgängig pädagogisch bedeutsam aufgeladen sind. Deshalb wird im Rahmen der Untersuchung grundsätzlich ein offen gehaltenes Verständnis von einem Arrangement mitgeführt (vgl. ex. Dietrich 2016; Schulz 2016b; Schütz 2016; Seehaus/Gillenberg 2016).

4. Einblick in die empirischen Ergebnisse – räumliche Arrangements

Da die untersuchten Frühstücke und Mittagessen mit nur einer Ausnahme in den Räumlichkeiten der jeweiligen Einrichtungen stattfanden, lag es vornehmlich in deren Hand, wie die Essenssituationen ausgestaltet wurden. Lediglich das Mittagessensangebot der Einrichtung *Oregano* fand in einer nahegelegenen öffentlichen Kantine statt und war somit auch den Befugnissen der Betreiberin der Kantine unterstellt. Im Zeitraum der Erhebungen gab es ausschließlich in der Einrichtung *Thymian* einen klassischen Speisesaal, der primär für die Nahrungsaufnahme vorgesehen war. Ansonsten wurden Gruppen- bzw. Klassen- oder Mehrzweckräume für die Nahrungsaufnahme genutzt.

Dem Analyseteil zu den räumlichen Arrangements der Frühstücke und Mittagessen liegt ein relationales Raumverständnis (vgl. Löw 2001; Althans 2001) zugrunde. Demzufolge ist ein Raum nicht einfach ein Container, also lediglich ein Aufbewahrungsgefäß für ein darin stattfindendes Geschehen, sondern er steht mit ebendiesem Geschehen in einem Wechselverhältnis. Letztlich wird er in diesem Verständnis in einem doppelten Sinne sozial produziert: einerseits in der „relationalen (An)Ordnung sozialer Güter und Menschen (Lebewesen) an Orten" (Löw 2001, S. 224)[2] und andererseits in einer durch den Menschen erbrachten „Synthese" (ebd., S. 225) ebendieser sozialen Güter und Lebewesen zu ebenjenem Raum. Es ist also davon auszugehen, dass Räume im Endeffekt erst über „Vorstellungs-, Wahrnehmungs- und Erinnerungsprozesse" (ebd.) hergestellt werden. Erbrachte Syntheseleistungen sind dabei „gesellschaftlich durch Raumvorstellungen, institutionalisierte Raumkonstruktionen und den klassen-, geschlechts- und kulturspezifischen Habitus vorstrukturiert" (ebd.).

Da eine solche Synthese in der Regel gleich auf mehrere soziale Güter bzw. Lebewesen zurückgreift und ein Mensch diese auch zusammen mit den Orten, an denen sie platziert sind, wahrnimmt, greift Löw zur Analyse von Räumen ebenfalls auf den Begriff des ‚Arrangements' zurück (vgl. ebd., S. 200 ff.). In diesem Sinne bezeichnen ‚räumliche Arrangements des Essens' hier einerseits in den Einrichtungen gestaltete (und zu gestaltende) Anordnungen von Artefakten des Essens, und es wird mit Blick auf diese gefragt, welche Handlungsmöglichkeiten sie eher nahelegen, welche sie eher in den Hintergrund drängen und welche Bedeutung sie dadurch für die Frühstücke und Mittagessen erlangen. Andererseits geraten darüber hinaus die beteiligten Akteur_innen und deren Anordnung beim Essen in den Blickpunkt, da auch sie als Teil räumlicher Arrangements zu betrachten sind und entsprechend in deren Bedeutung hineinwirken (können).

Dabei werden solche Arrangements mit Schulz (2009, S. 60 f.) bzw. Gabriele Brandstetter (2004) in ihrer Wirkung als „Präskripte" vorgestellt: „als Präposition(en) im Sinn eines Vorschlags" (ebd., S. 42). Peter Cloos, Stefan Köngeter, Burkhard Müller und Werner Thole (2009) entfalten ähnliche Überlegungen unter dem Begriff des Dispositivs, das in ihrer Vorstellung drei Ideen vereint: „Es handelt sich um etwas, das als bedingendes Arrangement beschrieben werden kann (Vor-Richtung), das eine soziale Implikation ist (Aus-Richtung, An-Ordnung) und das real vorzufindende Funktionen innehat und Wirkungen entfaltet – die sich aber nicht zwingend mit den intendierten Implikationen des Dispositivs decken" (ebd., S. 33).

Zuerst wird im Folgenden die Inszenierung von (Ess-)Tischen am Beispiel ausgewählter Frühstücke (4.1) und die Inszenierung von Speisen am Beispiel ausgewählter Mittagessen (4.2) analysiert, selbstverständlich ohne die beteiligten Nutzer_innen gänzlich auszublenden. Anschließend rücken die (Selbst-)In-

---

2 Löw (2001) spricht hier auch von „Spacing" (ebd., S. 225).

szenierungen professioneller Akteur_innen (4.3) in den Vordergrund, ohne gänzlich über die platzierten sozialen Güter hinwegzusehen.

4.1 Die Inszenierung von (Ess-)Tischen am Beispiel ausgewählter Frühstücke

In einem Vergleich, der die Organisationskulturen aller beforschten Einrichtungen einander gegenüberstellt, lassen sich die beobachteten Frühstückssituationen in drei Typen aufteilen:

- das offene, individualisierte Frühstück,
- das geschlossene, gemeinschaftliche Frühstück
- und das geschlossene Gruppen-Frühstück.

Um Varianzen in der Inszenierung von Esstischen darzustellen und die damit einhergehende Bedeutungsverschiebung nachzuzeichnen, wird im Folgenden exemplarisch beschrieben, wie in den Einrichtungen *Koriander* und *Rosmarin* Tische als Esstische in Szene gesetzt werden. Beide Situationen, die hier miteinander verglichen werden, sind in die Kategorie des offenen, individualisierten Frühstücks einzuordnen. In ihrer Anlage ähneln sie sich also durchaus: Ein zu Tagesbeginn eingedeckter Tisch zeigt den Zeitraum an, in dem gefrühstückt werden kann; die Nutzer_innen können frei entscheiden, wann in diesem Zeitraum, wie lange und mit wem sie frühstücken.[3] Vor dem Hintergrund der darüber hinaus beobachteten Varianzen in den beiden Esstisch-Inszenierungen lässt sich die Situation in der Einrichtung *Koriander* allerdings als individuell gestaltbarer Versorgungsraum charakterisieren, der den Nutzer_innen verschiedene Handlungsmöglichkeiten am Tisch eröffnet. Die Situation in der Einrichtung *Rosmarin* kann im Vergleich eher als fürsorglich vorbereiteter Lernraum beschrieben werden, in dem bereits eine konkrete Vorstellung vom gesitteten Frühstück und Umgang mit den zur Verfügung gestellten Utensilien praktisch Niederschlag findet.

In beiden Einrichtungen findet das Frühstück in den Gruppenräumen statt, in denen je ein einzelner Tisch mit vier bzw. fünf Sitzplätzen durch das Platzieren von Geschirr, Besteck und anderen Frühstücksutensilien auf ebendiesem

---

3 Beim geschlossenen, gemeinschaftlichen Frühstück und beim geschlossenen Gruppen-Frühstück eröffnen und beschließen alle beteiligten Akteur_innen den Zeitraum für die Nahrungsaufnahme zusammen. Sie sitzen also gleichzeitig am Tisch bzw. den Tischen. Während beim gemeinschaftlichen Frühstück eine große, sowohl mit Speisen als auch mit Geschirr und Besteck eingedeckte Tafel Platz bietet, bleibt beim Gruppen-Frühstück jedes Kind an seinem (Arbeits-)Platz, packt sein mitgebrachtes Frühstück aus und nimmt dieses dann zu sich (ausführlich dazu: Tull 2019, S. 155 ff.).

Tisch als Esstisch markiert wird. Es ist also angezeigt, welcher Tisch im Raum für die Einnahme des Frühstücks vorgesehen ist. Da dieser Tisch in beiden Einrichtungen nicht ausreichend Platz für die gleichzeitige Nahrungsaufnahme aller Nutzer_innen bietet, impliziert die grundsätzliche Anlage der Arrangements eine Abfolge mehrerer aufeinanderfolgender Frühstücksszenarien. Obwohl in gewissem Sinne nacheinander gegessen werden muss, beinhalten die Arrangements durchaus das Potenzial zur Interaktion am Esstisch und damit zur Vergemeinschaftung, da nicht ausschließlich Einzelfrühstücke gestaltet werden können, sondern auch ein Essen in der Kleingruppe.

Den Unterschied zwischen den Situationen macht im Endeffekt lediglich die Art und Weise, wie Geschirr, Besteck und die anderen Utensilien auf dem Tisch arrangiert sind. So stehen in der Einrichtung *Koriander* Teller und Gläser gestapelt sowie Besteck gebündelt in der Mitte des blanken Tisches – und das in einer Anzahl, die ungefähr der Gesamtgruppengröße entspricht. Am Tisch in der Einrichtung *Rosmarin* sind hingegen Einzelplätze eingedeckt. An jedem der vier Einzelplätze sind bereits auf einem Tischset Tasse inklusive Untertasse, Teller, Messer und ein kleiner Löffel hergerichtet. In beiden Einrichtungen wird je eine Flasche Mineralwasser zur Verfügung gestellt.

Mit dem jeweiligen Arrangement von Geschirr, Besteck und sonstigen Utensilien auf dem Tisch wird das Frühstück in der Konsequenz sozial unterschiedlich gerahmt. Während die zentral arrangierten Utensilien in der Einrichtung *Koriander* auf der einen Seite eine Art Aufforderung an die Nutzer_innen darstellen, sich den jeweiligen Platz selbst einzudecken und damit diese alltagspraktische Tätigkeit des Eindeckens nach den individuellen Vorstellungen auszuführen bzw. einzuüben, erzeugen die auf dem Tisch gestapelten Teller und Gläser auf der anderen Seite gleichzeitig den Eindruck von effizient-gestalteter Fließbandversorgung. Damit betonen sie auch die nutritive Komponente des Frühstücks. In diesem Arrangement verlässt mit den Kindern in der Regel auch das benutzte Geschirr bzw. Besteck den Tisch und es wird wieder ein Platz zum Frühstücken frei. Diese Inszenierung lässt den Kindern insgesamt einen großen Interpretationsspielraum zur Gestaltung des Frühstücks und weist ihnen damit eine hohe Eigenverantwortung zu. Die Zweckmäßigkeit, mit der eingedeckt ist, rückt allerdings gleichzeitig den funktionalen Versorgungsaspekt in den Vordergrund.

Das Frühstücksarrangement der Einrichtung *Rosmarin* lässt hingegen andere Bedeutungen stärker in den Vordergrund treten: Im Vergleich lassen der vorbereitete Einzelplatz und vor allem Details wie die Untertassen oder die Tischsets – auch wenn diese ebenfalls eine gewisse Funktionalität mit sich bringen – den Tisch als fürsorglich eingedeckt und dem heimischen Esstisch nachempfunden erscheinen. Zudem wird durch die eingedeckten Einzelplätze die Nutzung und Auseinandersetzung mit den bereitgestellten Utensilien wesentlich stärker normiert als im Arrangement der Einrichtung *Koriander*. Die Nutzer_innen müssen hier nicht nur Sorge dafür tragen, dass Plätze am Tisch wieder frei, sondern diese nach dem eigenen Frühstück korrekt eingedeckt werden. Dazu gehören das Spülen der verwendeten Utensilien und das Wieder-Einrichten des vorher genutzten Platzes in der vorgegebenen Form. Damit ist hier das gekonnte Ausführen alltagspraktischer Handlungen noch einmal wesentlich stärker gefordert und vorgegeben.

4.2 Die Inszenierung von Speisen am Beispiel ausgewählter Mittagessen

In diesem zweiten Teil wird – ebenfalls an zwei Beispielen – die Inszenierung von Speisen veranschaulicht. Dazu wird auf zwei der beobachteten Mittagessenssituationen zurückgegriffen. Grundsätzlich waren die Mittagessen über alle Einrichtungen hinweg als Großgruppenverköstigung angelegt. Sie umfassten mindestens die jeweilige Gruppen- bzw. Klassengröße oder brachten mehrere Gruppen bzw. Klassen zeitgleich in einem Speisesaal zusammen. In den beiden hier herangezogenen Einrichtungen werden die Speisen vollständig vor Ort in einer Großküche zubereitet. Dabei werden die zubereiteten Speisekomponenten in der Einrichtung *Basilikum* vor dem Verlassen der Küche in Schüsseln aufgeteilt und zu den Tischen gebracht; in der Einrichtung *Oregano* werden die Speisen in großen Warmhaltebehältern in einer mobilen Ausgabetheke angerichtet. Beide Inszenierungsformate erzeugen ebenfalls grundlegend unterschiedliche soziale Rahmungen des Essens. Während die Inszenierung in der Einrichtung *Basilikum* somit eher einen vergemeinschaftenden Lernraum hervorbringt, bewirkt die Inszenierung in der Einrichtung *Oregano* im Vergleich vorrangig den Eindruck eines pragmatischen Versorgungsraums. Das dezentrale Arrangement der Speisen in Schüsseln auf den Tischen der Einrichtung *Basilikum* erlaubt den Nutzer_innen am Tisch einen direkten Zugriff auf die zubereiteten Speisen. Sie können selbst darüber entscheiden, welche Speisekomponenten und vor allem in welcher Menge diese auf den eigenen Tellern landen. Die Nutzer_innen setzen sich direkt mit dem Angebot auseinander, die Speisen werden am Tisch zu einem geteilten Gegenstand, wenn Schüsseln herumgereicht oder Teller gegenseitig befüllt werden. Auf diese Weise wird einerseits die Interaktion am Tisch gefördert, sodass diese zur Stärkung der Tischgemeinschaft beitragen kann. Andererseits wird hier durch das eigene Befüllen von Tellern auch der Umgang mit den Speisen geschult.

In allen beforschten Einrichtungen, die die Speisen zentral in einer Ausgabetheke arrangieren, sind die Nutzer_innen hingegen auf ein gelingendes Zusammenspiel mit einer oder mehreren Verteiler_innen angewiesen, die die einzelnen Speisekomponenten ausgeben. Sind die Teller nicht bereits vorab befüllt, wenn die Nutzer_innen die Theke erreichen, gibt es für Kinder und die Verteiler_innen die Möglichkeit, sich über Komponenten und die Befüllmenge auszutauschen. Letztendlich entscheiden hier jedoch immer die Verteiler_innen, welche Speisenkomponenten in welcher Menge auf den Tellern landen. Den Nutzer_innen im zentralen Arrangement mit der Ausgabetheke bleibt der direkte Zugriff auf die Speisen vorenthalten und die Speisen erreichen den Tisch, an dem gegessen wird, bereits als persönlicher Gegenstand vorportioniert auf dem einzelnen Teller. Diese Ausgabe von Speisen im Fließbandverfahren rückt hier vergleichsweise stark den Versorgungsaspekt in den Vordergrund.

4.3 (Selbst-)Inszenierungen professioneller Akteur_innen

Zum Abschluss werden zwei (Selbst-)Inszenierungen von professionellen Akteurinnen gegenübergestellt, die in den beschriebenen Rollen beim Essen auftreten, nachdem Esstische von den Kindern bereits besetzt und die Speisen an diese auch bereits verteilt sind. An den beiden nachfolgenden, leicht gekürzten Protokollausschnitten wird eindrücklich, wie die professionellen Akteurinnen in ihren unterschiedlichen Rollen dem Charakter der jeweiligen Situation – zumindest von außen gesehen – einen neuen Touch verleihen und dadurch auf den bis dato arrangierten Raum Einfluss nehmen:

Anders-Essende am Beispiel der Einrichtung Thymian
An der Ausgabetheke lässt sich auch Frau Leitner (Erzieherin) von den Hauswirtschaftskräften einen Teller befüllen. Nachdem sie diesen entgegengenommen hat, blickt sie suchend entlang der Tische im Saal und begibt sich schließlich zum ‚Mädchentisch' unmittelbar rechts vor ihr. Sie geht mit ihrem Teller in der Hand zum einzigen unbesetzten Platz am Tisch, zieht sich den Stuhl ein Stück zurück und setzt sich. Es herrschen rege Unterhaltungen zwischen den fünf Schülerinnen, die bereits dort sitzen und essen. Auf das Hinzukommen der Erzieherin reagieren diese nicht wirklich. Auch das Auftreten von Frau Leitner sieht für mich so aus, als hätte sie sich gerade an einen leeren Tisch gesetzt. Ohne jegliche Interaktion mit den Mädchen stellt sie mit gesenktem Kopf ihren Teller auf dem Tisch ab, nimmt sich das an diesem Platz bereitgelegte Besteck und beginnt mit der Nahrungsaufnahme. Im Folgenden ist ihr Blick während ihrer gesamten Nahrungsaufnahme gerade nach unten auf ihren Teller gerichtet. Ich kann nicht ein einziges Mal beobachten, dass sich der Kopf zu den Tischnachbarinnen oder über diese hinweg in den Raum hebt, obwohl die Situation mehrere Minuten dauert. Beständig nimmt Frau Leitner einen Bissen nach dem anderen zu sich, bis sie ihren Teller vollständig – noch vor den meisten Schülerinnen am Tisch – geleert hat. Anschließend legt sie ihr Besteck auf ihren Teller ab, den sie bereits in einer Hand hält, stützt sich mit der anderen Hand am Tisch ab, schiebt mit ihrem Körper den Stuhl ein Stück nach hinten [...] und bringt ihren Teller zur Abräumstation. Die Schülerinnen lassen sich erneut nicht stören. (Thymian, zweites Protokoll zum Mittagessen)

Unterhalterin am Beispiel Oregano
Frau Simon (Lehrerin) setzt sich, allerdings ohne sich etwas zu essen von der Ausgabetheke mitgenommen zu haben, auf einen der freien Plätze an einem der beiden Tische der Klasse, die sie heute in Vertretung begleitet. [...] Nach kurzer Zeit legt sie ihre Notizen auf dem Tisch ab, geht zu Marie (Kind), die an dem anderen Tisch der Klasse sitzt, kniet sich seitlich hinter sie, sodass sie zu dem sitzenden Mädchen aufblicken muss, und beginnt sich mit ihr zu unterhalten. Ich kann nicht verstehen, worüber sie reden, doch beide scheinen sich häufig gegenseitig durch Kopfnicken zu bestätigen und sind am Lachen. Nach einigen Minuten geht Frau Simon nun zum nächsten Schüler, der an ihrem Ausgangstisch am Kopfende sitzt. Auch mit ihm unterhält sie sich ein wenig und sucht danach wieder ihren Platz auf. (Oregano, drittes Protokoll zum Mittagessen)

Während Frau Leitner aus der Einrichtung *Thymian* durch die Entgegennahme eines befüllten Tellers in Aussicht stellt, dass sie als Essende an der Situation teilnehmen wird, grenzt sich Frau Simon aus der Einrichtung *Oregano* bereits vorab als Nicht-Essende von den übrigen Nutzer_innen ab. Wie sich im weiteren Verlauf der Sequenz zeigt, nutzt sie die Essenssituation, um sich mit Schüler_innen zu unterhalten. Frau Simon zieht sich dazu aus ihrer Tischgruppe heraus und lenkt die Aufmerksamkeit einzelner Schüler_innen von dieser weg auf sich selbst. Damit schafft sie kleine Nebenschauplätze, die in Konkurrenz zu der bis dato bestehenden Tischgemeinschaft stehen. In Kontrast zur professionellen Akteurin aus der Einrichtung *Oregano*, die während der Nahrungsaufnahme die Interaktion mit den Kindern sucht, steht die Rolle von Frau Leitner. Sie tritt – trotz physischer Anwesenheit an einem Gruppentisch – nicht weiter in Interaktion mit den dort bereits essenden Kindern. Sie richtet sich und ihren Körper vornehmlich auf die Nahrungsaufnahme aus, wodurch sie den Versorgungsaspekt in einem integrativ angelegten Arrangement stark macht. Frau Leitner wird hier weder von den Mädchen als gleichgestellte Nutzerin im Gespräch adressiert, noch gerät sie – wie in anderen Sequenzen zu beobachten – in die Rolle als Pädagogin oder Organisatorin hinein. Es gelingt ihr, in dieser Situation konsequent in der Rolle der Nahrungskonsumentin zu verbleiben.

5. Fazit

Bevor auf Mikroebene zum Tragen kommt, wie eine Praktik aufgeführt wird und welche Bedeutung sie in der Variante ihrer Aufführung für das Essen der jeweiligen Einrichtung erlangen kann, spielt die Gestaltung der Frühstücke und Mittagessen auf Mesoebene eine zentrale Rolle. Auf dieser Ebene wird in gewissem Sinne angelegt, inwiefern eine Praktik in der jeweiligen Situation überhaupt Präsenz erlangen und aufgeführt werden kann. Ist im Ablauf eines Mittagessens bspw. kein Tischgebet vorgesehen, wird Beten – egal in welcher Variante – für die Bedeutung des Essens höchstens eine marginale Rolle spielen.

Wie der Beitrag zeigt, lohnt es sich durchaus bei der Betrachtung und Planung des Essens über die Ausgestaltung der Frühstücke und Mittagessen auf Mesoebene hinauszuschauen und auch deren Mikroebene, also einzelne Praktiken des Essens in Kindertageseinrichtungen und Grundschulen, in den Blick zu nehmen. Die Beispiele zeigen, dass die Bedeutungen, die dem Essen in den Einrichtungen zukommen können, in einem Zusammenhang mit Varianzen in der Inszenierung und Aufführung von einzelnen Praktiken des Essens stehen: Es spielt in den Essenssituationen nicht nur eine Rolle, ob ein Tisch für ein Frühstück eingedeckt wird oder nicht, sondern wie dieser eingedeckt wird. Es spielt nicht nur eine Rolle, wie Speisen zubereitet werden, sondern auch wie sie serviert werden. Außerdem spielt es nicht nur eine Rolle, ob professionelle Akteur_innen mit den Kindern an einem Tisch sitzen, sondern welche Rolle dabei aufgeführt wird.

An den Frühstücken und Mittagessen kristallisiert sich in diesem Zusammenhang zudem heraus, dass die Essenssituationen des Elementar- und Primarbereichs, insbesondere mit Blick auf den kindlichen Gestaltungsfreiraum beim Essen, teilweise ambivalent gestaltet werden. So sind in den beforschten Einrichtungen einerseits Arrangements zu beobachten, die große Kontingenz zulassen. Hier werden den teilnehmenden Kindern vielfältige Handlungsspielräume eröffnet, in denen sie sich in unterschiedlichsten Aktivitäten rund um die Nahrungsaufnahme relativ frei erproben können. Möglichkeiten dazu ergeben sich z. B., wenn in der Inszenierung von (Ess-)Tischen diese gar nicht oder nur teilweise eingedeckt sind, sodass die Kinder das Tischarrangement selbst gestalten bzw. vollenden können. Dann formulieren der leere Tisch bzw. nicht eingedeckte Plätze im Zusammenspiel mit bereitgestelltem Geschirr oder gut zugänglichen Schränken eine Art Aufforderung an die Kinder, der sie entweder uneingeschränkt oder begleitet durch die Fachkräfte nachgehen können. Ähnlich ist dies, wenn bei der Inszenierung von Speisen ein dezentrales Arrangement mit Schüsseln auf den Tischen gewählt und Teller nicht bereits vorab durch Erwachsene befüllt werden. Hier kann eine im Vergleich intensivere, individuelle Auseinandersetzung mit den Nahrungsmitteln und ihrem Konsum stattfinden, wenn die Kinder selbst entscheiden, welche Lebensmittel sie in welcher Menge essen, sie die Speisen aus den Schüsseln heraus selbst portionieren und diese danach zu ihren Tischnachbarn weiterreichen (vgl. ausführlich dazu Tull 2019, S. 170 ff.). Gleichzeitig werden in den beforschten Essenssituationen aber auch zahlreiche Arrangements gestaltet, in denen Kontingenz geradezu eliminiert wird. Dies ist, wie an den Beispielen (vollständig eingedeckte Einzelplätze und vorab befüllte Teller) aufgezeigt, sowohl durch das Arrangement selbst bedingt als auch durch das invasive Agieren der professionellen Akteur_innen. In den Beispielen wurden diese in unterschiedlichen Rollen während der

Nahrungsaufnahme beschrieben, und es wurde gezeigt, wie sie mit ihrer Rollenwahl am Tisch das räumliche Arrangement in unterschiedliche Richtungen fortschreiben. Das insgesamt beobachtete Rollenspektrum geht allerdings weit über den Part der (un-)kommunikativen (nicht-)teilnehmenden Tischnachbarin aus diesen Beispielen hinaus. So zeigen sich die professionellen Akteur_innen beim Essen bspw. auch als Organisator_innen, wenn sie sich darum bemühen, Abläufe beim Essen bestmöglich zu koordinieren, als Sorgende, wenn sie ihre Aufmerksamkeit und ihr Handeln vornehmlich auf die Bedürfnisse der Kinder ausrichten, oder sie fungieren als diejenigen Akteur_innen, die den Kindern ihr Wissen zum Essen bereitstellen und es diesen zu vermitteln versuchen (vgl. ausführlich dazu ebd., S. 249 ff.). Trotz beobachteter Rollenvielfalt bleibt festzuhalten, dass die professionellen Akteur_innen die Essenssituationen überaus häufig und über lange Zeiträume dominieren – insbesondere dann, wenn Disziplin beim Essen und damit häufig verbunden die organisatorischen Aspekte in den Vordergrund rücken. Nicht selten werden gerade in solchen Momenten die zuvor arrangierten Frei-Räume mal mehr und mal weniger stark beschnitten. Dies fällt nicht nur beim Blick auf die räumlichen, sondern auch auf die zeitlichen Arrangements auf (vgl. ebd., S. 295 ff.).

Literatur

Althans, Birgit (2001): Die Stadt als performativer Raum. In: Wulf, Christoph/Althans, Birgit/Audehm, Kathrin/Bausch, Constanze/Göhlich, Michael/Sting, Stephan/Tervooren, Anja/Wagner-Willi, Monika/Zirfas, Jörg (Hrsg.): Das Soziale als Ritual. Zur performativen Bildung von Gemeinschaften. Opladen: Leske + Budrich, S. 19–36.

Althans, Birgit/Schmidt, Friederike/Tull, Marc (2014): „Abschlussbericht zum Projekt ‚Erwartungen, Praktiken und Rituale – Explorationen des Übergangs zwischen Elementar- und Primarbereich (am Beispiel von Ernährung)'". www.tib.eu/de/suchen/id/TIBKAT%3A837 830354/Erwartungen-Praktiken-und-Rituale-Explorationen/ (Abfrage: 01.07.2019).

Althans, Birgit/Schmidt, Friederike/Wulf, Christoph (Hrsg.) (2014): Nahrung als Bildung. Interdisziplinäre Perspektiven auf einen anthropologischen Zusammenhang. Weinheim und Basel: Beltz Juventa.

Brandstetter, Gabriele (2004): Aufführung und Aufzeichnung – Kunst der Wissenschaft? In: Fischer-Lichte, Erika/Risi, Clemens/Roselt, Jens (Hrsg.): Kunst der Aufführung. Aufführung der Kunst. Berlin: Theater der Zeit, S. 40–50.

Cloos, Peter/Köngeter, Stefan/Müller, Burkhard/Thole, Werner (2009): Die Pädagogik der Kinder- und Jugendarbeit. Wiesbaden: VS.

Deinet, Ulrich (2009): Essen im Ganztag als Kooperationsthema von Jugendarbeit und Schule. In: Rose, Lotte/Sturzenhecker, Benedikt (Hrsg.): ‚Erst kommt das Fressen…!' Über Essen und Kochen in der Sozialen Arbeit. Wiesbaden: VS, S. 121–137.

Dietrich, Cornelie (2016): Essen in der KiTa: Institution – Inszenierung – Imagination. In: Althans, Birgit/Bilstein, Johannes (Hrsg.): Essen – Bildung – Konsum. Pädagogisch-anthropologische Perspektiven. Wiesbaden: Springer VS, S. 65–75.

Dilfer, Andrea/Kallert, Heidi/Wieners, Tanja (2009): Essen in Kinderbetreuungseinrichtungen. Ergebnisse einer Studie in Frankfurt am Main. In: Rose, Lotte/Sturzenhecker, Benedikt (Hrsg.): ‚Erst kommt das Fressen…!' Über Essen und Kochen in der Sozialen Arbeit. Wiesbaden: VS, S. 205-219.

Engel, Nicolas (2014): Die Übersetzung der Organisation. Ethnographie organisationalen Lernens im Kontext der Grenzüberschreitung. Wiesbaden, Springer VS.

Kalthoff, Herbert (1997): Wohlerzogenheit. Eine Ethnographie deutscher Internatsschulen. Frankfurt am Main und New York: Campus.

Klapp, Sabine (1997): Mittagsmahlzeiten in Kindertagesstätten. Lage: Hans Jacobs.

Löw, Martina (2001): Raumsoziologie. Frankfurt am Main: Suhrkamp.

Reckwitz, Andreas (2003): Grundelemente einer Theorie sozialer Praktiken. Eine sozialtheoretische Perspektive. In: Zeitschrift für Soziologie, 32 (4), S. 282-301.

Schulz, Marc (2009): Kochen und Essen als Aufführung – Speisen als Skulptur. Die Irritation des Selbstverständlichen als Bildungsimpuls. In: Rose, Lotte/Sturzenhecker, Benedikt (Hrsg.): ‚Erst kommt das Fressen …!' Über Essen und Kochen in der Sozialen Arbeit. Wiesbaden: VS, S. 163-174.

Schulz, Marc (2016a): Die Inszenierungs- und Aufführungsformate von Mahlzeiten im Kindergartenalltag. In: Althaus, Birgit/Bilstein, Johannes (Hrsg.): Essen – Bildung – Konsum: Pädagogisch-anthropologische Perspektiven. Wiesbaden: Springer VS, S. 29-47.

Schulz, Marc (2016b): Essen im Kindergarten. In: Täubig, Vicki (Hrsg.): Essen im Erziehungs- und Bildungsalltag. Weinheim und Basel: Beltz Juventa, S. 132-150.

Schütz, Anna (2015): Schulkultur und Tischgemeinschaft. Eine Studie zur sozialen Situation des Mittagessens an Ganztagsschulen. Wiesbaden: Springer VS.

Schütz, Anna (2016): Das Essen in der Ganztagsschule – eine schultheoretische Auseinandersetzung mit dem Setting. In: Täubig, Vicki (Hrsg.): Essen im Erziehungs- und Bildungsalltag. Weinheim und Basel: Beltz Juventa, S. 169-189.

Schütz, Anna/Weide, Doreen (2009): Länderspezifische Rahmenbedingungen und Zielsetzungen – Die Ganztagsschulen im Forschungsprojekt „LUGS". In: Kolbe, Fritz-Ulrich/Reh, Sabine/Idel, Till-Sebastian/Fritzsche, Bettina/Rabenstein, Kerstin (Hrsg.): Ganztagsschule als symbolische Konstruktion. Fallanalysen zu Legitimationsdiskursen in schultheoretischer Perspektive. Wiesbaden: VS, S. 69-82.

Seehaus, Rhea/Gillenberg, Tina (2014): Nahrungsgaben als Bildungsgaben. Eine diskursanalytische Untersuchung zum Schulessen. In: Althans, Birgit/Schmidt, Friederike/Wulf, Christoph (Hrsg.): Nahrung als Bildung. Interdisziplinäre Perspektiven auf einen anthropologischen Zusammenhang. Weinheim und Basel: Beltz Juventa, S. 205-2017.

Seehaus, Rhea/Gillenberg, Tina (2016): Gesundes Schulessen – zwischen Diskurs und täglicher Praxis. In: Täubig, Vicki (Hrsg.): Essen im Erziehungs- und Bildungsalltag. Weinheim und Basel: Beltz Juventa, S. 151-168.

Tull, Marc (2019): Essen in Kindertageseinrichtungen und Grundschulen. Eine ethnographische Studie zur Inszenierung von Frühstücken und Mittagessen. Wiesbaden: Springer VS.

Wulf, Christoph/Zirfas, Jörg (2007): Performative Pädagogik und performative Bildungstheorien. Ein neuer Fokus erziehungswissenschaftlicher Forschung. In: Wulf, Christoph/Zirfas, Jörg: Pädagogik des Performativen. Theorien, Methoden, Perspektiven. Weinheim und München: Juventa, S. 7-40.

Speisen der Zugehörigkeit

Ethnografische Einblicke zum Essen an Ganztagsschulen

Jochen Lange

1. Einleitung: Zur Relevanz des Essens an Ganztagsschulen

Mit der Verbreitung von Ganztagsschulen schreitet die Institutionalisierung von Kindheit voran – und mit dieser auch die schulisch-institutionelle *Einverleibung* von Essen, da das Angebot von Mittagsmahlzeiten eine verbindliche Komponente für den Ganztagsbetrieb darstellt: Nach Vorgabe der Kultusministerkonferenz muss eine Ganztagsschule an mindestens drei Tagen in der Woche ein ganztägiges Angebot zur Verfügung stellen und an allen Tagen des Ganztagsbetriebs ein Mittagessen anbieten (vgl. Sekretariat der Ständigen Konferenz der Kultusminister der Länder in der Bundesrepublik Deutschland 2008, S. 4). Damit ist das Essen nicht länger nur sporadisches Thema des Unterrichts, das im Dienst einer „ernährungsbezogenen Bildungsarbeit" (Heseker et al. 2019) behandelt wird. Das Essen findet auch – um eine charakterisierende Dualität nach Zingerle (1997, S. 79) zu bemühen – als Gegenstand (Speisen) und Situation (Mahlzeit) seinen Weg in die Schule. Dieser *Einschulung* des Essens wird eine relativ große Aufmerksamkeit in den bildungspolitischen und wissenschaftlichen Debatten um Ganztagsschulen zuteil. Es muss jedoch attestiert werden, dass die Diskurse um das Schulessen traditionell und nach wie vor von einer trophologischen (medizinisch-präventiven) Perspektive dominiert werden, mit der sich um die Qualität der Speisen gesorgt wird. Die verbundene Erwartungshaltung ist vielfach, dass über das Mittagessen eine Erziehung zur ‚richtigen' Ernährung forciert werden soll. Bereits 2006 ließ sich festhalten:

> „Das Bundesministerium für Bildung und Forschung, das Bundesministerium für Verbraucherschutz, Ernährung und Landwirtschaft und inzwischen fast alle Kultusministerien der Länder haben sich die gesundheitliche Aufklärung an Schulen und die Rolle, die eine gesunde Ernährung dabei spielt, zur Aufgabe gemacht" (Otto 2006, S. 184).

Vor diesem Hintergrund entwickeln und vergeben die Länder (aber auch Firmen und Stiftungen) verschiedene Zertifikate und Preise, mit denen Schulen ausgelobt werden, die in besonderer Weise eine ‚gute' Ernährung praktizieren.

Ergänzend wird im Zuge der ‚Ernährungsbildung' der Erwerb von ‚Ernährungsführerscheinen' angeboten usw.[1] In dieser Stoßrichtung forschen und publizieren zudem Institute wie die Bundesforschungsanstalt für Ernährung, die Bundesvereinigung für Gesundheitserziehung oder die Deutsche Gesellschaft für Ernährung zum Thema ‚Essen an Schulen' – und werden teils irritierend ausführlich in erziehungswissenschaftlichen Arbeiten zitiert. So kann mit Prahl und Setzwein attestiert werden:

> „Die einseitige Konzentration auf die biologischen Funktionen der Ernährung verstellt den Blick auf ihre nicht minder bedeutsamen sozialen Funktionen, und die empirische Ernährungsforschung vergibt mit dieser unnötig eingeengten Perspektive die Chance, weiterführende soziologische Zusammenhänge aufzudecken und theoretische Anschlüsse zu finden" (Prahl/Setzwein 1999, S. 67).

Bei und trotz der Verwendung von Komposita wie ‚Ernährungsbildung' gerät allzu schnell aus dem Blick, dass die (Schul-)Mensa zuvorderst ein Raum der sozialen Begegnung und Interaktion, ein Ort kultureller Praxis ist – bedingt durch vielfältige Normen, Aushandlungen und potenzielle Konflikte. Das gemeinsame Essen ist als soziale Situation alles andere als trivial. Trefflich detektiert Müller in seiner kleinen „Ethnologie des Essens und Trinkens", dass der Umgang mit Nahrung seit jeher „mit einer Anzahl heikler, oft tiefgreifender sozialer [...] Probleme verbunden und insofern Teil eines hoch komplexen Anschauungs- und vielschichtigen *Symbolsystems* [ist]. Miteinander zu essen und zu trinken, bedeutete ungemein viel" (Müller 2003, S. 12f.; Herv. i. O.).

Es erscheint evident, dass das Essen eine relevante Funktion für den schulischen ‚Ganztag' und das zugehörige Zusammenleben hat. Die Mensa kann (neben dem Schulhof) als ‚Herz der Ganztagsschule' beschrieben werden (vgl. Kamski 2008, S. 575). Sie ist relevant für die Verknüpfung von Erziehung, Betreuung und Bildung. Essen ist dabei mehr als biologische Notwendigkeit. Dieser Gemeinplatz wurde zwar schon früh auch für die Ganztagsschule hervorgehoben, etwa mit Verweis darauf, dass mit dem Essen gemeinschaftliche Rituale Einzug halten (vgl. Popp 2009, S. 11), dass Kommunikation, gegenseitiges Kennenlernen und soziale Regeln durch das gemeinsame Essen gestärkt werden (vgl. Kamski 2008, S. 567) oder dass sich Esskultur und ein allgemeines ‚Wohlfühlen' entwickeln lassen (vgl. Appel/Rutz 2009, S. 256ff.). Diese generellen Hinweise waren jedoch relativ lange eher normativ motivierte Postulate und weniger Ergebnis oder Ausgangspunkt empirischer Analysen. Erst in den letzten Jahren verdichten sich Publikationen, die verstärkt die empirischen Desiderate und theoretischen Leerstellen bearbeiten, die mit dem Essen in pädagogi-

---

1 Exemplarisch: https://www.in-form.de/wissen/ernaehrungsbildung-in-schulen/.

schen Institutionen aus erziehungswissenschaftlicher Warte einhergehen (vgl. ex. Rose/Sturzenhecker 2009; Schulz 2010b; Seichter 2012; Althans/Schmidt/ Wulf 2014; Schütz 2015; Täubig 2016; Althans/Bilstein 2016; Rose/Seehaus 2019a). Im Kontrast zu den tendenziell quantitativen Studien der Ernährungswissenschaft (vgl. ex. Bundesministerium für Ernährung und Landwirtschaft 2014), die auf Befragungen fußen oder mit medizinischen Anleihen operieren, geht mit der erziehungswissenschaftlichen Essensforschung vielfach ein qualitativ-explorativer Blick einher. Insbesondere ethnografische Forschung hat sich als geeignet erwiesen, die oben skizzierte, situative Praxis mit ihren kulturellen Normen, Regeln, Stimmungen, Konflikten usw. in den Fokus zu rücken. An eben diese praxeologische Essensforschung schließe ich mit dem vorliegenden Beitrag an. Hierzu wird in einem nächsten Schritt (2.) das Erkenntnispotenzial ethnografischer Forschung bei Tisch beispielhaft herausgestellt. In diesem Zuge erfolgt die Spezifizierung der empirischen Fragestellung. Anschließend folgt die Darlegung meines Vorgehens in Feld und Analyse, und es werden empirische Befunde der Studie dargelegt (3.). Die sich im empirischen Material zeigenden Positionierungspraktiken werden im Fazit schließlich als ein identitätsspielerisches Speisen von Zugehörigkeiten diskutiert (4.).

2. Exploration bei Tisch – Feldforschung in der Mensa

Das Essen in Ganztagschulen ist Teil des Alltags der Institution geworden, der wiederum über praxeologische Forschung der Analyse zugänglich gemacht werden kann. Mit Blick auf die immer noch bestehenden Desiderate ist die in ihrer Komplexität nicht zu unterschätzende Frage zu stellen, „was passiert beim Schulessen?" (Rose/Seehaus 2019a) – und vor allem: In welcher Weise passiert es? *Wie wird Schulessen gemeinsam gemacht?* ‚Gemacht' selbstredend nicht als zuzubereitende Speise, sondern als zu bewerkstelligende Situation, die von den Akteur_innen hergestellt werden muss und von Forscher_innen analysiert werden kann – im Sinne des Geertz'schen (1983) „what the hell is going on here?". Dieses Entdeckungsinteresse kann ein besseres Verständnis der einhergehenden Funktionsweisen, Herausforderungen, Leistungen, Risiken und Potenziale der Praxis erbringen und für die kulturellen sowie institutionellen Verwicklungen sensibilisieren. Beispielsweise kann die Bewältigung von Übergangsepisoden der Mahlzeiten als Kampffeld zwischen Kindergruppe und Institution analysiert werden: „Es geht um die Herstellung einer Ordnung des Gemeinschaftlichen, um die erfolgreiche Unterwerfung der einzelnen unter diese und um die Bändigung der Triebaffekte und egoistischen Interessen. So bilden sich in dieser Übergangsphase quasi exemplarisch grundsätzliche Konfliktlinien menschlicher Sozialisierung ab" (Rose/Schäfer 2009, S. 200). Das Zitat verdeutlicht das Erkenntnispotenzial der mikroanalytischen Betrachtung situativer (Essens-)

Praxis. Ebenso wie sich an den beispielhaften Übergängen exemplarische Sozialisationsprozesse entdecken lassen, kann mit der empirischen Beobachtung von Essenssituationen auch dem Bildungspotenzial nachgespürt werden, das vermutlich im Mensaalltag entfaltet wird. Anders formuliert: *Dass* Essen als kulturelle und soziale Praxis vielfältige Bildungspotenziale birgt, darf gewiss angenommen werden. *Wie* und in welcher Gestalt diese im Miteinander konstituiert werden, ist eine nach wie vor hoch aktuelle Forschungsfrage, der sich im Folgenden weiter angenähert wird.

3. Theatralische Positionierungen beim Essen

3.1 Vorgehen in Feld und Analyse

Das empirische Bearbeiten des Erkenntnisinteresses, die in der Schulmensa vermuteten Bildungspotenziale explorativ in den Blick zu nehmen, macht ein analytisches Heranzoomen an die Praktiken bei Tisch notwendig. Über die Frage nach dem *Wie* dieser Praktiken sollen Ableitungen erbracht werden, die helfen zu verstehen, was das gemeinsame Essen für Kinder bedeuten kann – im Sinne des ethnografischen Vorhabens „Weltsichten als [...] gelebte Praxis zu erkennen" (Amann/Hirschauer 1997, S. 24). Über die „dichte Beschreibung" (Geertz 1983) des Alltags und das verbundene zur Sprache bringen von etwas, das zuvor nicht sprachlich war (vgl. Hirschauer 2001), wird empirisches Material generiert, das auf die „Mobilisierung von Erfahrungen" zielt (vgl. Amann/Hirschauer 1997, S. 30). Auf diese Weise werden durch die teilnehmende Beobachtung von Grundschulkindern (vgl. Beck/Scholz 2000) empirische Einblicke in eine Schulmensa geliefert, die nach wie vor rar sind.

Um diese Einblicke zu entwickeln, besuchte ich über drei Monate hinweg (jeweils an den drei schulischen ‚Ganztagen' der Woche) eine Schulmensa. Diese gehört zu einer Grundschule in einer nordhessischen Mittelstadt. Die Schule ist drei- bis vierzügig und wird von ca. 340 Schüler_innen besucht. Die Mensa ist ein moderner Anbau, der dem Schulgebäude hinzugefügt wurde. Es handelt sich um einen hellen, ca. elf Meter breiten und 20 Meter langen Raum, dessen Längsseiten von hohen Glasfenstern dominiert werden. Während meiner Aufenthalte machte ich handschriftliche Feldnotizen zur Skizzierung der beobachteten Praxis samt der sich zeigenden Umgangsweisen, Aneignungen, impliziten Strategien, Wissensbestände usw. Im Zuge der verdichtenden Weiterverarbeitung dieser Notizen zu Beschreibungen ging am heimischen Schreibtisch ihre Digitalisierung einher. Mit Bezug zur Grounded Theory (vgl. Strauss/Corbin 1996) wurden die Beschreibungen fortschreitend analytisch systematisiert. Neben dem grundsätzlichen Postulat einer Verwobenheit von Theorie und Empirie (vgl. Strauss 1994, S. 70) war das Zirkulieren von Schreibtisch- und Feldphasen ein bedeutendes Element für die Arbeit, dem die Organisation des Feldes (mit seinen drei Essenstagen in der Woche) entgegenkam. Zur Verunsicherung eigener Vorannahmen (vgl. Breidenstein et al. 2013, S. 39) wurden Gegenüberstellungen, Varianten und Kontraste gesucht. Bei dieser Suche hatte das ‚theoretical sampling' eine große Relevanz für das (Wieder-)Entdecken und ausdifferenzierende Anpassen von Kategorien. Das so gewebte kategoriale Netz beantwortet die Frage, worum es den Akteur_innen in den Daten geht. Eben diese Frage ist es letztlich, auf die die Grounded Theory zielt (vgl. Strauss 1994, S. 66). Die folgenden zwei Beschreibungen sind exemplarisch – und zugleich kontrastiv – für die Kategorie der *theatralischen Positionierung*, die sich im Laufe der Zeit als ein zentraler Beobachtungsfokus herauskristallisierte.

3.2 Empirische Einblicke

Die Apfelchips
Ich sitze an einem Mensatisch mit drei Jungen der 4. Klasse, wir alle essen Pizza. Da ich mich etwas später hinzugesetzt habe, ist die Gruppe weiter mit dem Essen vorangeschritten als ich: Ihre Pizzen haben die Jungen schon fast verzehrt. Mark (zu meiner Linken) und Erik (mir schräg gegenübersitzend) konnte ich in den letzten Tagen bereits etwas kennenlernen, der dritte Junge, der meiner Person nun direkt gegenübersitzt, ist mir unbekannt. Die Jungen unterhalten sich über den frisch hinter ihnen liegenden Tagesausflug: Es ging in die Eissporthalle zum Schlittschuhlaufen. Der Austausch der Kinder während des Essens ist euphorisch, sie reden über das gemeinsam Erlebte, über einzelne Szenen und Ereignisse, über Funktionsweisen der Eisglättungsmaschine und vieles mehr. Ab und an dreht einer der Jungen – jeweils der derzeitige Redner – seinen Kopf zu mir, um ein paar Sätze direkt in meine Richtung zu sprechen, sie also nicht nur an die Gleichaltrigen, sondern auch an mich zu richten. Ich fühle mich dabei in die Erzählung und Situation gut eingebunden. Während die Kinder erzählen, erreicht Frau Schneider unseren Tisch. Sie trägt eine Schale voll Apfelschnitzel und fragt, wer etwas möchte. Erik meldet sich, woraufhin Frau Schneider ihm – mit einer Greifzange aus Metall – ein Apfelstück auf den Teller legt und fragt, ob es noch mehr sein darf. Der Junge nickt und erhält ein weiteres Apfelviertel. Mark hat sein Pizzastück nun aufgegessen und greift in die offen vor ihm liegende Chipstüte (die selbst mitgebracht wurde, also nicht zum Speiseplan der Schule gehört). Mit Zeige-, Mittelfinger und dem Daumen bringt er einige Kartoffelchips aus der Tüte hervor und schiebt sie in seinen Mund. „Chips zum Nachtisch?", frage ich und gebe mir Mühe, nicht vorwurfsvoll, sondern irgendwie interessiert zu klingen. Mark nickt bestätigend. Erik reagiert auf meine Frage mit einem verheißungsvollen Gesichtsausdruck. Mit geheimnisvoll anklingendem Pathos sagt er ankündigend: „Gerade haben wir es mit Pizza gemacht... jetzt machen wir es mit Äpfeln!" Nach dieser Mitteilung, die auf eine Praxis zu verweisen scheint, die ich aufgrund meines späteren Hinzustoßens versäumt

habe, greift Erik in Marks Chipstüte – was dieser bereitwillig zulässt –, holt sich einige Chips heraus und belegt damit eines seiner Apfelstücke. Diese Kreation lässt er nun in seinem Mund verschwinden und gibt ein übertrieben-plakativ genießerisches „Mmmh" von sich. Bei alledem wird mir eine gespannte Erwartungshaltung entgegengebracht. Betont misstrauisch frage ich: „Das soll schmecken?". Der Junge nickt heftig und kaut weiter, die anderen Kinder blicken mich erwartungsvoll an. Ich schüttele den Kopf.

Während ich mich in der anfänglichen Situation des gemeinsamen Essens stark in die Erzählungen am Tisch und in die Gruppe der Kinder integriert fühle, löst sich diese Einbindung in dem Moment, in dem ich die normative Frage nach den Chips stelle, die zum Nachtisch gegessen werden. Ich nehme damit die Rolle einer über das Essen wachenden Person ein, die – ausgehend von der eigenen Esskultur – erzieherische Ziele erkennen lässt. Meine Rolle als erwachsene Person tritt hervor, indem ich kommuniziere, dass ‚man' eigentlich keine Chips zum Dessert wählt, sondern beispielsweise das Obst, welches die andere erwachsene Person in der Situation den Kindern als Nachtisch anbietet. Nach diesem meinem Austritt aus dem Kreis der Kinder gehen diese ihrerseits auf kulturelle Distanz: Sie markieren ihre Differenz, indem sie – meine Perspektive antizipierend – die kulinarische Unangemessenheit ‚für mich' weiter steigern. Dies lässt sich als eine inszenatorische Zelebrierung beschreiben, die im Kreieren einer Spezialität *mündet*, die als solche demonstrativ *mundet*. Es wird demnach – in einer besonderen Art und Weise – etwas zur Schau gestellt. Beobachten lässt sich ein *spielerisch-kulinarisches Schocken*, mit dem theatralisch eine Position bezogen wird. Es geht dabei um Zugehörigkeit und Abgrenzung. Diese verbundene Praxis wird im Weiteren genauer betrachtet.

Der Dip
Nachdem ich gegessen habe, stehe ich nun in der Mensa und sehe mich um. Mein Blick wandert über Kinder, Tische und Teller. Ich merke, wie ich mich unwohl dabei fühle, anderen Menschen auf das Essen und auf die Hände zu starren. Mir und meinen Blicken scheint aber im Moment kaum Beachtung geschenkt zu werden. Als eine Mädchenstimme voll überschwänglicher Emotion mit dem Ausruf „Ihhhe... guck mal, wie eklig" herüberhallt, fokussiert sich gar die gesamte Aufmerksamkeit im Raum auf den Tisch der Schülerin. Es handelt sich um einen Tisch, an dem ausschließlich Kinder sitzen. Die meisten dürften eine zweite Klasse besuchen. Einer der Jungen am Tisch hat damit begonnen, seine weihnachtsmannförmige Schokoladenfigur in seinen Pudding zu tauchen und abzulecken. Dieser unsachgemäße Gebrauch sorgte für den Ausruf des Mädchens, bringt dem Jungen nun aber neben empörten auch viele belustigte und bestärkende Rufe ein. Der Sieben- oder Achtjährige scheint sich im Fokus der Aufmerksamkeit zu gefallen, er schmunzelt schelmisch und weiß die Reaktionen geschickt zu steigern: Er dippt nun eine Paprikascheibe aus seinem restlichen Salat in den Pudding. Die Stimmungen und Äußerungen, Gesichter und Reaktionen im Raum schwanken

zwischen übersteigert gespielter Abscheu und höchster Zustimmung. „Lecker!" ruft ein anderer Junge bejahend-jauchzend von weiter hinten, andere Kinder verziehen das Gesicht. Die Aktion ist auch nach dem Essen noch theatralisch spaltendes Thema auf dem Flur.

Meine Position ist in der oben beschriebenen Interaktion eine randständige, ich beobachte, ohne in die Situation direkt und aktiv involviert zu sein. Das gemeinsame Essen zeichnet sich hier durch eine Abwesenheit der Erwachsenen bei Tisch aus, es ist ein Essen unter Kindern. Dennoch geht es in der Situation um Differenzmarkierungen und um das Beziehen unterschiedlicher Positionen. Dass der Pudding unter Zuhilfenahme eines länglichen Stücks Schokolade zu sich genommen wird, scheint nicht nur auf mich befremdlich und etwas unangemessen zu wirken: Der erste aufmerksamkeitslenkende Ausruf des Mädchens ist eine lautstarke Bekundung, mit der die persönliche Ablehnung dieser Essenspraxis überdeutlich artikuliert wird. Meine eigenen normativen Einordnungen dieser speziellen Essensweise werden gewissermaßen überspitzt und übertrieben öffentlich gemacht. Mit sichtlichem Spaß an der demonstrativen Zelebrierung entwirft der Junge dann mit Paprika und Pudding eine noch größere bzw. eigenwilligere Spezialität als Speisen(neu)kombination – die ‚Rezeptur' ähnelt den Apfelchips. Mit diesem spielerischen Schocken sucht auch der Junge die Überspitzung. Diese steigert zugleich die ausdrücklichen Bekundungen der Ablehnung sowie die nicht minder deutlichen Bekundungen der Zustimmung. Durch das spielerische Zu- und Absprechen von Genießbarkeit bereiten sich die Kinder einen sozialen Genuss. Letztlich erbringt die Praxis eine (lustvolle) Polarisierung unter den Kindern: Einige Kinder positionieren sich theatralisch als wachende Vertreter_innen einer Esskultur, die die Kombination von Pudding und Paprika als unpassend tadelt, andere Kinder widersprechen. Sie positionieren sich betont oppositionell dazu und postulieren damit letztlich (und ebenfalls theatralisch) eine eigene Esskultur, in der die Speisekombination als delikat geltend gemacht wird. Während sich die erste Gruppe damit zu den Normen der Erwachsenen bekennt, erklärt die zweite Gruppe ihre Unabhängigkeit von diesen: Diametral wird die monierbare Speise unterstützt, befürwortet und so letztlich anerkennend-aneignend zum kulinarischen Bestandteil von Kinderkultur gemacht. Kulturelle Autonomie kann in dieser Weise artikuliert oder von sich gewiesen werden.

3.3 Das Who's Who der Schulmensa

Über das materielle (Um-)Arrangieren von Speisen tritt in den beobachteten Situationen das Kreieren von Spezialitäten hervor, die eng mit dem aufgezeigten spielerischen Schocken verbunden sind. Mit diesem Schocken beginnt ein besonderer Akt innerhalb der Situationen. Es geht um einen performativen Einstieg, der Öffentlichkeit produziert und Blicke auf sich zieht (vgl. auch Schulz 2010a, S. 118). Die darauffolgenden Verläufe der Essensepisoden werden von einem theatralisch-dramaturgischen Moment geprägt, der auf die Adressierung des Publikums zielt. Das Schulessen kann so als Segmentierung vielerlei informeller „Kleinbühnen" verstanden werden, „die spontan und unberechenbar für ‚Improvisationstheater' entstehen, um ebenso spontan und unberechenbar wieder zu zerfallen" (Rose/Seehaus 2019b, S. 14). Mit diesen analytischen Metaphern aus der Theaterwelt werden *Spielarten* des „Presentation of Self in Everyday Life" (Goffman 1959) sichtbar. Die Selbstdarstellung im Alltag wird zu einem (Rollen-)Spiel, das Zugehörigkeiten über kulturelle Positionierungen ermöglicht – durch und auch für das mitspielende Publikum. Eine entscheidende Basis für dieses Spiel und das spielerische Schocken ist das genaue Wissen der Kinder darüber, was ‚normalerweise' in welcher Reihenfolge, Kombination und Weise gegessen bzw. nicht gegessen wird. Dieses Wissen wird genutzt, um über das Entwerfen und Demonstrieren von Abweichungen eine Abgrenzung bewusst herzustellen. Soziale Verortungsmöglichkeiten – so stellt auch Schütz in ihrer Ethnografie heraus – sind zentral für das Schulessen: Es „kann nicht nur beobachtet werden, zu wem jemand gemacht wird, sondern ebenfalls, als wer er sich gegenüber dem Anderen zeigt, wenn er etwas vor und mit dem Anderen tut und sich zu ihm in ein spezifisches Verhältnis bringt, sich positioniert und positioniert wird" (Schütz 2015, S. 81). Schütz arbeitet heraus, dass und wie mit dem schulischen Essen Subjektpositionen, Vergemeinschaftungen und neue Möglichkeitsräume für diese Verortungen entstehen (vgl. ebd., S. 226). Die soziale Praxis des situativen Zeigens, Anerkennens und Verweigerns von Zugehörigkeiten bei Tisch tritt hervor, das Verhältnis von peerkulturell geprägten und schulisch-strukturierten Möglichkeitsräumen gerät in den Blick. ‚Peer-sein' und ‚Schüler_in-sein' wird dabei als voneinander untrennbar verhandelt (vgl. ebd., S. 213): Peer- und Schulkultur werden als wechselseitig aufeinander verwiesenes Spannungsfeld markiert, wobei schulischen Handlungs- und Interaktionsmustern eine gewisse Dominanz zugeschrieben wird (vgl. ebd., S. 218). In meinem empirischen Material scheint die Frage nach dem Verhältnis von ‚Peer-sein' und ‚Schüler_in-sein' weniger zentral. Die Positionierungen und Zugehörigkeiten richten sich weniger an einer institutionellen Kultur aus. Die gezeigte Praxis des spielerischen Schockens rekurriert auf kulinarische Normen des Zuspruchs von Genießbarkeit, die von Schulkultur kaum tangiert werden. Vielmehr deuten die bemühten Normen auf das Referenzsystem des erwachsenen Geschmacks, also auf Grenzziehungen zwischen den Generationen: ‚Kind-sein' oder ‚Erwachsene_r-sein'? Die zugehörigen Normen werden praktisch und spielerisch instrumentalisiert. Wie Rose und Seehaus (2019c) aufzeigen, eignen sich Kinder beim Spiel mit Essen den Mensaraum an, „indem sie erfolgreich die Standards der erwachsenen Mahlzeit sabotieren und mit dem Essen anderes machen als hegemonial vorgesehen und gestattet ist" (ebd., S. 143). Auch andere Praktiken mit Speisen – etwa ihre Weiter*gabe* – können vor diesem Hintergrund als Herstellungspraxis einer generationalen Differenzmarkierung analysiert werden: „Weder geben Schüler_innen ihr nicht verbrauchtes Essen an anwesende Erwachsene im Raum weiter, noch geben Erwachsene Teile ihres Essens an andere Erwachsene oder Schüler_innen weiter" (Seehaus/Rose 2019, S. 40). An diese Entdeckungen schließe ich an. ‚Erwachsen-sein' und ‚Kind-sein' hebe ich dabei nicht als etwas hervor, das von vorab bzw. fixiert zugeordneten Akteur_innengruppen ausgestaltet wird. Vielmehr interpretiere ich die gezeigte Praxis in meinem empirischen Material als situativ-fluide Bezugnahme auf ‚Erwachsen-sein' und ‚Kind-sein'. Diese dienen als kulturelle Referenzkategorien, mit denen wechselnde Zugehörigkeiten beim Essen *probiert* werden können – auch unabhängig vom biologischen Alter der Akteur_innen. Oder um im Theaterbild zu bleiben: Es lassen sich verschiedene Rollenangebote machen, annehmen oder ablehnen. Die spielerische Beschäftigung der Kinder mit Esskultur – die den Kern der beobachteten Praktiken bildet – hat dabei eine konstitutive Bedeutung für die Akteur_innen selbst. Über diese Beschäftigung geht es mit generationalen Differenzmarkierungen in spezifischer Weise um Identitätsstiftung (vgl. auch Bartsch 2006). Mit Mead tritt Identität als die Fähigkeit hervor, sich selbst aus der Perspektive eines anderen antizipierend sehen zu können. Die Frage, wie das Gegenüber auf das eigene Verhalten reagieren dürfte, wird per Rollenübernahme beantwortet im Sinne eines „taking the role of the other" (Mead 1934, S. 113). In der ersten Beobachtung war ich es, der von den Kindern und ihrer kreierten Spezialität der Apfelchips adressiert wurde, nachdem ich das Essen der Kinder normativ-kommentierend kritisierte. Meine Zugehörigkeit zur (kulinarischen) Kultur der Erwachsenen wurde dabei spätestens mit meiner monierenden Frage gesetzt. Mein weiteres Verhalten konnte von den Kindern leicht antizipiert und für eine Abgrenzung der eigenen Person genutzt werden. Diese Situation tritt in einen Kontrast zur zweiten Beobachtung, in der keine Erwachsenen involviert waren, jedoch sehr ähnlich spielerisch geschockt wurde. Der Junge, der die Paprika demonstrativ in den Pudding dippte, lud damit die anderen Kinder dazu ein, nun selbst Partei zu ergreifen und sich entsprechend zu zeigen. Über das spielerische Schocken servieren sich die Kinder eine Vorlage, eine Aufforderung zur kulturellen Positionierung. Der Reiz und die Spielfreude scheinen hier eben auch darin zu liegen, dass es nicht sicher zu prognostizieren ist, wer mit welcher Reaktion in welche Rolle schlüpfen wird. Die Beteiligten haben die Möglichkeit, die kreierte Spezialität zu beanstanden oder zu bekräftigen. Beide Positionierungen werden durch überspitzt zur Schau gestellte Emotionen bezogen: kreischender Ekel auf der einen, jauchzende Zustimmung auf der anderen Seite. Dabei handelt es sich um plakative Demonstrationen des eigenen Seins: die Demonstration, dass man bereits bzw. temporär jetzt gerade erwachsen oder kindlich is(s)t.

4. Fazit: Speisen der Zugehörigkeit

Ausgehend von der Frage, wie und in welcher Gestalt Bildungspotenziale im alltäglichen sozialen Miteinander bei Tisch konstituiert und beobachtbar werden, fokussierte der Beitrag empirisch die konkreten Umgangsweisen mit dem Schulessen als ein situatives sich in Beziehung setzen. Als zentral wurden dabei Praktiken einer theatralischen Positionierung herausgestellt: Über das spielerische Schocken wird beobachtbar, wie sich Zugehörigkeit und Abgrenzung in situ speisen lässt. Mit dem Kreieren von kulinarischen Kontrastfolien zu Speisen der erwachsenen Esskultur werden dabei generationale Grenzlinien gezogen. Diese werden jedoch nicht nur (für Erwachsene) markiert, sie werden auch spielerisch (von Kindern) überschritten – wie bei einem Hüpfspiel kann auf Positionen der einen oder anderen Seite gesprungen werden. Damit zeigt sich mehr als nur die raumaneignende Verschiebung einer Frontlinie zwischen gegebenen generationalen Gruppen in der Mensa. Es zeigt sich ein sozial-sinniges Experimentieren mit kulturellen Zugehörigkeiten, die für die Kinder nicht starr und determiniert sind. Fraglos können die Positionierungen in situ auch bedingt werden durch Freundschaftsbeziehungen, Genderkonstitutionen, Imagepflege usw. Vorherbestimmt werden sie dadurch jedoch nicht. Das Miteinander zeigt sich als dynamisch-fluides Identitätsspiel. Das Selbstverständnis beim Essen „konstituiert sich im Verhältnis von Individuellem und Sozialem, von Gleichem und Verschiedenem, von Bleibendem und sich Veränderndem [...]" (Zingerle 1997, S. 75). Facetten der Frage ‚wer bin ich?' und ‚wie möchte ich sein?', werden praktizierend als Momentaufnahmen im Miteinander beantwortet. Bildung kann dabei *gesehen* werden als „Versuch, sich darüber klar zu werden, wer man sein möchte" (Bieri 2011, S. 74). Die einhergehende Praxis ist lustvoll-repetitiv und spielerisch. Mit ihr zeigt sich eine bildungsspezifische Dimension des Essens von Kindern, die jenseits von ökotrophologischen Nährwerttabellen liegt.

Literatur

Althans, Birgit/Schmidt, Friederike/Wulf, Christoph (Hrsg.) (2014): Nahrung als Bildung. Interdisziplinäre Perspektiven auf einen anthropologischen Zusammenhang. Weinheim und Basel: Beltz Juventa.

Althans, Birgit/Bilstein, Johannes (Hrsg.) (2016): Essen – Bildung – Konsum. Pädagogisch-anthropologische Perspektiven. Wiesbaden: Springer VS.

Amann, Klaus/Hirschauer, Stefan (1997): Die Befremdung der eigenen Kultur. Ein Programm. In: Hirschauer, Stefan/Amann, Klaus (Hrsg.): Die Befremdung der eigenen Kultur. Zur ethnografischen Herausforderung soziologischer Empirie. Frankfurt am Main: Suhrkamp, S. 7–52.

Appel, Stefan/Rutz, Georg (2009): Handbuch Ganztagsschule. Praxis, Konzepte, Handreichungen (Politik und Bildung Bd. 13). 6., überarbeitete Aufl. Schwalbach: Wochenschau.
Bartsch, Silke (2006): „Jugendesskultur. Bedeutungen des Essens für Jugendliche im Kontext Familie und Peergroup. Heidelberg". www.archiv.ub.uni-heidelberg.de/volltextserver/ 6872/1/Manuskript_online_Endfassung_3.pdf (Abfrage: 25.08.2019).
Beck, Gertrud/Scholz, Gerold (2000): Teilnehmende Beobachtung von Grundschulkindern. In: Heinzel, Friederike (Hrsg.): Methoden der Kindheitsforschung. Ein Überblick über Forschungszugänge zur kindlichen Perspektive. Weinheim und München: Juventa, S. 147–170.
Bieri, Peter (2011): Wie wollen wir leben? St. Pölten: Residenz.
Breidenstein, Georg/Hirschauer, Stefan/Kalthoff, Herbert/Nieswand, Boris (2013): Ethnografie. Die Praxis der Feldforschung. Konstanz und München: UVK.
Bundesministerium für Ernährung und Landwirtschaft (BMEL) (Hrsg.) (2014): „Bundeskongress Schulverpflegung 2014. Qualität der Schulverpflegung. Bundesweite Erhebung. Abschlussbericht". www.in-form.de/fileadmin/Dokumente/Materialien/20150625INFORM_ StudieQualitaetSchulverpflegung.pdf (Abfrage: 28.08.2019).
Geertz, Clifford (1983): Dichte Beschreibung. Beiträge zum Verstehen kultureller Systeme. Frankfurt am Main: Suhrkamp.
Goffman, Erving (1959): The presentation of self in everyday life. 1st Anchor books edition. New York: Anchor Books.
Heseker, Helmut/Dankers, Rhea/Hirsch, Julia (2019): „Ernährungsbezogene Bildungsarbeit in Kitas und Schulen. Schlussbericht für das Bundesministerium für Ernährung und Landwirtschaft (BMEL)". www.bmel.de/SharedDocs/Downloads/Ernaehrung/Kita-Schule/StudieErnahrungsbildunglang.pdf;jsessionid=9540A41068B15B76C7A1F4F14D81D9D8.2_ cid376?__blob=publicationFile (Abfrage: 25.08.2019).
Hirschauer, Stefan (2001): Ethnografisches Schreiben und die Schweigsamkeit des Sozialen. Zu einer Methodologie der Beschreibung. In: Zeitschrift für Soziologie 30, H. 6, S. 429–451.
Kamski, Ilse (2008): Mittagessen und Schulhof. In: Coelen, Thomas/Otto, Hans-Uwe (Hrsg.): Grundbegriffe Ganztagsbildung. Das Handbuch. Wiesbaden: VS, S. 566–575.
Mead, George Herbert (1934): Mind, self & society. From the standpoint of a social behaviorist. Mit einer Einleitung von Charles William Morris. Chicago: University of Chicago Press.
Müller, Klaus E. (2003): Nektar und Ambrosia. Kleine Ethnologie des Essens und Trinkens. München: Beck.
Otto, Rolf-Rainer (2006): Denn wovon lebt der Mensch. Die Mensa bietet mehr als nur Essen. In: Höhmann, Katrin/Holtappels, Heinz Günter (Hrsg.): Ganztagsschule gestalten. Konzeption. Praxis. Impulse. Seelze-Velber: Kallmeyer, S. 182–194.
Popp, Ulrike (2009): Soziales Lernen als Herausforderung in der Ganztagsschule. In: Die Ganztagsschule 49, H. 1, S. 5–23.
Prahl, Hans-Werner/Setzwein, Monika (1999): Soziologie der Ernährung. Opladen: Leske + Budrich.
Rose, Lotte/Sturzenhecker, Benedikt (Hrsg.) (2009a): ‚Erst kommt das Fressen…!' Über Essen und Kochen in der Sozialen Arbeit. Wiesbaden: VS.
Rose, Lotte/Schäfer, Kathrin (2009b): Mittagessen in der Schule. Ethnografische Notizen zur Ordnung der Mahlzeit. In: Rose, Lotte/Sturzenhecker, Benedikt (Hrsg.): ‚Erst kommt das Fressen…!' Über Essen und Kochen in der Sozialen Arbeit. Wiesbaden: VS, S. 191–203.

Rose, Lotte/Seehaus, Rhea (Hrsg.) (2019a): Was passiert beim Schulessen? Ethnographische Einblicke in den profanen Verpflegungsalltag von Bildungsinstitutionen. Wiesbaden: Springer VS.

Rose, Lotte/Seehaus, Rhea (2019b): Eine Ethnografie zum Schulessen. Motive und Verfahren. In: Dies. (Hrsg.): Was passiert beim Schulessen? Ethnographische Einblicke in den profanen Verpflegungsalltag von Bildungsinstitutionen. Wiesbaden: Springer VS, S. 1–25.

Rose, Lotte/Seehaus, Rhea (2019c): Das Mittagessen als Spielarena. In: Dies. (Hrsg.): Was passiert beim Schulessen? Ethnographische Einblicke in den profanen Verpflegungsalltag von Bildungsinstitutionen. Wiesbaden: Springer VS, S. 111–144.

Schulz, Marc (2010a): Performances. Jugendliche Bildungsbewegungen im pädagogischen Kontext. Eine ethnografische Studie. Wiesbaden: VS.

Schulz, Marc (2010b): Bildung während des Essens? In: Sozial Extra 34, H. 3, S. 38–41.

Schütz, Anna (2015): Schulkultur und Tischgemeinschaft. Eine Studie zur sozialen Situation des Mittagessens an Ganztagsschulen. Wiesbaden: Springer VS.

Seehaus, Rhea/Rose, Lotte (2019): Stumme Akteure des Schulessens I. Die Schulspeise. In: Rose, Lotte/Seehaus, Rhea (Hrsg.): Was passiert beim Schulessen? Ethnographische Einblicke in den profanen Verpflegungsalltag von Bildungsinstitutionen. Wiesbaden: Springer VS, S. 27–49.

Seichter, Sabine (2016): Erziehung und Ernährung. Ein anderer Blick auf Kindheit. 2., aktualisierte Auflage. Weinheim und Basel: Beltz Juventa.

Sekretariat der Ständigen Konferenz der Kultusminister der Länder in der Bundesrepublik Deutschland (KMK) (Hrsg.) (2008): „Allgemein bildende Schulen in Ganztagsform in den Ländern in der Bundesrepublik Deutschland. Statistik 2002 bis 2006 (Datensammlung)". www.kmk.org/fileadmin/pdf/Statistik/GTS_2006.pdf (Abfrage: 11.08.2019).

Strauss, Anselm L. (1994): Grundlagen qualitativer Sozialforschung. Datenanalyse und Theoriebildung in der empirischen soziologischen Forschung. München: Fink.

Strauss, Anselm L./Corbin, Juliet M. (1996): Grounded Theory: Grundlagen qualitativer Sozialforschung. Weinheim: Beltz.

Täubig, Vicki (Hrsg.) (2016): Essen im Erziehungs- und Bildungsalltag. Weinheim und Basel: Beltz Juventa.

Zingerle, Arnold (1997): Identitätsbildung bei Tisch. Theoretische Vorüberlegungen aus kultursoziologischer Sicht. In: Teuteberg, Hans Jürgen/Neumann, Gerhard/Wierlacher, Alois (Hrsg.): Essen und kulturelle Identität. Berlin: Akademie, S. 69–86.

Zu Tisch und auf die (Picknick-)Decke

Ein Handlungsforschungsprojekt zur ‚kindlichen Gastlichkeit' in pädagogischen Settings

Burkhard Fuhs, Mara Beitelstein, Theresia Haack und Deniz Penzkofer

1. Einleitung: Kulinaristik und Gastlichkeit

Im Folgenden wird der Frage nachgegangen, wie Kulinaristik und Kindheitsforschung verbunden werden können, um theoretische und praxisrelevante Potenziale von Gastlichkeit in scheinbar beiläufigen pädagogischen Alltagssituationen zu heben. Kulinaristik versteht sich als ein interdisziplinäres Fachgebiet, das Essen und Ernährung unter einer umfassenden kulturellen Perspektive erforscht. Sie widmet sich sozial-, natur- und ernährungswissenschaftlichen, rechtlichen, ökonomischen und literaturwissenschaftlichen Fragestellungen (vgl. Wierlacher/Bendix 2008). Ihr zentrales Konzept ist das der „Gastlichkeit" (Wierlacher 2011). Sie „gehört zu den ältesten Konzepten, mit denen Menschen ihr Zusammenleben regeln; sie hält die Vielfalt der Menschen, Völker und Nationen kommunikativ zusammen" (Kulinaristik-Forum 2020). In ihrem Kern ist sie ein Beziehungs- und Schutzkonzept, dessen Anker das gemeinsame Essen ist (vgl. Bendix 2008, S. 49) und das auf anthropologische, kulturelle, politische Aspekte und Begegnungen von Menschen, auch die gewaltförmigen und gescheiterten, verweist (vgl. Liebsch 2005, S. 66).

Gastlichkeit als gesellschaftliche Praxis (etwa als welcome culture, vgl. Trauner/Turton 2017) eröffnet gerade in schwierigen politischen, ökonomischen und sozialen Zeiten einer globalisierten Welt neue Perspektiven für einen transkulturellen Blick. Wichtige Elemente des gemeinsamen ‚Gastmahls' sind neben der Rolle von Gastgeber_in und Gast Regeln der Friedenspflicht, des Gastrechtes und der Höflichkeit. Das Gastmahl wurde seit der Antike als eine Form der Begegnung angesehen, die in der Lage ist, „Freundschaft zu stiften" (Lemke 2007, S. 284). Bis heute gilt in der Politik eine Tischgemeinschaft mit einer „guten Mahlzeit in guter Gesellschaft" (ebd.) als Möglichkeit, ins Gespräch zu kommen über schwierige, kontroverse Themen – und das auch unter Feinden.

In unserem Beitrag gehen wir der Frage einer ‚pädagogischen Kulinaristik' als Verbindung von Esskultur und Bildungsprozessen nach (2.). In zwei Projekten wurden von Kindern Ereignisse gemeinsamen Essens geschaffen, welche die Grundlage unserer Forschung bilden (3.). Untersucht wurde hierbei, wie Kinder mit unterschiedlichen kulturellen Familienerfahrungen transkulturelle, gastliche Beziehungen zu anderen Kindern selbst gestalten.

2. Theoretische Grundlagen und die Schwierigkeit, pädagogisch Esskultur zu erforschen

Der bisherige ambivalente Umgang der Pädagogik mit Esskultur erschwert in hohem Maße die Hebung des pädagogisch-kulinarischen Potenzials von kindlicher Gastlichkeit sowohl in der Forschung als auch in pädagogischen Institutionen. Die Wahrnehmung der Esskultur von Kindern im Kontext der Sozialen Arbeit, der Schulpädagogik, der Frühpädagogik oder der offenen kulturellen Arbeit ist in Gefahr, das Essen, wenn es überhaupt in den Blick gerät, zu instrumentalisieren, zu banalisieren, zu stigmatisieren, zu ethnisieren oder zu folklorisieren.

Am Beginn der Überlegungen zur kindlichen Gastlichkeit steht die Einsicht, dass, trotz einer nun schon längeren Diskussion, Essen und Ernährung immer noch nicht die professionelle und disziplinäre Aufmerksamkeit erhalten, die sie im Alltag der Menschen und pädagogischer Institutionen haben. Trotz einer Reihe von Publikationen zum Thema gilt weitgehend immer noch die Feststellung, dass „Essen und Kochen weit entfernt von den Fachdisziplinen der Sozialen Arbeit" scheinen, obwohl „Essen und Kochen bei genauerem Blick seit jeher zum Alltag der Sozialen Arbeit gehören" (Rose/Sturzenhecker 2009, S. 9). Dies führt dazu, dass das Potenzial eines solchen biografisch, körperlich, sozial, ökonomisch, politisch und kulturell relevanten Themas ‚verschenkt' wird.

Formen der pädagogischen Banalisierung von Esskultur im Kontext pädagogischer Lebenswelten gibt es viele. Professionelle Pädagog_innen klassifizieren das Essen als ‚unwichtig' für die intendierten Bildungsprozesse. Essen wird als Versorgungstätigkeit gegenüber der scheinbar ‚wichtigeren' pädagogischen Arbeit abgewertet. Dabei können auch ‚kleine Formen der Gastlichkeit' für die Konstituierung sozialer Situationen von großer Bedeutung sein – etwa wenn ein pädagogischer Forscher während seiner ethnographischen Feldforschung in einer Jugendeinrichtung an der Theke mit einem Jugendlichen Cola trinkt (vgl. Schulz 2009, S. 102). Ein anderes typisches Beispiel ist die Tasse Kaffee, die eine Sozialarbeiterin in einer ambulanten Wohnbegleitung mit ihren altgewordenen Kundinnen trinkt. Für Cornelia Schweppe ist das „gemeinsame Kaffeetrinken" mit Diavortrag der „Inbegriff einer [...] Altenarbeit", die mit „Angeboten der Unterhaltung und Zerstreuung" (Schweppe 2012, S. 507) sehr traditionell agiert, aber damit bleibt das Potenzial des Kaffeetrinkens als zentraler Geselligkeitsform ganzer Generationen, die sinnvoll genutzt, gestaltet oder gar in ihrer Bedeutung gewürdigt werden könnte, unreflektiert. Soziale Arbeit scheint generell der Gefahr der Diskriminierung ausgesetzt zu sein, weil Situationen wie die des

Kaffeetrinkens banalisiert werden: „Können wir mehr als uns im Kreise drehen und Kaffeetrinken?", wirft Johannes Herwig-Lempp (1997, S. 16) in einem Aufsatz zur Frage auf, wie die Soziale Arbeit als Profession anerkannt werden könnte.

Auch in der pädagogischen Arbeit mit Kindern in Kitas, Schulen oder der offenen Arbeit ist das Alltagsessen in der Regel eine banale Versorgungstätigkeit und keine anspruchsvolle pädagogische Arbeit. Ausnahmen finden sich dort, wo die Pädagogik der jeweiligen Einrichtung an gesellschaftliche Kampagnen zur Gesundheit gebunden wird, wie etwa bei der ‚Bekämpfung' von Übergewicht oder ‚ungesunder' Ernährung. Letzteres führt zu einer Instrumentalisierung von Ernährung, die die Gefahr einer Kolonisierung von Lebenswelten durch die Pädagogik mit sich bringt. Dies zeigt sich, wenn pädagogische Konzepte Argumente und Zielsetzungen von Gesundheitskampagnen übernehmen, ohne eine eigene Sicht auf die jeweiligen Lebenswelten zu entwickeln, wenn also die Pädagogik – salopp formuliert – die ‚Schleppe der medizinischen Wissenschaften' trägt. Der Umgang mit Adipositas und die damit verbundenen Bilder von dicken Körpern als kranken, ‚unattraktiven' Körpern in der Sozialen Arbeit sind ein Beispiel für eine solch problematische Besetzung von Ernährungsthemen (vgl. Schmitt/Rose 2017).

Diese Kolonialisierung ist aber auch dort zu beobachten, wo Forschende in pädagogischen Milieus auf prekäre Lebenswelten treffen. So heißt es in einer Studie zur Situation der Bezieher_innen von „Bedarfsorientierter Mindestsicherung (BMS)[1]" (Moharitsch-Behosits 2014):

> „Kinder und Jugendliche in sozial ärmeren Gruppen zeigen durchweg ungünstigeres Ernährungsverhalten [...], nicht nur was mangelhafte Ernährung betrifft, sondern auch was die Qualität der Lebensmittel und die Auswahl von Lebensmitteln und Lebensorten (z. B. Junkfood) betrifft. Hier wird Verhalten eingeübt, das dann oft das ganze Leben beibehalten wird [...]. Die Auswirkungen von Fehl- oder Mangelernährung auf die Gesundheit sind vielfältig und betreffen vor allem chronische Erkrankungen wie Stoffwechselerkrankungen (z. B. Diabetes) und Herz-Kreislauf-Erkrankungen und reichen von Problemen der Übergewichtigkeit (Adipositas) bis zu chronischen Erkrankungen des Bewegungs- und Stützapparates" (ebd., S. 8 f.).

Hier wird eine defizitäre und stigmatisierende Sicht auf die Ernährung von Kindern und Jugendlichen durchgesetzt, mit der Unterschiede in den sozialen Milieus normativ gewendet und Formen ‚populärer Kultur' negiert werden, die mit denen Demokratisierungsprozesse einhergehen könnten (vgl. Hügel 2003).

---

[1] Die bedarfsorientierte Mindestsicherung (BMS) ist eine Sozialleistung in Österreich.

Kinder und Jugendliche sind von der pädagogischen Abwertung ihrer präferierten Esskultur (bspw. Eis, Pizza, Pommes, Spaghetti, Süßigkeiten) im besonderen Maße betroffen. Ihre Geschmacksvorlieben werden vor allem als Problem kindlicher Widerständigkeit gegen gesundes Essen verhandelt. Die Diskussionen erinnern an die Schund- und Kitschdiskussionen, die die Kindermedien im 20. Jahrhundert begleitet haben (vgl. Maase 2012).

Die Ausblendung kulinarischer Themen in theoretischen und praxisnahen Kontexten ist bedeutsam für die Auseinandersetzung mit der globalisierten Esskultur. Im Zuge von Migration und Tourismus sind einerseits neue, standardisierte Formen von ethnisierten Küchen (z. B. französische, italienische, chinesische, thailändische Restaurants) hervorgebracht worden. Andererseits wurde mit weltweiten Lieferketten, Tiefkühlkost und Fastfood eine globale Esskultur mit einem internationalen, populären Geschmack aus Pizza, Eis, Süßgetränken, Burger und Pommes forciert. Gerade der Geschmack der Kinder kann vor diesem Hintergrund als ‚Third Culture' (Pollock 2002) oder ‚Third Space' (West 2014, S. 107) zwischen den unterschiedlichen Herkunftskulturen diversifizierter Gesellschaften verstanden werden. Schon seit Längerem ist sich die Migrationsforschung (vgl. Auernheimer 2001) dieser Entwicklung bewusst. Seit den 1960er Jahren haben die Forschungen zu den sogenannten „Third Culture Kids" (Pollock 2002; Useem/Downie 2011) deutlich werden lassen, dass sich die Kultur der Kinder, die im Kontext unterschiedlicher Kulturen aufwachsen, nicht stringent aus den tradierten Kulturen ableiten lässt. Vielmehr entstehen neue Formen von Kinderkultur, die über die Herkunftskulturen hinausgehen und nicht allein als Mischung der Erwachsenenkulturen verstanden werden können. Dieser neue transkulturelle kulinarische Raum ermöglicht es, die vorherrschende Folklorisierung von Esskultur zu überwinden und nicht mehr von Kulturdifferenzen auszugehen, sondern die kulturellen Prozesse ‚dazwischen' zu thematisieren.

Grundannahme der folgenden Ausführungen ist, dass Kinder bei der Gestaltung von Gastlichkeit die präsente kulturelle Diversität produktiv für die Herstellung von Kinderkultur (zum Doing Culture vgl. Hörning/Reuter 2004; Jurczyk 2014) nutzen und dass es zu Aushandlungs- und Gestaltungsprozessen kommt, die beobachtet werden können. Kinder werden dabei nicht als Vertreter_innen einer bestimmten Kultur verstanden, sondern als Individuen mit Bezug zu vielen unterschiedlichen kulturellen Kontexten. Durch diese offene Vorgehensweise soll eine Reproduktion von nationalen Grenzen und tradierten kulturellen Inhalten verhindert werden. Im Sinne der Transkulturalität und des offenen dynamischen Kulturbegriffs nach Rathje (2009) ist zu fragen, wie Kinder die pluralen Kulturerfahrungen im Alltag wahrnehmen. Die Hervorbringung kindlicher, transkultureller Gastlichkeit in pädagogisch gerahmten Situationen muss im Sinne einer Sozialraumentwicklung (vgl. Alisch 2013) immer auch als Ausdruck von Machtverhältnissen unterschiedlicher Interessensgruppen (Kinder, Erwachsene, Eltern, Lehrer_innen, Sozialpädagog_innen) verstanden werden.

Das in diesem Beitrag vorgestellte Handlungsforschungsprojekt zur kindlichen Gastlichkeit geht davon aus, dass bei den beteiligten Kindern keine festen, homogenen, familialen Kulturmuster vorliegen. Die Vorabbefragung der Kinder hatte ergeben, dass nicht nur in den Kindergruppen selbst sehr unterschiedliche kulturelle Bezüge vorliegen, sondern schon in den Familien in der Regel hohe Diversitäten und tiefgreifende kulturelle Wandlungsprozesse zu beobachten sind (zur Transkulturalität vgl. Langenohl/Poole/Weinberg 2015; Fisch 2015).

3. Das Projekt ‚Kindliche Gastlichkeit'

Bei dem Projekt handelt sich um ein ethnografisches Forschungsvorhaben, das Kinder als Akteure sieht (vgl. Betz/Eßer 2016) und danach fragt, wie Kinder Essenssituationen konzipieren und umsetzen. Hierfür wurden Situationen geschaffen, die Kinder in kulturdiversen Kindergruppen selbst gestalten konnten. Als Methode wurde die partizipative, transkulturelle Gastlichkeit entwickelt. Das Projekt fand 2017 bis 2019 an der Universität Erfurt statt und war Teil des Projektes „Tisch und Küche in bikulturellen Familien", das seit 2015 an der Universität Erfurt untersucht, wie der Wandel der Esskultur in transkulturellen Familien über drei Generationen erfahren und gestaltet wurde und wird. Die Forschungsgruppe zur kindlichen Gastlichkeit bestand aus der Autor_innengruppe. Im Rahmen studentischer Praxisprojekte wurde ein ‚Kochprojekt' in einer Grundschule und ein ‚Picknickprojekt' während einer Ferienaktion des Vereins der Naturfreunde in einem ‚benachteiligten' Quartier einer Kleinstadt durchgeführt. Daran beteiligt waren etwa 30 Kinder im Alter von acht bis zwölf Jahren. In beiden Projekten wurde Kindern ermöglicht, als Gastgeber_innen aufzutreten und für sich und andere ein gemeinsames Essen zu planen, vorzubereiten und durchzuführen. Annahme war, dass sich aufgrund der unterschiedlichen institutionellen Settings der beiden Projekte unterschiedliche Formen kindlicher Gastlichkeit zeigen werden.

Das gesamte Projekt war als Handlungsforschung (vgl. Altrichter/Feidt 2004; Reason 2015) konzipiert und verband pädagogische Praxis mit Forschung. Die studentischen Mitarbeiter_innen waren damit pädagogisch Handelnde und Forschende zugleich. Beide Perspektiven waren durch klare Handlungsvorgaben definiert. So wurden für das Handeln im Kontext der pädagogischen Praxis Regeln festgelegt, ebenso wie für die qualitative Forschungspraxis Forschungsperspektiven und Methoden bestimmt und eingeübt wurden. Auch wurde der Wechsel zwischen der Nähe pädagogischen Handelns und der Distanz forschenden Handelns thematisiert. Um beide Perspektiven zu verbinden, sollten zwei Mitarbeiter_innen im Feld sein, die jeweils eine der Rollen übernahmen. Nur bei Konflikten oder Situationen, in denen Kinder um Hilfe baten, wurde diese Arbeitsteilung nicht eingehalten.

Pädagogisches Anliegen war, Kindern Freiräume zu geben, Formen von Gastlichkeit zu gestalten und – im Sinne von Empowerment (vgl. Kantsprenger 2001) – transkulturelle Gastlichkeit eigenständig zu entwickeln. Es ging also darum, Bedingungen zu schaffen, unter denen Kinder kulinarische Kulturformen erproben können. Diese pädagogisch konstruierten, kulinarischen Kinder-Räume können im Sinne Foucaults (2005) als heterotope Räume verstanden werden, in denen andere Normen und Werte gelten als im Umfeld, die definierte Zugangsvoraussetzungen haben und festgelegten Idealvorstellungen folgen. Diese heterotopen Räume wurden durch drei pädagogische Interventionen hergestellt. Erstens wurden von den Fachkräften Projektregeln gesetzt und mit den Kindern besprochen: a) Jeder Gast ist geschützt und wird versorgt, b) es existiert Friedenspflicht, c) alle Teilnehmenden sind bei der Vorbereitung und bei der Durchführung des Mahls gleichwertig. Zweitens wurden Gestaltungsräume für die Kinder dadurch geschaffen, dass die in der Regel in pädagogischen Situationen gültigen Normen des gesunden Essens ausgesetzt wurden, was Handlungszwänge und Macht der Erwachsenen reduzierte. Drittens unterstützen Erwachsene die Kinder bei der Umsetzung ihrer Ideen.

Der Forschungsmodus folgte einem mehrperspektivischen qualitativen Forschungsdesign, das ethnografische Methoden (vgl. Zinnecker 2000; Hünersdorf/Mäder/Müller 2008) mit biografischen Interviews mit Kindern, Pädagog_innen und Eltern, Dokumentenanalysen und visuellen Dokumentationen verband. In allen Situationen liefen Audioaufzeichnungen mit. Im Kochprojekt (Schule) wurde das Geschehen über einen auf dem Stativ stehenden Camcorder aufgezeichnet.

3.1 Das Kochprojekt: Tischeinladungen von Grundschulkindern

Das Projekt wurde im Hort einer Grundschule als Nachmittagsangebot mit Kindern der dritten und vierten Klassen durchgeführt. Es nahmen neun Mädchen und ein Junge teil. Als Räumlichkeit diente die Lehrküche der Schule. Die Mahlzeit wurde je nach Wunsch der Kinder in der Küche selbst oder in der Aula angerichtet. Zu Beginn gab es einen Kennenlerntermin sowie nachfolgend drei Event-Nachmittage mit Kochen und gemeinsamem Essen, bei denen die Kinder sowohl in die Rolle der ‚einladenden' Köch_innen als auch der Gäste waren.

Die Tabelle zeigt die Kochteams, die kulinarischen Familienwurzeln der Mitglieder und das gekochte Menü. Die Küchentraditionen wurden in der offenen Kennenlernsituation von den Kindern selbst so benannt und auf einer Karte für alle sichtbar dokumentiert.

• Paula • Mika • Lara	• Spanien • Deutschland, Spanien, • Deutschland	• Vorspeise: Kartoffelbrot und spanische Wurst • Hauptspeise: Aus Lasagneblättern selbstgemachte Nudeln mit spanischer Tomatensoße • Nachspeise: Schokoladenpudding
• Yuva • Anna • Marina	• Deutschland, Indien, Syrien • Italien, Deutschland • Russland, Italien	• Vorspeise: ‚Omas Kartoffelsalat' • Hauptspeise: Pizza • Nachspeise: Erdbeershake
• Emma • Lina • Dominic • Olivia	• Italien, Schweiz, Armenien, Amerika • Deutschland • Thailand, Deutschland, Indien	• Vorspeise: ‚Rote-Beete-Schiffchen' • Hauptspeise: Pizza-Brötchen • Nachspeise: ‚Obstwiese'-Fruchtspieße mit Schokosoße

Die Kinder wählten vorwiegend solche Speisen für ihr Gastmahl, bei denen sie davon ausgingen, dass sie allen schmecken: Pizza und Pasta. Während diese Speisen im Diskurs der Erwachsenen als ungesund gelten und häufig als Inbegriff ‚schlechten Essens' kritisiert werden, bekommen sie unter der Perspektive kindlicher Gastlichkeit eine neue Rolle: Sie bilden als ‚globale' Kinderlieblingsspeisen eine wichtige Grundlage des gemeinsamen kulinarischen Genusses in kulturdiversen Kindergruppen.

Auch wenn Nationalität und kulturelle Herkunft für die Kinder zunächst eine untergeordnete Rolle spielten, waren während des Projektes doch (selbst-)ethnisierende Prozesse zu beobachten. Als Beispiel sei hier der Prozess der Bildung einer Gruppe genannt: Paula hatte einen engen Bezug zu Spanien als Herkunftsland ihrer Eltern. Paula war mit Lara, die deutscher Herkunft ist, eng befreundet. Beide Kinder einigten sich darauf, ein spanisches Menü zu kochen. Als Mika betonte, ihr Vater sei auch spanisch, wurde sie ebenfalls in das Team aufgenommen. Während des Kochens war dann immer wieder eine Neudefinition von spanischen Kulturelementen zu beobachten. Die Gruppe war sich etwa einig, dass ein Drei-Gänge-Menü typisch spanisch sei oder dass Butter nicht unter die spanische Salami gehöre. Im Sinne einer ‚Invention of Tradition' (Hobsbawm/Ranger 1992) kam es also unter den Kindern zu einer Eigenkonstruktion von typisch deutschem und typisch spanischem Essen. In Kombination mit dem schulischen Wettbewerbs-Charakter, welcher von dieser Kochgruppe forciert wurde, entstand daraus ein Konflikt. Denn die Tatsache, dass auch die weiteren Kochteams drei Gänge zubereiteten, wurde von der Gruppe als unzulässige Nachahmung der spanischen Kultur und als Diebstahl kritisiert:

> Paula: „Naja eigentlich gibt's ja die drei Gänge nur in Spanien."
> Mika: „Ja, das war ziemlich gemein, dass die uns das jetzt ALLE nachmachen."
> Paula: „Genau."

Während des Essens weigerten sich Paula und Mika zunächst, das Drei-Gänge-Menü einer anderen Gruppe zu essen. Als es deshalb zu einem offenen Streit kam, intervenierten die Projektmitarbeiter_innen und erklärten den Kindern, dass es in vielen Küchen drei Gänge gebe, nicht nur in der spanischen Küche. Damit wurde der Konflikt befriedet. Festzuhalten bleibt, dass letztlich nicht nationale Kulturunterschiede Kern der Auseinandersetzung waren, sondern schulische Leistungsansprüche. Die Kinder sahen sich als Köch_innen und Gastgeber_innen in Konkurrenz zu den anderen Gruppen und suchten nach Merkmalen der Abgrenzung und der Überbietung. Hier definiert die Schule als Leistungskultur die Situation und erschwert eine offene Diskussion über Kultur.

Insgesamt zeigte sich, dass die Kinder in der Lage waren, den angebotenen Freiraum aktiv zu nutzen und eigene kulinarische Projekte zu entwickeln und umzusetzen. So erfanden Paula und Lara für das Drei-Gänge-Menü ein Gericht, das die spanische und die deutsche Küche miteinander verbindet. Aus der deutschen Küche nahmen die beiden das Brot („deutsches Brot", wie sie betonten), aus der spanischen Küche eine ‚spanische' Wurst, welche von den Großeltern mitgebracht wurde. Sie kombinierten beides zu einem spanisch-deutschen Gericht. Den Mädchen war es nicht wichtig, ‚typische' Gerichte der Nationalküchen zu präsentieren, wie dies etwa die Eltern im Projektzusammenhang vorschlugen. Vielmehr wollten sie ihrer Freundschaft einen Ausdruck geben und das Gemeinsame betonen. Sie haben auch andere Kinder damit inspiriert.

Auffällig war, dass die teilnehmenden Kinder nicht immer sicher waren, was als ‚typisches' Landesgericht zu gelten hat. So meinte ein Junge, dass Pizza in jedem Fall ein typisch thailändisches Gericht sei, denn seine Mutter, die aus Thailand komme, backe manchmal mit ihm zusammen Pizza. Die Identifizierung von Nationalküchen richtet sich für die Kinder also weniger nach den erwachsenen, hegemonialen Konstruktionen, sondern nach dem, was sie praktisch im Alltag erleben: zur Nationalküche gehört, was die eigenen Eltern kochen.

Für manche Kinder war es ein besonderes Erlebnis, mit einem scharfen Messer Gemüse zu schneiden. Auch weitere Unsicherheiten tauchten auf: Wie viel Salz und Pfeffer muss verwendet werden? Welche Gewürze passen zu einem Gericht? Wie scharf ist etwa das Paprikapulver? Überraschend war die Art und Weise, wie die Kinder über die Speisen und Gerichte sprachen: wertschätzend, neugierig auf kulturelle Differenzen und sehr an konkreten Details interessiert: etwa wurde lange diskutiert, wie unterschiedlich Rote Beete schmeckt und wer warum kein Schweinefleisch isst.

Für alle Kindergruppen war die Gastgeber_innenrolle sehr wichtig und die Situation wurde als etwas Feierliches und Besonderes gestaltet. Eine Gruppe hatte die Einladung beispielsweise als Restaurant-Spiel inszeniert. Zwei Mädchen hatten Küchenhandtücher über den Arm gelegt und empfingen so die Gäste. Diese wurden zu ihrem Platz geleitet, nach ihren Wünschen befragt und schließlich auch bedient, was für alle Kinder ein großer Spaß war.

3.2 Das Picknickprojekt: Essenseinladung auf der Wiese

Das Picknickprojekt fand im Rahmen einer viertägigen Ferienaktion statt auf einer Freifläche, die zwischen Gemeinschaftsunterkünften für Geflüchtete und Wohnblöcken des Sozialen Wohnungsbaus liegt. In dem jungen und sozial sehr heterogenen Quartier engagieren sich seit Jahren städtische und freie Initiativen, um genügend Freizeitangebote für Kinder anzubieten. Bereits bei ihren Vorerkundungen nahmen die Projektmitarbeiter_innen Äußerungen der Bewohner_innen wahr, denen rassistische Vorurteile zugrunde lagen. Auch aufgrund dieser initialen Felderfahrung nahm die Projektfrage in den Blick, inwiefern sich die Form des Picknicks eignet, einen zeitlich begrenzten Handlungsraum zu schaffen, in dem Kinder gemeinsam Gastlichkeit gestalten können, selbst wenn es im Umfeld Ausgrenzungen und Stigmatisierung gibt.

Das Picknickprojekt wurde als offenes Freizeitangebot gestaltet, bei dem jedes Kind zu jeder Zeit mitmachen konnte. Dies führte zu einer heterogenen Gruppe mit Kindern unterschiedlichen Alters und verschiedenen Herkunftsländern, z. B. Afghanistan, Kosovo, Iran, Deutschland. Insgesamt waren ungefähr 20 Kinder, eine Mutter, zwei forschende Pädagoginnen und zwei weitere Pädagoginnen anwesend. Später kam noch eine Sozialarbeiterin der Stadt hinzu.

Ein Picknick als Gastmahl schafft einen niedrigschwelligen Raum für Begegnungen. Es mit den notwendigen Utensilien (Decken, Bambusbecher und -schale) zu gestalten, erwies sich auch für kleinere Kinder als geeignete Möglichkeit der Beteiligung, weil es in vielen Kulturen Praktiken einer Mahlzeit im Freien gibt (vgl. Trümpler/Wagner 2017). Die Kinder bemalten zunächst individuell kleine weiße Stoffdecken, die später zu einer großen Picknickdecke zusammengenäht wurden. Diese gemeinsame Arbeit ermöglichte, dass sich die Kinder währenddessen darüber austauschten, was für sie ein Picknick bedeutet. Dass ein Picknick im Freien und auf dem Boden stattfindet, war für alle Kinder Konsens. Konsens war auch, dass bei einem Picknick alle etwas zu Essen mitbringen sollten.

In der offenen Gesprächssituation überlegten sich die Kinder, was sie am liebsten essen möchten. Genannt wurden Pommes, Burger, Popcorn und Cornflakes. Diese Antworten spiegeln nicht allein Geschmacksvorlieben wider, sondern sind auch Ausdruck eines globalisierten und globalisierenden (Kinder-)Geschmacks (vgl. Fuhs 2017). Für die forschenden Pädagoginnen stellten die Wünsche der Kinder nach Fastfood eine gewisse Herausforderung dar, weil sie bei aller Offenheit des Praxiskonzeptes doch auch pädagogische Ansprüche und ihre Vorstellungen von ‚gesundem' Essen reflektieren mussten. Unterhaltungen fanden auch zu den Essgewohnheiten in den eigenen Familien statt und zu geschmacklichen Wahrnehmungen. Die Kinder stellten fest, dass Gerichte manchmal anders riechen als sie schmecken und man sie deswegen probieren müsse, um sie beurteilen zu können. Solche Argumentationen überraschten die Pädagoginnen, die solche Hinweise kulinarischer Bildung als ihre Aufgabe erwartet hatten.

Am Picknicktag lag der Fokus zunächst auf dem gemeinsamen Vorbereiten. Die Kinder verteilten sich auf verschiedene Aufgaben, etwa auf die Zubereitung des Obstsalates und das Sammeln von Naturmaterialien als Deko für die Picknickdecke. Beide Aktivitäten hatten sich die Kinder überlegt. Der Junge Habib forderte jedoch seine kleine Schwester, die mit anderen Mädchen Blumen sammelte, auf, sie solle nach Hause gehen und setzte sie unter Druck. Ein älteres Mädchen intervenierte, indem sie sagte, dass sie sich um die Kleine kümmern würde. Da sich Habib mit anderen Jungen auch zuvor schon störend verhalten hatte, mischte sich die Projektmitarbeiterin ein und teilte Habib mit, dass alle – auch seine kleine Schwester – am Picknick teilnehmen dürften und dass er diese Regel akzeptieren müsse, wenn er mitmachen wolle. Um die Situation pädagogisch zu entschärfen, wurde Habib gleichzeitig vorgeschlagen, eine besondere Aufgabe beim Picknick zu übernehmen, nämlich Kastanien für die ‚Tischdeko' zu sammeln. Habib füllte diese Rolle im weiteren Verlauf sehr engagiert aus.

Die geschmückten Picknickdecken, in deren Mitte die Speisen gelegt wurden, stellten den definierten Raum des Gastmahls dar. Alle Anwesenden setzten sich ohne Schuhe auf die Decken. Die Kinder brachten dem dekorierten Platz und dem Essen auffallende Wertschätzung entgegen. Zu essen gab es Nudelsalat, den die Pädagoginnen im Vorfeld – die Wünsche der Kinder, die aus den Vorgesprächen bekannt waren, streng einhaltend – vorbereitet hatten, und den von den Kindern selbst zubereiteten Obstsalat. Rushit brachte Brötchen, Geflügelwurst, Tomatensalat und von seiner Oma gebackenes Flia[2] mit. Außerdem gab es das von den Kindern geschnittene Gemüse sowie die von Maxi, Ben und Mira mitgebrachten Kekse. Dunja, eine Mutter, kam mit einer angerichteten Platte Reis mit Rosinen, Karotten und Hähnchen sowie einem Salat. Die Zutaten hatte sie am Vortag bei der ‚Tafel' erworben. Die Kinder sahen sich die Platte genau an und lobten sie sehr.

Manche Kinder gingen mit dem eigenen mitgebrachten Essen um die Decke herum, um allen davon anzubieten. Dass Muslim_innen keine Gelatine essen und fast die Hälfte der anwesenden Personen die angebotenen Gummibärchen daher ablehnte, war dabei eine neue Erfahrung für den zehnjährigen Julien. Er ging nichtsahnend wiederholt mit seiner Gummibärchentüte von Person zu Person, bis Urania ihn darauf hinwies, dass die Süßigkeit ‚Schwein' enthalte und von ihr und ihrer Familie nicht gegessen werde. Das Missverständnis konnte also von den Kindern selbst aufgelöst werden. Die Erfahrung des Andersseins, die beim Essen der geliebten Süßigkeit völlig unerwartet für Julien spürbar wurde, betraf letztlich auch alle anderen Kinder, weil es in der Situation zu einer sozialen Störung gekommen war.

---

2   Flia ist ein in Nordalbanien und im Kosovo verbreitetes Teiggericht.

Da beim Picknick die Rolle von Gastgeber_in und Gast nicht klar definiert ist, muss der Zugang zu den Speisen situativ ausgehandelt werden. Deutlich wurde dies in folgender Szene: Nachdem der fast dreizehnjährige Rushit eine Pädagogin darum bat, mehr Nudelsalat zu bekommen und diese dafür hätte aufstehen müssen, wies die zehnjährige Urania ihn zurecht: „Das musst du dir selber holen. Nicht immer sie auffordern. Das ist gemein, sie will auch essen!".

Welche Bedeutung dem geschaffenen heterotopen (Sozial-)Raum zukommt, zeigt z. B. die Gummibärchen-Situation. Der Rahmen des Picknicks, bei dem es um soziale Vergemeinschaftung geht, machte es für das Mädchen möglich, das Angebot der Gummibärchen nicht als rücksichtslos, sondern als nett gemeinte Geste zu lesen. Für den Jungen war es möglich, die Aufklärung zu seinem sozialen ‚Fehler' als Lerngewinn zu verbuchen. Dies zeigt, wie wichtig Freiräume sind, in denen Kinder Erfahrungen miteinander machen können.

4. Fazit und Ausblick

Ein abschließender Blick auf die beiden Projekte zeigt, dass Situationen entstanden sind, die Kindern unterschiedlichen Alters, Geschlechts, sozialer Herkunft und mit verschiedenem kulturellem Hintergrund die Möglichkeiten geboten haben, Gastlichkeit partizipativ zu gestalten. Die Gastmahle lassen sich als pädagogische Settings beschreiben, die es Kindern grundsätzlich ermöglicht haben, als Gestaltende, Gebende und andere Versorgende aufzutreten, ohne das es auf Leistung oder Ernährungswissen angekommen wäre. Die untersuchten Kinder hatten nicht nur großes Interesse am Essen, sie haben auch mit Begeisterung Essenssituationen geplant und vorbereitet und sich in die Rolle der Gastgeber_innen begeben. Die Vorbereitung und Durchführung des Gastmahls erforderte Eigeninitiative und vor allem ein zugewandtes Miteinander-Umgehen. Bemerkenswert ist, dass beim Schneiden, Kochen, Dekorieren oder Servieren alle Kinder gerne mitgemacht haben, was sicherlich nicht zuletzt dem Prinzip der Freiwilligkeit geschuldet war.

Es gab jedoch auch ältere Jungen, die bei der Picknickvorbereitung nicht mitgeholfen haben, was darauf hindeutet, dass die hier getroffenen Aussagen nicht unbedingt für Jugendliche gelten. Beim Kochprojekt, wo nur ein Junge zugegen war, spielte der Genderaspekt keine große Rolle, beim Picknickprojekt, wo Jungen und Mädchen sich anteilig die Waage hielten, waren alle gleichermaßen dabei und auch klassische Rollenzuschreibungen von sogenannten ‚Jungen- und Mädchentätigkeiten' aufgehoben.[3]

---

3 Das müsste weitergehend untersucht werden. Verwiesen sei hier nochmals auf die Situation, wo Habib von seiner kleinen Schwester verlangte, dass sie nach Hause gehen sollte, was von einem anderen Mädchen abgewehrt wurde.

Als fürsorgliche Gastgeber_innen interessierten sich alle Kinder für die Speisen, selbst wenn sie einzelne Komponenten nicht wirklich schätzten. Diese Ernsthaftigkeit im Umgang mit der Situation wurde begleitet von kreativen Ideen und spielerischen Elementen (etwa das Beispiel der gespielten Serviersituation im Restaurant). Kinder haben Raum bekommen, Differenzerfahrungen über den Geschmack zu erleben und aktiv eigene Lösungen zur Herstellung von ‚gastlicher' Gemeinsamkeit zu finden.

Gerahmt sind solche Erfahrungen von kindlicher Gastlichkeit nicht nur durch die absolut notwendigen Freiräume, sondern auch durch Normen der speziellen Gastmahlsituation und deren Regeln (Schutz des Gastes, Friedenspflicht), die von den Forscher_innen zu Beginn entworfen worden waren. Mit Walther (2016) ließe sich von einer Gratwanderung zwischen pädagogischer Vermittlungsaufgabe und subjektiven Aneignungsmöglichkeiten im Projekt sprechen. Vermittlung meint das absichtsvolle Handeln im Sinne formaler Bildung im institutionellen Kontext Schule. Der Balance-Akt zwischen Kinder-Autonomie und Anleitung zog sich wie ein roter Faden durch das Projekt. Das zeigte sich beispielsweise darin, dass den Autonomiewünschen der Kinder beim Kochen oft ihr Bedürfnis nach Zustimmung von Erwachsenen gegenüberstand. Während einige Kinder ihre Eigenständigkeit beim Kochen betonten, wollten andere regelmäßig Hilfe und Anerkennung während der Kochsituation.

Eine besondere Herausforderung bei der Herstellung von Freiräumen war für die Erwachsenen der kindliche Geschmack, der Gefallen an industriell gefertigter Nahrung findet. Die Kinder hatten großen Spaß gemeinsam mit anderen Kindern zu essen und dafür schlugen sie regelmäßig Pizza, Pommes, Spaghetti und Eis als Bestandteile ihrer Gastlichkeitsangebote vor – wohl wissend, dass sich so unter Kindern leicht eine Gemeinsamkeit über alle Differenzen hinweg herstellen lässt. Hier zeigt sich die verbindende Kraft einer globalen Fastfoodküche als neue transkulturelle Gastlichkeitsform, die in pädagogischen Settings nicht durch den Hinweis auf ungesunde Ernährung zu kritisieren ist, sondern es muss darum gehen, ein pädagogisches Verständnis dafür zu erlangen, wie Kinder mit Essen und transkultureller Gastlichkeit umgehen. Nur so lassen sich Vorurteile gegenüber Kindern im Bereich des Essens reduzieren.

Mit dem Ziel der Schaffung von Freiräumen für Kinder zur Entwicklung einer eigenen Gastlichkeitskultur betritt das Projekt Neuland: Während in der Pädagogik vielfach die Diskussion um die ‚richtige' Ernährung der Kinder im Vordergrund steht, kommt die Beteiligung der Kinder an Essenssituationen in der Regel zu kurz. Im Projekt ‚Kindliche Gastlichkeit' ist demgegenüber deutlich geworden, dass eine pädagogische Rahmung der kulinarischen Freiräume für den Partizipationsprozess sehr vorteilhaft sein kann, wenn die Pädagog_innen darauf verzichten, ein dominantes Essprogramm für Kinder durchzusetzen. Die beforschten Kinder hatten eine hohe Motivation und generell gute Grundkompetenzen für die hier vorgestellte Form der pädagogischen, partizipativen

Gastlichkeit. Trotzdem kam es an einigen Stellen zu Situationen, die ohne pädagogische Intervention vielleicht zum Abbruch der Gastlichkeitssituation geführt hätten.

Als ein zentrales Ergebnis kann festgehalten werden, dass das Erleben von Gastlichkeit, die von Kindern aktiv gestaltet wird, Möglichkeitsräume schafft, die in pädagogischen Kontexten genutzt werden können. Im weiten Feld pädagogisch-sozialer Tätigkeiten gehören einfache Formen der Bewirtung zum Alltag. Allerdings werden Potenziale, die eine reflektierte Praxis im hier vorgeschlagenen Sinne eröffnen würden, nicht gehoben. Die theoretische Abwertung der klassischen Formen der Bewirtung sollte daher überdacht werden.

Im Projekt waren vielfältige Situationen zu beobachten, in denen Kinder, zwischen den Kulturen und über die Kulturen in ihrem Umfeld hinaus, eigene Umgangsweisen mit Gastlichkeit entwickelten. Zu diesen Formen gehören kreative Umgangsweisen mit Speisen. Kinder orientieren sich weniger an den angestammten Herkunftskulturen der Eltern als vielmehr am gemeinsamen Essen mit anderen Kindern, am Spaß miteinander und an der Umsetzung eines Kindergeschmacks, der neue und andere Wege geht als die der von Erwachsenen definierten Nationalküchen. Das Wichtige ist nicht, fremde Esskulturen zu präsentieren und so die kulturellen Unterschiede in Abgrenzung zu betonen, sondern im Zuge kulinarischer Gastlichkeit den gemeinsamen Genuss beim Essen zu erleben. Dies ist eine Stärke der beobachteten Kindergruppen, die vorbildlich auch für die pädagogische Gastlichkeit von Erwachsenen sein könnte.

Wenn im Kontext von Essen in bester pädagogischer Absicht Menschen unterschiedlicher Herkunftsländer auf nationale Gerichte und Geschmäcker reduziert werden, was – diese Bemerkung sei hier erlaubt – typisch für Stadtteilfeste ist, dann werden Abgrenzungen zu den jeweils anderen evoziert. Im Sinne einer pädagogischen Kulinaristik gilt es, solche normativen (Essens-)Vorgaben radikal in Frage zu stellen.

Praktiker_innen können von einer forschenden Haltung profitieren, indem sie Essenssituationen beobachten und das Gastmahl verstehend zu deuten wissen. Für die Theoriebildung einer pädagogischen Kulinaristik könnte die Handlungsforschung ein wichtiger Baustein sein. So hat die Herstellung von Freiräumen für Kinder es ermöglicht, auf der Forschungsebene Einblicke in die Praxis transkultureller Kinderkultur zu gewinnen, die sonst nur schwer zu erfassen wären. Das Konzept der partizipativen Gastlichkeit eignet sich sowohl für die transkulturelle pädagogische Arbeit als auch für die Erforschung von Kinderleben und Kinderkultur, da es Gelegenheiten eröffnet, Gespräche mit Kindern in einem eher informellen Rahmen zu führen und Gespräche zwischen Kindern zu beobachten. Dabei wurde deutlich, dass Kinder sehr differenziert und interessiert über Essen reden können und wollen.

Literatur

Alisch, Monika (2013): Soziale Stadtentwicklung. Widersprüche, Kausalitäten und Lösungen. Wiesbaden: Budrich.

Altrichter, Herbert/Feindt, Andreas (2004): Handlungs- und Praxisforschung. In: Helsper, Werner/Böhme, Jeanette (Hrsg.): Handbuch der Schulforschung. Wiesbaden: VS, S. 417–435.

Auernheimer, Georg (2001): Migration als Herausforderung für pädagogische Institutionen. Opladen: Budrich.

Bendix, Regina (2008): Kulinaristik und Gastlichkeit aus der Sicht der Kulturanthropologie. In: Wierlacher, Alois/Bendix, Regina (Hrsg.): Kulinaristik. Forschung, Lehre, Praxis. Berlin: Lit, S. 45–55.

Betz, Tanja/Eßer, Florian (2016): Kinder als Akteure – Forschungsbezogene Implikationen des erfolgreichen Agency-Konzeptes. In: Diskurs Kindheits- und Jugendforschung 2016, H. 3, S. 301–314.

Fisch, Michael (2015): Interkulturalität versus Transkulturalität. In: El-bah, Mohammed/Hasbane, Redoine/Moeller, Martina/Moursli, Rachid/Tahiri, Naima/Tazi, Raja (Hrsg.): Interkulturalität in Theorie und Praxis: Tagungsbeiträge. Faculté des Lettres et des Sciences Humaines, S. 7–28.

Foucault, Michel (2005): Die Heterotopien/Der utopische Körper. Zwei Radiovorträge. Frankfurt am Main: Suhrkamp.

Fuhs, Burkhard (2017): Kindergeschmack. Überlegungen zur Ästhetik und Bildung in der Kindheit. In: Schinkel, Sebastian/Herrmann, Ina (Hrsg.): Ästhetiken in Kindheit und Jugend. Sozialisation im Spannungsfeld von Kreativität, Konsum und Distinktion. Bielefeld: transcript, S. 55–76.

Herwig-Lempp, Johannes (1997): „Ist Sozialarbeit überhaupt ein Beruf?" Beitrag zu einer eigentlich überflüssigen Diskussion. In: Sozialmagazin 1997, H. 2, S. 16–26.

Hobsbawm, Eric/Ranger, Terence (1992): The Invention of Tradition. Cambridge: canto.

Hörning, Karl H./Reuter, Julia (Hrsg.) (2004): Doing Culture: Neue Positionen zum Verhältnis von Kultur und sozialer Praxis. Bielefeld: transcript.

Hügel, Hans-Otto (Hrsg.) (2003): Handbuch Populärer Kultur. Begriffe, Theorien und Diskussionen. Stuttgart und Weimar: Metzler.

Hünersdorf, Bettina/Mäder, Christoph/Müller, Burkhard (Hrsg.) (2008): Ethnographie und Erziehungswissenschaft. Methodische Reflexionen und empirische Annäherungen. Weinheim und München: Juventa.

Jurczyk, Karin (2014): Doing Family – der Practical Turn der Familienwissenschaften. In: Steinbach, Anja/Hennig, Marina/Arránz Becker, Oliver (Hrsg.): Familie im Fokus der Wissenschaft. Wiesbaden: Springer VS, S. 117–138.

Kantsprenger, Roland (2001): Empowerment. Theoretische Grundlagen, kritische Analyse, Handlungsempfehlungen. München: FGM (Dissertation).

Kulinaristik-Forum (2020): Was ist Kulinaristik? www.kulinaristik.net/was-ist-kulinaristik/ (Abfrage: 26. 3. 2020).

Langenohl, Andreas/Poole, Ralph/Weinberg, Manfred (Hrsg.) (2015): Transkulturalität. Klassische Texte. Bielefeld: transcript.

Lemke, Harald (2007): Ethik des Essens. Eine Einführung in die Gastrosophie. Berlin: Akademie.

Maase, Kaspar (2012): Die Kinder der Massenkultur. Kontroversen um Schmutz und Schund seit dem Kaiserreich. Frankfurt am Main und New York: Campus.

Moharitsch-Behofsits, Claudia (2014): Soziale Epidemiologie. BezieherInnen von Bedarfsorientierter Mindestsicherung in der Stadt Kapfenberg. In: Soziales_kapital. wissenschaftliches journal österreichischer fachhochschul-studiengänge soziale arbeit 2014, H. 11, www.soziales-kapital.at/index.php/sozialeskapital/article/viewFile/313/561.pdf (Abfrage: 26.3.2020).

Pollock, David C. (2002): Third culture kids. The experience of growing up among worlds. London: Nicholas Brealey.

Rathje, Stefanie (2009): Der Kulturbegriff – Ein anwendungsorientierter Vorschlag zur Generalüberholung. In: Moosmüller, Alois (Hrsg.): „Konzepte kultureller Differenz" – Münchener Beiträge zur interkulturellen Kommunikation. München: Waxmann, S. 84–107.

Reason, Peter/Bradbury-Huang, Hilary (2015): Handbook of action research, 3th, Los Angeles: Sage.

Rose, Lotte/Sturzenhecker, Benedikt (2009): Einleitung: Warum die Beschäftigung mit Essen und Kochen Potential für die Soziale Arbeit enthält. In: Rose, Lotte/Sturzenhecker, Benedikt (Hrsg.): ‚Erst kommt das Fressen ...!' Über Essen und Kochen in der Sozialen Arbeit. Wiesbaden: VS, S. 9–17.

Schmitt, Paulina/Rose, Lotte (2017): Wie spricht soziale Arbeit über Übergewicht? Ergebnisse einer explorativen Befragung von Studierenden der Sozialen Arbeit. In: Rose, Lotte/Schorb, Friedrich (Hrsg.): Fat Studies in Deutschland. Hohes Körpergewicht zwischen Diskriminierung und Anerkennung. Weinheim und Basel: Beltz Juventa, S. 172–185.

Schulz, Marc (2009): Mikroanalyse des Raumes – Die Bedeutung räumlicher Präskripte am Beispiel der Offenen Jugendarbeit. In: Deinet, Ulrich (Hrsg.): Methodenbuch Sozialraum. Wiesbaden: VS, S. 95–108.

Schweppe, Cornelia (2012): Soziale Altenarbeit. In: Thole, Werner (Hrsg.): Grundriss Soziale Arbeit. Ein einführendes Handbuch. 4. Auflage. Wiesbaden: Springer VS, S. 505–522.

Trauner, Florian/Turton, Jocelyn (2017): „Welcome culture": the emergence and transformation of a public debate on migration. In: OZP – Austrian Journal of Political Science 46, I. 1, DOI 10.15203/ozp.1587.vol46iss1 (Abruf: 15.3.2020).

Trümpler Charlotte/Wagner, Matthias (Hrsg.) (2017): Picknick-Zeit (Ausstellungskatalog Museum angewandte Kunst). Köln: Walther König.

Useem, Ruth Hill/Downie, Richard D. (2011): Third Culture Kids. In: Bell-Villada, Gene H./Eidse, Faith: Writing out of limbo. International childhood, global nomads and third culture kids. Cambridge: Scholars Publishing, S. 18–24.

Walther, Andreas (2016): Bildung und Bewältigung im Lebenslauf. Sozialpädagogische Forschungsperspektiven. In: Litau, John/Walther, Andreas/Warth, Annegret/Wey, Sophia (Hrsg.): Theorie und Forschung zur Lebensbewältigung: methodologische Vergewisserungen und empirische Befunde. Weinheim: Beltz, S. 59–87.

West, Christina (2014): Zwischen kulturellem Pluralismus und Transkulturalität – Postmoderne Momente im Migrationsdiskurs. In: Gans, Paul (Hrsg.): Räumliche Auswirkungen der internationalen Migration. Forschungsberichte der ARL 3. Hannover: ARL.

Wierlacher, Alois (Hrsg.) (2011): Gastlichkeit. Rahmenthema der Kulinaristik. Münster: Lit.

Wierlacher, Alois/Bendix, Regina (Hrsg.) (2008): Kulinaristik. Forschung, Lehre, Praxis. Berlin: Lit.

Zinnecker, Jürgen (2000): Pädagogische Ethnographie. In: Zeitschrift für Erziehungswissenschaft 9, H. 3, S. 381–400.

Mittagessen in Jugendzentrum und Schule

Ein ethnografischer Blick auf Praktiken der Gemeinschaft in Nachmittagsangeboten der offenen Kinder- und Jugendarbeit

Katharina Gosse

1. Einleitung

Jugendzentren sind Einrichtungen der offenen Kinder- und Jugendarbeit, die allen jungen Menschen offenstehen. Sie können dort entweder an pädagogisch gelenkten Aktionen teilnehmen oder aber – mehr oder weniger unabhängig von den dort tätigen Professionellen – die Räume nutzen, um sich zu treffen. Die Ausrichtung des freiwilligen Freizeitangebots zielt somit im Wesentlichen auf die Ermöglichung von Gemeinschaftserlebnissen; es kann gemeinsam gespielt, sich unterhalten und auch gekocht und gegessen werden.

Letzteres haben Rose und Schulz (2007, S. 200 ff.) in ihrer ethnografischen Studie zur offenen Jugendarbeit u. a. untersucht. Sie konnten für die Nahrungszubereitung und -verpflegung zwei relevante Orte identifizieren: zum einen die Küche und zum anderen die Theke, wie sie in den meisten Jugendzentren zu finden ist. In der Küche, als Ort der „Nachbildung des Musters privater Reproduktion in der Familie" (ebd., S. 200), versorgen die Mitarbeiter_innen der Einrichtungen die jungen Menschen entweder mit Essen – wobei sie sie bei der Zubereitung beteiligen – oder sie begleiten sie bei ihrer Selbstversorgung. An der Theke werden Speisen und Getränke bereitgestellt, wobei dies marktförmig organisiert ist, denn sie werden dort im Allgemeinen zum Kauf angeboten. Beide Orte sind m. E. somit exponiert für gemeinschaftliche Zusammenkünfte und Geselligkeit in Jugendzentren. Dieser Zusammenhang von Essen bzw. Kochen und Gemeinschaft ist in der Forschung zur offenen Kinder- und Jugendarbeit auch anlässlich der Kooperationen mit Ganztagsschulen vereinzelt in den Fokus gerückt. Deinet (2009) erinnert in diesem Kontext programmatisch an die Tradition der Jugendarbeit als „Gesellungsform von Jugendlichen in Gruppen" (ebd., S. 122) und stellt heraus, dass das Kochen und das Essen günstige Anlässe sind, bei denen Jugendliche miteinander über verschiedene Themen ins Gespräch kommen können.

Diese Perspektiven auf die Nahrungsverpflegung zielen auf den sogenannten offenen Betrieb und damit auf ebenjene Angebotsform, die allen zugänglich ist und die freiwillig genutzt werden kann. Auch wenn es sich dabei um das Kerngeschäft von Jugendzentren handelt, ist das Angebotsspektrum damit aber nicht abschließend beschrieben, da es sich in den vergangenen Jahrzehnten zunehmend erweitert bzw. ausdifferenziert hat. Es wurden zielgruppenspezifische Programme etabliert, die sowohl die Offenheit als auch die Freiwilligkeit einschränken. Dazu gehören auch die seit den 1980er Jahren installierten Nachmittagsangebote, die sich in unterschiedlicher Weise auf Schule bzw. auf das Schulkind ausrichten (vgl. Seckinger et al. 2016).

Zwei solcher Angebote und die dort organisierten Mittagsmahlzeiten stehen im Mittelpunkt dieses Beitrags: zum einen die sogenannte Schulkinderbetreuung in einem Jugendzentrum und zum anderen das sogenannte Schulangebot, welches zeitgleich durch Mitarbeiter_innen derselben Einrichtung in einer Realschule durchgeführt wird. Die Veranstaltungen weisen einige Gemeinsamkeiten auf. In beiden gehört das Mittagessen, das durch die Erwachsenen organisiert und begleitet wird, zum festen Bestandteil des Angebots an Werktagen, und in beiden findet es zwischen dem Unterrichtsende und der Hausaufgabenbetreuung statt. Letztere wird durch Mitarbeiter_innen des Jugendzentrums geleitet. In der übrigen Zeit können die Heranwachsenden Freizeitaktivitäten nachgehen. Eine weitere Gemeinsamkeit von beiden Nachmittagsangeboten ist, dass die Heranwachsenden durch ihre Eltern angemeldet und somit zur Teilnahme verpflichtet sind.

Die nachfolgenden Schilderungen basieren auf Protokollen einer teilnehmenden Beobachtung, die im Rahmen einer ethnografischen Studie zur Kooperation der offenen Kinder- und Jugendarbeit mit Schule durchgeführt wurde. Neben den Mittagsmahlzeiten wurden dort auch die Angebotselemente der Freizeit- und der Hausaufgabenbetreuung untersucht. Die Datenerhebung umfasste zudem ergänzende Interviews mit Professionellen des Jugendzentrums sowie eine Dokumentenanalyse. Bei dieser wurden sowohl solche Texte, die die Fachkräfte verfasst haben, als auch solche der Jugendhilfe- und der Schulverwaltung berücksichtigt. Die Ergebnisse dieser Analyse wurden mit den Beobachtungsprotokollen und Interviewpassagen relationiert (vgl. ausführlich Gosse 2020a).

Zunächst wird das Mittagessen in der Schulkinderbetreuung im Esszimmer des Jugendzentrums fokussiert (2.). Anschließend rückt das Mittagessen in der Schulkantine der Realschule in den Blickpunkt (3.). Das Augenmerk wird darauf gerichtet, wie sich Gemeinschaft zeigt bzw. wie diese durch die Beteiligten hergestellt wird. Abschließend werden anhand der dargestellten Ergebnisse Anknüpfungspunkte für Konzepte zu Nachmittagsangeboten in der offenen Kinder- und Jugendarbeit umrissen (4.). Im Horizont der Fachdebatte zur institutionellen Verpflegung in der Sozialen Arbeit wird dafür plädiert, die Mittagessen als Orte der politischen Bildung zu profilieren.

2. Mittagessen in der Schulkinderbetreuung: Die (nicht-)familiale Gemeinschaft im Esszimmer des Jugendzentrums

Die Schulkinderbetreuung im Jugendzentrum ist ein Nachmittagsangebot, das in der Tradition der sogenannten ‚Übermittagsbetreuungen' steht, wie sie in Nordrhein-Westfalen in den 1980er und dann insbesondere in den 1990er Jahren in der offenen Kinder- und Jugendarbeit installiert wurden.[1] Dass es sich dabei um ein Betreuungsprogramm für Schulkinder handelt, wird bereits am Namen ersichtlich. Aber auch die Rahmenbedingungen verweisen in diese Richtung: sie findet werktäglich im Anschluss an den Unterricht der Halbtagsschule statt und ist mit den Strukturbausteinen Mittagessen, Hausaufgabenbetreuung und Freizeitgestaltung für den Alltag von Schulkindern aufgestellt. Die Federführung liegt beim Jugendamt, d. h. es handelt sich um eine Jugendhilfe-Veranstaltung.

Anhand einer Rekonstruktion von Praktiken beim Mittagessen wird im Folgenden erläutert, dass Gemeinschaft dort zum Teil als familiale Gemeinschaft hergestellt wird. Diese Ausrichtung offenbart sich auch im Interview mit dem zuständigen Mitarbeiter. Zu seinen Zielen für die Arbeit befragt, entgegnet er: „So, wir sind ja [...] in dem Sinne familienergänzend also", d.h. es sollen dort Aufgaben übernommen werden, die an sich in die Familie gehören. Das ist insofern plausibel, da die Schulkinderbetreuung als Betreuungsveranstaltung im Wesentlichen die durch Erwerbsarbeit verhinderten Eltern vertritt. Auch jenseits dieser Betreuungslogik findet sich in der professionell organisierten Pädagogik bereits historisch seit der Industrialisierung die Referenz auf die Sozialform Familie (vgl. Mollenhauer 1970, S. 60f.). Die Ursprünge dessen liegen demnach in der späten Aufklärung und in einer zu dieser Zeit vorherrschenden Skepsis gegenüber der industriellen Gesellschaft und dem daraus resultierenden Wunsch nach „sogenannten einfachen, elementaren, volkstümlichen Sozialformen" (ebd.). Zu betonen ist, dass es sich damit um eine bestimmte Familienform handelt, nämlich die bürgerliche des 19. Jahrhunderts. Dass diese Ausrichtung in sozialpädagogischen Handlungsvollzügen nach wie vor aktuell ist, wird bspw. an empirischen Befunden zur stationären Jugendhilfe deutlich. Die Mitarbeiter_innen gestalten dort in den Esssituationen ein „family-like home" (McIntosh et al. 2010, S. 295), um auf diesem Weg Elemente eines ‚normalen Lebens' zu integrieren (vgl. Behnisch und Schulz et al. i. d. Bd.).

In der Schulkinderbetreuung wird die Familienadaption durch die organisationalen Rahmenbedingungen forciert, etwa durch die Konstellation der anwe-

---

1 Die Förderung der Zusammenarbeit mit Schulen im Betreuungskontext wird in den 1980er Jahren durch die Kultusministerkonferenz vorangetrieben und durch die einzelnen Bundesländer sehr unterschiedlich umgesetzt (dazu Nörber 2003, S. 166 f.).

senden Akteur_innen. Sie richtet sich an maximal zehn Heranwachsende und wird durch eine_n konkrete_n Mitarbeiter_in organisiert, d.h. die intergenerationelle Zusammensetzung – ein_e Erwachsene_r und mehrere Kinder – erinnert an Familie. Verstärkt wird dies noch dadurch, dass zumeist nicht alle zehn Teilnehmer_innen anwesend sind, sodass die Gruppe insgesamt eher klein ist. Auch die intergenerationelle Aufgabenverteilung imitiert Familie; es ist der bzw. die Erwachsene, der bzw. die für die Einhaltung des immer gleichen, folgendermaßen umrissenen Ablaufs zuständig ist: Die Kinder kommen nach Schulschluss in die Einrichtung; dort wird zunächst gemeinsam gegessen, dann werden die Hausaufgaben erledigt und anschließend können sie in der verbleibenden Zeit bis zum Ende der Schulkinderbetreuung um 15.30 Uhr Freizeitaktivitäten nachgehen. Dieser Tagesablauf aktualisiert damit ein durch die Halbtagsschule geprägtes Zeitregime, welches charakterisiert ist durch eine Abfolge zweier relativ autarker Ereignisse, nämlich durch ‚Schule vormittags/mittags' und ‚Familie mittags/nachmittags'.

Daneben sind es die Räume, die Küche und das Esszimmer des Jugendzentrums, die es nahelegen – so ein zentrales Argument –, die beobachteten Praktiken der Gemeinschaft als ‚familiale' zu rekonstruieren. Architektur hat in einer raumtheoretischen Perspektive soziale Effekte, indem sie bestimmte Zweckbestimmungen, Funktionszusammenhänge und Verwendungsweisen sowie Atmosphären und damit auch implizite Normen symbolisiert (vgl. Rieger-Ladich/Ricken 2009, S. 186ff.). Werden nun die beiden Räume näher in den Blick genommen, offenbart sich, dass sie in ihrer Größe und in ihrer Ausstattung an jene in privaten Haushalten erinnern. Beim Esszimmer handelt es sich um einen relativ kleinen Raum, in dessen Mitte ein Esstisch steht und der durch eine Tür mit der angrenzenden Küche verbunden ist. Diese ist mit einer Einbauküche, inklusive der üblichen Geräte, ausgestattet. Zusammen bilden sie innerhalb des Jugendzentrums eine relativ autarke und deshalb privat erscheinende Einheit – separiert von den Freizeiträumen, wie etwa dem Spielbereich oder dem Café. In diesem familialen Arrangement lassen sich lediglich zwei Hinweise finden, die das Mittagessen als Teil des öffentlich verfassten Jugendhilfe-Angebots sichtbar machen. Zum einen ist hier das Verfahren der Essensbeschaffung zu nennen: Das Essen wird von einem externen Caterer angeliefert, demnach nicht vor Ort in der eigenen Küche produziert. Zum anderen gibt es in der Wand, die das Esszimmer von einem der Freizeiträume trennt, ein Fenster – so wie es in dem Gebäude auch in einigen der Türen der Fall ist. Für den privaten Kontext ist dies baulich eher unüblich und verweist deshalb auf die öffentliche Erziehung der Schulkinderbetreuung, bei der junge Menschen systematischer beaufsichtigt werden als im Familienumfeld.

Das bedeutet: Sowohl die Rahmenbedingungen als auch die räumlichen Voraussetzungen legen die Logik der familialen Gemeinschaft bereits an. Wie sich dies nun im konkreten Vollzug der Essensverpflegung zeigt, wird anhand der folgenden exemplarischen Sequenz zu Beginn eines Mittagessens erläutert:

> *Wir befinden uns im Esszimmer und stehen um den Tisch herum. Bisher ist nur Feri da. Er möchte nichts essen. Der Mitarbeiter Paul kommentiert dies, indem er in meine Richtung sagt: „Der Feri ist da wählerisch". Auf dem Tisch befinden sich einige Gedecke, in der Mitte stehen zwei Behälter mit Essen. Diese hatte Feri zuvor in der Küche aus den Transportboxen geholt und dorthin gestellt. Paul nimmt einen Teller in die eine Hand und mit der anderen eine Kelle, die in der Mitte des Tisches liegt. Er bedient sich an einem der Behälter. Daraufhin setzen wir uns alle an den Tisch.*

Ganz grundsätzlich ist hier herauszustellen, dass das bürgerlich-familiale Tischritual bereits deshalb aufgerufen wird, weil nur eines der Kinder anwesend ist. Das bedeutet, die Konstellation der anwesenden Akteur_innen – daneben sind noch der Mitarbeiter und die Ethnografin im Raum – evoziert das Familiale. Darüber hinaus lassen sich zwei Auffälligkeiten in der Beschreibung der Situation feststellen, die die Familienthese stützen. Zum einen ist der Tisch gedeckt, obwohl nur einer der jungen Menschen da ist und somit die Funktion der institutionellen Mittagsverpflegung an sich fast gänzlich obsolet ist. Zum anderen setzen sich sowohl Feri als auch die Ethnografin unaufgefordert an den Tisch, und zwar in dem Moment, als Paul sich vom Essen nimmt. Beides lässt auf eine Ritualisierung der Mittagessensituation schließen, die mit Audehm (2007) typisch ist für familiale Tischgemeinschaften: Es ist Mittagszeit, deshalb ist gedeckt, das Essen steht auf dem Tisch und die Anwesenden lassen sich nun am Esstisch nieder.

Konsistent dazu zeigt sich auch die Generationendifferenz, wie sie für Audehm und Zirfas (2001, S. 81 ff.) ein charakteristischer Bestandteil von ritualisierten familialen Tischmahlzeiten ist. Der Mitarbeiter Paul befindet sich auf der Position des „Familienpatriarchen" (Audehm 2007, S. 199), der sich von dem angerichteten Essen nimmt; daraufhin setzen sich die übrigen Anwesenden hin. Das zeigt, dass sowohl Feri als auch die Ethnografin – die in dieser Sequenz als Gast erscheint – wissen, dass sie sich nun, obwohl beide nichts essen möchten, an den gedeckten Tisch setzen sollten. An dieser Stelle spiegelt sich auch der „Appell- und Verpflichtungscharakter" (ebd., S. 23) der Tischmahlzeit wider, d.h. wirkmächtig ist hier ein Zwang zur Teilnahme, dessen Durchsetzung für gewöhnlich den Erwachsenen obliegt. Zudem stellt auch die Ethnografin die generationale Differenz her, und zwar im Feldprotokoll. Dies wird angesichts der Formulierung „bisher ist nur Feri da" augenscheinlich, denn faktisch sind drei Personen im Raum und nicht nur Feri.

Die Relevanz der Generationendifferenz wird außerdem an der Rede des Pädagogen ersichtlich: „der Feri ist da wählerisch". Vermutlich ist es eher unwahrscheinlich, dass er die Esspräferenzen des Jungen derart kommentieren würde, wenn Feri kein Kind, sondern ein_e andere_r Erwachsene_r wäre. Das bedeutet an dieser Stelle wird ein erzieherisches Verhältnis sichtbar, welches es Paul erlaubt, über die Esspräferenzen des Jungen zu urteilen. Gleichzeitig demonstriert der professionell Tätige auf diese Weise, dass er Eigenheiten Feris kennt und zudem, dass er diese akzeptiert. So schafft er eine gewisse Zugehörigkeit und Nähe, die allgemein mit Familien in Zusammenhang gebracht werden. Diese Beziehungsqualitäten sind demnach – so ein Ergebnis – nicht auf tatsächliche familiale Arrangements zu reduzieren, sondern sie sind eben auch in der öffentlich verantworteten Schulkinderbetreuung präsent – zumindest werden sie den jungen Menschen optional zugänglich.

Die These der Familienimitation eröffnet somit zwar die Möglichkeit, sowohl die gemeinschaftsstiftende Funktion als auch die erzieherische Dimension des Mittagessens im Jugendzentrum herauszuarbeiten. Allerdings wirft dies vor dem Hintergrund des Fachdiskurses zur Jugendarbeit auch Fragen auf. Aufgrund seiner emanzipatorischen Wurzeln steht dieser nämlich u. a. für eine Kritik der bürgerlichen Familie. Giesecke (1971) bspw. rekurriert auf die ‚Kritische Theorie', insbesondere auf Horkheimers „Studien über Autorität und Familie" aus dem Jahr 1936, und grenzt die Jugendarbeit von der autoritären Erziehung in der bürgerlichen Familie ab. Sie diene lediglich der Reproduktion des Staates und der bürgerlichen Gesellschaft, wobei – so die androzentrische Perspektive – die väterliche Autorität stellvertretend für die politisch-gesellschaftliche stehe. Das Kind lerne auf diese Weise, sich ihr zu unterwerfen.

Auch wenn die familialen Generationenverhältnisse heute insgesamt weniger autoritär sind, ist diese Kritik nicht obsolet, denn Familie ist auch heute ein Ort, an dem sich die hierarchischen gesellschaftlichen Verhältnisse reproduzieren.[2] Zudem muss die Familienthese auch erkenntnistheoretisch reflektiert werden. Die Gefahr, die damit einhergeht, ist, dass sie den Deutungshorizont der Gemeinschaftspraktiken vorschnell einengt und gleichzeitig die im Feld präsente Familienfigur reifiziert. Hinsichtlich der Sequenz zur Mittagesseneröffnung könnte bspw. der Deutung, dass die Zugehörigkeit und Nähe das Familiale imitierten, entgegengehalten werden, dass auch das professionelle Erziehungsverhältnis diese Beziehungsqualitäten impliziert. Es ist deshalb zu fokussieren, warum mit der Familienthese die Feldlogik übernommen wurde, die sich somit in den Beobachtungsprotokollen materialisiert hat. Ein Grund dafür ist in dem für die Ethnografie charakteristischen intensiven Feldaufenthalt zu finden. Denn dadurch vollziehen sich Interpretationen bereits im Prozess der Datenerhe-

---

2 Gegenwärtig herrscht in Familien bspw. oftmals ein hoher gesellschaftlicher Druck hinsichtlich schulischer Leistungsanforderungen. Zum einen erwarten Schulen, dass Eltern ihre Kinder beim Lernen fördern, und zum anderen setzen Eltern sich auch durch die öffentliche Diskussion um Bildungsqualität selbst unter Druck (vgl. Frank/Sliwka 2016).

bung, sodass die situativen Sinnstiftungen und Teilnehmendeninterpretationen durch die Forscher_innen erzwungenermaßen mitvollzogen werden (vgl. Breidenstein et al. 2013, S. 185). In der vorliegenden Untersuchung erhält dieser Aspekt ein besonderes Gewicht, weil die Sozialform Familie sowohl generell gesellschaftlich als auch in der professionell organisierten Pädagogik ausgesprochen dominant ist. Zu problematisieren ist dies deshalb, da ethnografische Forschung gerade darauf zielt, eine „Differenz zum Teilnehmerwissen zu erzeugen" (ebd., S. 186). Das bedeutet, dass sich die Datenauswertung durch die Übernahme der Feldlogik und durch den epistemologischen Differenzanspruch zu eben dieser Feldlogik in einem Spannungsfeld vollzieht.

Diese Spannung stellt aber, so hat sich am Forschungsgegenstand des Mittagessens im Jugendzentrum gezeigt, nicht unbedingt ein Forschungshemmnis dar, vielmehr kann sie für den Erkenntnisprozess genutzt werden. Sie eröffnet nämlich die Möglichkeit, auch Brüche in der familialen Ordnung zu identifizieren. Für die Sequenz zur Mittagessenseröffnung etwa ist festzustellen, dass die Situation nicht auf eine Imitation der bürgerlich-familialen Tischgemeinschaft reduziert werden kann. Irritiert wird diese Deutung etwa einmal dadurch, dass sich der Mitarbeiter stehend vom Essen nimmt und sich erst daraufhin alle Anwesenden hinsetzen, so als sei es für sie nicht gänzlich evident, dass nun eine gemeinsame Tischmahlzeit beginnt. Weiterhin findet sich eine Inkompatibilität zum Familialen in Bezug auf die Transportboxen. Wie bereits erwähnt, sind diese ein Hinweis auf die öffentliche Verfasstheit der Schulkinderbetreuung, denn die Speisen werden nicht vor Ort zubereitet, sondern eben von einem kommerziellen Anbieter verzehrfertig geliefert. In der Sequenz werden sie zwar, wie es für familiale Tischmahlzeiten üblich ist, auf den Esstisch gestellt, doch wird im Protokoll auch vermerkt, dass der Junge sie vorher den Boxen entnommen hatte; somit wird das Öffentliche sichtbar gemacht. Ein Argument für die Antithese zum Familialen ist zudem die Art, wie die Speisen angerichtet werden. Auch wenn dies im Beobachtungsprotokoll nicht beschrieben wird, kann angenommen werden, dass sie in Hartplastikschalen des Caterers verbleiben – Feri füllt sie nicht um – und somit nicht in dekorativen Keramikschalen o. ä. serviert werden, wie es von der bürgerlich-familialen Tischmahlzeit zu erwarten ist.

Neben der Identifikation von solchen Brüchen ermöglicht es die Familienthese zudem auch, etwas grundsätzlicher einen jugendarbeitsspezifischen Modus des Mittagessens zu rekonstruieren. Exemplarisch für zahlreiche ähnliche Situationen steht die folgende ethnografische Sequenz, in der die typischen Erziehungsregeln der bürgerlichen familialen Tischgemeinschaft nur von marginaler Bedeutung sind:

Wir sitzen alle noch am Esstisch, nur Paul ist bereits aufgestanden. Ein Junge zeigt auf einen Behälter, in dem Gebäckstücke liegen, schaut den Mitarbeiter an und fragt: „Für jeden einen Donut?". Paul hält mir die Schüssel hin: „Nur nen halben, wir wollen auch", lacht. Weiter ohne Lachen: „Nein, für jeden einen, aber nur, wenn ihr esst." Kevin: „Paul, für mich auch." Paul: „Ja, du isst ja auch." Dann: „So, ich geh schon mal, kommt ihr dann rüber, ja?"

Zunächst wird auch in dieser Interaktion die hierarchische Generationendifferenz sichtbar, wie sie für familiale Tischmahlzeiten charakteristisch ist. Der bzw. die Erwachsene wendet paternalistische Erziehungsregeln an, etwa in der Zuteilung der Mengen oder indem er bzw. sie den Nachtisch an die Bedingung knüpft, zuvor vom Hauptgericht zu essen. Vor allem kann an dieser Situation aber aufgezeigt werden, dass der Erziehungsanlass des Mittagessens eben auch relativiert wird. Der professionell Tätige verzichtet auf eine Kontrolle seiner Nachtischbedingung, stattdessen verlässt er beinahe demonstrativ den privat wirkenden Essraum, so als hätte er noch etwas anderes zu erledigen. Gleichzeitig wird den Jugendlichen Raum für ihre Peer-Zusammenkunft, jenseits direkter Kontrolle durch Erwachsene, eingeräumt.

An dieser Stelle ist die Position der Ethnografin zu hinterfragen. Es könnte angenommen werden, dass sie nun die Aufsicht übernimmt. Dafür spricht, dass sie durch Pauls Rede „nur nen halben, wir wollen auch" als zugehörig zu ‚den Erwachsenen' markiert wird. Das würde die Deutung, den jungen Menschen wird Raum ohne Kontrolle eingeräumt, widerlegen. Allerdings übergibt der Mitarbeiter des Jugendzentrums ihr im Folgenden, als er ankündigt zu gehen, eben nicht die Aufsicht, wie es etwa durch einen Blick oder eine Geste denkbar wäre. Plausibel ist deshalb eher, dass die Ethnografin in dieser Situation ein Gast ist, dem keinerlei erzieherische Aufgaben zukommen. Diese Deutung wird durch das Kontextwissen gestützt. So lässt sich durchgängig rekonstruieren, dass es den Heranwachsenden in der Schulkinderbetreuung auch ermöglicht wird, sich ohne Erwachsene in den Räumen des Jugendzentrums aufzuhalten.[3] Daneben findet sich noch ein weiterer Hinweis dafür, dass sich die Gemeinschaftspraktiken nicht auf die bürgerlich-familiale Tischmahlzeit reduzieren lassen: der Nachtisch wird nicht gemeinsam verzehrt. Zwar äußert der Mitarbeiter, auch von diesem essen zu wollen, verschiebt das jedoch auf einen späteren Zeitpunkt, womit er seinen Nachtischverzehr aus dem Zusammenhang der familialen Tischgemeinschaft löst. Zudem handelt es sich bei der Wahl des Nachtischs, den Donuts, um ein Gebäck, das eher für jugendliche Ernährungstrends als für die Essgewohnheiten der bürgerlichen Familie steht.

---

3 Dieser Freiraum, der im Kontext der offenen Kinder- und Jugendarbeit selbstverständlich sein dürfte, wird erst erwähnenswert, wenn das Schulangebot in der Realschule berücksichtigt wird. Aufgrund des rigiden Aufsichtspflichtverständnisses der Schule ist es den jungen Menschen dort nicht möglich, sich in den Räumen ohne Erwachsene aufzuhalten (siehe dazu ausführlich Gosse 2020a, S. 168 ff.).

Der spezifische jugendarbeiterische Modus des Mittagessens zeichnet sich demnach dadurch aus, dass bei den organisierten Tischmahlzeiten auch die Peergroup ihren Platz hat. Das bedeutet aus dem hierarchischen, von Erwachsenen bestimmten Raum wird ein peer-kultureller Raum. Damit wird das Ritual der Tischmahlzeit zu einer jugendarbeiterischen Aktivität modifiziert, in der die Macht der Erwachsenen zurückgenommen wird. Es eröffnen sich somit Möglichkeiten, bestehende Freundschaften zu pflegen, sowie aufgrund des integrativen Effekts der Tischmahlzeit, potenziell neue zu schließen.

3. Mittagessen im Schulangebot – die (nicht-)öffentliche Gemeinschaft in der Schulkantine

Das Schulangebot des Jugendzentrums in der Realschule, dessen Mittagessen nun näher beleuchtet wird, repräsentiert die Form von Nachmittagsangeboten der offenen Kinder- und Jugendarbeit wie sie im Zuge des Ganztagsschulausbaus seit Beginn der 2000er Jahre entstanden sind. Es handelt sich um eine schulische Veranstaltung, d.h. die Federführung liegt beim Schulverwaltungs- und nicht beim Jugendamt. Im Anschluss an das Mittagessen organisieren die Mitarbeiter_innen des Jugendzentrums eine Hausaufgabenbetreuung.

Auch bei dieser Nahrungsverpflegung lassen sich Gemeinschaftspraktiken rekonstruieren. Diese lassen sich allerdings nicht als familiale klassifizieren, vielmehr rückt durch die spezifische Organisationsweise der öffentliche Charakter des Speiseangebots in den Vordergrund. Zurückzuführen ist dies auf die deutlich höhere Zahl derjenigen Personen, die am Essen beteiligt sind: es sind immer mehrere Mitarbeiter_innen des Jugendzentrums und an die 30 Schüler_innen anwesend. Zudem ist auch auf die räumlichen Bedingungen hinzuweisen, die sich erheblich von jenen im Jugendzentrum unterscheiden. Der Essraum der Schule adaptiert hier eine öffentliche Kantine. Er ist relativ weitläufig, es gibt zahlreiche Tische, an denen gegessen werden kann und bei der Küche – die durch einen Wanddurchbruch mit dem Essraum verbunden ist – handelt es sich um eine Kantinenküche mit der technologischen Ausstattung eines gastronomischen Betriebs. Damit wird ersichtlich, dass die Nahrungsverpflegung im Schulangebot auf ‚Massenabfertigung' ausgerichtet ist und deshalb eher öffentlich als privat erscheint. Verstärkt wird dies im konkreten Handlungsvollzug auch durch eine hohe Dynamik, denn zum einen kommen die Teilnehmer_innen zeitversetzt aus dem Unterricht dort an und zum anderen halten sich regelmäßig viele Menschen im Schulgebäude und somit auch unmittelbar vor den Türen der Essräume auf.

Gegen die Familienthese spricht außerdem, dass die Mittagsmahlzeit in der Schule eine Trennung der Generationen befördert. Die Erwachsenen stehen entsprechend der Kantinenlogik bei der Speisenausgabe im Küchenbereich. Die

Kinder stellen sich von der Seite des Essraumes dort an, nehmen ihre Mittagsverpflegung in Empfang und lassen sich dann an den Tischen nieder. Zwar essen auch die Mitarbeiter_innen dann im gleichen Raum, allerdings überwiegend separiert an einem Tisch, d.h. sie bilden eine Tischgemeinschaft der Erwachsenen. Dadurch sind insgesamt nur wenig direkte Interaktionen zwischen den Professionellen und den Kindern zu verzeichnen. Daneben lassen sich vereinzelt aber auch Abweichungen von dieser Kantinenordnung rekonstruieren, wie exemplarisch folgende Sequenz zeigt:

> *Die Mitarbeiterin Andrea setzt sich zu Toni, Helena und Mariella an den Tisch. Am Nebentisch sitzen Jan, Freddi und Anna. Die übrigen Mitarbeiter_innen setzen sich zusammen in eine andere Ecke des Raumes an einen Tisch. Die drei Mädchen, bei denen Andrea nun sitzt, reden laut, dann singen sie ein Lied, reden kurz und singen wieder: „I believe I can fly, I believe I can touch the sky." Andrea, die bereits fertiggegessen hat, nimmt den Teller, steht auf, schaut zu mir: „Wie viele Nervenstränge man hat, ich wunder mich da jeden Tag drüber." Sie geht in die Küche.*

Die Erwachsene weicht hier vom Üblichen ab: Sie setzt sich nicht zu ihren Kolleg_innen, um mit ihnen gemeinsam zu essen, sondern sie unternimmt den Versuch, Kontakt zu den Mädchen und somit eine intergenerationelle Tischmahlzeit herzustellen. Dies scheitert allerdings, weil Toni, Helena und Mariella ihre Peergroup verteidigen.

Im Hinblick auf die Vergemeinschaftungen beim Mittagessen ist somit auf eine zentrale Differenz in der Schulkinderbetreuung im Jugendzentrum und im Schulangebot in der Schule hinzuweisen. Im Jugendzentrum muss die pädagogische Fachkraft die Peer-Gemeinschaft unter den Kindern intentional ermöglichen, da die Rahmenbedingungen und die Räume sie eher verhindern. In der Schule ist die gegenläufige Tendenz zu verzeichnen. Hier muss die intergenerationelle Gemeinschaft anvisiert werden, da die Kantinenordnung Separierung schafft.

Ausgehend von diesem Ergebnis wird in der folgenden Sequenz zur Mittagsverpflegung im Schulangebot näher beleuchtet, wie diese Gemeinschaft unter den Bedingungen der öffentlichen Kantine sichtbar wird:

> *Als ich in die Kantine komme, sitzen viele noch an den Tischen, scheinen aber schon gegessen zu haben. Ich begrüße einige, stelle meine Tasche in der Küche ab und setze mich dann zu drei Mädchen. Die Mitarbeiterin Andrea dreht sich nach hinten zu einem Tisch um, an dem Kinder sitzen, und sagt: „Wir haben heute ein Geburtstagskind [...] Celine." Es wird leiser. Jemand ruft: „Wir müssen singen." Viele fangen gleichzeitig an „Happy Birthday" zu singen. Am Ende klatschen einige – größtenteils die Professionellen – in die Hände. Zwei Mädchen gehen zu Celine, währenddessen wird es wieder lauter in der Kantine. Das Geburtstagskind steht auf, geht in den Küchenbereich*

und kommt wenig später mit einer großen Packung Süßigkeiten zurück. Damit geht sie dann von Tisch zu Tisch und hält jeder_m die inzwischen geöffnete Packung hin. Einige suchen zunächst längere Zeit nach etwas in ihr, aber schlussendlich greifen alle hinein und nehmen sich eine Süßigkeit heraus. Nach ca. zehn Minuten setzt sich Celine wieder an den Platz, an dem sie vorher bereits gesessen hatte.

Wir befinden uns offensichtlich am Ende des Mittagessens und somit – unter Berücksichtigung des gewöhnlichen Ablaufs – kurz vor Beginn der Hausaufgabenbetreuung. In dieser Zwischenzeit wird nun ein Geburtstag gefeiert. Wie im vorangestellten Abschnitt im Esszimmer des Jugendzentrums kristallisieren sich auch hier Ritualelemente heraus, aber nicht solche der familialen Tischmahlzeit, sondern solche des Geburtstagfeierns. Anders als es von Erziehungsorganisationen zu erwarten ist, in denen Geburtstage von Gruppenmitgliedern regelmäßig gefeiert werden, zeigt sich dieses Geburtstagsritual als äußerst brüchig, denn es besteht bei den Anwesenden keine Einigkeit zum Ablauf. Zunächst ruft die Information, dass es heute ein Geburtstagskind gibt, bei allen ein gewisses Einvernehmen dahingehend hervor, dass etwas folgen muss – ersichtlich daran, dass es nach Andreas Rede in den Raum hinein sogleich leiser wird. Weit weniger eindeutig scheint dann allerdings zu sein, was genau folgen muss. Hier bedarf es augenscheinlich einer Ansage, „jemand ruft: ‚Wir müssen singen'". Was gesungen wird, ist dann wieder Konsens. Ein intergenerationeller Dissens besteht allerdings beim Thema Klatschen, denn im Beobachtungsprotokoll wird festgehalten, dass daran nur die Erwachsenen beteiligt sind.

Auch die Praxis des Schenkens irritiert die Erwartungen an einen Geburtstag in einer Erziehungsorganisation. Nicht das Geburtstagskind erhält ein Geschenk und organisiert quasi im Gegenzug ein gemeinsames Essen für ‚seine Gäste', sondern das Schenken beschränkt sich darauf, dass das Mädchen Süßigkeiten verteilt. Das erinnert eher an die gängige Geburtstagspraktik in der beruflichen Arbeitswelt; das Geburtstagskind gibt etwas Kulinarisches aus.

Diese Brüchigkeit des Geburtstagsrituals verweist auf ein Spannungsfeld von Erziehungsorganisation und öffentlich codiertem Kantinenbetrieb. Für die Erziehungsorganisation steht, dass die Anwesenden gemeinschaftlich den Geburtstag feiern möchten. Durch die Erwachsene Andrea initiiert, wird gemeinsam gesungen, das Geburtstagskind Celine verteilt eine Süßigkeit, die für alle reicht. Für den Kantinenbetrieb steht, dass es im Essbereich keinen eindeutigen, exponierten Bereich gibt, von dem aus jemand den Ablauf lenken könnte. Die Mitarbeiterin Andrea übernimmt dies eher wie zufällig von einem der Tische aus, an dem sie sich gerade befindet. Ebenfalls auf den Kantinenbetrieb zurückzuführen ist, dass ein gemeinsames Kuchenessen, wie es bei solch einem Anlass erwartet werden könnte, aufgrund der großen Anzahl der Anwesenden schwierig zu organisieren ist – sodass vermutlich das Verteilen der Süßigkeit als eine Art Notlösung verstanden werden kann. Zudem erschwert der Geräuschpegel in dem relativ großen Raum eine intime Nähe und Vertrautheit, wie sie für eine Geburtstagsfeier mit Kindern erwartet werden könnte. Das bedeutet, Gemeinschaft, Zugehörigkeit und Geborgenheit sind in der Kantine zwar nicht unmöglich, doch wird dieser Form der Beziehungsqualität durch die räumliche Ordnung Grenzen gesetzt. So bedarf es einer erheblichen Lenkung, und zwar gemeinsam durch die Erwachsenen und die Kinder. Weiterhin kann festgestellt werden, dass sich der für Kantinen typische funktionale Charakter des Mittagessens zeigt. Es geht hauptsächlich um die (Wieder-)Herstellung der Arbeitsfähigkeit, ersichtlich daran, dass sich das Geburtstagsfest in der kurzen Zeit zwischen Mittagessen und Hausaufgabenbetreuung ereignet, die als Zwischenzeit bzw. als Übergangsphase zu klassifizieren ist.

Bilanzierend kann festgehalten werden, dass Gemeinschaft beim Mittagessen in der Schulkantine weder familialen Strukturlogiken folgt noch eindeutig solchen, die für Erziehungsorganisationen stehen. Sie entspricht aber auch nicht gänzlich dem, was für den Kantinenbetrieb erwartet werden könnte. Stattdessen offenbart sich die Kantine als hybrider Erziehungsraum, in dem einerseits die Öffentlichkeit der Kantinenordnung wirkmächtig ist sowie andererseits die Nähe, Vertrautheit und Verbindlichkeit, die über die Erziehungsorganisation transportiert werden. Diese spezifische Form der Gemeinschaft wird in der Sequenz zum Geburtstagsfest in der Zwischenzeit der Angebotselemente Mittagsverpflegung und Hausaufgabenbetreuung platziert und ereignet sich eher zufällig und spontan. Trotz dieser Flüchtigkeit hat sie integrierende Effekte, denn sie schließt alle ein, auch jene, die dem Geburtstagskind nicht nahestehen und die nicht wegen seines Geburtstags anwesend sind. Das heißt, diese Gemeinschaft im Nachmittagsangebot der offenen Kinder- und Jugendarbeit ist voraussetzungs- und bedingungslos für jedes Kind zugänglich, denn es nimmt teil, ohne etwas Bestimmtes repräsentieren, machen oder leisten zu müssen.

4. Anknüpfungspunkte für die politische Bildung in Nachmittagsangeboten der offenen Kinder- und Jugendarbeit

Auf der Grundlage dieser Ergebnisse zu den Praktiken der Gemeinschaft in beiden Mittagessen sollen im Folgenden erste inhaltliche Anknüpfungspunkte für die Profilierung von Nachmittagsangeboten der offenen Kinder- und Jugendarbeit umrissen werden. Rose und Sturzenhecker (2009, S. 11) greifen das Thema der Nahrungszubereitung und -verpflegung für Organisationen der Sozialen Arbeit auf und stellen fest, dass es in Konzepten bislang kaum berücksichtigt werde. Dies monieren sie insbesondere angesichts des quantitativen Bedeutungszugewinns der institutionellen Verpflegung, der etwa durch den Ausbau der sogenannten Betreuungsangebote oder der Ganztagsschule zu verzeichnen sei. Gleiches gilt auch für Konzepte zur offenen Kinder- und Jugendarbeit – obwohl hier verschiedene theoretische Perspektiven auf die Nahrungsverpflegung denkbar sind[4]. Dieses konzeptionelle Desiderat offenbart sich noch einmal verstärkt bei den Nachmittagsangeboten, die – gelabelt als Betreuung – oftmals hauptsächlich die basalen Versorgungsleistungen anvisieren und weniger etwa auf Bildungsinhalte setzen.

Aus diesen Gründen soll das Augenmerk auf die Frage gerichtet werden, inwiefern die Mittagessen als Orte der politischen Bildung konzipiert werden könnten. Dafür ist zunächst zu klären, wie beides grundsätzlich zusammengedacht werden kann. Rose und Sturzenhecker (2009) thematisieren die „Tischgesellschaften" (ebd., S. 15) als genuin politische Orte. Denn bei diesen werde gesprochen und diskutiert, wobei es immer auch um Lebensverhältnisse, Individualität, Differenz, allgemein um Moral und Politik gehe. Damit seien sie als ein Übungsfeld für die „demokratische Teilhabe an öffentlichen Aushandlungs- und Entscheidungsprozessen" (ebd.) zu verstehen. Daran anschließend kann mit Blick auf die Ergebnisse zunächst grundsätzlich herausgestellt werden, dass die Mittagsmahlzeiten in den Nachmittagsangeboten den normativen Anspruch einlösen, der in der Tradition der offenen Jugendarbeit mit Gemeinschaft verbunden wird. Sie stehen beide – wenn auch in differenter Weise – für ein Gegenmodell zur vereinzelnden modernen Gesellschaft, inklusive der Beziehungsqualitäten wie Zugehörigkeit, Geborgenheit, Vertrautheit etc. Somit sind im Grunde gute Voraussetzungen dafür geschaffen, die Mittagessen neben der Nahrungsversorgung konzeptionell als Orte der politischen Bildung auszugestalten. Allerdings ist hervorzuheben, dass sich die Spielräume in beiden Nachmittagsangeboten erheblich unterscheiden, und zwar aufgrund der spezifischen Rahmenbedingungen. Dies soll nun kurz umrissen werden.

In der Schulkinderbetreuung im Jugendzentrum wird die Gemeinschaft des Mittagessens teilweise als familiale Tischgemeinschaft hergestellt. Damit werden auch spezifische Machtverhältnisse zwischen den Erwachsenen und Kindern reproduziert. Allerdings lässt sich daneben ein spezifisch jugendarbeiterischer Modus rekonstruieren, durch den die Erziehungsverhältnisse weniger autoritär erscheinen und die hierarchische intergenerationelle Gemeinschaft zugunsten jener unter den Gleichaltrigen an Bedeutung verliert. Zu fragen ist nun, was das für die politische Bildung bedeutet. Ich gehe davon aus, dass politisch ausgerichtete Tischgemeinschaften einer Lenkung durch eine_n Erwachsene_n bedürfen. Aus diesem Grund muss die rekonstruierte Polarität von hierarchischer Familientischmahlzeit auf der einen Seite und Gemeinschaft der Gleichaltrigen auf der anderen für die politische Bildung als hinderlich bewertet werden. Es wäre deshalb konzeptionell zu überlegen, wie intergenerationelle Gemeinschaft

---

4 Siehe dazu ausführlich Gosse (2020b).

jenseits des Familialen hergestellt werden kann, d. h. insbesondere, wie das Mittagessen ausreichend attraktiv gestaltet werden könnte, sodass die jungen Menschen freiwillig teilnehmen, denn: politische Bildung lässt sich nicht erzwingen.

Beim Mittagessen im Schulangebot finden sich andere Anknüpfungspunkte für die politische Bildung. Familiale Praktiken sind hier nicht von Bedeutung, stattdessen wird die Schulkantine einerseits durch die öffentliche Kantinenordnung und andererseits durch die Strukturlogik der Erziehungsorganisation als hybrider Erziehungsraum sichtbar. Nähe, Vertrautheit und Verbindlichkeit als Beziehungsqualitäten der Gemeinschaft ereignen sich überwiegend intragenerationell. Jene seltenen Zusammenkünfte zwischen den Erwachsenen und den jungen Menschen weisen eine spezifische Spontanität und Zufälligkeit auf, begünstigt auch durch das enge Zeitfenster zwischen Unterrichtsende und Hausaufgabenbetreuung. Diese Ergebnisse deuten an, dass es einer anspruchsvollen konzeptionellen Planung bedarf, wenn das Mittagessen ein Anlass für politische Bildung sein soll. Es müssen dabei nämlich zum einen die eher egalitären Erziehungsverhältnisse der Kantinenordnung bewahrt und zugleich muss die Generationentrennung überbrückt werden.

Außerdem müssen auch die spezifischen Rahmenbedingungen des Schulangebots in den Blick genommen werden, die die Zufälligkeit und Spontanität der intergenerationellen Gemeinschaftsbildungen evozieren. Diese verweisen auf die Relevanz des schulischen Zeitregimes beim Mittagessen, das den Möglichkeiten der Anwesenden, miteinander zu sprechen und zu diskutieren, enge Grenzen setzt. Damit rücken abschließend die Rahmenbedingungen des Schulangebots in den Fokus. Da es sich bei diesem um eine Kooperation im Kontext der Ganztagsschulen handelt, ist es formal eine schulische Veranstaltung. Das bedeutet, es dient den Interessen der Schule und damit insbesondere der Hausaufgabenbetreuung, die an jedem Tag zur gleichen Zeit beginnen muss und die mit 90 Minuten viel Zeit beansprucht. Im Zuge der Konzeptarbeit muss deshalb kritisch geprüft werden, ob die Rahmenbedingungen der Schule sowie die Kooperationsbereitschaft der Schulakteur_innen, eine Profilierung des Nachmittagsangebots als offene Kinder- und Jugendarbeit überhaupt zulassen.

Literatur

Audehm, Kathrin (2007): Erziehung bei Tisch. Zur sozialen Magie eines Familienrituals. Bielefeld: transcript.

Audehm, Kathrin/Zirfas, Jörg (2001): Familie als ritueller Lebensraum. In: Wulf, Christoph/Althans, Birgit/Audehm, Kathrin/Bausch, Constanze/Göhlich, Michael/Sting, Stephan/Tervooren, Anja/Wagner-Willi, Monika/Zirfas, Jörg (Hrsg.): Das Soziale als Ritual. Zur performativen Bildung von Gemeinschaften. Opladen: Leske + Budrich, S. 37–118.

Breidenstein, Georg/Hirschauer, Stefan/Kalthoff, Herbert/Nieswand, Boris (2013): Ethnografie. Die Praxis der Feldforschung. Konstanz und München: UVK.

Deinet, Ulrich (2009): Essen im Ganztag als Kooperationsthema von Jugendarbeit und Schule. In: Rose, Lotte/Sturzenhecker, Benedikt (Hrsg.): ‚Erst kommt das Fressen...!' Über das Essen und Kochen in der Sozialen Arbeit. Wiesbaden: Springer VS, S. 121–140.

Frank, Susanne/Sliwka, Anne (2016): Eltern und Schule. Komplexe Zusammenhänge – maßgebliche Wirkungen. In: Frank, Susanne/Sliwka, Anne (Hrsg.): Eltern und Schule. Aspekte von Chancengerechtigkeit und Teilhabe an Bildung. Weinheim und Basel: Beltz Juventa, S. 8–14.

Giesecke, Hermann (1971): Die Jugendarbeit. München: Juventa.

Gosse, Katharina (2020a): Pädagogisch betreut. Die offene Kinder- und Jugendarbeit und ihre Erziehungsverhältnisse im Kontext der (Ganztags-)Schule. Wiesbaden: Springer VS.

Gosse, Katharina (2020b, i. E.): Essen und Kochen in Jugendzentren. In: Deinet, Ulrich/Sturzenhecker, Benedikt/v. Schwanenflügel, Larissa/Schwerthelm, Moritz (Hrsg.): Handbuch Offene Kinder- und Jugendarbeit. 5., völlig erneuerte und erweiterte Auflage. Wiesbaden: Springer VS.

Horkheimer, Max (1936): Studien über Autorität und Familie – Forschungsberichte aus dem Institut für Sozialforschung. Bd. 5. Paris: Alcan.

McIntosh, Ian/Punch, Samantha/Dorrer, Nika/Emond, Ruth (2010): „You don't have to be watched to make your toast": Surveillance and Food Practices within Residential Care for Young People. In: Surveillance & Society 7, 3/4, S. 290–303.

Mollenhauer, Klaus (1970): Erziehung und Emanzipation. 4. Auflage. München: Juventa.

Nörber, Martin (2003): Jugendarbeit und Schule. Zur Geschichte eines wechselhaften Verhältnisses. Wiesbaden: Hessischer Jugendring e. V.

Rieger-Ladich, Markus/Ricken, Norbert (2009): Macht und Raum: Eine programmatische Skizze zur Erforschung von Schularchitekturen. In: Böhme, Jeanette (Hrsg.): Schularchitektur im interdisziplinären Diskurs – Territorialisierungskrise und Gestaltungsperspektiven des schulischen Bildungsraums. Wiesbaden: Springer VS, S. 186–203.

Rose, Lotte/Schulz, Marc (2007): Gender-Inszenierungen. Jugendliche im pädagogischen Alltag. Königstein/Taunus: Ulrike Helmer.

Rose, Lotte/Sturzenhecker, Benedikt (2009): Einleitung: Warum die Beschäftigung mit Essen und Kochen Potentiale für die Soziale Arbeit enthält. In: ‚Erst kommt das Fressen...!' Über das Essen und Kochen in der Sozialen Arbeit. Wiesbaden: Springer VS, S. 9–20.

Seckinger, Mike/Pluto, Liane/Peucker, Christian/van Santen, Eric (2016): Einrichtungen der offenen Kinder- und Jugendarbeit. Eine empirische Bestandsaufnahme. Weinheim und Basel: Beltz Juventa.

Die Organisation des Täglichen

Nahrungsversorgung und Essenssituationen in der Heimerziehung

Michael Behnisch

1. Die Heimerziehung und das Ernährungsthema – eine einleitende Skizze

Die soziale, erzieherische und kulturelle Bedeutung von Essens- und Ernährungspraktiken ist innerhalb der Heimerziehung (§ 34 SGB VIII) bis heute weitgehend ignoriert worden. Diese Feststellung gilt auch für andere Alltagsthemen stationärer Jugendhilfe, wie etwa den Umgang mit Räumen, Kleidung, Medien oder Krankheit (vgl. Behnisch/Jeschke 2019). Sie finden „in der einschlägigen Fachliteratur kaum Beachtung" (Köck 2014, S. 344). Nur wenige Forschungsarbeiten gehen „dem Alltag stationär untergebrachter Kinder und Jugendliche nach" (Eßer/Köngeter 2012, S. 37), wenngleich mit Blick auf die vergangenen Jahre die Forschungsaktivitäten zugenommen haben (vgl. Domann et al. 2015; Eßer/Köngeter 2015; Punch et al. 2016; Siebholz 2016; Eßer 2017; Übersicht: Behnisch 2018, S. 40 ff.).

Die Heimerziehung hat jedoch weiterhin einen deutlichen Nachholbedarf in der Beschreibung ihrer Alltagsvorgänge, zumal diesen eine besondere Bedeutung für das Wohlbefinden junger Menschen (und für pädagogisches Handeln) zufällt (vgl. Köck 2014; Günder 2015, S. 293):

Erstens stellt die Heimerziehung als pädagogisch inszenierte Alltagswelt im Vergleich zu anderen Jugendhilfeleistungen den primären Lebensort für Kinder und Jugendliche dar. In diesem bilden sich umfangreiche Sorgehandlungen heraus (nicht zuletzt in der Nahrungsversorgung), die in umfassender Weise Zugehörigkeit und die darin eingelassenen Beziehungen beeinflussen.

Zweitens ergibt sich eine besondere Verantwortung stationärer Jugendhilfe für die betroffenen jungen Menschen, weil für diese die Trennung von ihrem bisherigen Lebensumfeld sowie der Umzug in eine Wohngruppe keine selbst gewählte Entscheidung darstellt, sondern zumeist ambivalent oder als Zwang empfunden wird. Sie müssen in einer für sie (zunächst) fremden Alltagswelt mit ebenso fremden Menschen zusammenleben.

Drittens ist diese Herausforderung vor dem Hintergrund vielfältiger biografischer Belastungen (Misshandlung, problematische Bindungsmuster, traumatische Erfahrungen) sowie einem Setting zu sehen, in dem das Machtgefälle zwischen Erwachsenen und Kindern groß ist. Dies kann im täglichen Geschehen zu starken Abhängigkeiten, zu Machtmissbrauch und erhöhter Verletzlichkeit (vgl. ex. Andresen/Heitmeyer 2012) führen.

Alltagsthemen sind für das konkrete Erleben des Wohngruppenalltags also von besonderer Bedeutung. Doch obwohl in der Geschichte der Heimerziehung auf die Wichtigkeit jener „kleinen tagtäglichen Vorfälle" (Bettelheim 1975, S. 347; vgl. auch Korczak 1996) und speziell des Essens (vgl. Bernfeld 1996; Rose/Schäfer 2009) aufmerksam gemacht wurde, scheint die Bedeutung des alltäglichen Handelns weitgehend vergessen (vgl. Behnisch 2018, S. 44ff.).

Aus diesem Grund hat die Frankfurt University of Applied Sciences ein Forschungsprojekt zur „Bedeutung der Essensversorgung in der stationären Jugendhilfe" (Laufzeit 2013 bis 2016) durchgeführt (vgl. Behnisch 2018). Das Forschungsprojekt wurde von Michael Behnisch, Lotte Rose und Nora Adio-Zimmermann realisiert und hatte zum Ziel, Vollzug und Bedeutung des Essens in der Heimerziehung herauszuarbeiten. Es konnten 60 ethnografische Beobachtungen in sechs verschiedenen Wohngruppen sowie 32 Interviews (zwölf Fachkräfte, 20 Kinder und Jugendliche) durchgeführt werden. Dabei wurden verschiedene Heimprofile, Altersgruppen und Versorgungskonzepte (u.a. von der Zentralküche bis zur regelmäßigen Nahrungszubereitung durch Fachkräfte) berücksichtigt.

Nachfolgend werden ausgewählte Ergebnisse der Studie vorgestellt. Sie verdeutlichen, wie mittels der Analyse von Essens- und Ernährungspraktiken der pädagogische Binnenraum der Heimerziehung mit seinen Beziehungen, Räumen, institutionellen Regeln und pädagogischen Selbstgewissheiten beschrieben und erklärt werden kann. Die Analyse von Essenspraktiken zeigt, wie sich Leitfiguren, Selbstgewissheiten und Strukturen der Wohngruppenerziehung entlang von Essens- und Ernährungspraxen herausbilden und reproduzieren – sie zeigt, wie Ernährungsweisen als Erziehungshandeln par excellence (vgl. hierzu Seichter 2016) ‚Heimerziehung machen'. Dass dabei auch etliche *problematische* Handlungsweisen sichtbar werden, weist auf Reformnotwendigkeiten des pädagogischen Alltags hin.

2. Lust- und Körperkontrolle: Steuerungsversuche kulinarischer Einverleibung

Viele Essenspraxen innerhalb der untersuchten Wohngruppen beziehen sich auf Regulierungsversuche des Körperverhaltens von Heranwachsenden: Die Kontrolle des kindlichen Körpers sowie seiner (Essens-)Lust und Oralität bildet damit eine ebenso alltägliche wie vielfältige Erfahrung im Rahmen von Ernährungssituationen. Die Bandbreite solcher Steuerungsversuche ist beachtlich und zeigt sich neben einer vorgeschriebenen Sitzordnung auch in Festsetzungspraxen bei Tisch. Demnach darf der dem kindlichen Körper zugewiesene Platz nicht verlassen werden, bis alle das Mahl beendet haben. Dies gilt teilweise auch dann, wenn andere körperliche Bedürfnisse – etwa der Wunsch zur Toilette zu gehen – geäußert werden (vgl. Behnisch 2018, S. 112). Viele Ermahnungen bei Tisch gelten der vermeintlich falschen Sitzhaltung, ‚unangemessenen' Geräuschen oder ausladenden Körperbewegungen. Die Festsetzung des Körpers wird bisweilen auch als Strafe eingesetzt: „Der Junge muss den Rest des Frühstücks mit dem Rücken zu den anderen Jungs sitzend verbringen" (ebd., S. 112f.).

Praxen der Körper- und Lustkontrolle beziehen sich ebenfalls auf die Gabe der Speisen, wie die folgende Szene bezüglich des Speise*tempos* illustriert: „Frau C. verlangt von Amir, dass er nach jedem Bissen bis 20 zählen muss, bevor er erneut einen Bissen machen darf [...]. Sie macht ihm laut vor, wie langsam er zu zählen habe" (ebd., S. 115). Die dem Körper zur Verfügung stehende Nahrungs*menge* wird bei einer Portionierung und Befüllung der Teller durch die Fachkräfte zu steuern versucht. Ein Nachschlag wird manchmal zugestanden, häufig aber auch verwehrt. Für als ‚zu dick' geltende Kinder bestehen oftmals besondere Regeln über die vom Körper als erlaubt aufzunehmende Menge (z.B. Vorenthalten des Desserts, kleinere Portionen; vgl. ebd., S. 142ff.).

Körperinterventionen beziehen sich auch auf die Nahrungsmittel selber: Während fettreiche und süße Speisen oftmals strikt reglementiert sind, existiert gegenüber Salat und Gemüse sogar die Pflicht, sich diese einzuverleiben. In wenigen Szenen kommt es dabei zu einer beklemmenden Übergriffigkeit innerhalb der Inszenierung pädagogischer Gastlichkeit. In einer Szene beginnt die Fachkraft, den fünfjährigen „Jeremy zu füttern. Jeremy verzieht sein Gesicht [...]. ‚Kauen und schlucken' weist Frau Schulte Jeremy an. Nach etwa fünf gefütterten Gabeln ist Jeremy kurz davor, alles wieder hochzuwürgen" (ebd., S. 139).

Körperbezogene Disziplinierungsversuche bilden also eine zentrale Praxis der Wohngruppenerziehung: In ihrer Tradition als Schauplatz der Bändigung kindlicher Impulsivität und wesentliches Moment im Prozess der Zivilisation (vgl. Elias 1997; Seichter 2016, S. 77 ff.) prägt sie auch andere Alltagsthemen stationärer Jugendhilfe (vgl. Domann et al. 2015; Mantey 2017; Behnisch/Jeschke 2019). Allerdings wird der innerhalb unserer Empirie beobachtete Körperalltag kaum reflexiv-sprachlich verhandelt, sondern erscheint als normal und quasinatürlich anerkannt.

Ein reflexiv-sensibler Umgang ist dabei insbesondere vor dem Hintergrund von Machtverhältnissen notwendig: Indem die eine entscheiden darf, was der andere stofflich aufnimmt oder wann sich dessen Körperlichkeit wieder frei bewegen darf, wird das Leibliche zum Material intersubjektiver Machtordnungen. Die damit verbundenen Eingriffe in die Selbstbestimmung und Integrität des kindlichen Körpers können als gravierend erlebt werden: Das durch den Mund Eingeführte muss die hochsensible Schranke des Geruchs- und Geschmackssinns passieren und wird unweigerlich zum Teil des Körpers (vgl. Barlösius

2016, S. 89 ff.). Gegen den eigenen Willen Materie – die zudem keinen Genuss verspricht – in seinen Körper aufnehmen zu müssen, kann daher als Grenzverletzung erlebt werden – so gesund das Gemüse auch sein mag.

Gleichwohl werden innerhalb von Ernährungspraxen auch Grenzen der Lust- und Körperkontrolle sichtbar: Anforderungen an Kinder und Jugendliche werden von diesen unterlaufen, es kommt zu Auseinandersetzungen und das gierige Verlangen bleibt bestehen. Die Körper- und Lustkontrolle – die Vorstellung von jungen Menschen als kognitiv zu steuernde und zu belehrende Wesen, die sich durch Appelle und Verbote erreichen lassen (vgl. Rose/Sturzenhecker 2010, S. 35) – funktioniert also nur bedingt: Sie unterschlägt die (orale) Triebhaftigkeit des Geschehens (vgl. Renz-Polster 2009, S. 20 ff.), aber auch den subjektiven, lebensweltlichen Eigensinn bei Essensvorlieben: In mehreren Interviews berichten junge Menschen von vermissten Speiseerfahrungen oder darüber, dass es bei „Papa irgendwie herzlicher" (Behnisch 2018, S. 162) schmecke.

Der Blick auf Essens- und Ernährungspraxen verweist die Heimerziehung also wieder neu auf ein traditionsreiches Thema: Dabei gilt es, die Steuerungsversuche von Lust- und Körperkontrolle viel deutlicher als bisher zu reflektieren und zu gestalten, insbesondere um einen sensiblen Umgang mit (Körper-) Macht zu gewährleisten und die kulinarischen Erfahrungen, den Eigensinn und die Triebhaftigkeit lukullischer Lust als Teil kindlicher Lebenswelt stärker zu würdigen. In der Rücknahme strikter Körperpraktiken bei Tisch und einer stärkeren Berücksichtigung gewünschter Geschmacksvergnügungen könnte sie dies innerhalb einer wichtigen Alltagserfahrung umsetzen. Die Heimerziehung käme damit ihrem selbst gesetzten Anspruch auf Partizipation, Lebensweltbezug und Integrität nach.

3. Räumliche Ordnungen: Erziehung durch ‚Essensschwellen'

Die empirische Betrachtung der Mahlzeitenvollzüge öffnet den Blick auf vielfältige Orte und Gegenstände innerhalb der Wohngruppen (vgl. Behnisch 2018, S. 175 ff.): Diese reichen vom gemeinsamen Esstisch über Geschirr, Besteck, verschließbare Vorratsschränke bis hin zum eigenen Zimmer der Jugendlichen als Ort der (mitunter heimlichen) Nahrungsaufnahme. Im Folgenden sollen diese Beobachtungen als vier Territorien systematisiert und anschließend in ihrer Relevanz für den pädagogischen Alltag der Heimerziehung verdeutlicht werden.

Ein *erstes Territorium* bezieht sich auf Gemeinschaftsräume, vor allem auf Essplatz und Küche. Dieses Territorium ist prinzipiell allen Akteur_innen zugänglich und wird dadurch in besonderer Weise zur Arena von erzieherischen (Ernährungs-)Bemühungen und Auseinandersetzungen. In räumlich-dinglicher Hinsicht steht dabei vor allem der Esstisch im Mittelpunkt: In jeder Wohngruppe bildet er als demonstratives Symbol von Gemeinschaft den zentralen Ort der Nahrungsaufnahme und bringt zeitliche Taktungen, Gemeinschaftsformen und Sitzordnungen hervor. Auch die Küche stellt einen Gemeinschaftsort dar, zugleich sind es aber die Erwachsenen, die Nutzungsverbote erteilen und Zugriffe begrenzen: Einige Kühl- oder Vorratsschränke werden durch Schlösser oder akustische Signalvorrichtungen dem Zugang durch Heranwachsende entzogen, in anderen Szenen muss der Nahrungszugang erfragt werden: So erklärt ein 13-jähriges Mädchen in einem Interview, dass man immer eine Erzieherin fragen müsse, bevor man sich einen Joghurt aus dem Kühlschrank entnehmen dürfe (vgl. Behnisch 2018, S. 97).

Das *zweite Territorium* bilden die Zimmer der Kinder und Jugendlichen: Sie stellen einen persönlichen Rückzugsort dar, indem hier Nahrung (heimlich) verwahrt und verzehrt werden kann. Zugleich aber unterliegt das Zimmer der (unangekündigten) Kontrolle, wie die 15-jährige Natalie berichtet: „Einmal wurde mein ganzes Zimmer ausgeräumt, ohne dass ich dabei war". Begründet wurde dies mit dem Verdacht, sie horte Süßigkeiten (vgl. ebd., S. 101). Das eigene Zimmer wird damit zu einer räumlichen Schwelle (vgl. Eßer 2017) zwischen Organisation und Privatheit: Als eigenes Territorium erlaubt es, sich dem erzieherischen Einfluss zu entziehen und doch wirken dessen Regeln dort hinein – bisweilen auch als ‚Verbannungsort', nachdem Kinder als Strafmaßnahme von der Tischgemeinschaft ausgeschlossen worden sind.

Ein *drittes Territorium* sind die Orte außerhalb der Wohngruppe. Bei der Überschreitung dieser räumlichen Schwelle fällt auf, dass die Fachkräfte kaum Bemühungen unternehmen, um auf das kulinarische Geschehen jenseits der Wohngruppe (z.B. Schule, Herkunftsfamilie, Freunde) Einfluss zu gewinnen. Die dort gemachten Speiseerfahrungen werden kaum thematisiert; inszenierte Überschreitungen der Schwelle (z.B. durch gemeinsame Restaurantbesuche) finden selten statt (vgl. ebd., S. 148f.). In der geringen Berücksichtigung dieses Territoriums erwachsen den jungen Menschen zwar Freiheiten außerhalb der Reichweite erzieherischer Verfügung, jene Essenserfahrungen bleiben der Heimerziehung als Bildungsthema damit allerdings zugleich entzogen.

Das *vierte Territorium* bezieht sich auf *institutionelle Hoheitsbereiche*, die Kindern nicht zugänglich sind, auch wenn sie – und zwar als einzige – an diesem Ort wohnen: Verschlossene Vorratsschränke und Küchen, der gesicherte Kühlschrank oder das Verwahren der eigenen Süßigkeiten im Erzieherzimmer sind Beispiele für solche Schwellen, die nur von den beruflich Tätigen überschritten werden dürfen.

Die empirischen Einblicke zeigen den Einfluss von Ernährungspraktiken auf Herstellung und Gestaltung räumlicher Ordnungen. Die festgelegten Materialien transportieren als stille, weil zumeist unreflektierte Miterziehende (vgl. Stieve 2008, S. 21) pädagogische Absichten und gesellschaftliche Normen (vgl. ebd., S. 16): So zwingt der gemeinsame Esstisch zum gemeinsamen Mahl, der verschlossene Kühlschrank zur bittenden Nachfrage und wenn diese 15-Jährige im Interview beklagt, die Behältnisse sähen aus „wie aus'm Gefängnis" (Behnisch 2018, S. 91), dann zeigt dies, wie die Wahrnehmung eines Lebensortes durch die Dinge beeinflusst werden kann. Weil sich in Praxis und Forschung der Heimerziehung kaum Auseinandersetzungen mit der Dimension von Räumlichkeit finden (vgl. aber ex. Winkler 1999; Gehrmann 2015, S. 127 ff.; Eßer 2017), ermöglicht die Empirie über das Essen wichtige Hinweise über den Umgang mit Raum und Materialität: Sie kann verdeutlichen, wie sich die Wohngruppe durch die Ordnung räumlicher Schwellen in einer Doppelstruktur konstituiert – als Hybrid von alltäglicher Lebensführung einerseits und institutionalisierter Organisation andererseits (vgl. Eßer 2017, S. 167). Die Praxis der Wohngruppenerziehung müsste deshalb nicht nur die Raumdimension in ihrer erzieherischen Wirkung stärker berücksichtigen, sondern diese auch so gestalten, dass sich Kinder und Jugendliche durch Aneignung beteiligen und sich unter den gegebenen räumlich-materiellen Bedingungen wohlfühlen können. Dabei würde das Handlungsfeld zugleich einen bedeutsamen Teil seiner eigenen (konzeptionellen) Geschichte wiederentdecken (vgl. zur Wirkung des erzieherischen Milieus ex. Bettelheim 1975).

4. Erziehungstechniken: Strategien zur Verhaltensänderung

Viele Handlungen im Rahmen der Essenssituationen zielen auf die Absicht kindlicher Verhaltensänderung. Das Repertoire umfasst moralisch-verbale Appelle ebenso wie formalisierte Regelanwendungen, etwa in der Vorgabe des gemeinsamen Mahlzeitenbeginns. Ferner werden Verhaltensänderungen durch Belohnungs-Bestrafungs-Codes zu steuern versucht, wie diese Fachkraft mit Blick auf die Verpflichtung zu Tischdiensten anmerkt: „Und wenn sie (die Kinder und Jugendlichen) das nicht machen, dann müssen sie halt einen Strafdienst machen" (Behnisch 2018, S. 154). In diesem Vorrat aus Reglementierungen, Appellen, Verboten und Belohnungen wird die Vorstellung einer linearen, ‚technischen' Steuerung kindlichen Verhaltens sichtbar, weshalb von der Idee einer Erziehungstechnik gesprochen werden kann.

In den Essens- und Ernährungspraktiken der Wohngruppen zeigen sich jedoch schnell die problematischen Folgen einer solchen Strategie:

- Erstens beinhalten Erziehungstechniken die Gefahr, strukturelle Mängel im pädagogischen Setting und Handeln zu übersehen. Unsere Untersuchung weist einige Passagen auf, in denen institutionelle Ordnungen – etwa eng geführte Zeitrhythmen oder die Essensverteilung – Konflikte erzeugen, die dann als individuelles Fehlverhalten des Heranwachsenden etikettiert werden. So führt z. B. das Portionieren der Speisen durch die Fachkräfte häufig

dazu, dass es anschließend zu Konflikten kommt, wenn Kinder und Jugendliche die zugeteilte Essensmenge nicht vollständig aufessen können.
- Zweitens erschweren Verhaltensfokussierungen das notwendige Verstehen von lebensgeschichtlichen Verkettungen und Situationsdynamiken. Das Reagieren-Müssen auf Symptome bei Tisch wird zum bestimmenden Thema, während die Vielfalt biografischer Essenserfahrungen, Beziehungsbedürfnisse oder Triebwünsche hinter den Anforderungen an angepasstes Verhalten deutlich nachrangig bleibt: Man streitet um Regeln, ringt aber nicht um die dahinter liegenden Schwierigkeiten und Bedeutungen (vgl. Hamberger 2008, S. 334; Tornow/Ziegler 2012, S. 109; Behnisch 2018, S. 306 ff.).
- Drittens führen strikte Regelsysteme mitnichten dazu, Konflikte und Widerstände zu unterbinden – offenbar ist sogar das Gegenteil der Fall: Die zahlreichen Reglementierungen führen zur Verweigerung und das „ständige Maßregeln und Rumnörgeln" (Behnisch 2018, S. 226) lässt eine konfliktgeladene Atmosphäre entstehen, wie eine Fachkraft beklagt: „Da ist nichts mit in Ruhe essen und genießen. Das ist schon immer ein Kampf quasi, eine Schlacht" (ebd., S. 160). Insgesamt zeigt sich also, dass Machtaspekte und Folgsamkeitserwartungen deutlich im Vordergrund stehen, während Beteiligung, Selbstwirksamkeit oder das Zulassen von Experimenten und Fehlerfreundlichkeit nachrangig sind. Dies dürfte kaum zur Lernfreude oder zur Einsicht bezüglich der Anforderungen bei Tisch beitragen (vgl. Schmidt 2011, S. 60 f.).

Im Folgenden wird erläutert, warum die Wohngruppenpädagogik besonders anfällig erscheint für Erziehungstechniken und sich Essenspraktiken dazu besonders eignen. Stationäre Jugendhilfe weist sich dadurch aus, dass sie Kinder und Jugendliche mit schwieriger Biografie betreut, denen ein „erzieherischer Bedarf" (§ 27 SGB VIII) zugeschrieben ist. Dies kann zu spezifischen Handlungsmotiven führen: „Erziehung schwieriger oder als mühsam geltender Kinder verführt besonders dazu, Macht und Ordnung zu demonstrieren" (Thiersch 2014, S. 29). Verstärkt wird diese Perspektive durch eine empirisch zu beobachtende Wiederbelebung autoritärer Muster in der Jugendhilfe (vgl. Huxoll/Kotthaus 2012; Behnisch 2018, S. 220) sowie durch den spezifischen Erwartungsdruck an die Heimerziehung: Sie behauptet, dass sie gegenüber den Lebensbedingungen der Herkunftsfamilie ein besseres Sozialisationsangebot machen könne, wird dafür im Rahmen einer Profi-Erziehung finanziell ausgestattet – und muss diesen Anspruch gegenüber Jugendamt, Einrichtungsleitung oder Herkunftsfamilie nachweisen und legitimieren.

In dieser Gemengelage entsteht ein „Druck auf die Mitarbeiter_innen, schnelle ‚Erfolge' im Hilfeprozess" (Andrick et al. 2016, S. 90) und „verlässliche Ergebnisse" (Köck 2014, S. 348) zu erzielen. Angesichts dieser Erwartungen werden Erziehungstechniken mit ihrem (gleichwohl haltlosen) Versprechen vorgenommen, um pädagogisches Handeln als möglichst planbar und präsentierbar darzustellen. Für diese Strategie eignen sich Essenspraktiken in besonderer Weise. Weil Tischmanieren seit jeher zum Merkmal einer ‚guten Kinderstube' zählen, gerät das richtige Benehmen bei Tisch auch in der Wohngruppe „zum Spiegelbild eines wohldisziplinierten Kindes" (Seichter 2016, S. 191): Indem ungesunde Speisen vorenthalten und verboten, ‚störende' Kinder vom Tisch verwiesen werden, indem Heranwachsende ermahnt und ihr Essverhalten zu steuern versucht wird, lassen sich Handlungsfähigkeit und ‚Erziehungserfolg' plakativ demonstrieren: „Das kann man anerziehen. Essen kann man anerziehen", erklärt dazu eine Fachkraft (Behnisch 2018, S. 158).

Die Analyse von Essenspraktiken weist die Heimerziehung also daraufhin, Zuschreibungen und Handlungsweisen einer Etikettierung als schwierige, bedürftige Heimkinder kritisch aufzudecken, zu bearbeiten und nicht zu strikten Erziehungstechniken gerinnen zu lassen. Anhand der Gestaltung von Essens- und Ernährungssituationen ließe sich stattdessen eine Alltagspädagogik entwickeln, die auf Beteiligung und Selbstwirksamkeit setzt (ausführlich vgl. ebd., S. 279 ff.).

5. Ernährungsdeutung: Erziehung zum ‚richtigen Essen' in der ‚richtigen Weise' zur ‚richtigen Zeit'

Viele der beobachteten Essenssituationen beinhalten normative Deutungen seitens der Fachkräfte über das ‚richtige Essen' in der ‚richtigen Weise' zur ‚richtigen Zeit'. So existieren in allen Einrichtungen (mehr oder weniger genaue) Ordnungen über die angemessene Speise zur jeweiligen Tageszeit: Süße Aufstriche werden ausschließlich zum Frühstück bereitgestellt, beim Abendessen dominiert die Brotspeise, die hingegen beim Mittagessen, auch auf Nachfrage, meist nicht gestattet ist. In vielen Wohngruppen sind Verzehrzeiten für Süßigkeiten festgelegt. Auch die Speiseabfolge bei Tisch orientiert sich häufig an bestimmten Geschmacksordnungen, wie diese Elfjährige mit Blick auf das Frühstück kommentiert: „Erst Wurst oder Käse und dann Marmelade. Das hängt einem zum Halse raus" (Behnisch 2018, S. 128).

Neben der als angemessen geltenden Speisezeit beziehen sich viele Vorgaben auf die ‚richtige Speise', die insbesondere entlang einer Codierung zwischen ungesundem (süßem, salzigem, fettigem) und gesundem Essen (Salat, Gemüse) vorgenommen wird (vgl. ebd., S. 139 ff.): Vermeintlich gesunde Speisen werden mit Vehemenz eingefordert, was sich in einer Probier- bzw. Verzehrpflicht äußern kann. Die Durchsetzung der ‚richtigen Speise' ist an vielfältige Sanktionsmittel geknüpft, so kann etwa die Verweigerung, Salat zu essen, zum Entzug anderer Speisen (z.B. Nachtisch) führen. Die ‚richtige' Art und Weise des Essens schließlich richtet sich auf manierliche Verzehrweisen, die von den Fachkräften eingefordert werden: Diese reichen vom Verbot, Kartoffelbrei mit einer Gabel zu essen, über das angemessene Zerkleinern von Speisen bis hin zum Esstempo oder der Sitzhaltung.

In solchen Beobachtungen zeigen sich vielfältige Ernährungsdeutungen, bei denen die Fachkräfte vorgeben, welche Speisen zu welcher Zeit und in welcher Weise einem angemessenen kulinarischen Standard entsprechen. Angesichts dieser argumentativ starken Waffe kultureller Deutungshoheit bleiben subjektive Ernährungswünsche der Kinder und Jugendlichen weitgehend unbeachtet bzw. werden zurückgewiesen. Die kulinarischen Auflagen werden nur selten Gegenstand von Aushandlung; eine ergebnisoffene Diskussion z. B. über (un-)gesunde Ernährung findet zumeist keine Anerkennung. Die Essenspraktiken führen auch hier zu Akten der Reproduktion von Generationenmacht sowie zu einer latenten Inferiorisierung des Kindes: Indem die Normen unverhandelbar und ihre Ansprüche nur einzufordern sind, erscheinen Eigensinn, Kritik oder Verweigerung als Sabotage von Seiten des vermeintlich unwissenden, gierigen, nicht einsichtigen Kindes – zugleich bestätigt jede Sabotage das Bild eines Heranwachsenden, der noch nicht um die Bedeutung einer ‚guten Ernährung' und der ‚richtigen Tischsitten' weiß. In fast allen Fachkräfte-Interviews wird diese Sichtweise auf einen unzureichenden, unstrukturierten Essensalltag in der Herkunftsfamilie zurückgeführt (vgl. ebd., S. 156 ff.).

Allerdings scheinen jene eng gefassten, hegemonialen Deutungen nur bedingt zum (Bildungs-)Erfolg zu führen: Zwar bestätigen viele Kinder vordergründig die erwachsenen Interpretationen – sie fragen nach erlaubten Portionsmengen oder geben Hinweise, wenn andere Kinder Regeln verletzen – doch unter der Oberfläche der Verhaltensanpassung führt die erwachsene Regulierungsmacht regelmäßig zu Widerstand: Süßigkeiten werden heimlich gegessen, Anforderungen werden zurückgewiesen, häufiger noch sind symbolische Handlungen zu beobachten, wie Augenrollen, Gekicher, Wegschauen oder Schweigen.

Andere Essensthemen werden unter der Fokussierung auf den gesunden und richtigen Verzehr weitgehend ausgeblendet, wie etwa die Vertrautheit des Geschmacks, religiöse Bedeutung, ethische Fragen der Ernährung oder Herkunft der Speise. Damit bleiben relevante Themen der biografisch-lebensweltlichen Erfahrung der jungen Menschen unberücksichtigt und können nicht zum (Bildungs-)Thema der Wohngruppenpädagogik werden. Ausgeblendet bleiben auch Widersprüche jener Deutungen, z. B. die (selbst-)kritische Erörterung der Fachkräfte darüber, was gesellschaftlich als (un-)gesund gilt und des persönlichen Umgangs damit. Anlässe für die Thematisierung von Widersprüchen gäbe es genügend: Die Fachkräfte berichten in den Interviews, dass sie zu Hause anders essen und die Regeln der vermeintlich guten Ernährung (z. B. Einhaltung von Gewichtsnormen, Verzehr von Süßem reduzieren), die sie den Kindern abverlangen, für sich selber nicht einhalten (vgl. ebd., S. 147). Dies gilt zum Teil auch für die Wohngruppe, etwa indem die Fachkräfte Nachtisch verzehren, ohne mitgegessen zu haben (vgl. ebd., S. 132).

Die Essensthematik zeigt also beispielhaft einen pädagogischen Alltag, der geprägt ist von eng gefassten Erziehungs- und Kindheitsverständnissen mit starken normativen Deutungen über Heranwachsende, die häufig als bedürftig, gefährdet, unwissend oder schwierig gelten. Angesichts dieser Hintergründe stellt es eine Herausforderung dar, Selbstdeutungen von Kindern und Jugendlichen anzuerkennen und eigene Bildungsbestrebungen und -potenziale – bei der Essensversorgung und anderen Alltagsthemen – zu fördern oder zumindest zuzulassen. Die Analyse der Essens- und Ernährungspraktiken verweist auf die Notwendigkeit einer selbstkritischen Reflexion der vorgetragenen Ernährungsdeutungen und fordert dazu auf, durch Selbstdeutungen der Heranwachsenden den Mahlzeitenvollzug als selbstwirksamen Bildungsgegenstand zu nutzen.

6. Kollektivität und Formalisierung: Ernährungspraktiken zwischen Institutionalisierung und Gemeinschaftlichkeit

Die Nahrungsversorgung innerhalb der Wohngruppen wird häufig durch starke kollektive und formalisierte Handlungen gerahmt (vgl. Adio-Zimmermann/ Behnisch/Rose 2016). Diese zeigen sich u.a. darin, dass drei Mahlzeiten am Tag zu festen Zeiten angeboten werden; lediglich das Frühstück kann in seiner zeitlichen Struktur etwas individueller gestaltet sein. Auch das Verwahren der Vorräte folgt einer haushaltswirtschaftlich-kollektiven Verteilpraktik, indem die Lebensmittel dem Zugriff der Heranwachsenden durch Verschluss teilweise entzogen bzw. nur auf Nachfrage herausgegeben werden.

Auf der Ebene der konkreten Tischsituation symbolisiert bereits der große Esstisch die Vorgabe des kollektiven Mahls: Um ihn herum versammelt sich die Tischgemeinschaft. Individuelle Orte und Zeiten der Essensaufnahme bilden (begründungspflichtige) Ausnahmen. Besonders begehrte Speisen werden von den Erwachsenen portioniert und ausgeteilt, Essenteilnehmer_innen ermahnt, für andere etwas übrig zu halten (vgl. Behnisch 2018, S. 194ff.). Kollektivität zeigt sich auch auf der Ebene des kulinarischen Angebots: Insbesondere beim Mittagessen werden für alle die gleichen Speisen serviert, doch auch beim Frühstück und Abendessen dürfen die eigenen Nahrungsmittel der Jugendlichen in der Regel nicht auf den Tisch gebracht werden. Die von der Institution angebotenen Speisen folgen zudem einer eher standardorientierten Speiseauswahl – aus Budgetgründen, aber auch, um Konflikte zu vermeiden und sicherzustellen, dass möglichst wenig Essende ausgeschlossen bleiben.

Die Formalisierungen und kollektiven Handlungen zielen auf einen möglichst reibungslosen Ablauf institutioneller Esssituationen, verfolgen aber auch die Erlebbarkeit einer Tischgemeinschaft. Zeitlich-räumliche Verpflichtungen, kommunikative Elemente (z.B. die Aufforderung, über den Tag zu berichten) sowie die Speisengestaltung formieren eine Gemeinschaftserwartung, die sich darin ausdrückt, dass alle am Tisch verweilen, auch wenn sie nichts essen, um „sich einfach mal als Gruppe zu erleben" (ebd., S. 202).

Die hier mithilfe von Essens- und Ernährungspraxen durchgesetzten Kollektivpraxen bearbeiten drei zentrale Herausforderungen der Heimerziehung:

Erstens sollen die institutionellen Versorgungsabläufe möglichst effektiv und routiniert funktionieren, um den eng gefassten fiskalischen und organisatorischen Rahmenbedingungen Rechnung zu tragen.

Zweitens ist Heimerziehung in besonderer Weise darauf angewiesen, Gemeinsamkeit und Zugehörigkeit am (zunächst) fremden Ort herzustellen, weil sie als *inszenierte Gemeinschaft* mit einem hohen Grad an Zwang und Fluktuation dies nicht ohne weiteres von sich aus erzeugen kann. Dazu eignen sich Mahlzeitensituationen in besonderer Weise, denn wohl keine andere soziale Institution kann „in ähnlicher Weise Gemeinschaft, Zugehörigkeit und Anerkennung symbolisier[en]" (Barlösius 2016, S. 180). Mit kollektiv geformten Ernährungspraktiken wird daher versucht, eine Realität als Wohngruppe permanent (neu) zu erzeugen (vgl. Eßer/Köngeter 2012, S. 39).

Drittens sichern kollektive Verzehrpraktiken den Kontrollanspruch der Institution über die Nahrungsmittel und damit die Nahrungsgerechtigkeit: So loben einige Jugendliche, dass für alle am Tisch gleiche Sättigungschancen bestehen oder für Zu-spät-Kommende Essen aufbewahrt wird (vgl. Behnisch 2018, S. 110). Durch solche Rahmungen wird also das individuelle, gierige Bedürfnis einzudämmen und der Tischsituation das Konfliktpotenzial zu nehmen versucht.

Allerdings zeigen die ethnografischen Einblicke immer dann problematische Effekte, wenn es zu einer *Überformalisierung* kommt: Kulturelle Diversität wird stark eingeebnet, weil eigene Vorlieben bei Essweisen oder Speisen unberücksichtigt bleiben; im Vergleich zu anderen Orten institutioneller Versorgung wie etwa der Schulmensa sind Auswahl, zeitliche Selbstbestimmung oder Platzwahl deutlich eingeschränkt. Auch bei den kollektiven Rahmungen spielen Machtpotenziale der Fachkräfte eine Rolle: Sie sind es, die Abläufe vorgeben und Regeln durchzusetzen versuchen. Zudem sind es die Erwachsenen, die aus den kollektiven Verpflichtungen am ehesten ausscheren dürfen, etwa indem bei Tisch selbst gemachte Speisen gegessen werden (vgl. ebd., S. 133 f.), während die Kinder zum Verzehr der von der Institution servierten Nahrungsmittel verpflichtet sind.

Zusammenfassend gesagt versucht die Heimerziehung entlang kollektiver Praktiken einige ihrer Strukturprobleme zu lösen, wozu sich in besonderer Weise die Essensgabe als regelmäßige, an die Gemeinschaft geknüpfte Versorgungsleistung eignet (vgl. Barlösius 2016, S. 182 ff.). Die Problematik einer Überregulierung von Abläufen verweist erneut auf die Notwendigkeit einer Wohngruppenpädagogik, die stärker auf individuelle, lebensweltliche und beteiligungsorientierte Praktiken setzen sollte.

7. Fazit

Der Umgang mit Essen und Ernährung stellt weit mehr als ein Begleitgeschehen im Alltag stationärer Wohngruppen dar. In fünf Schwerpunkten ist deutlich geworden, wie Essens- und Ernährungspraktiken zentrale pädagogische Leitfiguren nicht nur widerspiegeln, sondern diese sogar hervorbringen – Essenssituationen werden zu einer pädagogischen Situation par excellence in der Heimerziehung. In diesen zeigt sich, wie Wohngruppenerziehung durch die räumlich-dingliche Dimension aufgebaut (2.), wie die Erziehung des kindlichen Körpers zu steuern (3.) und Erziehung als technisches Verständnis durchzusetzen versucht wird (4.). Essens- und Ernährungspraktiken ermöglichen zudem eine kulturell-hegemoniale Diskursfigur zur Durchsetzung von Normen (5.) und leiten schließlich ein pädagogisches Handeln an, das durch Kollektivität und Formalisierung einige Strukturprobleme der Heimerziehung zu bewältigen versucht (6.). Diese Prozesse der Selbsterzeugung eines pädagogischen Alltags sind in ihrer Nähe zu institutionellen und gesellschaftlichen Logiken sowie Kindheitsbildern keineswegs frei von problematischen Nebenwirkungen: Noch immer, vielleicht aber auch erneut, erscheint der Alltag in Wohngruppen mit seinen Reglementierungen zu wenig Raum für Individualität, jugendliche Selbstdeutung und Beteiligung zuzulassen. Erzieherische Handlungen wirken zu häufig strikt, technisch und dominant gegenüber Möglichkeiten selbstwirksamer Bildung.

Mit diesem Erkenntnisinteresse fokussiert der Beitrag auf institutionenanalytische Aspekte und lenkt den Blick damit nur ansatzweise auf die Handlungsfähigkeiten der (kindlichen) Akteur_innen. Dies ist angesichts des Materials, welches die Dominanz institutioneller Praktiken im Vergleich zu den Handlungsmöglichkeiten der Heranwachsenden zeigt, nachvollziehbar. Gleichwohl (und durchaus selbstkritisch formuliert) wäre die Forderung zu erheben, den (forschenden) Blick stärker auf die Handlungsfähigkeiten und Selbstbildungspotenziale der Kinder und Jugendlichen zu richten, die sich im Rahmen institutioneller Bedingungen vollziehen (vgl. Schulz et al. i. d. Bd.). In einer solchen Perspektive wird deutlich, dass eine veränderte Essens- und Ernährungspraxis das Verstehen sowie das notwendige Reformieren des pädagogischen Alltags innerhalb der Heimerziehung unterstützt.

Literatur

Adio-Zimmermann, Nora/Behnisch, Michael/Rose, Lotte (2016): Gemeinschaft am Tisch. Ethnografische Befunde zum Essensalltag in der Heimerziehung. In: Täubig, Vicki (Hrsg.): Essen im Erziehungs- und Bildungsalltag. Weinheim und Basel: Beltz Juventa, S. 190–211.

Andresen, Sabine/Heitmeyer, Wilhelm (Hrsg.) (2012): Zerstörerische Vorgänge. Weinheim und Basel: Beltz Juventa.

Andrick, Ruth/Meyer, Dieter/Schlippert, Herbert/Weinmann, Michael (2016): Was erwartet Fachkräfte heute in der Heimerziehung? In: Forum Erziehungshilfen 22, H. 2, S. 88–91.

Barlösius, Eva (2016): Soziologie des Essens. Eine sozial- und kulturwissenschaftliche Einführung in die Ernährungsforschung. 3. Auflage. Weinheim und Basel: Beltz Juventa.

Behnisch, Michael (2018): Die Organisation des Täglichen. Alltag in der Heimerziehung am Beispiel des Essens. Regensburg: Walhalla.

Behnisch, Michael/Jeschke, Marina (2019): „Ich bin krank und ich brauche ein bisschen Nähe". Krankheitserleben in der Heimerziehung aus Sicht von Fachkräften und Jugendlichen. In: Forum Erziehungshilfen 25, H. 3, S. 174–178.

Bernfeld, Siegfried (1996): Die Ernährungsfrage in Erziehungsanstalten – Zur Psychologie der Revolten (Orig. 1929). In: Hermann, Ulrich (Hrsg.): Siegfried Bernfeld. Sämtliche Werke, Bd. 11. Weinheim und Basel: Beltz, S. 249–254.

Bettelheim, Bruno (1975): Der Weg aus dem Labyrinth. Leben lernen als Therapie. Stuttgart: Klett-Cotta.

Domann, Sophie/Eßer, Florian/Rusack, Tanja/Klepp Nele/Löwe, Carolin (2015): Jugendliche in der Heimerziehung zwischen Verboten, informellen Regeln und Klatsch: Umgangsweisen mit Körperkontakt. In: Neue Praxis 45, H. 5, S. 503–518.

Elias, Norbert (1997): Über den Prozeß der Zivilisation. Erster Band (Orig. 1939). Frankfurt am Main: Suhrkamp.

Eßer, Florian (2017): Die Schwelle zwischen den Generationen. Relationale Räume der Heimerziehung. In: Zeitschrift für Sozialpädagogik 15, H. 2, S. 154–169.

Eßer, Florian/Köngeter, Stefan (2012): Doing Family in der Heimerziehung. In: Sozial Extra 36, H. 7/8, S. 37–40.

Eßer, Florian/Köngeter, Stefan (2015): Doing and displaying family in der Heimerziehung. In: Neue Praxis 45, Sonderheft 12, S. 88–100.

Gehrmann, Ulrich (2015): Ressource Jugendhilfe. Systemische Sozialpädagogik in stationären Jugendwohngruppen. Göttingen: Vandenhoeck.

Günder, Richard (2015): Praxis und Methoden der Heimerziehung. 5. Auflage. Freiburg: Lambertus.

Hamberger, Matthias (2008): Erziehungshilfekarrieren – belastete Lebensgeschichte und professionelle Weichenstellung. Frankfurt am Main: Walhalla.

Huxoll, Martina/Kotthaus, Jochem (2012): Macht und Zwang in der Kinder- und Jugendhilfe. Weinheim und Basel: Beltz Juventa.

Köck, Thomas (2014): Alltagspädagogik in den erzieherischen Hilfen. In: Macsenaere, Michael/Esser, Klaus/Knab, Eckhart/Hiller, Stephan (Hrsg.): Handbuch der Hilfen zur Erziehung. Freiburg: Lambertus, S. 344–348.

Korczak, Janusz (1996): Das Internat (Orig. 1929). In: Ders.: Wie man ein Kind lieben soll. 10. Auflage. Göttingen: Vandenhoeck, S. 1–150.

Mantey, Dominik (2017): Sexualerziehung in Wohngruppen der stationären Erziehungshilfe aus Sicht der Jugendlichen. Weinheim und Basel: Beltz Juventa.

Punch, Samantha/Edmond, Ruth/McIntosh, Ian/Lightowler, Claire (2016): Children, Food and Care Research. In: Täubig, Vicki (Hrsg.): Essen im Erziehungs- und Bildungsalltag. Weinheim und Basel: Beltz Juventa, S. 16–30.

Renz-Polster, Herbert (2009): Kinder verstehen. Born to be wild: Wie die Evolution unsere Kinder prägt. München: Kösel.

Rose, Lotte/Schäfer, Kathrin (2009): Literarisches Tuttifrutti: Erzählungen zum Essen in Klassikern der Sozialpädagogik. In: Rose, Lotte/Sturzenhecker, Benedikt (Hrsg.): ‚Erst kommt das Fressen…!' Über Essen und Kochen in der Sozialen Arbeit. Wiesbaden: VS, S. 21–46.

Rose, Lotte/Schneider, Katharina/Seehaus, Rhea (2016): Sozialisierungen am Mittagstisch. Ethnografische Anmerkungen zum Essen in der Schule. In: Althans, Birgit/Bilstein, Johannes (Hrsg.): Essen – Bildung – Konsum. Wiesbaden: Springer VS, S. 13–28.

Rose, Lotte/Sturzenhecker, Benedikt (2010): „Erst kommt das Fressen…" Essen und Kochen als Professionalisierungsthemen Sozialer Arbeit. In: Sozial Extra 34, H. 3/4, S. 34–37.

Schmidt, Sabine (2011): Wie Kinder beim Essen essen lernen. In: Schönberger, Gesa/Methfessel, Barbara (Hrsg.): Mahlzeiten. Alte Last oder neue Lust? Wiesbaden: VS, S. 55–70.

Seichter, Sabine (2016): Erziehung und Ernährung. Ein anderer Blick auf Kindheit. 2. Auflage. Weinheim und Basel: Beltz Juventa.

Siebholz, Susanne (2016): Peers von Kindern und Jugendlichen in Heimen. In: Köhler, Sina-Marleen/Krüger, Heinz-Hermann/Pfaff, Nicolle (Hrsg.): Handbuch Peerforschung. Opladen: Barbara Budrich, S. 339–454.

Stieve, Claus (2008): Von den Dingen lernen. Die Gegenstände unserer Kindheit. Paderborn: Fink.

Täubig, Vicki (2016): Essen im Erziehungs- und Bildungsalltag erforschen. In: Dies. (Hrsg.): Essen im Erziehungs- und Bildungsalltag. Weinheim und Basel: Beltz Juventa, S. 212–232.

Thiersch, Hans (2014): Schwarze Pädagogik in der Heimerziehung. In: Widersprüche 34, H. 1, S. 23–30.

Tornow, Harald/Ziegler, Holger (2012): Abbrüche in stationären Erziehungshilfen (Teil 1). EREV-Schriftenreihe 53, H. 3.

Winkler, Michael (1999): „Ortshandeln" – die Pädagogik der Heimerziehung. In: Colla, Herbert E./Gabriel, Thomas/Millham, Spencer/Müller-Teusler, Stefan/Winkler, Michael (Hrsg.): Heimerziehung und Pflegekinderwesen in Europa/Handbook residential and foster care in Europe. Neuwied: Luchterhand, S. 307–324.

‚Dünne' und ‚dichte' Handlungsspielräume

Eine Ethnografie der Essenssituationen im Kinderheim

Marc Schulz, Yesim Karabel, Kristina Pfoh, Jana Romahn, Linda Thiele und Andrea Vosen

1. Einleitung: Kinderheim als verborgener pädagogischer Ort

Mit den Begriffen „Kinderheim" oder – fachlich gesprochen – „Angeboten der stationären Kinder- und Jugendhilfe", die sich aus dem in § 27 SGB VIII (KJHG) formulierten Anspruch auf „Hilfe zur Erziehung" ableiten, lassen sich, ohne allzu große Mühe aufbringen zu müssen, Bilder davon entwerfen, was für Kinder dort leben (müssen): Es handelt sich um schutzbedürftige Kinder mit „erzieherischem Bedarf" (§ 27 SGB VIII), die bislang keine ‚gute Kindheit' erlebten, da sie nicht behütet in ‚guten Familien' aufgewachsen sind und deshalb in Obhut genommen wurden. Der Ort des Kinderheims ist zugleich ein subsidiärer, da ‚gute Kindheit' – dieser Logik folgend – nur in einer ‚guten (Herkunfts-)Familie' stattfinden kann. Ohne in Abrede zu stellen, dass es faktische Gründe gibt, weshalb Kinder in familienersetzende Maßnahmen kommen, evoziert dieser Begründungszusammenhang ein spezifisches Kindbild, das des vulnerablen Kindes (vgl. Andresen/Koch/König 2015), welches faktisch für jedes einzelne Kind in dieser Institution gültig ist.

Zugleich ist auf fachdisziplinärer Ebene über die Kinder im Alltag von stationärer Kinder- und Jugendhilfe wenig bekannt, selbst wenn der internationale Forschungsstand hinzugezogen wird. Die empirischen Beschreibungen dieses Alltags fokussieren dabei häufig Verpflegungssituationen als zentrales pädagogisches Gestaltungselement von Heimpädagogik und analysieren diese sozialen Situationen aus professionalisierungstheoretischen (vgl. Behnisch 2018; Behnisch i. d. Bd.), aber auch aus kindheitstheoretischen Perspektiven (vgl. Dorrer et al. 2010; Punch/McIntosh 2014; Eßer/Köngeter 2015; Eßer 2017).

Die kindheitstheoretisch informierte, praxeologisch-ethnografische Studie „Stationäre Kinder- und Jugendhilfe und ihr Essensalltag", die zwischen April 2017 und März 2018 an der TH Köln durchgeführt wurde, setzt ebenfalls an diesem Ausschnitt des institutionellen Alltags an. Im vorliegenden Beitrag möchten wir[1]

---

1 Die Autor_innengruppe dankt allen Forscher_innen, die am Lehrforschungsprojekt teil-

uns auf die empirische Frage konzentrieren, wie die alltäglichen Abläufe der stationären Essensversorgung strukturiert sind und analysieren, wie dabei die sozialen Positionen der Kinder manifestiert werden.[2] Im ersten Schritt werden wir unseren heuristischen Analyserahmen skizzieren (2.), danach das Forschungsfeld Kinderheim vorstellen (3.) und anschließend anhand zwei empirischer Einsatzpunkte – der Gruppentaktung (4.1) und den Beteiligungsmöglichkeiten (4.2) – analytisch kontrastive Einblicke in diese spezifischen Praktiken geben. Wir schließen mit einem Ausblick (5.).

2. Analytischer Rahmen: Kindheit in sozialpädagogischen Institutionen

Ausgangspunkt des Projekts ist die analytische Frage, welche verschiedenen Kindheitsbilder in (sozial)pädagogischen Institutionen für Kinder zirkulieren und wie diese Bilder Kindern Handlungsspielräume eröffnen und verschließen. Zwar ist zeitgenössische Kindheit längst nicht mehr als eine allein familiale Angelegenheit zu bezeichnen, wie es in modernisierungstheoretischen Modellen von institutioneller Kindheit wie etwa der „dualen Sozialisation" (Honig 1999) oder der „betreuten Kindheit" (Bollig et al. 2016) gefasst wird. Diese Modelle analysieren zwar Veränderungen von wohlfahrtsstaatlicher ‚Normalkindheit' über das veränderte Verhältnis von „Basisinstitutionen" wie Familie und „sozialpädagogischen Normaleinrichtungen" (Hamburger 2016, S. 157) wie bspw. den Kindertageseinrichtungen. Jedoch *ersetzt* das Kinderheim den primären Sozialisations- und Bildungsort Familie zumindest zeitweise, während sich die u.a. von Johann Heinrich Pestalozzi (1782) begründete Heimpädagogik konzeptionell an der elterlichen ‚Wohnstube' und dem Vorbild der Familie (Stichwort ‚Familienähnlichkeit') orientiert. Diese demnach anders gelagerten Verhältnisse zwischen „sozialpädagogischen Normalisierungsangeboten" (ebd., S. 158), wie der hier untersuchten ‚Kinderheim-Pädagogik', und der Basisinstitution Familie bleiben folglich unterbeleuchtet.

Ein zentrales Erziehungsziel moderner Heimpädagogik ist die Verselbstständigung: „auf ein selbständiges Leben vorbereiten" (§ 34 SGB VIII). Dieser

---

genommen haben – namentlich sind das Caroline Braun, Sophie Göttmann, Maren Herrmann, Andrea Langner, Wiebke Plate, Petra Portillo, Sarah Schmelter, Lena Schmitz, Sharon Storch, Natalia Varaksina und Laura Werheit.

2 Damit setzen wir uns dezidiert sowohl von ernährungswissenschaftlichen als auch gesundheits- bzw. ernährungspädagogischen Positionen ab, die weniger an der alltäglichen Struktur und deren Sinnhaftigkeit selbst interessiert sind, sondern vielmehr diese alltägliche Struktur anhand von Gesichtspunkten wie Vermittlung von Ernährungswissen usf. evaluieren.

Erwerb von Handlungsfähigkeit soll im Alltag partizipativ erfolgen (vgl. Zeller 2016). Diese Forderung nach Partizipationsmöglichkeiten stellt zugleich auch eine zentrale Herausforderung an die Fachpraxis dar: Insbesondere durch die aktuelle Aufarbeitung der Geschichte von Kinderheimen und die missbräuchlichen und gewaltförmigen Erfahrungen von Heimkindern im Alltag, die bspw. durch die Interessenvertretungen der ehemaligen Heimkinder berichtet wurden, wurde eine Verstärkung von praktischen Partizipations- und Beschwerdemöglichkeiten eingefordert. Diese Realisierung von alltäglich gelebter Partizipation ist auch rechtlich fundiert: Das Kinder- und Jugendhilfegesetz (KJHG) sieht vor, Kinder allgemein entsprechend ihrem Entwicklungsstand an allen sie betreffenden Angelegenheiten zu beteiligen (§ 8 SGB VIII) und sie speziell in den Hilfen zur Erziehung mitwirken zu lassen (§ 36 SGB VIII). Insbesondere vor dem Hintergrund der UN-Kinderrechtskonvention ist die Kritik wiederholt worden, dass im demokratischen Sinn Partizipation weder eine Kompetenz, die das Kind mit „erzieherischem Bedarf" (§ 27 SGB VIII) erst allmählich erwirbt, noch eine professionell-institutionelle Handlungsmethode ist, die wahlweise angewendet werden kann. Vielmehr soll Partizipation ein elementarer Bestandteil sowohl pädagogischen Handelns als auch ein Recht jeder Person sein (vgl. Pluto 2007) und basiert auf der Vorstellung des Kinds als „self-governing ‚competent child-actor'" (Smith 2011, S. 31). Modernisierungstheoretisch betrachtet müssten unter diesem Kindbild nicht nur die Familie, sondern auch familienanaloge Institutionen der Sozialen Arbeit vom Befehls- zum Verhandlungshaushalt (vgl. du Bois-Reymond et al. 1994, S. 215 ff.) transformieren, da sie auf ‚starke, selbstständige und kompetente Kinder' stoßen.

Jedoch haben wir bereits oben schon darauf hingewiesen, dass das Kindbild des eher vulnerablen Kindes zur Begründung des sozialpädagogischen Normalisierungsangebots dient und daher mit dem Kindbild des aktiven, selbstlernenden Akteurs konfligiert. Dies evoziert nun die Frage zur Verwobenheit von kindlicher Vulnerabilität und Handlungsfähigkeit (vgl. Baader 2015, S. 96 f.). Auf den (westlichen) Topos der Handlungsfähigkeit des Kindes beziehen sich auch kindheitspädagogische und kindheitssoziologische Überlegungen, die jedoch anders gelagert sind: Während in der Kindheitspädagogik junge Kinder zunächst als „sozial kompetente Akteure und Konstrukteure ihrer eigenen Bildungsprozesse" (Cloos/Tervooren 2013, S. 40) gelten, Kinder folglich handlungsfähige und handlungsmächtige Akteur_innen *sind,* wird in den kindheitssoziologischen Diskussionen *agency* nicht als *personale* Voraussetzung gesetzt (vgl. Eßer et al. 2016). Vielmehr ist *agency* nicht a priori vorauszusetzen, sondern wird kontextuell hergestellt. Analytisch werden wir diesem agency-Konzept folgen, indem wir heuristisch zwischen *thick* und *thin agency* unterscheiden, die sich situativ herstellen und das Spannungsfeld von Vulnerabilität und Kompetenz abbilden (vgl. Tisdall/Punch 2012). Unter *thin agency* fassen wir Situationen, die relativ geringe Handlungsspielräume für die Beteiligten ermöglichen, unter *thick agency* dichte und gestaltende Spielräume.³ Statt jedoch hier den Teilnehmer_in-Begriff wie in der agency-Debatte stark zu machen (vgl. Eßer et al. 2016), greifen wir heuristisch das von Doris Bühler-Niederberger entwickelte Konzept der „kompetenten Komplizenschaft" (ebd. 2011) auf. Es ermöglicht uns, prozessual die erworbene und zugeteilte Handlungsfähigkeit der Kinder empirisch in einem Kontinuum von Komplizenschaft und Widerstand zu verorten (vgl. ebd., S. 207 f.) und zugleich analytisch das generationale Ordnen in ‚Kind-Sein' und ‚Erwachsenen-Sein' eher mitzuführen als empirisch präzise auszuarbeiten.

3. Das Forschungsfeld ‚Kinderheim' und dessen Essensalltag

Das ethnografische Feld unserer Studie ist ein Ensemble an Gebäuden, das sich auf einem bewaldeten Gelände am Rand einer Großstadt befindet. Dieses Areal wird, u. a. auch auf dem Stadtplan, als ‚Kinderheim' bezeichnet. Die sich auf dem Gelände befindenden Häuser beherbergen mehrere ‚Gruppen', die bis zu neun Kinder überwiegend im Alter zwischen sechs und 13 Jahren aufnehmen. Von diesen Gruppenhäusern wurden vier kontinuierlich über einen Zeitraum von zwei Monaten besucht, drei waren vollstationär, eine teilstationär. Dies bedeutet de facto, dass drei Viertel der Kinder ein 24-Stunden/7-Tage-Wohnen erlebt, während ein Viertel der Kinder fünf Tage in der Einrichtung und das Wochenende in ihren Familien verbringt. Trotz der konzeptionellen Modernisierung der stationären Kinder- und Jugendhilfe der vergangenen Jahre unter dem Stichwort ‚Dezentralisierung' hat sich diese Einrichtungsform gehalten und wird es auch weiterhin.

Der Stadtteil ist an das lokale Bus- und Straßenbahnsystem angeschlossen. Diese Haltestellen sind vom Heimgelände fußläufig in wenigen Minuten zu erreichen. Zugleich ist das Areal durch eine Autobahn vom Stadtteil getrennt und es grenzen Felder und ein kleines Waldgebiet an. Somit ist das Areal einerseits infrastrukturell an den Stadtteil und auch an das Stadtzentrum angebunden und Versorgungsmöglichkeiten wie Supermärkte, Kioske oder eine Eisdiele sind ebenfalls fußläufig erreichbar; andererseits ist es landschaftsarchitektonisch vom Stadtteil separiert und liegt ländlich, aber nicht idyllisch. Vielmehr wird die Umgebung agrarwirtschaftlich intensiv genutzt. Faktisch sind die hier auf-

---

3 Zugleich stellt sich das Handlungsvermögen der Kinder (childhood agency) nicht über ein schlichtes Gewähren oder Begrenzen von Handlungsspielräumen her, wie manche Interpretationen insbesondere in der kindheits- und familienbezogenen Pädagogik artikulieren (kritisch hierzu Bollig 2018). Stattdessen gehen wir davon aus, dass sich kindliche Akteurschaft aus der gesellschaftlichen Positionierung von Kindern speist (vgl. Moran-Ellis 2014).

genommenen Kinder sowohl von der Stadtgesellschaft separiert als auch dorfartig verdichtet ‚unter ihresgleichen' lebend – es gibt keine ‚anderen' Kinder mit ‚anderen Biografien'. Dies reproduziert sich, wie wir zeigen können, auch in der homogenisierenden Wahrnehmung der Kinder durch die dort arbeitenden Fachkräfte.

Die Feldforschenden sind Studierende des B. A. Studiengangs Pädagogik der frühen Kindheit und Familienbildung. Einige der Studierenden haben bereits praktische Erfahrungen sowohl mit Kinderheimen als auch in der Mahlzeitenversorgung gesammelt, weil sie bspw. als Kinder selbst stationär untergebracht waren oder vor dem Studium eine Ernährungsexpert_innen-Qualifikation bzw. Hauswirtschafter_innen-Ausbildung in der stationären Kinder- und Jugendhilfe abschlossen oder neben dem Studium in entsprechenden Einrichtungen als geringfügige Arbeitskräfte job(t)en. Die Feldforschenden sind also auf sehr unterschiedliche Weise ‚Expert_innen in eigener Sache' und verknüpfen dabei auf je unterschiedliche Weise Alltags- und Studiumsexpertisen bezogen auf den Themenkomplex Kindheit, Ernährung/Essen und Institutionen der Kinder- und Jugendhilfe. Die ethnografische Explizierung dieser heterogenen Wissensbestände ist folglich auch immer Teil der Analysen.

In jeder der vier Gruppen hielten sich die Feldforschenden fünf Tage auf, sodass insgesamt 20 ethnografische Tagesprotokolle vorliegen. Die Aufenthalte in den Gruppen umfassten mindestens zwei Hauptmahlzeiten – d. h. hauptsächlich Mittag- und Abendessen, jedoch auch Frühstück und Mittagessen. Dabei konnten auch kleine Versorgungssituationen wie der vor- und nachmittägliche Snack oder informelle Selbstversorgungsmomente der Kinder begleitet werden. Ziel waren detaillierte Beschreibungen der unterschiedlichen Essenssituationen entlang ihres chronologischen Ablaufs.

Die Feldaufenthalte wurden von zwei Forscher_innen durchgeführt, wobei diese versuchten, sowohl durch körperlich-räumliche als auch mentale Positions- bzw. Perspektivwechsel (vgl. Breidenstein et al. 2013, S. 75 f.) unterschiedliche Foki einzunehmen: So konnte während der Essenssituationen eine Person weiter mitessen, während die andere diejenigen begleitete, die die Tischsituation verließen, oder die eine Person hielt sich schon am Tisch auf, während die andere im Flur oder in der Küche die Essensvorbereitungen begleitete. Folglich waren die Forscher_innen je nach Situationslogik mehr oder weniger direkt in das Essensgeschehen involviert. Dies spiegelt sich auch in den gemeinsam erstellten Tagesprotokollen wider, die neben verschiedenen, chronologisch geordneten Sequenzen auch Protokolle ethnografischer Gespräche sowie Artefakte und Dokumente wie bspw. Speise-, Aufgaben- und Sitzpläne oder Notizen der Fachkräfte zu Zeitstrukturierungen der Kinder und Fotografien von räumlichdinglichen Arrangements enthalten. Daneben wurde je Gruppe mit der Gruppenleitung und einer Fachkraft ein Expert_inneninterview geführt. Diesen Feldaufenthalten vorangestellt war eine standardisiert-anonyme Fragebogenerhebung bei allen Angestellten der Gruppen, um Informationen zum Themenkomplex der Essensversorgung und Ernährungsbildung in der Heimeinrichtung einzuholen. Folglich ist die Datenbasis der Ethnografie eine klassische: Sie besteht hauptsächlich aus Beobachtungen, die zwischen einer teilnehmend-teilhabenden und einer „talking ethnograpy" (vgl. Emerson et al. 2011) oszillieren, sowie Felddokumenten (vgl. Bollig/Schulz 2019) und wird ergänzt durch standardisierte Fragebögen und Expert_inneninterviews.[4] Die geplanten Gruppengespräche mit den Kindern der Gruppe konnten nicht realisiert werden.

4. Empirische Mikroanalysen: Kinder und ihre Positionierungen

Die konstitutive Rahmenbedingung des Aufwachsens im Heim ist, dass die Zwangsgemeinschaft der Familie vollständig durch die institutionelle Zwangsgemeinschaft der Heimgruppe ersetzt wird, so auch die familiale Essenspraxis durch eine institutionelle Essenspraxis. Daher kann angenommen werden, dass sich im Kinderheim spezifisch institutionelle, professionelle, kindliche und familiale Praktiken durchkreuzen, die die Kinder anders sozial positionieren als ihre Altersgenoss_innen, die im Rahmen des o. g. Verhältnisses von Basisinstitutionen und schul- und sozialpädagogischen Normaleinrichtungen sozialisiert werden und dabei sowohl in Zwangsgemeinschaften als auch in Wahlgemeinschaften versorgt werden respektive sich versorgen. Die nachfolgenden Praktiken verweisen auf eine hohe Komplexität: Die Essenssituationen stellen räumlich-zeitlich Öffentlichkeit in einer nichtfamilialen Zwangsgemeinschaft her – das Essensszenario am Gemeinschaftsort ermöglicht immer auch, öffentlich (Erziehungs-)Themen zu platzieren, also nicht nur das einzelne Kind zu erziehen, sondern kollektiv in die Kindergruppe zu wirken, damit auch die Organisation funktionieren kann.

4.1 Der Takt der Gruppe: Strukturierungen des nichtfamilialen Alltags

Mahlzeiten verlaufen, auch im Alltag von Heimpädagogik, nach einem gängigen Schema von Einberufung der Tischgemeinschaft, Eröffnung der Mahlzeit, Re-

---

4 Aus forschungsethischen Gründen wurde den Fachkräften, aber insbesondere auch den Kindern gegenüber unser Interesse offengelegt. Zudem wurden alle Kriterien der Datenschutzverordnung eingehalten. Im Rahmen des Projekts wurden an die Grounded Theory angelehnte Analysen von Teilaspekten (u. a. Formen der Fürsorge-Beziehungen, Partizipation/Aushandlungsprozesse) aus dem Datenkorpus herausgearbeitet.

gulierung der Speiseaufnahme und Beendigung der Mahlzeit (vgl. Adio-Zimmermann/Behnisch/Rose 2016, S. 196 ff.). Während der Mahlzeiten wird zugleich die Zeit zwischen den Mahlzeiten organisiert, wie der nachfolgende Ausschnitt einer Mittagessenssituation exemplarisch zeigt, der am Ende der Mahlzeit protokolliert wurde. Am Tisch sitzen die Fachkräfte Heike und Kris sowie die Kinder Leon, Hanna, Jonas und Emma:

> Als jeder wieder auf seinem Platz sitzt, fordert Heike (Fachkraft) Hanna auf, ihr ihre Mittagsplanung mitzuteilen. Sie sagt, dass sie Zähne putzt, ihre Hausaufgaben macht und mit ihrem Handy spielen möchte. Danach wird Emma aufgefordert, ihre Mittagsplanung zu erzählen. Sie möchte ebenfalls Zähne putzen, backen und an ihrem Handy spielen. Während Emma dies erzählt, schöpft Kris (Fachkraft) die Reste aus der Pfanne und dem Topf auf einen Teller. Leon erzählt, dass er am nächsten Tag keine Schule hat und die Hausaufgaben morgen machen möchte. Nach dem Essen möchte er ins Dorf gehen und an seinem Handy spielen. Als Letzter wird Jonas gefragt. Er erzählt, dass er Hausaufgaben machen und anschließend mit ins Dorf gehen möchte. Anschließend gibt Kris wohl ein Signal zum Abräumen und jedes Kind trägt seinen Teller, Besteck und Glas in die Küche. (Haus 2)

Zum konstitutiven Teil der Heimgruppen-Mahlzeit gehören diese Absprachen von Tagesplänen und -abläufen; sie gehören zu einer Praxis, die in allen Gruppen zu finden ist.[5] Folglich haben die Zusammenkünfte zum Essen mehrere Funktionen: Sie dienen sowohl der sozialen Gemeinschaftsstärkung, individueller und kollektiver Erziehung und leiblicher Verpflegung als auch der Organisation des Alltags *als Gruppe innerhalb einer Erziehungsinstitution*. Dabei handelt es sich um eine festgefügte Choreografie: Nach jeder von uns beobachteten Mahlzeit wird ritualisiert abgefragt, welches Kind welcher Tätigkeit nachgehen möchte und die Kinder antworten durchgängig nach demselben Muster – zunächst listet das Kind institutionell erwünschte Tätigkeiten wie das Hausaufgaben-Machen, die Körperhygiene/Zähneputzen auf, die unter ‚Pflicht' kategorisiert werden können. Erst danach benennt es Tätigkeiten kindlicher Peerculture, die wir als ‚Kür' bündeln – am häufigsten das Spielen auf dem Handy und/oder mit anderen Kindern oder nach draußen gehen; daneben werden – zumindest innerhalb der 20 Beobachtungstage – keine weiteren Aktivitäten benannt. Auch kam es nicht vor, dass nicht geantwortet wurde. Das Ausbleiben jeglicher Resonanz seitens der Fachkräfte lässt zumindest in diesen konkreten Situationen offen, ob

---

5 Kathrin Audehm (2007) hat analog hierzu dieses Muster im Rahmen der Familienmahlzeiten herausgearbeitet. Dies ist insofern interessant, als sie ihre Studie in sogenannten ‚bildungsnahen' Akademikerfamilien durchführte und folglich hier in der sozialpädagogischen Normalisierungseinrichtung eine spezifisch bürgerliche Effizienzorientierung zu finden ist.

und wie die Erwachsenen die kindlichen Tätigkeiten qualifizieren. Die Aufzählungen der Kinder geschehen immer in Anwesenheit der gesamten Gruppe und in manchen Gruppen werden diese schriftlich festgehalten. Alle Kinder erfahren voneinander, wer sich mit was beschäftigen wird, da jede_r angehalten ist, diese Tätigkeiten in der öffentlichen Runde aufzulisten. Erst im Anschluss wird die Tischgemeinschaft aufgelöst.

Folglich wird der Tagesablauf jedes Kindes *von Mahlzeit zu Mahlzeit* geplant: Mit jeder Mahlzeit wird die Taktung des Alltags immer wieder neu aktualisiert und als Regelwerk in die Kindergruppe eingeschrieben. Interessant ist, dass hierfür gerade die Alltagsweltlichkeit der Mahlzeiten als Scharnier der Gesamtgruppe genutzt wird, um Erziehungsöffentlichkeit herzustellen und allen Anwesenden das Programm der gegenseitigen Beobachtung zu vergegenwärtigen. Die Mahlzeiten schließen immer erst dann, wenn dieser letzte Teil von allen erfolgreich absolviert wurde. Manche Protokolle dokumentieren, wie Kinder sich selbstständig melden und das Ritual einfordern, da sie offenkundig wissen, dass die Mahlzeit erst dann beendet ist, wenn diese ‚Zwischen-den-Mahlzeiten'-Planung besprochen wurde.

Als Teil institutioneller Sorgepraxis erfüllt sie folglich eine doppelte Funktion: Die Fachkräfte, aber auch die Kinder behalten Überblick über die Tätigkeiten der Gruppenkinder und rhythmisieren den Tagesablauf in sehr kleinen Zeitsequenzen, eben von Mahlzeit zu Mahlzeit. Zugleich erlernen die Kinder, was sozial erwünscht ist. Sie schreiben sich Kompetenzen der bewussten Selbststrukturierung und -taktung ein und verinnerlichen Zeitmanagement als moderne Selbstführungstechnik. Das Ritual trägt zeitgleich Aspekte der Fremdstrukturierung, indem es auf die Kinder und deren Zukunft, und der Selbststrukturierung, indem es auf Institutionen und in situ-Alltag ausgerichtet ist, in sich. In dieser Doppelfunktion demonstriert das Ritual seinen nichtfamilialen Institutionencharakter im Kontext der banalen Alltäglichkeit von Mahlzeiten.

Auf Seiten der Kinder lässt sich eine kompetente Komplizenschaft (vgl. Bühler-Niederberger 2011) nachzeichnen, indem sie „kompetent mitspielen": Sie erfüllen jedes für sich diese institutionell auferlegten Erwartungen und unterwerfen sich der institutionellen Macht. Sie wissen um die Prioritätensetzung – erst die institutionell erwünschten Tätigkeiten, dann die kindliche Peerculture – als zentrale Regel und lassen sich schlussendlich auf diese Entmächtigung ein. Diese Verschränkung von Unterwerfung und Anerkennung führt zu entsprechenden Resonanzen, die diesen Machtmechanismus stabil halten: Die Kinder erfahren, dass die Monotonie der Aufzählungen, die jegliche Individualität der Kinder verwischt, zu keinen Nachfragen führt und zugleich kontrolliert keine erwachsene Person, ob tatsächlich die genannte Peeraktivität gemacht wird. Subjektivierungstheoretisch besehen ist dies auch nicht nötig, da die Kontrollinstanz bereits die Kinder selbst sind. Zugleich aber zeigen die Protokolle, dass die Kinder diese ritualisierten Leerstellen für sich nutzen, indem sie bspw. die institutionell erwünschten Tätigkeiten sehr schnell ausführen, um mehr frei verfügbare Zeiten zu haben, ohne dass dies, auch wenn von den Erwachsenen zufällig bemerkt, öffentlich geahndet wird. Für diese Mikrosituationen, die offenkundig aber zentrale Schaltelemente der institutionellen Alltagsorganisation sind, lässt sich bilanzierend feststellen, dass die Handlungsspielräume der Kinder zwar vergleichsweise überschaubar, aber dennoch vorhanden sind. Es sind Settings einer *thin agency*, die institutionell stark präfiguriert ist.

4.2 Die offiziellen Beteiligungsmöglichkeiten der Kinder: Mitmachen und dienen dürfen

Wir fokussieren nun die explizite Einbindung von Kindern zur Herstellung institutioneller Mahlzeitengemeinschaften. Kinder am institutionellen Alltag, d. h. auch an der Herstellung von Mahlzeitengemeinschaften, zu beteiligen, gehört zu den zentralen Elementen der Kinderpädagogik der Moderne, deren reformpädagogisches Ziel es ist, Kinder allmählich an den Ernst des ‚realen Lebens' praktisch heranzuführen. Diese pädagogische Figur funktioniert nur deshalb, da ihr der ebenso gesellschaftlich anerkannte Gegenpol des ‚kindlichen Schon- und Schutzraumes' gegenübersteht, aus welchem das Kind behutsam und schrittweise durch Erwachsene herausgeführt wird. Im Rahmen der von uns besuchten Gruppen gehört die Beteiligung der Kinder am Tischdienst zum offiziellen Regelwerk. Je Hausgruppe variieren diese Ämter: Sie reichen von Wäsche waschen, Hausmüll wegbringen, Spülmaschine ausräumen, über Putztage, Einkaufen für die Gruppe bis hin zu den Tischdiensten.

Die Aufgabe des „Tischdienstes" ist in den von uns besuchten Gruppen immer das Auf- und Abräumen des Tisches vor und nach der Mahlzeit. Die hierfür verantwortlichen Kinder werden für eine Woche festgelegt, dokumentiert über den „Ämterplan", der öffentlich, für alle sichtbar, im Essbereich aushängt. Diese „Ämterpläne" umfassen den gesamten Monat und haben einen verbindlichen Charakter. Zugleich autorisiert die Gemeinschaft die Kinder mit der Ernennung in ein Amt, spezifische Funktionen, aber auch spezifische Privilegien zu erhalten. Das Material zeigt schließlich, dass die Kinder mit der offiziellen Ernennung Privilegien erwerben: In einer der Gruppen zeigt sich dies bspw. an der Sitzordnung. Der Essbereich besteht aus zwei dunklen hölzernen Tischen, die mit den Kopfenden aneinandergeschoben sind. An den Längsseiten der Tische stehen vier hölzerne Bänke. Am Tischkopf steht ein „heller Holzstuhl", der demjenigen Kind zusteht, welches den Tischdienst übernimmt. Im Gegensatz zum Rest der Gruppe nimmt dieses Kind einen exklusiven, individuell-separaten Stuhlplatz ein und muss nicht den Platz mit anderen auf der Bank teilen. Mit räumlich-materiellen Arrangements wie diesem findet eine Differenzierung der Kindergruppe statt, die sich auch in den Vorrechten bei Tisch widerspiegelt:

Martin (Fachkraft) ist mittlerweile in die Küche gegangen, um sein Geschirr in die Spülmaschine einzuräumen. Jonas (Kind) steht an seinem Platz und sagt, dass er eigentlich Tischdienst habe und als Erster aufstehen und aufräumen müsse. Sara (Fachkraft) sagt, dass das heute eine Ausnahme ist, da Emma (Kind) ja schließlich auch schon von sich aus aufgestanden ist. Jonas ist widerwillig einverstanden und räumt sichtlich enttäuscht sein Geschirr in die Spülmaschine. (Haus 2)

Durch die Ämter erhalten die Kinder Sonderrechte, die ihnen offenkundig wichtig sind und die sie bei Verletzung der Regeln auch verbal einfordern. Das Material zeigt, dass dieses „Tischamt" weitere Privilegien verleiht: So dürfen diese Kinder den Fachkräften als Erste ihre ‚Zwischen-den-Mahlzeiten'-Planung mitteilen und im Anschluss das nächste Kind aus der Gruppe bestimmen, welches nachfolgend seine Planung mitteilen darf. Auch deshalb ist nachvollziehbar, dass die Autorisierung qua Amt nicht einfach aufgegeben wird, sondern vielmehr die Achtung dieser Privilegien immer wieder eingefordert wird. Dieses Ensemble an Vorrechten ermöglicht Kindern, sich von den anderen unterscheidbar zu machen und sich zu individualisieren.

Zugleich stehen diese Privilegien immer auch zur Disposition: Der verbindliche und offizielle Charakter der Pläne wird ausschließlich von den Fachkräften flexibilisiert, wie sich aus einem Gespräch zwischen der Fachkraft Gina, dem Jungen Felix und einer Forscherin entnehmen lässt. Gemeinsam bereiten sie das Abendessen vor und kommen dabei auch über den aushängenden Ämterplan ins Gespräch:

Gina: ‚Wir haben normalerweise einen Ämterplan, manchmal kommt es vor, dass ich den am Wochenende sausen lasse, also so wie jetzt z. B., wenn ich dann selber so'n bisschen ins Schleudern komme, sonst müsste ich jetzt die Kleinen holen, kurz vor 18:00, die müssten dann decken, das wäre mir jetzt alles ein bisschen zu viel. Und ich denke, manchmal kann man das auch machen, dann freuen sich die Kinder, wenn sie mal nicht die Ämter unbedingt machen müssen.' Felix sagt daraufhin: ‚Ich liebe das, wenn ich mal keine Ämter habe.' Gina: ‚Und am Wochenende kommt das auch manchmal vor, wenn dann nur ein paar Kinder da sind und dann heißt es auch schnell „Das ist unfair, manche sind ja nicht da und wir müssen Ämter machen", und dann machen wir das auch schon mal nicht. Aber in der Regel sollen die Kinder ihre Ämter schon machen, weil die müssen ja am Tag gar nicht so viel hier arbeiten, also ich meine mitmachen jetzt in dem Sinne. Sich beteiligen. Arbeiten ja sowieso nicht.' (Haus 4)

Auf den ersten Blick kann der großzügig-gönnerinnenhafte Unterton dieser Erzählung irritieren, jedoch verweist auch dieser auf eine starke institutionelle Routinisierung, die eine *thick agency* aller Teilnehmenden unwahrscheinlich macht. Analytisch aufschlussreich wird die Sequenz dann, wenn sie mit dem offiziellen Regelwerk verglichen wird – so erfüllt gruppenübergreifend jedes Kind ein „Amt" und die damit verbundenen Aufgaben sind täglich zu erledigen. Diese Ämter werden regelmäßig im rotierenden System getauscht, wobei die Dienste untereinander nicht getauscht werden können. Partizipation am Tisch qua Amt ist demnach aus der Perspektive der Kinder weder die Gewährung eines selbstverantwortlichen Freiraums noch die Einladung, mitgestalten zu können (vgl. Straßburger/Rieger 2014). Vor diesem Hintergrund erschließt sich die als partizipativ definierte Wahloption aus Perspektive der Kinder faktisch als ein alternativloser Wahlzwang zwischen differenten Dienstleistungen, die sie innerhalb der Institution erbringen müssen – insofern ist die von der Fachkraft zurückgenommene, sozial nicht akzeptierte Bezeichnung „Arbeit" für die vorliegende Empirie treffsicherer als das „Sich-Beteiligen". Demnach ist das erzieherische Motiv das der Arbeitserziehung, welches diese Kinder zu einer eigenständigen Lebensführung inklusive der aktiven Beteiligung am Arbeitsmarkt ertüchtigen möchte. Dieser Zwangscharakter der Arbeit kann ausschließlich durch das Ermessen der Fachkräfte verändert werden, indem sie die institutionellen Lücken ausnutzen, aber sie können ihn nicht aussetzen. Entsprechend ist der Ausspruch des Jungen weniger eine typisch pubertäre Attitüde, sondern ein Hinweis auf diese Alternativlosigkeit. Dabei ist ebenfalls die Differenzsetzung aufschlussreich, die sich zwischen der offiziellen und alltagssprachlichen Bezeichnung dieser Ämter wiederfindet. So löst eine Fachkraft nach dem Mittagessen die Tischgemeinschaft wie folgt auf:

> Kris (Fachkraft): „So, seid ihr fertig?" Kinder: „Ja." Kris: „Dann räumen wir ab." Die Kinder stehen auf. Kris singt fast schon: „Alle denken an die Ämtchen." Jedes Kind bringt seine Sachen in die Küche und stellt sie in die Spülmaschine. (Haus 1)

Die Differenz zwischen offizieller Kompetenzzuschreibung und alltagssprachlicher Funktionsabwertung ist groß: Während sowohl in den Dokumenten als auch in den mündlichen Informationen diese Tätigkeiten als „Amt" (oder auch als „Dienst") bezeichnet werden, werden sie im internen Gebrauch, in den Gesprächen mit den Kindern, stets verkleinert, bis hin zum „Ämtchen". Die dem „Amt" zugeschriebene Autorisierung zum Exklusiven wird hier performativ verniedlicht, verkleinert und damit abgewertet. Die Bezeichnung als „Ämtchen" verkleinert symbolisch die Wirkmächtigkeit der kindlichen Handlung und folglich den Handlungsspielraum der Kinder. Zugleich greifen die Kinder die ihnen zugestandenen Beteiligungsmöglichkeiten dennoch auf, indem sie alle mitmachen und in keiner unserer Beobachtungen Widerstand artikulieren.

Diese faktische Verkleinerung von Handlungsspielräumen setzt sich ebenfalls in der Zuteilung des Essens fort: Während in allen Gruppen eine schwache Beteiligung respektive Einbindung der Kinder an warmen Mahlzeiten zu registrieren ist, ist diese wiederum bei kalten Mahlzeiten wie Snacks und Mahlzeiten hoch. Hier beteiligen sich Kinder durchgängig bei der Herstellung von Rohkosttellern und anderen kleinen Speisearrangements – und es konnten keine Strategien registriert werden, in welchen die beteiligten Kinder sich zu entziehen versuchten. Vor der heimpädagogischen Leitmaxime ‚Hinführung zur Selbstständigkeit' scheint dies paradox: Der Einbindungsgrad wird je nach Komplexität der Mahlzeiten reguliert. Zugleich aber bleiben Ausweichmanöver aus. Dies lässt die Mutmaßung zu, dass es sich hierbei nicht um ein erzieherisch hart umfochtenes Gebiet handelt. Pädagogisch lässt sich zudem die Frage stellen, welche Basiskompetenzen hier vermittelt werden sollen – die der Grundversorgung, der Essenszubereitung oder die der sozialen Mindeststandards an Essensverzehr-Regeln. Interessant ist, dass hierbei diese Kompetenzen vermittelt werden, weil unterstellt wird, dass die Familien diese nicht so ohne Weiteres vermitteln (können).

Bilanzierend lässt sich festhalten, dass sich für die Kinder durch die Übernahme des Tischdienstes exklusive Privilegien ergeben, die ihnen spezifische Handlungsspielräume ermöglichen, um sich zu individualisieren, jedoch ohne dass dies in eine Erweiterung der Autonomie und Selbstverfügung einmünden kann (vgl. Beck 1986). Denn im Rahmen dieser ritualisiert wechselnden Zuweisungen und Enteignungen von Handlungsspielräumen werden diese vor allem sowohl praktisch als auch sprachlich-symbolisch immer wieder verkleinert und abgewertet. Hier setzt sich eine Differenzierung zwischen Kindheit und Erwachsenheit insofern fort, als auch in anderen sozialen Kontexten Verniedlichungs- und Koseformen das Gegenüber als klein, noch nicht vollumfänglich teilhabend und beschützenswert markieren. Diese Verkleinerung personalisiert die von uns herausgearbeitete starke institutionelle Routinisierung, indem damit die Verantwortung der Institution, für eine *thick agency* aller Teilnehmenden zu sorgen, verschoben wird auf das doppelt defizitäre Kind – es sind nicht nur ‚Kinder im Allgemeinen', die im Sinne einer Schonpädagogik von Natur aus noch nicht alles können, sondern es sind besondere, ‚andere Kinder', die von sich aus kaum agency haben.

5. Ausblick: Die Relationalität der Handlungsspielräume von Kindern und ‚ihren' Professionellen in Kindheitsinstitutionen

Eingangs haben wir die Arbeitsthese aufgestellt, dass sich im Kinderheim spezifisch institutionelle, professionelle, kindliche und familiale Praktiken durchkreuzen, die die Kinder erheblich anders sozial positionieren als ihre Altersgenoss_innen, die divers versorgt werden und sich versorgen. Was in diesen Mikrosituationen tatsächlich durch die Kinder erhandelt werden kann und darf, d.h. was aus welchen Intentionen heraus auch immer die Kinder faktisch tun und was ihnen verwehrt wird zu tun, unterliegt den vorgegebenen institutionellen Heimstrukturen und der generativen Ordnung, welche die Kinder als passive Kompliz_innen annehmen und mehr oder weniger ‚korrekt' ausführen. Dies wurde von Bühler-Niederberger (2011) als „kompetente Gefügigkeit" konzeptualisiert und verweist darauf, dass Kinder ein Gespür für die Sozialstruktur und ihren Status haben, sich aber zugleich (teils äußerst geringe) Spielräume verschaffen können. Daneben jedoch bilden sich intergenerationale Komplizenschaften zwischen Kindern und Fachkräften, die die institutionellen Rahmenbedingungen unterwandern (vgl. auch Punch/McIntosh 2014).

Aus kindheitspädagogischer Perspektive ist hierbei interessant, dass diese gemeinsamen und wechselseitigen Sorgepraxen sowohl die institutionellen Routinen reproduzieren als auch umdeuten, wobei sie zugleich inhaltlich unterschiedlich ausgerichtet sind. Heuristisch können diese mikroanalytisch in Modi des „Versorgens" und „Umsorgens" differenziert werden (vgl. Farrenberg 2020): Im Modus des „Versorgens" liegt der Fokus auf einer materiellen und lebenspraktischen Form, d.h. bspw. das Ordnen am Tisch, die Zuweisung von Speisen und Getränken, während im Modus des „Umsorgens" eine emotional-stützende Form zum Tragen kommt, die dialogorientiert, anerkennend und offen-fragend von den Beteiligten ausgestaltet wird. Auf beide Modi sind die Feldbeteiligten für die Ausgestaltung des Alltäglichen als heimpädagogisches Arbeitsprojekt angewiesen; in ihnen vollziehen sich die institutionell präformierten Handlungsspielräume. Aus dieser heuristischen Perspektive heraus lässt sich wiederum die pädagogisch relevante Frage beantworten, welche Partizipationsstrukturen hier permanent routinisiert werden, die weit über die konkrete soziale Ausgestaltung von Essenssituationen wirken.

Literatur

Adio-Zimmermann, Nora/Behnisch, Michael/Rose, Lotte (2016): Gemeinschaft am Tisch. Ethnografische Befunde zum Essensalltag in der Heimerziehung. In: Täubig, Vicki (Hrsg.): Essen im Erziehungs- und Bildungsalltag. Weinheim und Basel: Beltz Juventa, S. 190–209.
Andresen, Sabine/Koch, Claus/König, Julia (Hrsg.) (2015): Vulnerable Kinder. Interdisziplinäre Annäherungen. Wiesbaden: Springer VS.
Audehm, Kathrin (2007): Erziehung bei Tisch. Zur sozialen Magie eines Familienrituals. Bielefeld: transcript.
Baader, Meike Sophia (2015): Vulnerable Kinder in der Moderne in erziehungs- und emotionsgeschichtlicher Perspektive. In: Andresen, Sabine/Koch, Claus/König, Julia (Hrsg.): Vulnerable Kinder. Interdisziplinäre Annäherungen. Wiesbaden: Springer VS, S. 79–101.
Beck, Ulrich (1986): Risikogesellschaft. Auf dem Weg in eine andere Moderne. Frankfurt am Main: Suhrkamp.
Behnisch, Michael (2018): Die Organisation des Täglichen. Alltag in der Heimerziehung am Beispiel des Essens. Regensburg: Walhalla.

Bollig, Sabine/Schulz, Marc (2019): Ethnografie. In: Lorenzen, Jule-Marie/Schmidt, Lisa-Marian/Zifonun, Dariuš (Hrsg.): Methoden und Methodologien der Bildungsforschung. Quantitative und qualitative Verfahren und ihre Verbindungen. Weinheim und Basel: Beltz Juventa, S. 32–45.

Bollig, Sabine/Honig, Michael-Sebastian/Nienhaus, Sylvia (2016): Vielfalt betreuter Kindheiten. Ethnographische Fallstudien zu den Bildungs- und Betreuungsarrangements 2–4jähriger Kinder. Belval: Université du Luxembourg.

Bühler-Niederberger, Doris (2011): Lebensphase Kindheit. Theoretische Ansätze, Akteure und Handlungsräume. Weinheim und München: Juventa.

Cloos, Peter/Tervooren, Anja (2013): Frühe Bildung im Spannungsfeld von Bildungspolitik und Bildungstheorie. In: Sektion Sozialpädagogik und Pädagogik der frühen Kindheit (Hrsg.): Konsens und Kontroversen. Sozialpädagogik und Pädagogik der frühen Kindheit im Dialog. Weinheim und Basel: Beltz Juventa, S. 21–44.

Dorrer, Nika/McIntosh, Ian/Punch, Samantha/Emond, Ruth (2010): Children and food practices in residential care: Managing ambivalence in the institutional home. In: Special Edition of Children's Geographies 8, H. 3, S. 247–260.

du Bois-Reymond, Manuela/Büchner, Peter/Krüger, Heinz-Hermann/Ecarius, Jutta/Fuhs, Burkhard (1994): Kinderleben. Modernisierung von Kindheit im interkulturellen Vergleich. Wiesbaden: Springer Fachmedien.

Emerson, Robert M./Fretz, Rachel I./Shaw Linda L. (2011): Writing ethnographic Fieldnotes. Chicago u. a.: University of Chicago Press.

Eßer, Florian (2017): Enacting the overweight body. Children's agency beyond the nature-culture divide. In: Childhood 24, H. 3, S. 286–299.

Eßer, Florian/Köngeter, Stefan (2015): Doing and displaying family in der Heimerziehung. In: Neue Praxis 45, Sonderheft 12, S. 88–100.

Eßer, Florian/Baader, Meike/Betz, Tanja/Hungerland, Beatrice (Hrsg.) (2016): Reconceptualising Agency and Childhood. New perspectives in Childhood Studies. London: Routledge.

Farrenberg, Dominik (2020): Versorgen und Umsorgen. Institutionalisierte Sorgearbeit in pädagogischen Institutionen am Beispiel der Kindertageseinrichtung. In: Dietrich, Cornelie/Uhlendorf, Niels/Beiler, Frank/Sanders, Olaf (Hrsg.): Anthropologien der Sorge im Pädagogischen. Weinheim und Basel: Beltz Juventa, S. 179–189.

Pluto, Liane (2007): Partizipation in den Hilfen zur Erziehung. Eine empirische Studie. München: Deutsches Jugendinstitut.

Punch, Samantha/McIntosh, Ian (2014): ‚Food is a funny thing within residential child care': Intergenerational relationships and food practices in residential care. In: Childhood 21, H. 1, S. 72–86.

Moran-Ellis, Jo (2014): Agency und soziale Kompetenz in früher Kindheit. In: Braches-Chyrek, Rita/Röhner, Charlotte/Sünker, Heinz/Hopf, Michaela (Hrsg.): Handbuch Frühe Kindheit. Opladen: Barbara Budrich, S. 171–184.

Straßburger, Gaby/Rieger, Judith (2014): Partizipation kompakt – Für Studium, Lehre und Praxis sozialer Berufe. Weinheim und Basel: Beltz Juventa.

Smith, Karen (2011): Producing Governable Subjects: Images of Childhood Old and New. In: Childhood 19, H. 1, S. 24–37.

Tisdall, E. Kay M./Punch, Samantha (2012): Not so ‚new'? Looking Critically at Childhood Studies. In: Children's Geographies 10, H. 3, S. 249–264.

Zeller, Maren (2016): Stationäre Erziehungshilfen. In: Schröer, Wolfgang/Struck, Norbert/Wolff, Mechthild (Hrsg.): Handbuch Kinder- und Jugendhilfe. Weinheim und Basel: Beltz Juventa, S. 792–812.

Teil III
Diskurse der Ernährungserziehung

Risiken und Nebenwirkungen der Ernährungserziehung von Kindern

Friedrich Schorb

1. Einleitung

Maßnahmen gegen Fehlernährung und hohes Körpergewicht bei Kindern wurden in den letzten Jahren erheblich intensiviert. Hintergrund ist die Wahrnehmung von hohem Körpergewicht und Fehlernährung als zentrale Gesundheitsrisiken mit potenziell unkontrollierbaren Folgen. Vor diesem Hintergrund soll in diesem Beitrag nach Antworten auf folgende Fragen gesucht werden: Woran scheitern die vorgeschlagenen Maßnahmen gegen die sogenannte ‚Adipositas-Epidemie' und Fehlernährung bei Kindern? Welche Schlüsse sind aus dem Scheitern im Sinne einer diskriminierungsfreien und sozialausgleichenden Gesundheitsförderung und Prävention zu ziehen?

Zu Beantwortung dieser Fragen werden zunächst ernährungs- und sozialpolitische Maßnahmen gegen die ‚Adipositas-Epidemie' vorgestellt (2.). Daraufhin folgen Beispiele aus den Lebenswelten der Kinder, und zwar sowohl aus der Alltagskultur von Kindern als auch aus der Praxis der Gesundheitsförderung im Setting Kindertagesstätten (3.). Auf dieser Basis werden im Anschluss die negativen Folgen der gegenwärtigen Ernährungserziehung im Kontext der Prävention von Fehlernährung und hohem Körpergewicht erläutert (4.). Im Fazit werden die mikro- und makropolitischen Risiken und Nebenwirkungen der Ernährungserziehung und ihre Auswirkungen auf Gewichtsdiskriminierung zusammengefasst (5.).

2. Sozial- und gesundheitspolitische Maßnahmen gegen die ‚Adipositas-Epidemie'

Anfang der 2000er Jahre galt Deutschland als ‚kranker Mann Europas': Minuswachstum, Massenarbeitslosigkeit, Absturz im PISA-Bildungsranking, Überalterung – in allen wichtigen Kategorien war der Standort Deutschland zurückgefallen. Gleichzeitig erhielt ein neues, gleichermaßen sozial- wie gesundheitspolitisches Problem vermehrt Aufmerksamkeit: Ein kollektiver Gewichtsanstieg, der vor allem Kinder aus unteren sozialen Schichten betraf und sowohl die

Zukunft der Kranken- und Sozialversicherungen als auch die Qualität des zukünftigen Humankapitals Deutschlands weiter in Frage stellen sollte.

Die sogenannte ‚Adipositas-Epidemie', also der Anstieg des Anteils der Bevölkerung, deren Gewicht als krankhaft fettleibig klassifiziert ist, wurde Ende der 1990er Jahre zunächst in den USA und Großbritannien registriert und öffentlich diskutiert. Trotz einer weniger eindeutigen Datenlage wurde die Sprechweise von der ‚Adipositas-Epidemie' auch in Deutschland wenige Jahre später übernommen. Maßgeblich verantwortlich für den Erfolg der Problemwahrnehmung ‚Adipositas-Epidemie' in Deutschland war die damalige Verbraucherschutzministerin Renate Künast, die das Thema hierzulande als erste prominent besetzte und es geschickt mit der fragilen sozialpolitischen Lage verknüpfte. In ihrem Buch „Die Dickmacher. Warum die Deutschen immer fetter werden und was wir dagegen tun können" (2004) brachte sie diesen Zusammenhang wie folgt auf den Punkt:

> „Kein Gesundheitssystem der Welt kann bewältigen, was Übergewicht und Fettleibigkeit uns an immensen Kosten aufbürden, kein Sozialsystem aufbringen, was Millionen Arbeitsunfähiger benötigen, keine Gesellschaft kann ausgleichen, was das Dicksein an psychosozialen Folgeschäden verursacht. Und niemand kann heute einschätzen, wie eigentlich eine Gesellschaft innovativ sein kann, wenn ein immer größer werdender Teil der Kinder und Jugendlichen ihre Bildungspotenziale nicht mehr nutzen können. Wenn die Neuausrichtung der Schulen nach dem PISA-Desaster zwar passiert, aber die Kinder mit sich selbst und den anwachsenden chronischen Krankheiten beschäftigt sind." (ebd., S. 14)

Tatsächlich wurden in den 2000er Jahren viele sozialpolitische Reformen wie bspw. die Hartz-Arbeitsmarktreformen, die private Riesterrente, Kürzungen im Leistungskatalog der Gesetzlichen Krankenversicherung, Senkung der Steuern für Unternehmen und Spitzenverdiener_innen umgesetzt, und die Diskussion um dicke Kinder leistete ihren eigenen Beitrag dazu. Denn die Tatsache, dass Kinder aus unteren sozialen Schichten häufiger von einem hohen Körpergewicht betroffen sind, nutzten viele politische Kommentator_innen der 2000er Jahre (vgl. Nolte 2004, Sarrazin 2010) als Argument dafür, dass nicht sozialstrukturelle Ursachen, sondern das individuelle Verhalten Sozialbenachteiligter für deren Armut verantwortlich sei. Konkrete makropolitische Maßnahmen zur Förderung gesunder Ernährung blieben aus, trotz der Ankündigung von Künast (2004):

> „Deutschland hat die Chance, sich selbst als ein Standort zu positionieren, der eine neue Zivilisationskrankheit, welche die ganze Erde erfassen wird, am ehesten und effektivsten in den Griff bekommen hat. [...] Warum setzen wir uns nicht zum Ziel, jenes Land zu werden, das weltweit führend ist in Fragen der individuellen Gesund-

heit, das der Epidemie Adipositas ein neues ganzheitliches Konzept entgegensetzt? Wer, wenn nicht wir?" (ebd., S. 31)

Statt Gesetze und Verordnungen, wurden in IN FORM, dem von Künast angeschobenen und von ihren Nachfolger_innen fortgeführten Nationalen Aktionsplan für gesunde Ernährung und mehr Bewegung, jedoch nur eine überschaubare Anzahl lokaler Maßnahmen gegen Fehlernährung und Übergewicht gefördert und evaluiert.

In der jüngeren Vergangenheit allerdings wurde der Ruf nach staatlicher Regulierung der Kinderernährung wieder lauter: Im Oktober 2018 etwa organisierte die Krankenkasse AOK einen ‚Zuckergipfel', bei dem Politiker_innen und Wissenschaftler_innen zu den Gefahren von Zucker in der Nahrung referierten und politische Maßnahmen wie eine Zuckersteuer forderten. Bundesernährungsministerin Julia Klöckner reagiert Ende 2018 mit einem Zuckerverbot in Babynahrung. Die Absenkung des Zuckeranteils in anderen Lebensmitteln wollte sie hingegen der Industrie überlassen und empfahl lediglich freiwillige Vereinbarungen (vgl. ärzteblatt 2018).

Foodwatch rief vor diesem Hintergrund am 12. August 2019 den ‚Kinder-Überzuckerungstag' aus. In der dazugehörigen Pressemitteilung hieß es:

„Kinder und Jugendliche in Deutschland haben an diesem Tag rechnerisch bereits so viel Zucker konsumiert, wie eigentlich für ein ganzes Jahr empfohlen wird. [...] Die Lebensmittelindustrie trägt hier eine entscheidende Mitverantwortung, da Hersteller und Handel vor allem überzuckerte Lebensmittel aggressiv an Kinder vermarkten. Fehlernährung bei Kindern prägt das Ernährungsverhalten im späteren Alter und trägt dadurch zur Fettleibigkeits- und Diabetesepidemie bei" (foodwatch 2019, o. S.).

Die Basis der Pressemitteilung von foodwatch aus der hier zitiert wurde, ist die DONALD-Studie zur Kinderernährung in Deutschland (Perrar et al. 2019). Diese hatte ergeben, dass Kinder zwar etwas weniger freien Zucker konsumieren als vor zehn Jahren, aber immer noch deutlich mehr als von der Weltgesundheitsorganisation (WHO) empfohlen. Die WHO empfiehlt den Anteil der Kalorien, die aus freien Zuckern aufgenommen werden, unter zehn Prozent zu halten. Laut der aktuellen DONALD-Studie liegt der Anteil an freien Zuckern an der Gesamtkalorienzufuhr bei Kindern in Deutschland aber bei 16,3 Prozent. Aus dieser Diskrepanz errechnete foodwatch den 12. August als den Tag, an dem die Kinder in Deutschland statistisch gesehen ihren Zuckerverbrauch für das gesamte Jahr bereits konsumiert haben.

Foodwatch hat sich mit der Proklamation des ‚Kinder-Überzuckerungstags' an der erfolgreichen Etablierung des ‚earth overshoot days' orientiert, der jedes Jahr weltweit von Umweltschutzorganisationen ausgerufen wird. Der ‚earth overshoot day' markiert den Tag, an dem die Menschheit rechnerisch die Ressourcen verbraucht haben soll, die der Planet innerhalb eines Jahres reproduzieren kann (vgl. Umweltbundesamt 2019). Die Übertragung dieser in der politischen Debatte um Ressourcenverbrauch und Klimawandel sehr erfolgreichen Kommunikationsstrategie auf die aktuelle Ernährungsdiskussion um den überhöhten Zuckerkonsum von Kindern, wurde mit einer politischen Botschaft an die amtierende Ernährungsministerin Julia Klöckner verknüpft, Lebensmittelhersteller dazu zu verpflichten, nur noch gesunde Produkte an Kinder zu bewerben (vgl. foodwatch 2019).

Auch die WHO empfiehlt der Politik Werbeverbote für Lebensmittel im Kinderfernsehen. Darüber hinaus fordert die Organisation eine verpflichtende Lebensmittelkennzeichnung und Steuern auf Lebensmittel mit einem hohen Anteil von Zucker, Salz und gesättigten Fettsäuren sowie Verkaufsverbote für ungesunde Lebensmittel in der Nähe von Schulen und Spielplätzen (vgl. World Health Organization [WHO] 2017).

In Deutschland wurde bei der Förderung gesunder Ernährung im Allgemeinen und von Kindern im Besonderen in den vergangenen Jahren ausschließlich auf freiwillige Selbstverpflichtung der Industrie gesetzt: Dies dürfte maßgeblich mit der engen Zusammenarbeit von Ernährungsministerium, der Lebensmittelindustrie und Agrarverbänden zusammenhängen – seit dem Ende der Rot-Grünen-Koalition unter Gerhard Schröder heißt das Verbraucherschutzministerium wieder Ernährungsministerium und wird von Unionsminister_innen geführt. Verbraucherschutzorganisationen, die personell und habituell dem grünen Milieu näherstehen als dem der Union, haben entsprechend wenig Einfluss auf die Politik. In anderen Ländern dagegen sind Maßnahmen, wie sie die WHO fordert, schon länger etabliert. Dabei verlaufen die Fronten in ernährungs- und gesundheitspolitischen Fragen tatsächlich oft quer zu scheinbar eindeutigen politischen Verortungen. Maßnahmen etwa, die neue Steuern generieren, die sich zudem noch als Beitrag zur Gesundheitsförderung präsentieren lassen, sind auf beiden Seiten der politischen Debatte grundsätzlich willkommen. So sind bspw. Zuckersteuern, meist auf gezuckerte Getränke, zum Teil aber auch auf Süßwaren, mittlerweile in einer Vielzahl von Ländern eingeführt worden, häufig unter konservativen Regierungschefs.

Weltweit betrachtet wurden die umfangreichsten Maßnahmen gegen ungesunde Kinderernährung bislang in Chile beschlossen. Hier wurden nicht nur Steuern auf gezuckerte Lebensmittel und Getränke eingeführt, sondern auch die Werbung für und die Verpackung von Kinderlebensmitteln reguliert, auf der z. B. keine Comicfiguren mehr abgebildet werden dürfen. Verboten wurde auch die Kombination von Spielzeug und Lebensmitteln wie etwa in Kinderüberraschungseiern oder den Happy Meals von McDonald's. Zudem müssen Lebensmittel mit hohem Fett-, Salz- und Zuckeranteil mit deutlichen Warnhinweisen gekennzeichnet werden (vgl. Dorlach 2018).

Es mag auf den ersten Blick überraschen, dass ausgerecht das neoliberale Musterland Chile Kinderernährung so weitgehend wie kein anderes Land reguliert hat. Jedoch wies Hagen Kühn (1993) in seiner wegweisenden Studie zu Healthismus daraufhin, dass bspw. die Maßnahmen gegen den Tabakkonsum unter der Präsidentschaft Ronald Reagans in den USA intensiviert wurden, obwohl sie der Ideologie des freien Marktes widersprachen. Dennoch habe sich durch die Konzentration auf das Gesundheitsrisiko Tabakkonsum die Möglichkeit ergeben, gesundheitliche Ungleichheit als Folge problematischer Verhaltensweisen der unteren Schichten zu rahmen und somit der Debatte um gesundheitsrelevante Folgen der Deregulierung des Arbeits- und Umweltschutzes auszuweichen (vgl. ebd.). Zudem ließ sich mit dem Argument, verantwortungsloses Verhalten dürfe nicht zu Lasten Dritter gehen, die Forderung nach einer universalen Krankenversicherung abwehren (vgl. Crawford 2006). So ist es aus Sicht der chilenischen Politik auch kein Widerspruch, dass die Privatisierung und Deregulierung der Gesundheitsversorgung, des Bildungssystems (vgl. Caspari 2017), der Wasserversorgung und von Umweltauflagen (vgl. Finke 2019) trotz negativer sozialer und gesundheitlicher Folgen fortgesetzt wird. Exemplarisch hat dies für den Süßigkeitenhersteller Ferrero die Folge, dass im Namen der Kindergesundheit der Verkauf seines Überraschungseis untersagt wurde, derselbe Konzern aber auf seinen chilenischen Haselnussplantagen weiterhin gesundheitsschädliche Pestizide einsetzen darf, die in Europa seit Jahren verboten sind (vgl. Bickel 2018). Auf den zweiten Blick machen die Maßnahmen politisch schließlich Sinn, erklären sie doch gesundheitliche und damit zusammenhängende soziale Probleme von Kindern zur Verantwortung der Eltern, die jetzt nicht länger behaupten können, sie seien nicht gewarnt worden, welche Folgen ungesunde Ernährung für die Zukunft ihrer Kinder haben kann.

3. Ernährungs- und Gewichtsbotschaften in kindlichen Lebenswelten

Wenn auch auf der makropolitischen Ebene in Deutschland in den vergangenen Jahren relativ wenige Maßnahmen und Kampagnen gegen ungesunde Ernährung und hohes Körpergewicht umgesetzt wurden, hat sich doch die Marginalisierung dicker Körper in kindlichen Lebenswelten mit neuer Vehemenz fortgesetzt. Positive dicke Identifikationsfiguren verschwinden zusehends aus den Kinderzimmern: Pummelige Zeichentrickfiguren wie Biene Maja oder Bob der Baumeister etwa wurden beim digitalen Relaunch der Serien verschlankt, dicke Protagonist_innen aus Kinderbüchern wie Justus Jonas von den ‚Drei Fragezeichen' bei Neuverfilmungen durch schlanke Schauspieler dargestellt (vgl. Rosenke 2017). Pointiert lässt sich zuspitzen: Umso mehr dicke Kinder es im realen Leben gibt, umso weniger werden sie in den Medien gezeigt.

Wenn dicke Kinder heute überhaupt noch in z. B. Kinderbüchern vorkommen, dann ist ihr Dicksein automatisch Thema. Dies gilt für die wenigen Beispiele, in denen dicke Kinder gegen Diskriminierung gestärkt werden sollen (vgl. Cali/Bougaeva 2010) und erst recht für die vielen Beispiele, in denen das Dicksein zur Folge falscher Verhaltensweisen erklärt und zugleich eine Lösung für das hohe Körpergewicht präsentiert wird. Zwei Beispiele für diese Art von Kinder- und Jugendlektüre – „Tom wird dick" (Hykade 2014) und „Maggie goes on a diet" (Kramer 2011) – sollen im Folgenden exemplarisch vorgestellt werden.

Die Geschichte „Tom wird dick" (Hykade 2014) ist eine Episode aus einer ganzen Reihe von Abenteuern, die Tom zusammen mit einem festen Ensemble von Figuren erlebt. Die in den Büchern der Tom-Reihe erzählten Geschichten sind in sich abgeschlossen. Die Bücher richten sich an Kleinkinder im Alter von zwei bis fünf Jahren. Episoden aus der Tom-Reihe, darunter auch „Tom wird dick", sind auf dem Kinderkanal KiKa zu sehen.

In dem Buch wird der an sich schlanke Tom plötzlich kugelrund, weil er zu viele seiner geliebten Marmelade-Honig-Brote gegessen hat. Er hüpft wie ein Flummi durch die Gegend und wird dabei von einem ebenfalls kugelrunden Schweinchen begleitet. Ein Krokodil, das sich als „international anerkannter Bauchwegtrainer" zu erkennen gibt, hat folgende Ratschläge für den kugelrunden Tom: „Mach ein paar Liegestütz gegen den Bauchspeck, spring über's Seil für den Fettabbauzweck, durch Hulahoop geht der Pausback mit Applaus weg und wenn du das Brot erreichst, nach dem du dich streckst, dann bist du auch schon am Ziel, dann ist der Bauch weg" (https://www.kika.de/tom-und-das-erdbeermarmeladebrot-mit-honig/sendungen/sendung26406.html). Bei den Übungen hält das Krokodil ein Marmeladenbrot mit Honig an einer Angel über dem sich verausgabenden Tom. Nachdem der sich lange genug angestrengt hat und wieder dünn geworden ist, erreicht er es am Ende auch. Es scheint naheliegend zu sein, dass Tom von so viel Sport Hunger bekommen hat. Vom hart verdienten Marmelade-Honig-Brot isst er trotzdem sicherheitshalber zunächst nur eine Hälfte.

Das Buch vermittelt die Botschaft, dass dicke Kinder dick sind, weil sie zu viel essen, und dass sie jederzeit abnehmen können, wenn sie sich nur genug anstrengen und nicht wieder in alte Muster zurückfallen. Es vermittelt außerdem die Botschaft, dass dicke Kinder unsportlich sind. Zwar hüpft der dicke Tom wie ein Flummi durch die Gegend, diese Fortbewegung ist aber unkontrolliert und passiv. Als er sich nach dem Marmeladenbrot strecken soll, gelingt ihm das hingegen nicht. Das Buch lädt darüber hinaus dazu ein, dicke Kinder zu verspotten, denn das unkontrollierte Hüpfen von Tom, noch dazu begleitet von einem ebenfalls kugelrunden Schweinchen, übersetzt gängige Klischees in einprägsame Bilder.

Das illustrierte Diätbuch „Maggie goes on a diet" (Kramer 2011) richtet sich laut seines Autors Paul Kramer an sechs- bis zwölfjährige Mädchen. Beschrieben wird das unglückliche Leben einer hochgewichtigen Vierzehnjährigen, die von allen gemieden wird, bis sie schließlich eine Diät macht. Nachdem sie ihre Pfunde losgeworden ist, gewinnt Maggie an Selbstbewusstsein und wird zum Star des Fußballteams der Schule. Auch die Jungs, die sie bisher bestenfalls ignorierten, schlimmstenfalls terrorisierten, haben auf einmal Augen für sie. Solange Maggie dick ist, ist sie unglücklich. Sie hat keine Freunde, wird diskriminiert und kann sich dagegen nicht wehren. Ihr Unglücklichsein führt dazu, dass sie immer mehr isst – ein Teufelskreis. Als Maggie schließlich beschließt, eine Diät zu machen, stellt sie ihre Ernährung nicht einfach nur um. Sie reduziert die aufgenommen Nahrungsmenge enorm. Außerdem isst sie nur noch Zuhause und nicht länger in öffentlichen Settings wie der Schulkantine. Zugleich fängt sie an, exzessiv Sport zu treiben. Maggie sieht sofort die Erfolge ihrer Diät und ist motiviert weiterzumachen. Hungerattacken und Essanfälle werden nicht thematisiert.

Das Buch wurde massiv kritisiert (vgl. Hopper/Allen 2011). Zum einen dafür, dass es Gewichtsabnahme als einzige Lösung gegen Gewichtsdiskriminierung darstellt und damit Maggies Peiniger_innen Recht gibt und zum anderen dafür, dass es völlig unrealistische Ziele setzt, deren Befolgung fast zwangsläufig in eine Essstörung führen würden. Die Kritik am Buch führt dazu, dass es weltweit bekannt wurde, auch deutsche Zeitungen beschäftigen sich damit (vgl. Geilersdorfer 2012). Am Ende benannte der Autor Paul Kramer als Konzession an seine Kritiker_innen das Buch in „Maggie eats healthier" (2014) um.

Beide Bücher wurden unterschiedlich rezipiert: Anders als „Maggie goes on a diet" wurde „Tom wird dick" nicht kritisiert, was u. a. daran liegen könnte, dass die Sensibilisierung für Essstörungen bei Mädchen, zumal im Schulalter, höher ist. Doch Gewichtsdiskriminierung hat schon bei kleinen Kindern Folgen. In Studien, in denen Vorschulkinder anhand von Silhouetten auswählen sollen, mit welchem Kind sie am wenigsten befreundet sein wollen, schneiden dicke Kinder am schlechtesten ab (vgl. Latner/Stunkard 2003).

Botschaften, dass das Körpergewicht allein eine Frage des Verhaltens ist und durch Diäten beliebig verändert werden kann, werden auch in Kampagnen, die sich an Kinder und kindheitsinstitutionelle Settings wie etwa Kindertageseinrichtungen richten, reproduziert. Eine der bekanntesten und größten dieser Kampagnen: ‚Tigerkids Kindergarten aktiv' soll im Folgenden genauer vorgestellt werden. ‚Tigerkids Kindergarten aktiv' ist eine gemeinsame Initiative der Uniklinik München, des Haunerschen Kinderspitals, des Bayerischen Landesamts für Gesundheit und Lebensmittelsicherheit, des Staatsinstituts für Frühpädagogik und des Forschungszentrums für den Schulsport und den Sport von Kindern und Jugendlichen. Das Projekt arbeitete anfangs in Kooperation mit der AOK, mittlerweile ist die Siemens-Betriebskrankenkasse Partner. Zudem ist das Projekt Teil der von IN FORM geförderten Maßnahmen für bessere Ernährung und mehr Bewegung.

Derzeit wirbt ‚Tigerkids Kindergarten aktiv' an über 5 000 Kindergärten in Deutschland für gesunde Ernährung und mehr Bewegung. Paradigmatisch für die Botschaften, die das Projekt verbreitet, stehen die Lieder, die in den Kindertageseinrichtungen gemeinsam gesungen werden sollen, unter anderem das Lied „Wir essen gerne Äpfel":

> „Wir essen gerne Äpfel und drehen uns im Kreis. Wir essen gerne Äpfel und drehen uns im Kreis. Denn Äpfel sind gesund, wie ein jeder weiß. Wir essen gerne Äpfel und drehen uns im Kreis.
> Wir essen gern Gemüse und gehen in die Knie. Wir essen gern Gemüse und gehen in die Knie. Denn Gemüse macht uns munter und müde sind wir nie. Wir essen gern Gemüse und gehen in die Knie.
> Wir trinken gerne Wasser und essen gerne Obst. Wir trinken gerne Wasser und essen gerne Obst. Denn Wasser das macht frisch und Obst das gibt uns Kraft. Wir trinken gerne Wasser und essen gerne Obst.
> Wir gehen gern nach draußen und laufen gern herum. Denn Sport ja der macht Spaß und Sport der ist gesund. Wir gehen gern nach draußen und laufen gern herum" (Hartl o. J., o. S.).

Die Botschaft des Liedes: Obst, Gemüse und Wasser sind gesund und müssen deshalb gegessen und getrunken werden. Andere Lebensmittel kommen nicht vor. Davon, dass Essen satt macht, lecker ist und Freude bereiten kann, erfährt man in dem Lied nichts. Immerhin, Sport ist nicht nur gesund, sondern Sport darf auch Spaß machen.

Auf der Webseite des Projekts finden sich auch Botschaften, die an die Eltern dicker Kinder gerichtet sind. Darin heißt es:

> „Klar dürfen Kinder nicht aus der Zuckerdose naschen, aber es ist auch wichtig, versteckten Zucker zu vermeiden. Daher sollten Sie Ihren Kindern beispielsweise nur Wasser und ungesüßten Tee als Durstlöscher anbieten. Schneiden Sie außerdem alles sichtbare Fett weg und verwenden Sie Butter, Fette und Öle nur sehr sparsam. [...] Kinder wachsen zwar zeitweise unheimlich schnell, jedoch ist es äußerst wichtig, stets darauf zu achten, dass sie nur Kinderportionen verzehren. Wenn sie mehr essen, als ihre kleinen Körper benötigen, wird der Überschuss in Körperfettzellen gespeichert" (Tigerkids o. J., o. S.).

Eltern bekommen vermittelt, dass zu viel und das falsche Essen bedrohlich ist für die Kinder und dass sie dafür verantwortlich sind, Art und Menge der Nahrungsmittelaufnahme streng zu überwachen, um ein zu hohes Körpergewicht ihrer Kinder zu verhindern. Den Kindern wiederum wird vermittelt, dass nicht ihr eigener Hunger bzw. Appetit, sondern die Vorgaben von Eltern und anderen Erziehungspersonen entscheidend dafür sind, was und wie viel sie essen sollen und dürfen. Die Ratschläge an die Eltern der Kinder blenden nicht nur sozialstrukturelle und humangenetische Einflussfaktoren auf das Gewicht komplett aus und nehmen die Eltern einseitig in die Verantwortung für das Gewicht ihrer Kinder, sie entsprechen auch nicht dem aktuellen Stand der ernährungswissenschaftlichen Debatte. Sichtbares Fett wegzuschneiden und generell Fett, gleich welcher Art, so sparsam wie möglich zu verwenden, entspricht keiner der aktuellen Ernährungsempfehlungen der DGE und anderer ernährungswissenschaftlicher Organisationen (vgl. Gießelmann 2017). Daher bleibt auch unverständlich, wieso sich ausgerechnet kleine Kinder, die sich doch viel bewegen (sollen), fett- und kalorienarm ernähren müssen.

4. Probleme der Ernährungserziehung und der Adipositas-Prävention bei Kindern

In den drei Beispielen von Ernährungs- und Gewichtsbotschaften wird das Phänomen ‚Hohes Körpergewicht bei Kindern' auf die Faktoren Ernährung und Bewegung reduziert und zu einer Frage des persönlichen Versagens der Kinder und Jugendlichen erklärt. Die Kinder werden aufgefordert, eigenverantwortlich ihr Verhalten zu ändern. Geschehen diese Verhaltensänderungen aber aus Angst vor den negativen Konsequenzen einer Gewichtszunahme bzw. aus Angst vor Gewichtsdiskriminierung, gehen sie häufig mit der Entwicklung eines problematischen Essverhaltens einher. Angst vor Gewichtszunahme und Diskriminierung führt dazu, dass Kinder in immer jüngerem Alter Reduktionsdiäten praktizieren. Essanfälle treten laut Elternbefragungen daher zunehmend bereits im Vorschulalter auf. Der Beginn von Essanfällen war bei 60 Prozent der acht- bis dreizehnjährigen Kinder durch vorheriges Diäthalten gekennzeichnet (vgl. Hilbert/Czaja 2007). Ein Review zu verschiedenen Strategien der Gewichtsreduktion von Kindern und Jugendlichen aus dem angloamerikanischen Raum ergab, dass bis zu 50 Prozent der Mädchen Mahlzeiten ausließen, bis zu 17 Prozent auf Diätpillen zurückgriffen, bis zu 8 Prozent selbstinduziert erbrachen und bis zu 70 Prozent der Mädchen und 40 Prozent der Jungen sich nur mit dem expliziten Ziel abzunehmen, sportlich betätigten (vgl. Ricciardelli/McCabe 2001).

Kinder sollen auf ihr hohes Gewicht aufmerksam gemacht werden, um sie für ihr Problem zu sensibilisieren. Dabei kommen verschiedene Studien zu dem Ergebnis, dass nicht das objektive, sondern das gefühlte Gewicht für das Wohlbefinden von Kindern und Jugendlichen entscheidend ist: Im Rahmen der Heidelberger Schulstudie wurden fast 6 000 Jugendliche verschiedener Schultypen befragt, das Durchschnittsalter der Befragten lag bei 15 Jahren. 48 Prozent der normalgewichtigen Mädchen und sogar 15 Prozent der Untergewichtigen fühlten sich als zu dick. Fast alle Übergewichtigen und die Hälfte der normalgewichtigen Mädchen hatten Diäten durchgeführt. Nur ein Viertel der befragten

Mädchen waren zufrieden mit ihrer Figur (vgl. Haffner et al. 2007). Die Autor_innen der Heidelberger Schulstudie kamen zu dem Ergebnis, dass nicht das tatsächliche Gewicht, sondern die Vorstellung, übergewichtig zu sein, für die Entstehung eines gestörten Essverhaltens verantwortlich sei. Zufriedenheit mit dem äußeren Erscheinungsbild gehe hingegen gewichtsunabhängig mit besseren Beziehungen zu Gleichaltrigen und mit weniger sozialen und emotionalen Problemen einher (vgl. Haffner et al. 2007). Zu einem ähnlichen Schluss kam auch eine Studie, die im Rahmen der KiGGS-Studie entstanden war. Sie stellte fest, dass eine „Beeinträchtigung der Lebensqualität mehr durch das ‚gefühlte' Übergewicht hervorgerufen wird als durch das objektive". Daher sei sorgsam zu überlegen, „inwieweit die derzeit allgegenwärtigen Kampagnen gegen das Übergewicht den Anteil der Jugendlichen erhöht, der sich ohne Grund als zu dick erachtet" (Kurth/Ellert 2008, S. 411).

Doch nicht nur aufgrund dieser nicht intendierten Nebenfolgen stellt sich die Frage nach den Erfolgsaussichten der Adipositas-Prävention. Denn auch wenn die Kinder in den entwickelten Ländern seit der Jahrtausendwende nicht dicker geworden sind, so ist, trotz wachsender Aufmerksamkeit und Mittel, das selbstgesetzte Ziel, den Anteil der hochgewichtigen Kinder auf das Niveau der 1970er Jahre abzusenken, trotz aller Kampagnen und Maßnahmen, bislang nicht annähernd erreicht worden.

Was aber ist der Grund dafür, dass die Strategien zur Senkung des Körpergewichts von Kindern gescheitert sind? Liegt der Fokus zu wenig auf der Kalorienreduktion? Gibt es zu wenig Druck auf Eltern und Kindern? Die Arbeitsgemeinschaft Adipositas bei Kindern (AGA) der Deutschen Adipositas-Gesellschaft (DAG) widerspricht diesen Deutungen und erklärt in ihrem Positionspapier (vgl. Wabitsch 2015, S. 50 ff.), dass das Körpergewicht des Menschen biologisch streng reguliert sei und nur in geringem Maße durch willentliche Steuerung kontrolliert werden könne. Die Verantwortung für ein zu hohes Körpergewicht läge daher nicht in erster Linie bei den Familien – vielmehr seien genetische Veranlagungen und programmierte frühkindliche, metabolische Entwicklungsprozesse sowie die Lebensbedingungen, unter denen Kinder heute aufwachsen, die entscheidenden Faktoren für ein hohes Körpergewicht. Verhaltenstherapeutisch-basierte Schulungs- und Therapieprogramme zeigten nur bei einem Teil der Betroffenen medizinisch relevante Erfolge. Der Effekt auf den Gewichtsstatus sei dabei generell gering. Das Ziel der Maßnahmen zur Behandlung von hohem Körpergewicht bei Kindern sollte daher auch „nicht die Gewichtsnormalisierung, sondern vor allem die Verbesserung des Ernährungs- und Bewegungsverhaltens sein", da durch eine Verbesserung des Ernährungs- und Bewegungsverhaltens „unabhängig von einer Gewichtsreduktion eine Verbesserung des Stoffwechsels und der Folgeerkrankungen erzielbar" sei (Wabitsch 2015, S. 53).

Auch die Vereinigung der US-Amerikanischen Kinderärzt_innen teilt diese Sichtweise und weist die Vorstellung, Stigmatisierung sei eine effektive Motivation zur Gewichtsabnahme, entschieden zurück (vgl. Pont et al. 2017). Im Gegenteil: Als Folgen von Gewichtsdiskriminierung bei Kindern nennt der Report des US-Amerikanischen Pädiaterverbandes Faktoren wie Stress, der zu selbstzugefügten Verletzungen und suizidalen Tendenzen führt. Weitere Folgen seien soziale Isolation, schlechtere Schulleistungen sowie Schwierigkeiten, Freundschaften zu etablieren und zu halten. Auch die Zunahme von Essstörungen, der Rückgang von sportlicher Betätigung und – paradoxerweise – die erhöhte Wahrscheinlichkeit einer weiteren Gewichtszunahme werden in dem Report als Folgen von Gewichtsdiskriminierung genannt. Die Folgen von Gewichtsdiskriminierung bei Kindern auf die Lebensqualität seien insgesamt vergleichbar derer von krebskranken Kindern. Gewichtsdiskriminierung wird als die gravierendste Form des Mobbings bei Kindern beschrieben.

Dabei sind aber sowohl Eltern als auch Lehrer_innen dem Bericht des Verbandes der US-Amerikanischen Kinderärzt_innen zufolge nicht nur Beobachter_innen, sondern oft selbst auch Verursacher_innen von Gewichtsdiskriminierung (vgl. Pont et al. 2017). Der Bericht verweist hier auf ein grundsätzliches Dilemma: Lehrer_innen und Eltern müssten Anwält_innen ihrer dicken Kinder sein, gleichzeitig wird ihnen aber vermittelt, dass die Kinder in ihrer Obhut dünn bleiben bzw. werden müssen und die Eltern werden ganz direkt für das Gewicht ihrer Kinder verantwortlich gemacht. Der Ansatz ‚Es soll keine dicken Kinder geben, aber die dicken Kinder, die es gibt, sollen auch nicht diskriminiert werden' produziert einen unauflösbaren Widerspruch, den die US-amerikanische Dickenaktivistin Marylin Wann wie folgt auf den Punkt bringt: „There is no nice, unstigmatizing way to wish that fat people did not eat or exist" (Wann 2009, S. xvii).

Vor dem hier skizzierten Widerspruch stehen auch die Fachgesellschaften selbst. Auch sie haben keine klare Antwort auf die Frage, wie sie Gewichtsdiskriminierung effektiv bekämpfen wollen, wenn sie aus medizinischen Erwägungen nicht bereit sind für Gewichtsvielfalt einzutreten.

5. Fazit

Die Politik gegen Fehlernährung und ‚Adipositas-Epidemie' bei Kindern insistiert auf Eigenverantwortung und diente in der Vergangenheit als Rechtfertigung für Sozialabbau. Eltern, insbesondere Mütter, werden einseitig für das Ernährungsverhalten und das (zu hohe) Gewicht ihrer Kinder verantwortlich gemacht. Die Adressierung und Problematisierung sozialstruktureller und humangenetischer Ursachen für ungleiche Ernährung und Gesundheit wird hingegen vermieden.

Als Folge dieser diskursiven Rahmung wird die Zahl dicker Kinder nicht geringer, dafür nehmen Essstörungen zu und Gewichtsdiskriminierung wird zu einem immer größeren Problem. Die medizinischen Fachgesellschaften sind sich dessen durchaus bewusst. Sie betonen zwar humangenetische Ursachen des Körpergewichts, schweigen aber weitgehend zu sozialstrukturellen Determinanten ungleicher Kindergesundheit und lösen sich auch nicht vom gesundheitspolitischen Paradigma, dass alle Kinder ein Normgewicht erreichen müssen.

Auf der gesamtgesellschaftlichen Ebene kommt noch ein weiterer Faktor hinzu, der der Akzeptanz vielfältiger Ernährungsweisen und von Gewichtsvielfalt im Wege steht. Der schlanke Körper wird in der Gegenwartsgesellschaft als „Beleg der individuellen Fähigkeit zur Selbstkontrolle, Eigenverantwortlichkeit, Leistungsbereitschaft wahrgenommen" (Barlösius 2014, S. 192). Wie Eva Barlösius in ihrer Untersuchung dicker Heranwachsender aus einem sozialbenachteiligten Milieu gezeigt hat, haben dicke Jugendliche die Vorstellung, dass sie nur mit einem schlanken Körper gesellschaftlich Erfolg haben können, vollständig verinnerlicht, auch wenn sie dies persönlich als ungerecht empfinden. Gewichtsdiskriminierung fügt sich damit in das Bild einer Gesellschaft, die Ungleichheit als notwendigen und gerechtfertigten Ausdruck von Leistungsunterschieden propagiert und das Gewicht als symbolischen Ausdruck dieser Leistungsunterschiede liest. Die Stigmatisierung dicker Menschen im Allgemeinen und dicker Kinder im Besonderen trägt auf diese Weise mit dazu bei, soziale Unterschiede zu individualisieren und zu naturalisieren. Denn wer es nicht schafft, fit und schlank zu bleiben, und das möglichst en passant, ohne sich dabei an strikte Diäten zu halten und sein Sozialleben einzuschränken oder gar Essstörungen zu entwickeln, ist an den gesellschaftlichen Anforderungen zur erfolgreichen Selbstregulierung gescheitert. Für Kinder werden anfangs noch die Eltern zur Verantwortung gezogen, mit zunehmendem Alter werden sie selbst dafür verantwortlich gemacht.

Literatur

ärzteblatt (2018): Klöckner will der Industrie keine Rezepturen für eine gesündere Ernährung vorschreiben. www.aerzteblatt.de/treffer?mode=s&wo=17&typ=1&nid=94741&s=Zuckergipfel (Abfrage: 02.03.2020).
Barlösius, Eva (2014): Dicksein: Wenn der Körper das Verhältnis zur Gesellschaft bestimmt. Frankfurt am Main: Campus.
Bickel, Ulrich (2018): Die bittere Seite des süßen Riesen In: taz 04.01.2018: https://taz.de/Herbizid-im-Haselnussanbau/!5471848/ (Abfrage: 02.03.2020).
Cali, Davide/Bougaeva, Sonja (2010): Wanda Walfisch. Zürich: Orell Füssli.
Caspari, Lisa (2017): Endstation Reichtum. In: ZEIT ONLINE 27.06.2017: https://www.zeit.de/wirtschaft/2017-2006/chile-neoliberalismus-armutsgrenze-wirtschaft-reichtum/komplettansicht (Abfrage: 02.03.2020).
Crawford, Robert (2006): Health as a meaningful social practice. In: Health: 10, H. 4, S. 401–420.

Dorlach, Tim (2018): Zu fettig, zu süß – wie Chile Lebensmittel verbannt. In: ZEIT ONLINE 05.05.2018: https://www.zeit.de/wissen/gesundheit/2018-2004/lebensmittelkennzeichnung-chile-ungesunde-lebensmittel-gesundheitsministerium/komplettansicht (Abfrage: 02.03.2020).

Finke, Katharina (2019): Schwarze Fische, warmes Gift. In: taz 26.04.2019: https://taz.de/Gift-von-Fabriken-in-Chile/!5587022/ (Abfrage: 02.03.2020).

foodwatch (2019): Am 12. August ist „Kinder-Überzuckerungstag": Kinder und Jugendliche haben bereits ihr Zucker-Limit für ein ganzes Jahr erreicht. Pressemitteilung 11.08.2019. https://www.foodwatch.org/de/pressemitteilungen/2019/am-12-august-ist-kinder-ueberzuckerungstag-kinder-und-jugendliche-haben-bereits-ihr-zucker-limit-fuer-ein-ganzes-jahr-erreicht/ (Abfrage: 02.03.2020).

Geilersdorfer, Eva-Maria (2012): Durch dick und dünn. In: Süddeutsche Zeitung 19.01.2012. https://www.sueddeutsche.de/leben/diaet-buch-fuer-kinder-durch-dick-und-duenn-1.1261424 (Abfrage: 02.03.2020).

Gießelmann, Kathrin (2017): Ernährung: Regeln weitreichend überarbeitet. In: Deutsches Ärzteblatt [Dtsch Arztebl] 38, H. 114, S. A-1698.

Haffner, Johann/Steen, Rainer/Roos, Jeanette/Klett, Martin/Resch, Franz (2007): Jugendliche und ihr Körperempfinden. Ergebnisse der Heidelberger Schulstudie. In: BZgA Forum 3, S. 12–18.

Hartl, Dominic (o.J.): Songtext: Wir essen gerne Äpfel. https://www.tigerkids.de/medien/pdf/Apfel-Song.pdf (Abfrage: 02.03.2020).

Hilbert, Anja/Czaja, Julia (2007): Essanfälle und Adipositas im Kindesalter. In: PPmP-Psychotherapie· Psychosomatik· Medizinische Psychologie 57, H. 11, S. 413–419.

Hopper, Jessica/Allen, Jane (2011): ‚Maggie goes on a diet' Author Defends Controversial Teen Dieting Book. In: abc news 23.08.2011. https://abcnews.go.com/Health/maggie-diet-author-paul-kramer-defends-teen-dieting/story?id=14362132#.TshyNYYy14362137vw (Abfrage: 02.03.2020).

Hykade, Andreas (2014): Tom wird dick. Köln: Baumhaus.

Kramer, Paul (2011): Maggie eats healthier. Eagle, ID: Aloha.

Kühn, Hagen (1993): Healthismus: eine Analyse der Präventionspolitik und Gesundheitsförderung in den USA. Berlin: Sigma.

Künast, Renate (2004): Die Dickmacher. München: Riemann.

Kurth, Bärbel Maria/Ellert, Ute (2008): Gefühltes oder tatsächliches Übergewicht: Worunter leiden Jugendliche mehr? In: Deutsches Ärzteblatt [Dtsch Arztebl] 105, H. 23, S. 406–412.

Latner, Janet D./Stunkard, Albert J. (2003): Getting worse: the stigmatization of obese children. In: Obes Res 11, H. 3, S. 452–456.

Nolte, Paul (2004): Generation Reform: jenseits der blockierten Republik. Bonn: Bundeszentrale für politische Bildung.

Perrar, Ines/Schmitting, Sarah/Della Corte, Karen W./Buyken, Anette E./Alexy, Ute (2019): Age and time trends in sugar intake among children and adolescents: results from the DONALD study. In: European journal of nutrition H. 59, S. 1–12.

Pont, Stephen J./Puhl, Rebecca/Cook, Stephen R./Slusser, Wendelin (2017): Stigma Experienced by Children and Adolescents With Obesity. In: Pediatrics 140, H. 6, e20173034.

Ricciardelli, Lina A./McCabe, Marita P. (2001): Children's body image concerns and eating disturbance: A review of the literature. In: Clinical psychology review 21, H. 3, S. 325–344.

Rosenke, Natalie (2017): Über die gesellschaftliche Undenkbarkeit von Fat Sex und die Lust am dicken Körper. In: Rose, Lotte/Schorb, Friedrich (Hrsg.): Fat Studies in Deutschland. Weinheim und Basel: Beltz Juventa, S. 141–159.

Sarrazin, Thilo (2010): Deutschland schafft sich ab: wie wir unser Land aufs Spiel setzen. München Deutsche Verlags-Anstalt (DVA).

Tigerkids (o. J.): Ernährungserziehung zuhause. www.tigerkids.de/eltern/ernaehrung (Abfrage: 02.03.2020).

Umweltbundesamt (2019): Earth Overshoot Day 2019: Ressourcenbudget verbraucht. Pressemitteilung vom 29.07.2019. https://www.umweltbundesamt.de/themen/earth-overshoot-day-2019-ressourcenbudget (Abfrage: 02.03.2020).

Wabitsch, Martin (2015): Gegen Diskriminierung und für die Förderung von Kindern und Jugendlichen mit Adipositas – die Geschichte der AGA. In: Aktuelle Ernährungsmedizin 40, H. 1, S. 50–53.

Wann, Marilyn (2009): Fat studies: An invitation to revolution. In: Rothblum, E. D./Solovay, Sondra (Hrsg.): The Fat Studies Reader. New York: New York University Press, S. ix–xxv.

World Health Organization [WHO] (2017): Advancing the right to health: the vital role of law. Geneva.

„So ein dicker Hund"
Zur Ambivalenz aufklärerischer Politiken im Kinderbilderbuch

Anja Herrmann

1. Einleitung

Wenn das kindliche Essverhalten Teil der Sozialisation ist, dann können Kinderbücher, die Essen thematisieren, zweifellos als wichtiges Medium einer solchen Sozialisation betrachtet werden. Dieser Beitrag nimmt das 2007 im Ravensburger Buchverlag erschienene Bilderbuch „So ein dicker Hund!" in den Blick, das die diätische Geschichte eines fünfjährigen Jungen und seines Hundes erzählt, die beide an Gewicht zunehmen und durch die Intervention eines (Tier-)Arztes wieder Gewicht verlieren. Exemplarisch zeigt das Buch, wie im Namen öffentlicher und privatwirtschaftlicher Präventivpolitiken gegen kindliches ‚Übergewicht' Autorin, Zeichnerin und Krankenkasse versuchen, das elterliche Bewusstsein in Sachen Ernährung zu schärfen, den Kindern spielerisch die Folgen ihres mitverantwortlichen Tuns vor Augen zu führen und sie zu einem ‚gesunden' Essverhalten zu motivieren. Wie das Feld des Visuellen innerhalb dieses besorgten Diskurses im Bilderbuch strukturiert ist und welche Implikationen des Sehens, Interpretierens, Zu-verstehen-Gebens daraus resultieren, untersuche ich aus bild- und kulturwissenschaftlicher sowie aus feministischer Perspektive. Die Repräsentation von Familie, die tägliche Praxis der gemeinsamen Mahlzeit, der kindliche Leib und sein Begehren stehen im Mittelpunkt. Die bildlichen wie narrativen Zeichnungen der kindlichen Hauptfigur in „So ein dicker Hund!" werden im ersten Kapitel zunächst vorgestellt, im zweiten in einen weiteren kulturhistorischen Zusammenhang gestellt, der mittelalterlich-christliche Vorstellungen ebenso einschließt, um dies im dritten Teil mit Märchen und kinderliterarischen Vorlagen zu verbinden. Mein methodischer Zugang verortet sich in der visuellen Kultur. Damit rücken „Gesten und Rahmungen des Zeigens und Sehens in den Mittelpunkt" (Schade/Wenk 2011, S. 9). Sie ermöglichen es, die pädagogische Relevanz eines solchen Bilderbuchs und seine un/sichtbaren Einschreibungen von etwa Beschämung aufgrund eines bestimmten Körpergewichts (Fat Shaming), Verantwortlichmachen der Mutter (Mother Blaming), Effeminierungen, Aktualisierungen des Sündendiskurses kritisch zu problematisieren. Insofern verortet sich mein Vorhaben in der im deutschen Kontext bislang wenig existierenden Bilderbuch-Forschung (vgl. Heller 2014;

Oetken 2017) und verbindet sich mit den hier ebenfalls wenig institutionell verankerten Fat Studies (vgl. Rose/Schorb 2017).

2. ‚Das ist ja ein dicker Hund' – dicke Jungen in Bilderbüchern

Das Bilderbuch „So ein dicker Hund!" erzählt die Geschichte des fast fünfjährigen Linus, der mit seinen Eltern und seiner älteren Schwester in einem Eigenheim oder einer geräumigen Wohnung mit eigenem Zimmer lebt. Die Familie besteht aus einem gegengeschlechtlichen Elternpaar und ebensolchen freundlich und modern wirkenden Großeltern. Die Oma trägt einen roten Kurzhaarschnitt und rote Fingernägel, der Opa wird Zeitung lesend vorgestellt. Die fröhlich aussehende Uroma Anne mit wirrem lockigem grauen Haar telefoniert aufgeregt, während ihre Katze – Symbol der alleinlebenden, alten Frau – etwas grimmig schaut. Tante Gabi ist jung und macht Yoga. Onkel Jonas fährt Rennrad. Die ältere Schwester Jackie wird als sportlich und gesundheitsbewusst eingeführt. Mahlzeiten werden gemeinsam am heimischen Küchentisch eingenommen. Die Eltern scheinen beide berufstätig zu sein, da Linus die Nachmittage allein oder mit anderen Kindern verbringt. Alles in allem wird das Bild einer *intakten,* privilegierten Familie evoziert (bürgerlich, ‚weiß', bio-deutsch, heterosexuell etc.). Linus spielt Fußball in einer Jugendmannschaft. Davon ist er jedoch frustriert, weil er von den anderen Jungen immer als Letzter ins Team gewählt wird. Der erfahrenen Ausgrenzung folgen im Buch Seiten, die ihn neben einer Tüte Bonbons an seinem Smartphone, am Tisch mit seiner Mutter beim Verspeisen von ‚Pudding mit Himbeersoße' und wiederum allein mit Chips, Bonbons, Keksen und Cola auf der Couch vor dem Fernseher liegend zeigen. Beim Fernsehen sieht er eine traurige Geschichte über einen *herrenlosen* Hund, dem ein neues Zuhause gegeben wird, und wünscht sich nun selbst einen Hund. Das Alleinsein des televisuellen Hundes wird im Bilderbuch mit dem von Linus analogisiert: „Dann ist immer einer da, wenn keiner da ist." (Scheffler 2007, o.S.) Seinen Wunsch erfüllt ihm die Familie zum Geburtstag.

Linus kümmert sich nun um die Erziehung des Tieres, das den programmatischen Namen Pizza erhält: Wenn Pizza etwas gelernt hat, bekommt er zur Belohnung einen Hundekuchen. Denn, so sagt Linus, „Je mehr ich ihm gebe, desto lieber hat er mich" (ebd.); und etwas später wird konstatiert: „Die beiden werden dicke Freunde" (ebd.). Und ‚dick' – nun jedoch im Sinne einer Gewichtszunahme – werden die beiden, als der Winter kommt und die veränderte Wetterlage sie lieber im Haus bleiben lässt. Nicht nur Pizza, sondern auch Linus werden nun deutlich runder dargestellt. Zu einem ersten fettphobischen Kommentar kommt es während eines Spaziergangs: Zwei Mädchen in Linus' Alter verspotten Pizza als „dicken Hund", dem Linus ein „Der ist nicht dick.

Das ist nur sein Winterfell." (ebd.) entgegensetzt. Daraufhin lachen die beiden Linus mitleidlos aus. Dieser wiederholten Kränkung durch gleichaltrige Kinder, nun allerdings durch zwei Mädchen, folgt das tatsächliche Erkranken des Tieres. So gehen der Vater und Linus zum Tierarzt. Im Behandlungsraum redet allerdings nur der Fünfjährige mit dem Arzt, der auf die kindliche Sorge, dass der Hund sterben müsse, antwortet: „Nur, wenn er so weiterfrisst und sich nicht ausreichend bewegt! [...] Dein Hund ist zu fett, Linus! Das ist schlecht für sein Herz." (Scheffler 2007, o. S.) Dieser Satz wird von einem regulierend-kontrollierenden Blick begleitet, der impliziert: *„Er ist zu dick – genau wie du!"* (ebd.) Visuell findet sich die Reaktion auf diesen wirkmächtigen Blick in konzentrischen Schraffuren rund um den Kopf des Kindes repräsentiert, das ängstlich seinen Hund an sich presst. Auflösung findet dieses „Blickregime" (vgl. Silverman 1997) durch die Verschreibung eines Rezepts, das nahezu die gesamte linke Bilderbuchseite einnimmt. Die ärztliche Anweisung wird auf der rechten Seite als Fantasiebilder des Jungen umgesetzt. Zur Medizin zählt: einmal am Tag und nur im Napf füttern, jedoch keine Süßigkeiten oder Essensreste, viel Wasser, Bewegung und frische Luft, d.h. drei Mal täglich Gassi gehen, mindestens aber eine Stunde (Scheffler 2007, o. S.). Den Anordnungen des Tierarztes folgt Linus zunächst konsequent, bis er eines Morgens noch müde seine Schwester bittet, den Hund auszuführen, diese aber seine Ausreden, um im Bett bleiben zu können, mit „Du bist ein fauler Hund!" (ebd.) – wiederum beschämend – kommentiert und ihn zum Mitkommen auffordert. Von diesem Tag an ändert sich das Leben von Linus und Pizza: Ab nun gehen sie mit Jackie und am Wochenende auch mit dem Vater joggen, werden vom Trainer des Fußballteams wieder zum Training eingeladen, und auch der Arzt zeigt sich zufrieden mit dem Gewichtsverlust. Zur Darstellung der Zufriedenheit wird das Bild der Waage vom Cover wiederaufgegriffen: Jetzt blinkt die vorher alarmistisch rot blinkende Waage allerdings grün.

Der verschlankte Jungenkörper, der nun ‚im grünen Bereich' ist, findet weitere Bestätigung vor einem Spiegel. Der Text beschreibt, dass die Mutter ihrem Sohn eine neue Sporthose kauft, weil ihm die alte von den Hüften rutscht. Das vorletzte Bild erinnert in seiner Anordnung und Blickführung vage an eine Visualisierung von Lacans Spiegelstadium (vgl. ebd. 1953/1973). Das Bilderbuch zeigt Linus in nun grüner Hose und gelbem Shirt mit Hundeaufdruck vor einem Spiegel in einem Kinderbekleidungsgeschäft. Seitlich zum Bildrand befindet sich die Schwester, die Linus' Spiegel- und damit sein *neues* Körperbild mit einer Daumen-hoch-Geste bestätigt. Diese Geste wird von einem anerkennenden Lachen begleitet. Interessant ist, dass das Linus zuvor kennzeichnende Rot nun auf die Kleidung seiner Schwester übergegangen ist, die in rosa Kapuzenpullover mit roten Shorts nunmehr stereotyp vergeschlechtlicht wird. Ihr anerkennender Blick sowie die Geste wiederholen sich im Spiegel, auf den Linus' Augen gerichtet sind. Das Setting des Bildes selbst zeigt sich als Perspektive einer erwachsenen Figur, die auf die beiden Kinder hinabblickt. Ob es sich an dieser Stelle um den Blick der Mutter oder den der Lesenden handelt, bleibt offen.

Die letzten beiden Bilderbuchseiten zeigen Linus als einen gleichberechtigten Teil innerhalb der fußballspielenden Jungen-Gemeinschaft im Umkleideraum, wo Linus durch eine Geste der Schulter-Berührung von Seiten des Trainers willkommen geheißen wird. Betont wird diese Re-Initiation mit Linus' Position in der Gruppenmitte und die auf ihn bzw. die Autorität gerichteten Blicke der übrigen Jungen. Im letzten Bild werden dann auch die letzten Aggressor_innen buchstäblich auf ihren Platz verwiesen: Wurden die Mädchen vorher noch frech und raumeinnehmend mit ihren ausladenden Gesten dargestellt, sehen wir sie hier auf der Mauer kauernd und eher verlegen als überrascht – wie der Text suggeriert – Linus anlächelnd.

Das Bilderbuch fällt mit diesem Thema in die Kategorie der Problemliteratur, die sich der kindgerechten Aufarbeitung eines vermeintlich (und buchstäblich) schwer verhandelbaren Themas verpflichtet. Die Autorin der Geschichte, Ursel Scheffler, hat seit 1975 über 300 Kinder- und Bilderbücher verfasst, die zum Teil in 30 Sprachen übersetzt wurden. Ihre Bücher thematisieren dabei Fremdheit, Tod, Scheidung oder auch Angst vor der Dunkelheit, Langeweile usw. Illustriert wurde das Bilderbuch für Kinder ab vier Jahren von Doris Rübel, die ähnlich arriviert ist wie Scheffler, und Bilderbücher aus der Reihe „Wieso? Weshalb? Warum? Junior" zu Themen wie „Woher die kleinen Kinder kommen", „Das bin ich, das bist Du" zeichnerisch bearbeitet hat. Aufschlussreich ist zusätzlich, dass „So ein dicker Hund!" von der Krankenkasse *AOK. Die Gesundheitskasse* empfohlen wird. Im Anhang des Buchs findet sich ein Faltblatt der AOK mit Informationen für Eltern unter dem Titel „Ganz einfach gesund sein!" neben einem Poster für die Kinderzimmerwand, das Linus und seinen Hunde-Freund bei verschiedenen sportlichen Aktivitäten zeigt. Das Bilderbuch erschöpft sich dementsprechend nicht darin, in der Lektüre und beim Betrachten der Bilder über die Konsequenzen hohen kindlichen Körpergewichts zu informieren und ein ‚gutes Beispiel' – zu dessen Verhinderung – zu geben. Vielmehr befindet es sich in einem Medienverbund, der Produktion, Distribution und Rezeption miteinander verknüpft und auf verschiedenen Ebenen agiert: So funktioniert die Geschichte als Narrativ, migriert aber mit Poster und Faltblatt ins Reale, um dort den pädagogischen Imperativ des schlanken und deshalb vermeintlich gesunden Kinderkörpers zu verbreiten. Die Empfehlung der Krankenkasse auf dem Bilderbuch nobilitiert den im Buch geführten Diskurs und gibt ihm einen seriösen, nahezu wissenschaftlich fundierten Nimbus. Nicht zuletzt dient das Buch über die Einbettung in das Präventivprogramm einer Krankenkasse Werbelogiken und transportiert einen ‚erwachsenen' Diskurs um ein ‚richtiges' Gewicht in ein Medium, das vordergründig der Unterhaltung von Kindern dienen soll.

3. ‚Man(n) behandelt ihn wie einen Hund' – von Waagen, dicken Bäuchen und Mahlzeiten

„Eigentlich ist Linus ein netter Junge" (Scheffler 2007, o. S.). Mit diesem ersten Satz wird Linus' Geschichte gleich zu Beginn als problembehaftet eingeführt. ‚Eigentlich' zieht ein unvermeidliches ‚Aber' nach sich: „Eigentlich ist Linus ein netter Junge", aber: In Wirklichkeit ist er „bequem" (Scheffler 2007, o. S.). So hilft der Fünfjährige weder der Mutter in der Küche noch dem Vater im Garten oder trifft sich zum Fußballspielen mit Freunden. Stattdessen lernen wir, dass Linus zu viel Fast Food und Fernsehen konsumiert und zu wenig Sport treibt, womit die vermeintlich Hauptschuldigen an der zukünftigen Gewichtszunahme benannt sind. Zugleich folgt dieser Diskurs den zentralen Argumenten der wissenschaftlich-medizinischen Literatur für die Gründe und Heilmethoden der „Fett-Epidemie" (Boero 2009, S. 113). In Bild und Text evozieren Autorin und Illustratorin bereits zu Beginn das heraufdämmernde ‚Übergewicht' über ein ‚wenn ..., dann'-Szenario, für das unterschwellig die (berufstätige) Mutter verantwortlich gemacht wird, die im Buch die hauptsächliche Care-Arbeit leistet.

Das erste Wort, das Cover und der Titel wirken zunächst wie Ausrufezeichen auf die später erzählte Geschichte. Die in den Titel übertragene Redensart „Das ist ja ein dicker Hund!" beschreibt ja eben nicht nur einen buchstäblich dicken Hund, sondern skandalisiert auf semantischer Ebene einen als unzumutbar empfundenen Zustand. Was passiert nun auf dem Cover? Immerhin ist es das erste Bild des Buches, dem die Funktion zukommt, ob Kinder sich das Buch ansehen, Eltern/Erzieher_innen das Buch kaufen oder vorlesen.

Das Cover zeigt einen kleinen, vergnügt mit einem Hund schmusenden Jungen in grünem Shirt und Turnschuhen, roten Shorts und rot-weißen Ringelsocken auf einer Waage mit Digitalanzeige (vgl. Abb. 1). Dabei machen das Kind und der Hund zunächst keinen ‚kranken' Eindruck. Allerdings stehen sie auf einer Waage, deren alarmistisch rotes Blinken ein offenbar viel zu hohes Gewicht von 34,12 Kilo anzeigt. Über die rote Farbigkeit des Titelschriftzugs wird eine Verbindung zwischen der Waage und Linus hergestellt. Die Alarmfarbe Rot, die Waage und der entblößte Kinderbauch markieren bereits auf dem Cover den Inhalt der folgenden Narration: Während das Rot die nahende Gefahr ankündigt und die Waage eine wissenschaftlich fundierte Objektivität indiziert, ist der grafisch akzentuierte runde, noch dazu nackte Bauch des Jungen mehrfach codiert: als nachlässig vestimentäre Verspieltheit eines Kleinkindes, das erst noch kulturalisiert werden muss, und als Zeichen physiognomischer Übertreibung.

In der Kunst und visuellen Kultur ist Nacktheit niemals „natürlich", sondern, wie John Berger schrieb, eine „Form der Bekleidung" (ebd. 1972/2002, S. 51). Der Diskurs um die Nacktheit und den Akt ist ein mittlerweile differenziert erforschter Bereich kunst- und kulturwissenschaftlicher Forschung. Für

Abb. 1: Cover von „So ein dicker Hund!" In: Scheffler, Ursel (2007): So ein dicker Hund! Ravensburg: Ravensburger Buchverlag Otto Maier GmbH.

unseren Kontext von Linus' Bauch greife ich einen Gedanken Daniela Hammer-Tugendhats auf. Angesichts der Autonomisierung des Aktbildes und der damit scheinbar natürlich einhergehenden Geschlechterdifferenz fragt sie, wessen Körper in der Aktkunst von wem für wen wie präsentiert werde (vgl. Hammer-Tugendhat 1989/2006, S. 73). Eine ihrer Antworten lautet, dass in dem Moment, als die Nacktheit ihre kirchlichen, biblischen und öffentlichen Rahmungen verlor, rein für den privaten Gebrauch und damit für überwiegend männliche Auftraggeber produziert wurde. Nacktheit wurde fortan an einem vornehmlich weiblich gelesenen Körper exemplifiziert. Im Laufe der Jahrhunderte bedeutete dies, dass der männlich gelesene Körper aus erotischen Szenen in der Kunst nahezu verschwand (vgl. ebd., S. 90). Kunst- und kulturhistorisch konnte mit der Nacktheit also eine Effeminierung für männlich repräsentierte Figuren bis etwa zum Ende des 19. Jahrhunderts einhergehen.

Übertreibungen der Leibesfülle mit ihren Abweichungen zu historischen und aktuellen Schönheitsidealen zählen seit der Renaissance zum Repertoire visueller Komik und transportieren darüber hinaus kulturhistorische Parameter eines sich wandelnden christlichen Sündendiskurses (vgl. Heinisch 2002, S. 9). Vor allem der sogenannte ‚dicke Bauch' reizt/e zu Spott. Schon um 1521 entsteht die Figur des „Weinschlauchs" von Hans Weiditz, dessen – allerdings bekleideter – Bauch so monströs war, dass er einer Schubkarre zur Fortbewegung bedurfte (vgl. ebd., S. 10). Mit einer großen Leibesfülle ließ sich nicht nur Spott, sondern auch eine Kritik an der herrschenden Ordnung oder der Kirche relativ unmissverständlich formulieren. Mit der Reformation politisierte sich laut Heinisch das Gegensatzpaar ‚dick und dünn' und wurde zum Zeichen religiöser Anhängerschaft: Sinnlich, faul, lasterhaft, barock wurde mit *dem Katholischen* verbunden, mager, asketisch, fleißig, vernunftbetont mit *dem Calivinistisch-Protestantischen* (vgl. ebd.). Zugleich hat Karl-Ernst Geith (2003) darauf hingewiesen, dass die Warnung vor der Völlerei in mittelalterlichen Predigten Gegenstand christlicher Unterweisung und bereits eng mit der katholischen Dogmatik verbunden war (vgl. ebd., S. 314, 330).

Historisch lässt sich ein Wechsel zwischen positiven und negativen Zuschreibungen konstatieren. So konnte Leibesfülle zum Zeichen für Wohlstand und Einfluss werden oder – wie Heinisch beobachtet – zur „verschlafenen, trägen Gestalt [des Biedermeiers, A. H.] und in der zweiten Hälfte des 19. Jh. zum feisten Kapitalisten und Ausbeuter im Gegensatz zum ausgebeuteten, hageren Proletarier [...]" (ebd., S. 11). Damit finden wir eine sich entwickelnde Tendenz, das aktuell gesellschaftlich Unpassende an der visuellen Repräsentation eines dicken, fetten männlich gelesenen Körpers darzustellen.

Für die Herausgeber des Buches „Die Sieben Todsünden" stellt die zu beobachtende Geringschätzung der Todsünden von Seiten der modernen Konsumgesellschaft, zu denen ja auch die *Gula,* also Völlerei und Trunksucht, zählt, dennoch ein besonderes Potenzial dar (vgl. Breuer et al. 2015, S. 16). Die Formelhaftigkeit und Vagheit der Todsünden, die als solche im Übrigen nicht biblischen Ursprungs sind, garantiere ihren Bestand, der auch außerhalb religiöser Kontexte verstanden werde und sie so anschlussfähig für (künstlerische) Aktualisierungen und Neudiskursivierungen mache. Diese der Idee der Todsünden inhärente, kulturelle Wirkmächtigkeit umfasst auch Konsequenzen, die nun nicht mehr in der „ewigen Verdammnis", sondern im gesellschaftlichen Ausschluss liegen (vgl. ebd., S. 24 ff.) – wie sich am Beispiel von Linus' Abwahl aus dem Fußballteam nachvollziehen lässt. Linus' Essverhalten wird uns als maßlos und damit für die jungen Lesenden als verdammenswert vorgestellt: Chips, Kekse, Cola, Süßes – all das zählt zur Völlerei des Protagonisten.

In ihren „Studien zur Ikonographie der Sieben Todsünden" hat Susanne Blöcker (1993) zudem gezeigt, dass keine der Todsünden so häufig szenisch dargestellt wurde wie die Gula (vgl. ebd., S. 107). Dies liege darin begründet, dass die Völlerei eine Todsünde der Gemeinschaft sei, damit potenziell jede_n betreffe und grenzüberschreitend (Klasse, *race*, Gender, Alter, *ability* etc.) wirke. Essen und Ernährung haben eine lebensnotwendige Relevanz, in die sich zeitliche, regionale, nationale, kultur-, geschlechts-, alters- oder klassenspezifische Praktiken einschreiben. Essen macht uns einerseits gleich, andererseits schreiben sich in die Praktiken und Vorstellungen des Essens Differenzen ein. Für Pierre Bourdieu (1979/1987) ist beispielsweise der Geschmack „Natur gewordene, d. h. inkorporierte Kultur, Körper gewordene Klasse", die zur „Erstellung des ‚Klassenkörpers'" beiträgt und die „unwiderlegbarste Objektivierung des Klassengeschmacks" darstellt (ebd., S. 305). Linus' Maßlosigkeit wäre – verkürzt gesagt – demgemäß Zeichen einer Klasse, die nicht dem gezeichneten Setting seiner Umgebung entspricht, die ja eine gewisse privilegierte Bürgerlichkeit suggeriert. Manifestiert sich im Kinderbuch ein bürgerlicher Blick auf Linus' Gewicht und Essverhalten, das seiner Klasse nicht gemäß ist und auch deswegen der Korrektur bedarf? Ein Hinweis darauf wäre zumindest, dass das Kind mit zunehmendem Gewicht seine Freunde, den Respekt der Mädchen und des Trainers verliert. Und, so ließe sich mit Bourdieu weiterfragen, steht Linus' klassendistinkte und sich erst noch konstituierende „Virilität" auf dem Spiel, die sich über bestimmte Arten des Essens formiert (ebd., S. 308).

Das Maß verloren zu haben und den Bauch zum Gott zu machen, wird als Hauptvergehen der Gula angesehen (vgl. Blöcker 1993, S. 108; vgl. auch Eggelhöfer 2010, S. 256). Meist ist die Gula im Verbund mit anderen Todsünden anzutreffen: So wird die Trägheit genannt (Acedia), aber auch im Kontext der Wollust (Luxuria), des Zorns (Ira) sowie des Geizes oder der Habgier (Avarita) findet sie sich (vgl. Eggelhöfer 2010, S. 256). Zum Beiwerk ihrer Visualisierung dienen häufig Tiere wie das Schwein, aber auch der Wolf, der hier symbolisch für den Teufel bzw. die Gier steht (vgl. Blöcker 1993, S. 113). Mit der Einführung des Hundes in die Geschichte reaktiviert das Bilderbuch also eine kultur- und kunstgeschichtlich versicherte Assistenzfigur, um die Geschichte über die schlechte Gier zu exemplifizieren und intelligibel zu machen: Linus' *kleiner Wolf* frisst ebenso maßlos wie er und muss diszipliniert werden.

Für unseren Kontext sind diese Beobachtungen zur Gula insofern von Interesse, weil Literaturwissenschaftler_innen wie Glasenapp/Weinkauff (2010) und Oetken (2017) die Anfänge von Kinder- und Jugendliteratur mittlerweile nicht mehr in die Zeit der Aufklärung datieren, sondern bereits ins späte Mittelalter bzw. in die Frühe Neuzeit. Sie argumentieren damit, dass weder die Lebensphase von Kindheit und Jugend vor der Aufklärung als eigenständige angesehen (vgl. auch Ariès 1960) noch unter ihren jeweiligen Lektüren unterschieden wurde (vgl. Oetken 2017, S. 89). Insofern sei eine literarische Figur wie der „verfressene, egozentrische, unflätige, aber auch komische Grobian" aus Sebastian Brandts „Narrenschiff" (1494) ein Urahn von Figuren aus der Kinder- und Jugendliteratur wie Karlsson vom Dach, dem Sams, Sendaks „Wilden Kerlen" oder eben Linus (vgl. Oetken 2017, S. 87). Nun ist Linus zwar kein Monster wie der Grobian, jedoch ist beiden Figuren gemeinsam, dass sie gleichzeitig als warnendes Beispiel und als Belustigung fungieren sollen. Während die Grobiane dies über ihre lustvollen, tabuverletzenden Narreteien und irritierenden, nicht veränderbaren Körperformen erreichen, bekommt Linus die gesellschaftliche Anerkennung erst durch Überwindung seiner Maßlosigkeit, das Einhalten der Vorgaben und die wiederholende Beschämung als „zu fett" durch seine Umgebung außerhalb der Familie. Damit betreibt das Bilderbuch nicht nur Fat Shaming, sondern vor allem eine so genannte Negativdidaxe, also Lernen anhand eines negativen Beispiels, die – wie Oetken festgestellt hat – für zeitgenössische Bilderbücher ungewöhnlich ist (vgl. ebd. 2017, S. 103).

4. ‚Da wird der Hund in der Pfanne verrückt' – Speisen im Märchen

Im Märchen ist eine Negativdidaxe häufiger als im Bilderbuch anzutreffen. Essen und Trinken tauchen hier verstärkt in Verbindung mit Verboten auf, ein bestimmtes oder eine gewisse Menge an Lebensmittel(n) zu sich zu nehmen. Speisen bieten sich als probates Lehrbeispiel an, weil davon ausgegangen werden kann, dass die meisten Kinder (maßloses) Essen lieben. Im Viktorianischen Zeitalter führte dies beispielsweise dazu, vor allem Mädchen erzählerisch anzuhalten, ihren Appetit, ihre Körper und Begierden zu mäßigen, um *gut zu sein*, wie beispielsweise in „Alice in Wonderland" (Coar 2012). Für das kindliche Essverhalten im Märchen hat Laura Muth vier Verbotskategorien herausgearbeitet (vgl. Muth 2014, S. 155): Gehorsam – Versuchung – Verzauberung – ethisch-moralische Implikationen. Für Muth kommt es im Märchen zwangsläufig zu einer moralischen Beurteilung der dargestellten Essgewohnheiten durch die Erzählinstanz, die sich sowohl in den aufgestellten Kategorien spiegelt, einen Teil des pädagogischen Impetus von Märchen darstellt und sie zeitlos für Kinder und Erwachsene interessant zu machen scheint (vgl. ebd., S. 165). An ihren Ausführungen ist eine weitere Beobachtung für unseren Kontext aufschlussreich. Im Märchen werde häufig das Verhältnis von Kind, Speise und Nährenden in der Figur der bösen Stiefmutter verhandelt: Die Stiefmutter ist diejenige, die den Kindern Liebe und Nahrung vorenthält oder diese verzaubert, vergiftet oder anderweitig ungenießbar werden lässt (vgl. ebd., S. 163). Ihre Macht besteht in ihrer Rolle der Ernährerin, ob sie diese nun ausfüllt oder verweigert. Nach Michail Bachtin werde die Repräsentation von Essen in der Literatur mit der Macht im Sinne eines Sieges des Körpers über die Welt parallelisiert (vgl. ebd.). Im Märchen liege also in der Überwindung und Befreiung aus dem stiefmütterlichen Abhängigkeitsverhältnis die einzige Aussicht der Kinder auf ein Happy End.

In „So ein dicker Hund!" gibt es zwar keine böse Stiefmutter, aber eine Mutter, eine Schwester, eine Tante und zwei Omas. Während die Omas und die Tante nur ein einziges Mal im Buch gezeigt werden, tauchen Mutter und Schwester wie der Vater und Arzt insgesamt jeweils vier Mal auf. Für die Geschichte sind diese Familienmitglieder damit die wichtigsten Bezugspersonen für Linus.

Im Märchen muss die böse Stiefmutter zur Befreiung bezwungen werden, in „So ein dicker Hund!" offenbar die Mutter. Obwohl der Figur der Mutter im Bilderbuch ebenso viele Bildanteile wie beispielsweise dem Vater zukommen, ist auffällig, dass sie nach dem Arztbesuch, der Linus' finalen Abnehmprozess einleitet, visuell aus der Geschichte verschwindet. Zu Beginn sehen wir, wie die rotblonde Mutter mit Linus am Tisch sitzt, während er rote und damit *ungesund* aussehende Speisen unter ihrem freundlichen Blick verzehrt und dazu Limonade trinkt. Der Text beschreibt, Linus sei mürrisch, habe die Salatschüssel von sich weggeschoben und „lange" stattdessen lieber bei Pudding und Eis zu. Sprachlich fällt auf, dass Linus nicht nur „zulangt", sondern auch seinen Nudelteller leer „schlabbert" (Scheffler 2007, o.S.) – ein Essverhalten, das die erzählende Instanz mit der Verwendung dieses Verbs kritisiert und mit dem später hinzukommenden Tier parallelisiert, das aber von der Mutter toleriert wird. Das zweite Treffen von Mutter und Sohn zeigt eine abendliche Zubettgeh-Szene, bei der die Mutter zum ersten Mal von Linus' Hunde-Wunsch erfährt, den sie ihm gemeinsam mit dem Vater und der Schwester am Geburtstag erfüllt. Zum letzten Mal sehen wir sie im Bildzentrum bei einer gemeinsamen Mahlzeit an einem runden Tisch (vgl. Abb. 2).

Abb. 2: Familie am Esstisch, o.S. In: Scheffler, Ursel (2007): So ein dicker Hund! Ravensburg: Ravensburger Buchverlag Otto Maier GmbH.

Für Elias Canetti (1960/2017) hat die Mahlzeit konstituierende Bedeutung für ein *being, doing and becoming family*:

> „Am innigsten ist das Leben der Familie dort, wo man am häufigsten zusammen isst. Das Bild vor Augen, wenn man an sie denkt, ist das der um einen Tisch versammelten Eltern und Kinder. Alles erscheint als Vorbereitung auf diesen Augenblick; je öfter und gleichmäßiger er wiederkehrt, um so mehr fühlen sich die Zusammen-Essenden als Familie. Die Aufnahme an diesen Tisch kommt praktisch der Aufnahme in die Familie gleich" (ebd., S. 86).

Der Ort der Mahlzeit im Bilderbuch ist die Küche, also der Ort, der den „Nukleus zeitlich und örtlich differierender Lebenskulturen" darstellt, die „Idee des häuslichen Herdfeuers, um das herum sich alles soziale Geschehen gruppiert", aufruft und „Einblicke in ganze soziale Kosmologien eröffnen" kann (Miklautz et al. 1999, S. 10, S. 15). Im Bilderbuch wird der besondere Fokus auf den gedeckten Tisch und die Mutter gelegt. Während der Vater vom Bildrand angeschnitten und die Tochter im Hintergrund am Kühlschrank stehend gezeigt werden, befinden sich die Mutter und der nunmehr ‚zu dicke' Linus im Zentrum der Aufmerksamkeit. Bereits mit dieser visuellen Anordnung findet somit eine Verflechtung von Küche, einer spezifischen Ausgestaltung von Mütterlichkeit und ihren Auswirkungen auf den kindlichen Körper statt: Die Mutter sitzt mit seitlich gewendetem Kopf, auf den Tisch gestützten Ellbogen und lässig überschlagenen Beinen mit rot lackierten Fußnägeln am Tisch. Sie isst mit Messer und Gabel, ihr Sohn nur mit einer Gabel, mit der anderen füttert er heimlich den Hund unter dem Tisch. Sein Messer und seine Serviette scheinen unbenutzt, die somit Zeichen einer bislang fehlenden „Zivilisierung" sind (vgl. Abderhalden 2014, S. 12). Die Mahlzeit besteht aus Pommes, begleitet von etwas Paniertem aus Fleisch oder Fisch sowie einem Tomatensalat. Dazu gibt es Ketchup und Mayonnaise – eine Mahlzeit, die außer dem Salat aus Fertigprodukten besteht. Als Lesende nehmen wir symbolisch den leeren Platz der als sportbegeistert vorgestellten Schwester ein, auf deren Teller sich lediglich ein paar Tomaten befinden, und bekommen über diesen Platz sogleich eine ‚gesunde und maßvolle Ernährung' zugewiesen.

In „Zur Psychologie des Essens" spricht Canetti ebenso wie die Märchentexte die absolute Macht der (Stief-)Mutter an, die im Entwicklungsverlauf ‚abnehme':

> „Mutter ist jene, die ihren eigenen Leib zu essen gibt. […] Ihre Leidenschaft ist, zu essen zu geben; zu sehen, dass es [das Kind, A.H.] isst; zu sehen, dass das Essen bei ihm zu etwas wird. Sein Wachstum und die Zunahme seines Gewichts sind ihr unabänderliches Ziel. […] Die Macht der Mutter über das Kind, in seinen frühen Stadien, ist absolut, nicht nur weil sein Leben von ihr abhängig ist, sondern weil sie

auch selber den stärksten Drang verspürt, diese Macht unaufhörlich auszuüben. Die Konzentration dieser Herrschaftsgelüste auf ein so kleines Gebilde gibt ihr ein Gefühl von Übermacht, das sich schwerlich durch ein anderes normales Verhältnis unter Menschen überbieten lässt. [...] Es gibt keine intensivere Form von Macht. Dass man die Rolle der Mutter gewöhnlich nicht so sieht, hat einen zweifachen Grund. Jeder Mensch trägt in seiner Erinnerung vor allem die Zeit der *Abnahme* dieser Macht; und jedem erscheinen die auffälligen, aber lange nicht so wesentlichen Hoheitsrechte des Vaters bedeutender" (Canetti 1960/2017, S. 87 f.; Herv. i. O.).

Im Bilderbuch wird die ernährende Funktion der Mutter zugeschrieben, jedoch wird deutlich kritisiert, dass ihr Handeln ‚zu tolerant' ist: So lässt sie den Vierjährigen nachmittags allein mit Massen von Süßigkeiten vor dem Fernseher, gibt ihm ‚ungesunde' Fertigprodukte zu essen oder korrigiert nicht seine Haltung am Tisch. Die Figur des Vaters ist zwar anwesend, scheint aber für die Rolle der leiblichen Aufzucht der Kinder nicht zuständig. Als Korrektiv zu diesen elterlichen ‚Defiziten' dienen die mit vermeintlich wissenschaftlicher Expertise ausgestatteten Empfehlungen des Arztes und, über das Buch hinaus, die Ratschläge der Krankenkasse im beiliegenden Faltblatt. Am Ende des Buches ist Linus' Gewicht durch die Intervention des Arztes und seine implizite Emanzipation von der Mutter im grün blinkenden Bereich der Waage. Dieses neue, ‚gute' Gewicht wird aber nicht mehr – wie noch auf dem Cover – genau beziffert, sondern bleibt im Imaginären.

5. ‚Da liegt der Hund begraben' – der Versuch eines Fazits

„So ein dicker Hund!" nimmt konkret Stellung zu einem richtigen und falschen Gewicht und arbeitet auch ansonsten mit Mechanismen des Ein- und Ausschlusses, der Beschämung und des Lustigmachens, die an das Körpergewicht gekoppelt werden. Der runde Kinderkörper bedeutet in diesem Bilderbuch keinen Spaß, wie sie noch die lustvollen Körper der Grobian-Literatur versprachen, sondern bedarf der Korrektur. Damit diese Korrektur nicht etwa als willkürliche Forderung aufgefasst wird, weil die machtvolle Figur der Mutter im Buch ja präsent ist, aber untätig bleibt, wird die mit hegemonialen ‚männlichen' Kompetenzen und wissenschaftlicher Expertise ausgestattete Figur des Arztes im weißen Kittel eingeführt, der nun über Linus' verfressene, tierische Assistenzfigur Pizza die Macht der Mutter durchkreuzt und letztlich ablöst. Der symbolischen ‚Abnahme' mütterlicher Macht folgt buchstäblich ein Abnehmen an Körpergewicht im Realen. Der Hund als Stellvertreter des gierigen Wolfes aktualisiert auf semantischer Ebene Motive eines vergessen geglaubten Sündendiskurses und unterstützt damit zusätzlich die Dringlichkeit einer strengen Gewichtskontrolle. Das Bild der bösen Stiefmutter aus dem Märchen findet im

Verbund mit einer tradierten visuellen Komik des Verspottens seine Neudiskursivierung, die die (berufstätige) Mutter zur Schuldigen im krisenhaften Diskurs um eine vermeintliche Fett-Epidemie unter Kindern erklärt. Thomas Etzemüller hat kritisch über die „weibliche Schuld" an der „demographischen Katastrophe" angemerkt, dass diese eine „Krise der Frauen geblieben" sei, da auch dort Männer aus dem Diskurs um Fruchtbarkeit und deren Hindernisse wie Geld, Wohnung, Beruf und Moral konsequent herausgehalten würden (vgl. Etzemüller 2009, S. 67 und 72).

Das zunächst harmlos erscheinende Medium Bilderbuch, das Kindern einen Sachverhalt exemplarisch und spielerisch vorstellt, wird hier zum Austragungsort restriktiver Ernährungspolitiken und Blickregime, bei dem es weniger um das Wohl der Kinder als um Vorstellungen von einem gesellschaftlich normierten Kinderkörper geht, der paradoxerweise gleichzeitig zum Zeichen ‚guter' oder eben ‚schlechter' Mutterschaft avanciert. Linus' Mutter zählt offenbar zur zweiten Kategorie. Die Lesenden werden damit zu Zeug_innen und Kompliz_innen einer korrekturbedürftigen Praxis, die über die Lektüre des Buches, das mitgelieferte Poster für das Kinderzimmer sowie das Faltblatt mit Zusatzinformationen für Eltern hergestellt werden soll. Visuell und sprachlich wird in „So ein dicker Hund!" ein Diskurs der (Für-)Sorge heraufbeschworen, der die repräsentierte tolerante, familiale, jedoch weiblich konnotierte Praxis zugunsten eines wissenschaftlich-‚objektiven', vor allem männlichen Gegenmodells ablöst, das auf Regeln, Korrektur und Leistung setzt. Kindliches Wachstum, lustvolle Maßlosigkeit und Gedanken von Gewicht als variabler Kategorie scheinen in diesem Kontext undenkbar. Susan Sontag schreibt in „Aids und seine Metaphern", dass Gesellschaften verschiedene Ängste an Körpern und Krankheiten festmachen: „It seems that societies need to have one illness which becomes identified with evil, and attaches blame to its ‚victims', but it is hard to be obsessed with more than one." (Sontag 1989, S. 104). Bilderbücher wie diese, die von renommierten Krankenkassen und im Namen der Gesundheitsfürsorge empfohlen werden, sind somit nicht nur vermeintlich harmlose Literatur für Kinder. Gleichzeitig bilden sie einen Teil eines weiter gefassten autoritären Diskurses der Krise um Körper und deren Gewicht, der eindeutig mit den Mitteln etwa des Fat Shamings und Mother Blamings arbeitet und damit offensive Bilderpolitiken betreibt, die stärker und mehr als bislang geschehen kritischer Lektüren bedürfen.

Literatur

Ariès, Philippe (1960/1977): Geschichte der Kindheit. 4. Auflage. München: Hanser.
Abderhalden, Sandra/Dallapiazza, Michael/Macharis, Lorenzo/Simonis, Annette (Hrsg.) (2014): Schöne Kunst und reiche Tafel. Über die Bilder der Speisen in Literatur und Kunst. Bern, Berlin, Bruxelles u. a.: Peter Lang.
Berger, John (1972/2002): Sehen. Das Bild der Welt in der Bilderwelt. 14. Auflage. Reinbek bei Hamburg: Rowohlt Taschenbuch.
Bergson, Henri (1900/2011): Das Lachen. Ein Essay über die Bedeutung des Komischen. Hamburg: Meiner.
Blöcker, Susanne (1993): Studien zur Ikonographie der Sieben Todsünden in der niederländischen und deutschen Malerei und Graphik von 1450-1560. Münster und Hamburg: LIT.
Boero, Natalie (2009): Fat Kids, Working Moms, and the „Epidemic of Obesity". Race, Class, and Mother Blame. In: Rothblum, Esther/Sondra Solovay (Hrsg.): The Fat Studies Reader. New York und London: New York University Press, S. 113-119.
Bourdieu, Pierre (1979/1987): Die feinen Unterschiede. Kritik der gesellschaftlichen Urteilskraft. Frankfurt am Main: Suhrkamp.
Breuer, Ingo/Goth, Sebastian/Moll, Björn/Roussel, Martin (2015): Einleitung. Die Sieben Todsünden. In: dies. (Hrsg.): Die Sieben Todsünden. Paderborn: Wilhelm Fink, S. 11-28.
Canetti, Elias (1960/2017): Zur Psychologie des Essens. In: Kashiwagi-Wetzel, Kikuko/Meyer, Anne-Rose (Hrsg.): Theorien des Essens. Frankfurt am Main: Suhrkamp, S. 85-90.
Coar, Lisa (2012): Sugar and Spice and All Things Nice. In: Victorian Network 4, Heft 1, S. 48-72.
Duden online: Art. „eigentlich". duden.de/rechtschreibung/eigentlich_wirklich_urspruenglich. (Abfrage: 02.09.2019).
Eggelhöfer, Fabienne (2010): Gula/Völlerei. In: Eggelhöfer, Fabienne/Metzger, Claudine/Vitali, Samuel/Kunstmuseum Bern/Zentrum Paul Klee (Hrsg.): Lust und Laster. Die 7 Todsünden von Dürer bis Naumann. Ostfildern: Hatje Cantz, S. 256-288.
Etzemüller, Thomas (2009): Zu traditionell, zu emanzipiert. Frauen als Quell der permanenten demographischen Katastrophe. In: Villa, Paula-Irene/Thiessen, Barbara (Hrsg.): Mütter - Väter. Diskurse, Medien, Praxen, Münster: Westfälisches Dampfboot, S. 63-74.
Geith, Karl-Ernst (2003): Die Sünde der Völlerei (gula) in deutschen Predigten des Mittelalters. In: Grewe-Volpp, Christa/Reinhart, Werner (Hrsg.): Erlesenes Essen. Literatur- und kulturwissenschaftliche Beiträge zu Hunger, Sattheit und Genuss. Für Ulrich Halfmann. Tübingen: Gunter Narr, S. 314-330.
Glasenapp, Gabriele von/Weinkauff, Gina (2010): Kinder- und Jugendliteratur. Paderborn: Ferdinand Schöningh.
Hammer-Tugendhat, Daniela (1989/2006): Jan van Eyck. Autonomisierung des Aktbildes und Geschlechterdifferenz. In: Zimmermann, Anja (Hrsg.) (2006): Kunstgeschichte und Gender. Eine Einführung. Berlin: Dietrich Reimer, S. 73-97.
Heinisch, Severin (2002): Die Lust am verformten Körper. In: ders. (Hrsg.): Dick und Dünn. Körperbilder und Schönheitsideale in der Karikatur. 1. Auflage. St. Pölten: NP, S. 9-11.
Heller, Friedrich (2014): Neue Fachliteratur. Buchkritik. In: 1000+1 Buch. Das Magazin für Kinder und Jugendliteratur 2014, S. 78.
Lacan, Jacques (1953/1973): Das Spiegelstadium als Bildner einer Ichfunktion. In: ders.: Schriften I, hrsg. v. Norbert Haas, Olten, Freiburg im Breisgau: Walter, S. 61-70.
Miklautz, Elfie/Lachmayer, Herbert/Eisendle, Reinhard (1999): Einleitung. In: dies. (Hrsg.): Die Küche. Zur Geschichte eines architektonischen, sozialen und imaginativen Raums, Wien, Köln und Weimar: Böhlau, S. 9-16.

Mollow, Anna (2013): „Sized Up: Why Fat Is a Queer and Feminist Issue", Bitch.com 2013 (Abfrage: 28.10.2019).
Muth, Laura (2014): Verbotene Speisen. Die Bedeutung von Essen und Trinken im Märchen. In: Abderhalden, Sandra/Dallapiazza, Michael/Macharis, Lorenzo/Simonis, Annette (Hrsg.): Schöne Kunst und reiche Tafel. Über die Bilder der Speisen in Literatur und Kunst. Bern, Berlin, Bruxelles u.a.: Peter Lang, S. 153–168.
Oetken, Mareile (2017): Wie Bilderbücher erzählen. Analysen multimodaler Strukturen und bimedialen Erzählens im Bilderbuch. Oldenburg: Habilitationsschrift Carl von Ossietzky Universität Oldenburg 2016.
Rose, Lotte/Schorb, Fritz (2017): Fat Studies in Deutschland. Hohes Körpergewicht zwischen Diskriminierung und Anerkennung, Weinheim und Basel: Beltz Juventa.
Schade, Sigrid/Wenk, Silke (2011): Studien zur visuellen Kultur. Einführung in ein transdisziplinäres Forschungsfeld. Bielefeld: transcript.
Scheffler, Ursel (2007): So ein dicker Hund! Ravensburg: Ravensburger Buchverlag Otto Maier GmbH.
Silverman, Kaja (1997): Dem Blickregime begegnen. In: Kravagna, Christian (Hrsg.): Privileg Blick. Kritik der visuellen Kultur. Berlin: Edition ID-Archiv, S. 41–64.
Sontag, Susan (1989): Illness as Metaphor and AIDS and Its Metaphors. New York: Picador.

Verpackungen von Kinderlebensmitteln als Objektivationen pädagogischer Vorstellungen über Ernährung

Juliane Noack Napoles

1. Einleitung

Kinderlebensmittel sind Nahrungsprodukte, die mindestens eines der folgenden Kriterien erfüllen: Aufschrift ‚für Kinder' oder ‚Kids', auffällige Gestaltung der Verpackung, spezielle Formung (z. B. als Tier- oder Comicfiguren), Beigaben (z. B. Aufkleber, Sammelbilder oder Spielfiguren) sowie speziell an Kinder gerichtete Werbung bzw. Internetauftritte der Hersteller (vgl. Düren/Kerstin 2003, S. 16). Rechtlich unterliegen Lebensmittel für Säuglinge und für Kleinkinder im Alter von einem bis drei Jahren jeweils besonderen Regelungen und Schutzbestimmungen, die in der Diät-Verordnung fixiert sind und die für Rückstände, Schadstoffe und Inhaltsstoffe strenge Maßstäbe setzt. Jedoch gibt es lebensmittelrechtlich keine Definition dafür, was Kinderlebensmittel ohne Altersempfehlung sein sollen, und so werden sie nach allgemeinem Lebensmittelrecht hergestellt. Das ermöglicht es den Herstellern, sogenannte Kinderlebensmittel mit zum Teil gesundheitlich bedenklichen Inhaltsstoffen anzureichern, wie beispielsweise zu viel Zucker, zu viel Fett, Zusätze von Vitaminen und Mineralstoffen oder anderen Zusatzstoffen wie Aromastoffe, Geschmacksverstärker, Farb- und Konservierungsstoffe. Entgegen diverser Studien (ex. Bode 2015), die nicht nur schlicht belegen, dass Kinder keine Kinderlebensmittel brauchen, sondern sogar auf die gesundheitlichen Gefahren bei übermäßigem Verzerr verweisen, glauben 40 Prozent der Verbraucher_innen, dass „Zucker-, Fett- und Salzgehalt [von sogenannten Kinderlebensmitteln; J.N.N.] an die Bedürfnisse von Kindern angepasst sind" (Verbraucherzentrale 2012, S. 2). Bezogen auf Milchprodukte beispielsweise wurden im Jahr 2011 von 15 Millionen Haushalten – das ist jeder dritte Haushalt – Kindermilchprodukte gekauft, umgerechnet auf die Gesamtausgaben für diese Produktgruppe macht das 5 Prozent aus. Der Umsatz von Kinderwurstprodukten ist in dem genannten Jahr sogar um 13 Prozent gestiegen (vgl. ebd.).

Was im Supermarkt ungeachtet der jeweiligen Zielgruppe wahrgenommen wird, ist nicht das Lebensmittel an sich, sondern dessen Verpackung: „Unsere Sinne werden immer weniger durch die Lebensmittel selbst, sondern viel stärker durch ihre Hüllen affiziert, die uns mit Farben, Formen und Symboliken

Lustgewinn und Lebensqualität versprechen" (Burghardt/Zirfas 2016, S. 258). In diesem Sinne zielen Verpackungen auf den Aufbau eines Images, die Erhöhung des vermuteten Produktwertes, die Wiedererkennung, den Erlebnischarakter und die Wahrnehmungslenkung. Dies macht sich das Marketing, das sich an Kinder richtet, in besonderer Weise zunutze, qualifizieren ja gerade farbenfrohe Verpackungen ein Lebensmittel als Kinderlebensmittel. Dass dies funktioniert, zeigt eine empirische Studie in einem Kindergarten, bei der fast alle Kinder die Produkt- und Markenlogos und die dazugehörigen Zeichentrickfiguren erkannten. Das führt den Kindermarketingexperten Pacyna (2007) zu der Schlussfolgerung: „Kinder kennen und wollen vor allem […] die Lebensmittel, welche sie im Fernsehen gesehen haben oder häufig beim Einkaufen im Supermarkt sehen" (ebd., S. 90). Eine andere Studie konnte nicht nur zeigen, dass die Attraktivität der Verpackung eines Lebensmittels dessen Wahl tatsächlich begünstigt, sondern auch, dass attraktive Verpackungen dazu führen, dass das Lebensmittel selbst als schmackhafter beurteilt wird (vgl. Enax et al. 2015). Dazu durften acht- bis zehnjährige Grundschüler_innen zwischen drei Früchtemüslis wählen, die sich lediglich in der Verpackung unterschieden: eine Standardverpackung, eine mit Informationen zu gesundheitlichen Aspekten und eine dritte mit Zeichentrickfiguren. Am begehrtesten war das Müsli in der Verpackung mit den Zeichentrickfiguren, welches darüber hinaus beim Geschmackstest am besten abschnitt. In diesem Ergebnis kommt ein klassischer Marketing-Placeboeffekt zum Ausdruck, nämlich, dass bestimmten Produkten Wirkungen zugesprochen werden, ohne dass diese durch den Inhalt gerechtfertigt wären (vgl. ebd.). Es ist also die Verpackung der Lebensmittel, die von den Kindern wiedererkannt und begehrt wird und zudem ihre Phantasiewelt belebt: Man kann hier von einer Transzendenz oder Metaphysik der Verpackung sprechen, die eine Fülle von Versprechen beinhaltet (vgl. Burghardt/Zirfas 2016).

Diese Bedürfnisse beim Konsument Kind zu wecken, reicht indes nicht aus, um Kinderlebensmittel auf dem Markt abzusetzen. Die Eltern, die die Waren zahlen, müssen als Käufer_innen gewonnen werden. Folglich besteht die besondere Herausforderung des an Kinder gerichteten Marketings darin, beide Ansprüche zu erfüllen: „Einerseits muss beim Konsumenten (Kinder) das Bedürfnis nach dem Produkt geweckt werden, andererseits müssen auch die Käufer (Eltern bzw. Erwachsene) vom Produkt überzeugt werden" (Heidemann 2007, S. 228). Eine der Arenen dieser Überzeugungsarbeit ist die Verpackung des Kinderlebensmittels, die es einerseits als solches erkennbar macht und andererseits die Eltern vom Kauf überzeugen soll. Damit letzteres passiert, muss die verfolgte, sich auf der Verpackung manifestierende Marketingstrategie den Nerv der entsprechenden Kultur treffen (vgl. Noack Napoles 2019), wobei unter ‚Kultur' hier im allgemeinsten Sinne die „gestaltete und gelebte Wahrheitsvorstellung einer Gemeinschaft" (Peper 2012, S. 14) verstanden wird. Dabei geht es nicht nur um (angeblich) erwartbare Produkteigenschaften, über die auf der

Verpackung informiert wird, sondern um zugrundeliegende, gemeinsam geteilte Auffassungen von Kindern, Kindheit und essensbezogenen (pädagogischen) Vorstellungen. Die Verpackung des Kinderlebensmittels erscheint somit als Objektivation sozial geteilter Ansichten, d.h. als Artefakt, den zu untersuchen das Anliegen des vorliegenden Textes ist.

Dies geschieht in folgenden Schritten: Zuerst wird erläutert, was Artefakte im Allgemeinen sind, und es wird eine Kinderwurstverpackung als ein spezielles Artefakt exemplarisch vorgestellt. Dieses wurde bereits an anderer Stelle in Bezug auf die sich dort manifestierenden (pädagogischen) Ansichten analysiert. Die Ergebnisse dieser Analyse werden kurz skizziert (2.) und hinsichtlich damit verbundener impliziter essensbezogener Ansichten untersucht (3.). Ein Fazit mit Fokus auf erziehungswissenschaftliche Aspekte analytischer Auseinandersetzungen mit essensbezogenen Artefakten und damit verbundenen pädagogischen Konsequenzen schließt den Text (4.).

2. Kinderwurstverpackung als Artefakt pädagogischer Vorstellungen

Menschliche Aktivitäten manifestieren sich in den verschiedensten Objekten als Folge von beiläufigen oder bewusst geplanten Tätigkeiten, was bedeutet, dass sie „als integrative [...] Bestandteil[e] sozialer Prozesse und Strukturen und somit als wesentliches Element zum Verständnis der Gesellschaft insgesamt betrachtet" (Lueger/Froschauer 2018, S. 53) werden können. Solche Objekte oder Artefakte „als materialisierte Produkte menschlichen Handelns verkörpern *Objektivationen sozialer Beziehungen* und gesellschaftlicher Verhältnisse; sie repräsentieren jene Aktivitäten, durch die sie geschaffen wurden" (Lueger 2010, S. 92; Herv. i. O.). „Als Artefakte werden demzufolge Objekte bestimmt", so Lueger und Froschauer (2018), „die in der materialen Welt als Gegenstände verankert sind, die durch menschliche Eingriffe erzeugt, gehandhabt, modifiziert oder verwandelt wurden und werden. Solcherart sind sie Externalisierungen menschlichen Handelns, die einmal in die Welt gesetzt, den Menschen als ihnen äußerlich begegnen und als solche in ihre Denk- und Handlungsweisen intervenieren" (ebd., S. 11). Da sich diese „in ihrer Existenz auf eine soziale Produktion stützen, verbergen sich unter [ihrem; J.N.N.] Deckmantel kollektive Anteile, die sich aus der Koordinierung des sozialen Lebens ergeben und in Form lebensweltlicher Protokolle Auskunft über das Umfeld, in dem sie sich befinden, geben können" (Keitsch/Pooch 2017, S. 203). Sozialwissenschaftlich sind Artefakte aus zwei Gründen bedeutsam: „Sie sind in der Gesellschaft omnipräsent, wobei soziale Phänomene, Ereignisse oder das Milieu, in dem Menschen leben, in ihnen ohne Zutun von Sozialwissenschaftler_innen bereits dokumentiert sind; und sie repräsentieren gesellschaftliche Orientierungen, weil ihnen der mit der Herstellung und Verwendungsweise verbundene Sinnhorizont inhärent ist" (Lueger 2010, S. 93f.).

Vor allem der zweite Punkt, nämlich die von dem Artefakt repräsentierten gesellschaftlichen Orientierungen sind im diskutierten Zusammenhang zentral. Bezogen auf die Verpackungen von Kinderlebensmitteln und die Frage, wie Kinder als Konsumenten und Eltern als Käufer_innen gleichzeitig von dem Produkt überzeugt werden, richtet sich der analytische Fokus auf die ästhetische Gestaltung der Verpackung und der ihr – in einem phänomenologischen Zugriff – zugrundeliegenden (pädagogischen) gelebten und gestalteten Wahrheitsvorstellungen einer Gruppe (vgl. Peper 2012). Geht man vor diesem Hintergrund exemplarisch auf die Verpackung der Kindergeflügelmortadella von Gutfried Junior ein, lässt sich Folgendes feststellen.

Abb. 1: Wurstverpackung „Gutfried Junior Pausen Geflügel-Mortadella. Finden kleine Tiger bärenstark". Foto: Juliane Noack Napoles.

Abb. 2: Cover von „Oh wie schön ist Panama". In: Janosch (1980): Oh wie schön ist Panama. Beltz & Gelberg 1980.

Die Gestaltung der Vorderseite der Wurstverpackung (Abb. 1) erinnert an die typische Gestaltung der Janosch-Bücher (vgl. Abb. 2): Gerahmt wird die Szenerie von den tigerententypischen Streifen – jedoch nicht als Längs-, sondern als Querstreifen. Der Hintergrund des Bildes im Zentrum ist so unterteilt, dass das obere Dreiviertel den Himmel und das untere Viertel die Wiese darstellt. Folgt man der Gestaltung gemäß den Lesegewohnheiten lateinischer Schriftsprache, besteht die Verpackungsoberfläche aus neun Zeilen, die von oben nach unten wären: Gutfried (1), Junior (2), Pausen-Geflügel- (3), Mortadella (4), Finden kleine Tiger bärenstark (5). Die unteren beiden Drittel zieren mittig eine Scheibe der Mortadella mit der Tigerente darauf, die nach links schaut. Links und rechts schauen jeweils der Bär und der Tiger hinter der Wurstscheibe hervor und winken den Betrachter_innen zu (6). Unten links steht die Tigerente (8) vor der Wurstscheibe (7), jedoch schaut sie entgegen ihrer Abbildung auf der Wurst nach rechts auf ein Schild, auf dem geschrieben steht: „Weniger Fett – Plus Calcium", an das die Tigerente mit der Schnur, an der sie der kleine Tiger sonst zieht, angebunden ist (8). Die letzte imaginierte Zeile wird durch den Zweizeiler: „Die Extrawurst für Kinder – schmeckt und macht Spaß" gebildet (9).

Bereits diese explorative Auseinandersetzung mit schriftlichen und bildlichen Aspekten der Oberfläche der Wurstverpackung entlang der neun Zeilen lässt eine Struktur des Gegenstands und seiner Dynamik erkennen, wie ich an anderer Stelle verdeutlicht habe (vgl. Noack Napoles 2019). Fünf Aspekte wurden dabei herausgearbeitet, die im Folgenden kurz vorgestellt werden. Im Anschluss werden diese – entsprechend des Anliegens dieses Beitrags – auf die ihnen zugrundeliegenden, gemeinsam geteilten Auffassungen von Kindern, Kindheit und essensbezogenen (pädagogischen) Vorstellungen hin befragt.

1. Auffallend an der ästhetischen Gestaltung der Gutfried Wurstverpackung ist die Verwendung von zwei Elementen: erstens Bilder oder kurz gehaltene buntgestaltete Schriftteile und zweitens weniger bunt, dafür seriös anmutende Textteile. Intuitiv ist klar, dass damit im ersten Fall die Kinder und im zweiten Fall die Erwachsenen adressiert werden sollen, was auf einer analytischen Ebene darauf verweist, dass in unserer Kultur die Idee getrennter Lebenswelten von Kindern, die nicht (gut), und Erwachsenen, die (gut) lesen können, konstitutiv ist. Dass Kinder noch nicht lesen und schreiben können, dient dann weiterhin als Nachweis für eine spezifische Eigenart von Kindern und ihrer besonderen Bedürfnisstrukturen. Diese Argumentationsfigur findet sich auch auf wissenschaftlicher Ebene, wenn Autoren wie Neil Postman (1983) argumentieren, dass die Lebensphase Kindheit (im modernen Verständnis) in der Einführung des Buchdrucks mit Erfindung der Druckerpresse um 1450 wurzelt. Seitdem werde das Erwachsensein erst dadurch erworben, dass man Lesen und Schreiben lernt. Dafür werden eigene Institutionen – die Schulen – eingerichtet, was gleichsam zu einer Institutionalisierung der Kindheit führe: „Wo die Lese- und Schreibfähigkeit allgemein hoch im Kurs stand, gab es Schulen, und wo es Schulen gab, da entfaltete sich die Vorstellung von Kindheit sehr rasch" (ebd., S. 51).
2. Bei der Wurst der analysierten Verpackung handelt es sich um eine Pausen-Geflügel-Mortadella. Sie ist eines von fünf Produkten aus dem Wurstsortiment, das die Kinder über den Tag begleiten soll. Damit wurde erstmalig ein

gesamtes Sortiment von einem Hersteller angeboten, das Kinder mit dem passenden Produkt für Frühstück, Pause, Mittagessen, Snack zwischendurch, Abendessen, Kinderfeste versorgt. Bezogen auf kindliche Lebenswelten ist die Geflügelmortadella für das Pausenbrot für Schule und Kindergarten gedacht. Die Arbeitszeit der Schüler_innen, so die zugrundeliegende Annahme, unterliegt in Analogie zur Arbeitswelt der Erwachsenen genauen Zeitregelungen. Dies verweist auf den Topos einer getakteten Kindheit und der damit verbundenen, sich im Alltagsleben von Kindern widerspiegelnden (pädagogischen) Praxis zweier nebeneinander existierender Vorstellungen von Zeit: Einerseits sollen Kinder festgesetzte Tagespläne, Stundenpläne, Termine und Tempi befolgen, andererseits dürfen (und sollen) sie zeitvergessen spielen (vgl. Zeiher 2001, S. 432 f.).

3. Die Entscheidung für den kleinen Bären, den kleinen Tiger und die Tigerente des Autors und Illustrators Janosch (Horst Eckert) als Werbeträger verweist weiterhin auf eine zugrundeliegende Romantisierung von Kindheit. Diese anthropomorphen Figuren sind nicht nur anziehend gezeichnet, sondern als Tierfiguren mit vorangestelltem Diminutiv doppelt verniedlicht (vgl. Alexander 2009). So schätzen Marketingexpert_innen an den Janosch-Figuren gerade, dass sie eher mit Fantasie, Träumereien und Leichtigkeit (vgl. Pacyna 2007) verbunden werden, wobei es sich um Attribute von Kindheit in einem romantischen Sinne handelt.

4. Eine andere der Gestaltung des Designs der Wurstverpackung zugrundeliegende pädagogische Annahme, die rekonstruiert werden konnte, ist die vom regelorientierten Verhandlungshaushalt (vgl. Noack Napoles 2019). Die Marketingstrategie richtet sich an die Kinder, die dann wiederum ihre Eltern zum Kauf des beworbenen Produktes bewegen. Die Verpackung des Produkts selbst informiert auch darüber, dass es weniger Fett enthält und mit Calcium angereichert ist. Dies dient dazu, die Kaufentscheidung der Eltern oder anderer Erziehungsberechtigter mit gesundheitlichen Argumenten zugunsten des Produkts zu beeinflussen. Vereinfacht dargestellt ist die Tigerente das Argument des Kindes und die gesundheitsbezogenen Informationen das Reassurance-Argument der Eltern für den möglichen Kauf der Geflügelmortadella. Eine solche Werbestrategie setzt jedoch ein Generationenverhältnis voraus, das durch Partizipation, explizit auch bezogen auf die Warenwelt, und Mitbestimmung der Kinder charakterisiert ist. In der Pädagogik wird vom Verhandlungshaushalt gesprochen, der dadurch charakterisiert ist, „daß der Spielraum der Kinder, um als gleichberechtigte Partner am Familiengeschehen teilzunehmen, groß ist und daß sich die Eltern im Konfliktfall nicht mit Strafen durchsetzen, sondern daß beide Parteien miteinander reden, nach Kompromissen suchen und sich für das Gelingen eines angenehmen Familienlebens mitverantwortlich fühlen" (du Bois-Reymond 1998, S. 85).

5. Die Gestaltung der Wurstverpackung wird von der Idee der Partikularisierung (im Sinne Parsons) bzw. der Besonderung von Kindern und des Umgangs mit ihnen geleitet, der nämlich (heutzutage) sowohl ästhetisch als auch hedonistisch geprägt sein soll (vgl. Noack Napoles 2019). Dass diese Rechnung im wahrsten Sinne des Wortes aufgeht, offenbart sich in der *Premiumisierung* von Kinderprodukten und damit verbunden in deren Preisen: „Bei Premium-Produkten spielt die Frage des Images eine bedeutende Rolle. Durch die besondere Qualitätsanmutung und die hohen Preise erwecken die Produkte den Eindruck von Exklusivität und bieten dadurch einen Kaufanreiz" (Lüth 2005, S. 2). So beträgt der Preisabstand zwischen Gutfried Junior als der hier analysierten Kinderwurst und anderen Handelsmarken – unabhängig davon, ob es sich um spezifische Würste für Kinder handelt oder nicht – je nach Erzeugnis zwischen 20 und 60 Prozent (vgl. Heidemann 2007).

3. Kinderwurstverpackungen als Objektivation essensbezogener Vorstellungen

Die Zusammenführung der Ergebnisse der skizzierten fünf Analysestränge verweist auf intergenerationale Bezugnahmen hinsichtlich (pädagogischer) Ansichten über Essen, aber auch über Erziehung und Kindheit, die in der marketingstrategischen Rede von der ‚Extrawurst' kumulieren. So ziert und charakterisiert der Slogan „Die Extrawurst für Kinder – schmeckt und macht Spaß" alle Artikel des Wurstsortiments der Marke Gutfried Junior. Auch andere Kinderwurstverpackungen zitieren – mit diversen Bedeutungsverschiebungen – den Ausdruck ‚Extrawurst', wie beispielsweise die Produkte des Kinderwurstsortiments „Leo Lausemaus" der Marke Böklunder, deren Slogan lautet: „Extra lecker für Wurst-Entdecker" (https://www.boeklunder.de/home/produkte/kinderwurstprodukte/).

Die Redewendung ‚jemandem eine Extrawurst zu gewähren' bedeutet, ‚jemanden zu bevorzugen', ‚ihn privilegiert außer der Reihe zu behandeln' und wurzelt im Mittelalter, als Wurst (noch) als eine besondere Delikatesse galt und die Gewährung einer Extrawurst eine Bevorzugung darstellte (vgl. Wernert/Trenker/Sommer 2017). Zu früheren Zeiten meinte das Präfix ‚extra' ‚zusätzlich', wird heutzutage jedoch in der Bedeutung von ‚besonders' benutzt. Damit ist ein semantisches Feld abgesteckt, in dem das Sprechen und Denken über Erziehung, ihre Ziele und Stile polarisiert: Bedürfen Kinder einer besonderen Behandlung, d. h. einer Extrawurst, oder werden sie dadurch verwöhnt? Kann man Kinder überhaupt verwöhnen? Bereits bezüglich der frühesten Kindheit entzünden sich basierend auf der Beantwortung dieser Fragen heftige Debatten darüber, ob Babys im Familienbett oder in einem eigenen Zimmer schlafen, ob sie bei Bedarf und überhaupt gestillt werden, ob sie schreien gelassen werden sollen oder ob mit solchen Extrabehandlungen das Kind bereits in den ersten Lebensmonaten verwöhnt werde (ex. für kindliches Schlafen: Kast-Zahn/Morgenroth 2013 und die Diskussionen im Internet, z. B. bei Amazon, darüber). Übertragen auf erzieherische Normen geht es um Fragen danach, ob und inwiefern Kinder universalistisch bzw. kollektivistisch oder eben partikularistisch bzw. individualistisch behandelt und erzogen werden sollen.

Die Marketingstrategie der Kinderwurstproduzenten basiert auf (impliziten und expliziten) pädagogischen Annahmen, die sich in der Gestaltung der Wurstverpackung manifestieren und zu geteilten Wissensbeständen der Käufer_innen der Kinderwurst gehören. Die Rekonstruktion dieses Wissens offenbart Anknüpfungspunkte an Erziehungsvorstellungen vor allem des vorletzten Jahrhunderts, nach denen Kinder Autoritäten, wie Lehrern oder Eltern zu gehorchen und sich ihnen unterzuordnen hatten (vgl. Ecarius 2002). Von Kindern erbetene Sonderwünsche oder Bevorzugungen wurden gerade mit der Begründung verweigert, dass es keine Extrawürste gäbe. In eine generationale Ordnung gebracht, entsprechen – ausgehend von den Kindern, die die Wurst konsumieren – diese Vorstellungen denen ihrer Großeltern, von denen sich ihre Eltern durch den Kauf der Wurst abgrenzen und somit gleichzeitig Kontinuität verleihen. Solche Kontinuitäten zur Großelterngeneration zeigen sich „gerade [...] in Bezug auf das Thema des Essens" (Krinninger 2016, S. 105). Damit ist der generationale Rahmen der drei eigentlich nicht anwesenden Generationen, die von der Wurstverpackung anwesend gemacht werden (vgl. Langeveld 1955), gesteckt: „das Kind (als Konsument der Wurst), die Eltern des Kindes (als Käufer der Wurst) und die Großeltern des Kindes (in ihrer Funktion als Eltern der Eltern, deren Erziehungsideen expliziert werden, damit sich die Eltern durch den Kauf des Produkts [für ihre Kinder; J. N. N.] von diesen bewusst abgrenzen können, ohne dass diese unbewusst gegen Kaufentscheidungen wirken)" (Noack Napoles 2019, S. 354). Dies geschieht durch die explizite Bezeichnung der Kinderwürste als Extrawürste, wodurch die beschriebenen Erziehungsvorstellungen umso effektiver konterkariert werden können; „und zwar insofern, als dass durch den Konsum der Wurst performativ die Norm hergestellt wird, Kinder bedürfen bzw. verdienen sehr wohl Extrawürste, nämlich solche[n], die schmecken und Spaß machen" (ebd., S. 352).

In diesem Zusammenhang erscheint es bemerkenswert, dass die in den 1980er Jahren geborene Eltern-Generation (die Millenials bzw. Generation Y) – die potenziellen Wurstkäufer – sogar als „Generation Extrawurst" (Matheis 2017) bezeichnet werden. Dies nicht etwa deshalb, weil sie ihren Kindern Extrawürste zukommen lassen, sondern weil sie sich nicht wie vorherige Generationen durch Musik, lange Haare oder Tattoos abgrenzen, sondern durch die Ernährung: „Sie definieren sich über das, was sie auf ihren Tellern zulassen. Oder besser gesagt: was sie nicht zulassen" (ebd., S. 40). Gleichzeitig wünschen sich (auch die) Eltern ‚gute Esser_innen', „denn von der Tatsache, dass ihr Sprössling in ihren Augen gut isst, schließen sie auf einen weiterhin problemlosen Entwicklungsverlauf" (Haug-Schnabel 2007, S. 30). Das einstige Ziel, Kinder hätten zu essen, was auf den Tisch kommt, und bekämen keine Extrawürste, weicht dem Ziel des Kindes als gutem Esser bzw. guter Esserin. Dies führt einerseits die Tradition fort, dass (Auf)essen als gut bewertet wird. Andererseits haben sich jedoch die Vorzeichen geändert: Zählte ehedem, dass entweder das gereichte Essen oder eben gar nichts gegessen werde, ist nun zentral, dass (gut) gegessen wird. In diesem Sinne ist der bzw. die gute Esser_in das Ideal essensbezogener Erziehung, denn „‚[e]in guter Esser' ist in der Vorstellung vieler Eltern gleichgestellt mit einem ‚lieben Kind'" (ebd.). Da der bzw. die gute Esser_in „ein anerkanntes Erziehungsziel ist, wird hierfür viel getan, vor allem während des Essens" (ebd.). Eine Mortadella, die verspricht, lecker zu sein und Spaß zu machen, oder eine Salami, die nicht nur lecker, sondern extra für Wurstentdecker ist, hat gute Chancen, als (Erziehungs-)Mittel bei der Realisierung dieses Erziehungszieles zum Einsatz zu kommen.

4. Fazit

Das Anliegen des vorliegenden Artikels war es, anhand einer Kinderwurstverpackung sozial geteilte Ansichten und Vorstellungen über Kinder und Essen zu rekonstruieren. Aus dieser Perspektive wird die Verpackung als Artefakt behandelt und offenbart sich als Objektivation sozial geteilter Ansichten. Es erscheint als Externalisierung menschlichen Handelns, die einmal in die Welt gesetzt, den Menschen als ihnen äußerlich begegnen und als solche in ihre Denk- und Handlungsweisen intervenieren (vgl. Lueger/Froschauer 2018). Die Auseinandersetzung aus erziehungswissenschaftlicher Perspektive mit essensbezogenen Artefakten, wie beispielsweise (Kinder-)Besteck, tiefe Teller, Sitzordnungen bei Mahlzeiten etc., knüpft damit an Seichters (2016) Versuch an, „das Denken über Erziehung über die Praxis der Ernährung zu erklären" (ebd., S. 112). Im vorliegenden Text richtete sich jedoch der Fokus auf tatsächliche Tätigkeiten in Bezug auf kindliche Ernährung und Essen und damit verbundene Ansichten über Erziehung, wie sie sich in Artefakten materialisieren.

Zunächst offenbart das Angebot sowohl von Lebensmitteln als auch von Kinderlebensmitteln, dass nicht nur von einer Differenz zwischen Erwachsenen und Kindern ausgegangen wird, sondern ganz basal, dass es überhaupt die Idee von Kindheit als eigener Lebensphase gibt. Diese gewinnt im Falle der Kinderlebensmittel dadurch Gestalt, dass die kindspezifischen Lebensmittel das Kind gerade als ‚Extra-Wesen' konstruieren. Ihm wird unterstellt, etwas anderes zu brauchen als die Erwachsenen, weil es etwas anderes ist. Dies hat dann folgenden argumentativen Zirkel zum Schluss: Das Kind isst etwas anderes, weil es anders ist, und weil es anderes isst, ist es anders. Was sich hier offenbart, sind zugleich intergenerationale Othering- und Distinktions-Prozesse.[1]

Weiterhin lässt sich anhand der Verpackungen artefaktanalytisch rekonstruieren, welche Lebensmittel in welcher kulinarischen Aufbereitung gegessen werden. Bezogen auf als Kinderlebensmittel deklarierte und beworbene Produkte lässt dies wiederum Schlüsse darüber zu, was als gut für Kinder und die kindliche Entwicklung gilt. Die auf der Verpackung hervorgehobenen Inhaltsstoffe bzw. die Reklamation des Verzichts auf bestimmte andere konkretisiert ernährungswissenschaftliche Vorstellungen darüber, was als gesundheitsförderlich und was als schädlich für das Kind angesehen wird. Pädagogische Relevanz erlangen derartige Vorstellungen deshalb, weil Erwachsene – indem sie solche, als gesund definierte Nahrungsmittel kaufen – den damit verbundenen Geschmack bei den Kindern durchsetzen. Diese ernährungswissenschaftliche Standardisierung und Konformisierung von Lebensmitteln hat ihre Anfänge in der Mitte des 19. Jahrhunderts und verläuft über den Geschmack und die Geschmacksbildung, „das meint über die Aromaindustrie mit ihren über 2 500 im Labor hergestellten Substanzen" (Burghardt/Zirfas 2016, S. 250). Der Geschmacksbegriff geht jedoch über kulinarische Zusammenhänge hinaus und bezieht sich „ganz allgemein [auf; J. N. N.] das Vermögen, Ähnlichkeiten und Unterschiede wahrzunehmen, Gleiches vom Ungleichen zu unterscheiden" (Zirfas 2011, S. 20 ff.). Er umfasst somit auch Ästhetik, Moral und soziale Differenzierung mit der Konsequenz, dass es bei den (Kinder-)Lebensmitteln eben nicht nur um eine Gleichmachung auf physischer, sondern auch auf psychischer und sozialer Ebene geht.

In Bezug auf die Geschmacksthematik ist die oben zitierte Aussage des Kindermarketingexperten Pacyna (2007) beachtenswert, dass Kinder die Lebensmittel wollen, die sie häufig gesehen haben. Damit knüpft er einerseits an die Erkenntnis an, dass sich Geschmack sozusagen erlernen lässt und das gemocht wird, was man kennt und häufig gegessen hat. Andererseits überträgt er diese auf die Verpackung, denn nur die ist es, die Kinder im Fernsehen oder im Supermarkt sehen. Weder erschließt sich ihnen visuell das Lebensmittel selbst, noch können sie es tatsächlich schmecken. Damit verschiebt Pacyna das Primat der Geschmacksbildung von den Nahsinnen zu den Fernsinnen. Dies reduziert den Geschmack selbst auf ein visuelles Oberflächenphänomen. Bedenkt man weiterhin, dass das Müsli in der ansprechenderen Verpackung als schmackhafter beurteilt wurde, lässt das eher auf das mangelnde Vermögen schließen, Gleiches vom Ungleichen – in dem Fall Lebensmittel und Verpackung – zu unterscheiden. Bildungstheoretisch ist dieser Tatbestand in seiner Bedeutung für kulinarische Geschmacksbildung zumindest bedenkenswert, denn: „Geschmack

---

1 Für den Hinweis danke ich den Herausgeber_innen dieses Bandes.

ist ästhetische Kompetenz – das Feststellen und Reflektieren einer schmeckenden Unterscheidung" (Zirfas 2011, S. 20 ff.).

Die Auseinandersetzung mit Verpackungen von Kinderlebensmitteln und deren Analyse als Artefakte lässt je nach Perspektive und Fragestellung vielfältige Schlüsse bezüglich vorherrschender alltäglicher (pädagogischer) Vorstellungen über Ernährung zu. Lebensmittelverpackungen sind gleichzeitig materialisierte Produkte wirtschaftlicher, politischer, ernährungswissenschaftlicher, pädagogischer etc. Interessen und verkörpern demnach gleichermaßen Objektivationen eben solcher sozialer Beziehungen und gesellschaftlicher Verhältnisse. Aufgrund ihrer Bündelung von und Einbettung in diese diversen Logiken, zeigt sich der Erziehungsprozess selbst als hochgradig mit diesen verflochten. So bedeutet das schlichte Vorhandensein von Kinderlebensmitteln bzw. ihrer spezifischen Verpackungen eben nicht nur, dass von einer partikularisierten Altersphase Kindheit ausgegangen wird, sondern es zementiert Kindheit als solche einschließlich damit verbundener Einstellungen.

Literatur

Alexander, Robin (2009): „Schwarz-Gelb und die Generation Tigerente". www.welt.de/debatte/kommentare/article6075386/Schwarz-Gelb-und-die-Generation-Tigerente.html (Abfrage: 03.11.2019).

Bode, Thilo (2015): Foodwatch-Studie Kindermarketing für Lebensmittel. Freiwillige Selbstverpflichtung der Lebensmittelwirtschaft („EU Pledge") auf dem Prüfstand. Berlin: foodwatch. e. V.

Burghardt, Daniel/Zirfas, Jörg (2016): Halbbildung im Supermarkt. Zur Kritik an der kulinarischen Entmündigung. In: Althans, Birgit/Bilstein, Johannes (Hrsg.): Essen – Bildung – Konsum. Pädagogisch-anthropologische Perspektiven. Wiesbaden: Springer VS, S. 245–266.

du Bois-Reymond, Manuela (1998): Der Verhandlungshaushalt im Modernisierungsprozeß. In: Büchner, Peter/du Bois-Reymond, Manuela/Ecarius, Jutta/Fuhs, Burkhard/Krüger, Heinz-Hermann (Hrsg.): Teenie-Welten. Aufwachsen in drei europäischen Regionen. Opladen: Leske + Budrich, S. 83–112.

Düren, Melanie/Kersting, Mathilde (2003): Das Angebot an Kinderlebensmitteln in Deutschland. Produktübersicht und ernährungsphysiologische Wertung. In: Ernährungs Umschau 50, H. 1, S. 16–21.

Ecarius, Jutta (2002): Familienerziehung im historischen Wandel. Eine qualitative Studie über Erziehung und Erziehungserfahrungen von drei Generationen. Wiesbaden: VS.

Enax, Laura/Weber, Bernd/Ahlers, Maren/Kaiser, Ulrike/Diethelm, Katharina/Holtkamp, Dominik/Faupel, Ulya/Holzmüller Hartmut H./Kersting, Mathilde (2015): „Food packaging cues influence taste perception and increase effort provision for a recommended snack product in children". www.ncbi.nlm.nih.gov/pmc/articles/PMC4488606/ (Abfrage: 01.01.2020).

Haug-Schnabel, Gabriele (2007): Die Psychologie des Essens. In: Mehr Zeit für Kinder/Barmer (Hrsg.): Essen – ein Abenteuer?! Wie die tägliche Ernährung in der Familie Spaß macht und gesund hält. Belgien: Barmer/Mehr Zeit für Kinder, S. 30–39.

Heidemann, Christina (2007): Neues Gesundheits- und Ernährungsbewusstsein: Gutfried Junior. In: Belz, Christian/Schögel, Marcus/Tomczak, Torsten (Hrsg.): Innovation Driven Marketing. Vom Trend zur innovativen Marketinglösung. Wiesbaden: GWV, S. 226–232.

Kast-Zahn, Annette/Morgenroth, Helmut (2013): Jedes Kind kann schlafen lernen. München: Gräfe und Unzer GmbH.

Keitsch, Patricia/Pooch, Marie-Theres (2017): Artefakte als empirischer Zugang zur Erforschung von Wohnräumen der stationären Erziehungshilfe. In: Meuth, Miriam (Hrsg.): Pädagogisch institutionelles Wohnen. Wiesbaden: Springer VS, S. 195–220.

Krinninger, Dominik (2016): How to do education while eating. Die Familienmahlzeit als praktisch-pädagogisches Arrangement. In: Täubig, Vicki (Hrsg.): Essen im Erziehungs- und Bildungsalltag. Weinheim und Basel: Beltz Juventa, S. 91–108.

Langeveld, Martin (1955): Das Ding in der Welt des Kindes. In: Zeitschrift für Pädagogik 1, H. 2, S. 69–83.

Lueger, Manfred (2010): Interpretative Sozialforschung: Die Methoden. Wien: facultas.wuv.

Lueger, Manfred/Froschauer, Ulrike (2018): Artefaktanalyse. Grundlagen und Verfahren. Wiesbaden: Springer VS.

Lüth, Maren (2005): „Zielgruppensegmente und Positionierungsstrategien für das Marketing von Premium-Lebensmitteln. Dissertation." pdfs.semanticscholar.org/5481/605fdd5b689 44cfea570acdf0184a525c00f.pdf (Abfrage: 20.11.2019).

Matheis, Katharina (2017): Generation Extrawurst. In: WirtschaftsWoche 50, H. 53, S. 38–42.

Noack Napoles, Juliane (2019): Die Extrawurst für Kinder – oder Verpackungen von Kinderlebensmitteln als Artefakte pädagogischer Vorstellungen. In: Bach, Clemens (Hrsg.): Pädagogik im Verborgenen – Bildung und Erziehung in der ästhetischen Gegenwart. Wiesbaden: Springer VS, S. 337–357.

Pacyna, Manon (2007): Marketing für Kinderlebensmittel. Kindliche Wahrnehmung als Basis des Lebensmittelmarketings. Saarbrücken: VDM Verlag Dr. Müller.

Peper, Jürgen (2012): Ästhetisierung als Zweite Aufklärung. Eine literarästhetisch abgeleitete Kulturtheorie. Bielefeld: Aisthesis.

Postman, Neil (1983): Das Verschwinden der Kindheit. Frankfurt am Main: S. Fischer.

Seichter, Sabine (2016): Die Geburt der Erziehung aus dem Geiste der Ernährung. In: Althans, Birgit/Bilstein, Johannes (Hrsg.): Essen – Bildung – Konsum. Pädagogisch-anthropologische Perspektiven. Wiesbaden: Springer VS, S. 113–125.

Verbraucherzentrale Bundesverband (2012): „Kinderlebensmittel – bunt, bunter, zu bunt? Kinder- und Kleinkinderlebensmittel. Eine Verbraucherpolitische Betrachtung des Verbraucherzentrale Bundesverbandes." www.vzbv.de/sites/default/files/downloads/Kinderlebensmittel-Dossier_vzbv_2012.pdf (Abfrage: 06.06.2019).

Wernert, Wolfgang/Trenker, Daniela/Sommer, Eva (2017): „Die Extra*wurst*". www.bmnt.gv.at/land/lebensmittel/trad-lebensmittel/Fleisch/Fleischprodukte/extrawurst.html (Abfrage: 05.06.2018).

Zeiher, Helga (2001): Leben in der Zeit führen – im Wandel der Zeit. In: Behnken, Imbke/Zinnecker, Jürgen (Hrsg.): Kinder. Kindheit. Lebensgeschichte. Ein Handbuch. Seelze-Velber: Kallmeyerische Verlagsbuchhandlung, S. 432–441.

Zirfas, Jörg (2011): Die Tischgemeinschaft als ästhetisch-moralische Anstalt. Über Bildung, Geschmack und Essthetik. In: Liebau, Eckart/Zirfas, Jörg (Hrsg.): Die Bildung des Geschmacks. Über die Kunst der sinnlichen Unterscheidung. Bielefeld: transcript, S. 17–44.

‚Essen lehren' zwischen Normativität und Diversitätsreflexivität

Hochschuldidaktische Herausforderungen der schulischen Ernährungs- und Verbraucherbildung

Angela Häußler, Maja S. Maier und Katja Schneider

1. Essen in der Schule lehren und lernen – Standortbestimmung der schulischen Ernährungs- und Verbraucherbildung

Wenn Ernährung und Essen in Bildungskontexten, insbesondere in der Schule, thematisiert werden, orientieren sich die Zugänge und Erwartungen häufig an normativen Regeln und Handlungsempfehlungen für ‚richtige' Ernährung. Auch Lehramtsstudierende für Fächer der Ernährungs- und Verbraucherbildung (EVB)[1] sehen ihre zukünftige Aufgabe vor allem darin, Schüler_innen eine gesundheitsförderliche und nachhaltige Ernährungsweise näherzubringen. Ihre Perspektive ist damit stärker auf normengeleitete, auf Verhaltensänderung abzielende Erziehungsprozesse denn auf persönlichkeitsentwickelnde Bildungsprozesse gerichtet. Daraus folgt u.a. eine Bewertung von Ernährungsweisen entlang der Differenzierungslinien gesund/ungesund bzw. richtig/falsch. Die aktuelle fachdidaktische Konzeption REVIS[2], auf die sämtliche Curricula für Fächer der ernährungs- und haushaltsbezogenen Bildung im deutschsprachigen Raum aufbauen, basiert demgegenüber auf einem sehr umfassenden Bildungsbegriff: „Ernährungsbildung dient der Befähigung zu einer eigenständigen und eigenverantwortlichen Lebensführung in sozialer und kultureller Eingebundenheit und Verantwortung. Ernährungsbildung zielt damit auf die Fähigkeit, die eigene Ernährung politisch mündig, gesundheitsförderlich, sozial verantwortlich, demokratisch teilhabend unter komplexen gesellschaftlichen Bedingungen zu gestalten" (evb-online 2005). Damit orientiert sich die Fachdidaktik explizit an den Leitbildern Gesundheit und Nachhaltigkeit, die als „epochaltypische

---

1 Der Text bezieht sich auf ein Lehr-Lern-Forschungsprojekt an der Pädagogischen Hochschule Heidelberg. In Baden-Württemberg heißt das Schulfach für die Ernährungs- und Verbraucherbildung „Alltagskultur, Ernährung und Soziales" (AES) und wird an den Pädagogischen Hochschulen als „Alltagskultur und Gesundheit" gelehrt.
2 REVIS: Ergebnis des Forschungsprojektes „Reform der Ernährungs- und Verbraucherbildung in Schulen" (evb-online.de).

Schlüsselprobleme" (Klafki 2007) aufgefasst werden (vgl. evb-online 2005). Der normative Gehalt von Gesundheit und Nachhaltigkeit wird somit sowohl fachwissenschaftlich als auch in gesellschaftlicher Hinsicht begründet.

Wenn nun aber diese Leitbilder im Zuge einer konkreten didaktischen Operationalisierung der Bildungsziele direkt in normativ aufgeladene Unterrichtsinhalte übersetzt werden, ergeben sich vielschichtige Spannungsfelder, die im vorliegenden Beitrag ausgeleuchtet und einer hochschuldidaktischen Bearbeitung zugänglich gemacht werden sollen. Denn es entspricht – entgegen mancher skeptischer Vorannahmen – gerade *nicht* dem fachdidaktischen Standard, ernährungsphysiologische Erkenntnisse oder ggf. auch nur Überzeugungen zu gesundheitsförderlicher Ernährung als alleinige Bewertungsgrundlage heranzuziehen, um alltägliche Ernährungsweisen zu kategorisieren, zu beurteilen und daraus allgemeingültige Regeln für die Lebensführung abzuleiten. Diese Vorstellung von Ernährungsbildung wird nicht zuletzt durch eine im öffentlichen, überwiegend problematisierenden Diskurs über Ernährung verankerte Überbetonung der individuellen Verantwortung für praktizierte Ernährungsweisen verstärkt. Die Problematiken, die sich aus der (auch in Schulbüchern und Lernmaterialien widergespiegelten) ausdrücklichen Normorientierung für die schulische Ernährungs- und Verbraucherbildung ergeben, werden in der fachdidaktischen Forschungscommunity vielmehr intensiv diskutiert und reflektiert (vgl. ex. Methfessel/Schlegel-Matthies 2011; Häußler/Küster 2013; Suter/Högger 2014; Methfessel 2015; Schlegel-Matthies 2015).

So versteht eine auf REVIS zurückgreifende fachdidaktisch fundierte schulische Ernährungsbildung Essen und Ernährung in erster Linie als Kulturtechnik, die in einem kulturanthropologischen Verständnis kontextbezogen erlernt werden muss (vgl. Methfessel 2015). Dies bedeutet, neben ernährungsphysiologischem Grundlagenwissen ebenso auch die kulturellen, sozialen, ökologischen und ökonomischen Bedingungen der Ernährung in den Blick zu nehmen und Schüler_innen dabei zu unterstützen, lebensweltbezogene, handlungsorientierte Ernährungs- und Alltagskompetenz zu entwickeln. Damit kann das Fach wesentlich zu dem im Schulgesetz verankerten Auftrag beitragen, „die Schüler auf die Mannigfaltigkeit der Lebensaufgaben [...] vorzubereiten" (landesrecht-bw online 1983).

Die Fachdidaktik der Ernährungs- und Verbraucherbildung ist folglich mehrperspektivisch angelegt und arbeitet mit vielfältigen Bildungsanlässen, die sich exemplarisch aus dem Handlungsfeld Essen/Ernährung entwickeln lassen. Erziehungswissenschaftlich gewendet, lassen sich Essen und Ernährung zugleich als bedeutsame Erziehungs- und Bildungsgegenstände verstehen, die es Kindern und Jugendlichen im schulischen Kontext ermöglichen, sich mit dem Spannungsfeld zwischen individueller Autonomie und der generationalen und sozio-kulturellen Gebundenheit alltäglicher Lebenspraxis auseinanderzusetzen. Entsprechend eines konstruktivistischen Bildungsverständnisses geht es bei der

Ernährungsbildung im schulischen Kontext also durchaus um eine „Ausrüstung [...] im Sinne des Besitzes von Handwerkszeug" (Durdel 2002 zitiert nach Suter/Högger 2014), gleichzeitig aber auch um die Entwicklung einer kritischen Subjektivität und Auseinandersetzung mit der gesellschaftlichen Umwelt (vgl. Suter/Högger 2014). Da die Lebenswelten und damit auch die Vorerfahrungen und das Vorwissen von Schüler_innen ausgesprochen heterogen sind, gerade auch im Hinblick auf gesellschaftliche Normalitätsvorstellungen und -erwartungen zu Ernährungsweisen (vgl. Häußler/Schneider 2020), ist eine diversitätsreflexive Herangehensweise an die Gestaltung von Unterricht elementar.

Die damit verbundene hochschuldidaktische Herausforderung liegt darin, die Studierenden in ihrem Professionalisierungsprozess bei der Entwicklung eines umfassenden Ernährungsbildungsbegriffes zu unterstützen. Das hier vorgestellte interdisziplinäre Lehr-Lernforschungsprojekt hat daher erziehungs- und ernährungswissenschaftliche Perspektiven gezielt miteinander verknüpft: Die Ernährungswissenschaft bringt als Naturwissenschaft eindeutige Handlungsempfehlungen auf Grundlage naturwissenschaftlicher Ernährungsforschung ein. Gesundheit ist hier unbestritten der normative Bezugspunkt. Die kulturelle und soziale Seite von Essen/Ernährung wird von der sozialwissenschaftlich ausgerichteten Ernährungswissenschaft in den Blick genommen und akzentuiert die Kontextgebundenheit von Essen und Ernährung. Die Erziehungswissenschaft liefert bei Essen und Ernährung wie in allen alltagsbezogenen Bildungsbereichen wiederum die notwendige Unterscheidung dafür, ob *Erziehung* mit dem Ziel einer Verhaltensänderung oder *Bildung* mit dem Ziel einer an Selbstbestimmung orientierten Persönlichkeitsentwicklung Referenzpunkt des didaktischen Handelns in der schulischen Ernährungsbildung ist bzw. sein soll. Der Beitrag verknüpft die ernährungs- und erziehungswissenschaftlichen Perspektiven dabei in konstruktiver Weise und zielt darauf, Studierenden Leitperspektiven für eine fachdidaktisch fundierte Ernährungsbildung zu vermitteln, die eine kritische Auseinandersetzung mit aktuellen öffentlichen und teilweise auch pädagogischen, normativ aufgeladenen Diskursen zu Gesundheit und Ernährung einbezieht.

Hochschuldidaktische Konzeptionen für eine derart bildungstheoretisch und ernährungswissenschaftlich begründete Ernährungs*bildung* stehen insofern vor mehrdimensionalen Herausforderungen. Im Folgenden sollen diese Herausforderungen an empirischem Material, das in unterschiedlichen Forschungsseminaren[3] generiert wurde, konkretisiert werden und dabei beispielhaft die

---

3 Die Materialerhebungen zu unterschiedlichen Themen der Ernährungs- und Verbraucherbildung im Lehramtsstudium fanden an der Pädagogischen Hochschule Heidelberg 2017/2018 im Rahmen des Kooperationsprojekts „Subjektive Theorien/Präkonzepte von Studierenden und Schüler_innen zu Essen, Ernährung, Gesundheit" statt, an dem neben den Autorinnen auch Ursula Queisser beteiligt ist.

Perspektivenverengung der Studierenden auf das Thema Essen und Ernährung verdeutlichen. Gezeigt wird, wie sich die antizipierte zukünftige Tätigkeit als Lehrperson einerseits und die eigenen biografischen Vorerfahrungen andererseits in die studentische Wahrnehmung, Reflexion und Deutung des Essens der Kinder einschreiben. Auf dieser Grundlage werden abschließend in programmatischer Absicht Vorschläge dazu formuliert, wie sich die Herausforderungen hochschuldidaktisch bearbeiten lassen (könnten).

2. Perspektiven von Lehramtsstudierenden im Kontext schulischer Ernährungs- und Verbraucherbildung

Im Rückgriff auf ausgewähltes empirisches Material soll im Folgenden an studentischen Interaktionen mit Kindern zum Thema Essen (2.1), an studentischen Reflexionen von Differenz im Kontext Essen (2.2) und an studentischen Vorstellungen zum gesunden Frühstück als Bestandteil schulischer Ernährungsbildung (2.3) analysiert werden, vor welchen Herausforderungen eine ernährungswissenschaftlich und bildungstheoretisch fundierte Hochschuldidaktik steht.

2.1 Mit Kindern über Essen reden:[4] Studentische Interaktionen mit Grundschulkindern

Für das erste Beispiel wurden Gruppendiskussionen ausgewählt, die Studierende des Grundschullehramts mit Kindern zu Essen und Ernährung geführt haben. Ziel war es, den Studierenden mittels der erhobenen Daten Einblicke in die kindliche Perspektive und in die Unterschiedlichkeit der Erfahrungen von Kindern zu ermöglichen. Beides wurde als notwendige Voraussetzung für die Gestaltung schulischer Ernährungsbildung, die die heterogenen Erfahrungen und Vorkenntnisse von Kindern berücksichtigt, gefasst. Schließlich fordert das Thema Essen Kinder dazu heraus, individuelle Erfahrungen einzubringen und zugleich in eine Auseinandersetzung mit unterschiedlichen Lebenswelten einzutreten (vgl. dazu Baar/Maier 2012; Baar 2013). Theoretisch wurde damit angeknüpft an die erziehungswissenschaftliche Kindheitsforschung, im Rahmen derer die empirische Erforschung kindlicher Perspektiven und differenter alltagsweltlicher Erfahrungsräume vorangetrieben wird, sowie an den erziehungswissen-

---

4 So lautet der Titel des Forschungsseminars, in dessen Rahmen die Studierenden mit Kindern in Interviews und Gruppendiskussionen zu unterschiedlichen Aspekten von Ernährung Material erhoben haben.

schaftlichen Diskurs zu Heterogenität, Differenz und Ungleichheit (vgl. Diehm/ Kuhn/Machold 2018).

Der Fokus der folgenden empirischen Analysen liegt dabei nicht auf den kindlichen Vorstellungen bzw. Präkonzepten[5] selbst (vgl. ex. Möller 1999; Lohrmann/Hartinger 2012), sondern vielmehr darauf, wie Studierende des Grundschullehramts in der Interaktion von Kindern sichtbar gemachte individuelle Alltagserfahrungen aufgreifen. Damit wird die studentische Wahrnehmung und Deutung von Differenz ins Zentrum der Analyse gestellt (vgl. zum Thema Essen hier auch Schmidt 2017). Aus dem umfangreichen Materialkorpus wurden zwei Sequenzen ausgewählt, in denen einzelne Kinder in individuellen Äußerungen aktiv als different markierte lebensweltliche Erfahrungen eingebracht haben und der Umgang der Studierenden damit dokumentiert ist.[6] Herausgearbeitet wird, wie sich die Studierenden auf die individuellen, als different markierten Erfahrungen beziehen, um die Perspektivenverengung studentischer Wahrnehmung konturieren zu können.[7]

In der ersten Sequenz haben die Studierenden mithilfe von Impulsbildern zu Esssituationen im Alltag drei Kinder gefragt, ob sie solche Situationen kennen. Die Sequenz beginnt wie folgt:

S1:[8] *Das macht mein Vater manchmal (hebt Bild ‚Essen vor dem PC' hoch)*
I: *Was denn?*
S1: *Vorm Computer essen.*
S2: *Hm, mach ich dauernd.*
I: *Wie findest du das?*
S1: *Ähm also, das macht er aber nur ganz, ganz, ganz, ganz selten. Er hat es halt nur zweimal gemacht und das war egal für mich.*

Mag das Impulsbild (‚Essen vor dem PC') noch auf Diskussion und Auseinandersetzung zielen, so ist die studentische Reaktion und Fragestellung suggestiv: „Was denn?" und vor allem „Wie findest du das?" sind Fragen, von denen im schulischen Kontext jedes ‚schulschlaue' Kind weiß, dass hier die ‚richtige' Antwort gefragt ist. ‚Gut' oder ‚normal' zu antworten, käme einer Provokation

---

5 Diese wurden von den Studierenden selbstständig im Rahmen ihrer Seminararbeiten herausgearbeitet.
6 Nicht alle Gruppendiskussionen weisen diese Merkmale auf.
7 Methodisch wurde dabei sequenzanalytisch und sinnrekonstruktiv vorgegangen, für die Fragestellung bedeutsam ist hier die eröffnende oder schließende Bedeutung der studentischen Äußerungen, die sich aus dem weiteren Verlauf der Interaktion erschließen lässt. Die Darstellung ist dabei eng auf die Fragestellung fokussiert und verzichtet auf eine umfängliche Rekonstruktion.
8 S1 und S2 sind Kürzel für zwei Kinder, I für eine_n Studierende_n.

gleich. S1 zieht zurück und relativiert die Bedeutung und Bewertung der lebensweltlichen Erfahrung, dass der Vater vor dem PC isst: Aus „manchmal" wird erst – viermal mit „ganz" verstärkt – „selten" und dann „nur zweimal" und ein zurückhaltendes „das war egal für mich". Ungeachtet der Intention der Studierenden zeugt bereits die knappe Sequenz davon, dass die Interaktion seitens des Kindes asymmetrisch[9] gerahmt wird. Die individuellen ernährungsbezogenen Erfahrungen bleiben insofern außen vor bzw. werden zurückgenommen, als das Spannungsverhältnis zwischen normativen Leitvorstellungen (nicht vor dem PC essen) und alltäglichen Gewohnheiten (manchmal vor dem PC essen) nachfolgend nicht mehr als Thema auftaucht. Auf die Äußerung von S2 „mach ich dauernd" wird von studentischer Seite gar nicht eingegangen, das Beschweigen dieser vielleicht auch nur provokativ gemeinten Äußerung enthält einen erzieherischen Gehalt: Man isst nicht vor dem PC!

Die lebensweltlichen Erfahrungen der Kinder werden pädagogisiert – in dem Sinne, dass sie gerade nicht zur Auseinandersetzung mit Differenz und Widersprüchlichkeit genutzt, sondern im Zuge der Interaktion stillschweigend bewertet und ausgeschlossen werden. Gerade am Verhalten von Erwachsenen könnten aber Widersprüche zwischen Normen und Lebenspraxis aufgespürt und im Rahmen schulischer Ernährungsbildung produktiv bearbeitet werden.

In der zweiten Sequenz werden in einer anderen Kindergruppe Erfahrungen mit Normen, Tabus und Verboten im Bereich Essen und Ernährung erfragt – auch hier mit Impulsbildern u. a. mit Heuschrecken, Schnecken, Spanferkel. Die Kinder kommentieren die Bilder mit Ekel, Distanz und Unverständnis. Gefragt wird schließlich:[10]

I: *Aber glaubt ihr, es gibt Menschen, die essen Schnecken?*
SuS: *JAAA (schon während der Frage)*
I: *Und wo?*
S1: *Zum Beispiel in, zum Beispiel in-*
S2: *Afrika*
S1: *In China (unverständlich)*
S3: *Mein Opa isst Schnecken!*
Parallelgespräche von P. und B. und S. und F.
I: *(zu P.) Dein Opa isst Schnecken?*
S3: *Ja also früher*
S1: *In China essen die glaube ich Insekten*
?: *Ja und Maden*

---

9 Das kann auf die Differenz Lehrperson/Schüler_in oder Erwachsene_r/Kind oder auch Peer-Beziehung verweisen.
10 SuS ist das Kürzel für mehrere Schüler_innen; das Fragezeichen markiert, dass die Äußerung nicht zugeordnet werden kann.

S2: *In Afrika essen die Raupen*
I: *Aber dann gibt's ja Leute, die das essen oder?*
S1: *Jaha*
SuS *(stimmen ein)*
S4: *Aber wir essen das nicht*
I: *Und könnt ihr euch auch, also wisst ihr auch warum ihr des nicht esst?*
?: *Weiß nicht*
S2: *Joah*
SuS *(lachen)*
S4: *Warum denn?*
S2: *(zeigt auf Bild mit Schnecken) Weil die zu hart sind für mich (lacht)*
I: *Glaubt ihr man isst die Schale von der Schnecke?*
?: *NEE*
S3: *Eher das Innere*
S4: *Das sieht auch nicht sehr lecker aus*
I: *Nicht?*
S4: *Neee. Das sieht eher nach Schneckenhäusern mit grünem Schleim aus*
SuS: *Ihh! (lachen)*

Bereits die Einleitung der Sequenz mit der Frage „Aber glaubt ihr, es gibt Menschen, die essen Schnecken?" sieht nicht vor, dass die Kinder hier über eigene Erfahrungen verfügen; sie drückt bereits die Besonderheit des Schneckenessens aus und stilisiert den eigenen Wissensvorsprung. Die erwartete Antwort ist dabei – womöglich aus der typischen Dramaturgie eines Kasperle-Theaters – den Kindern von vornherein klar: Sie antworten einstimmig mit „JAAA". Auch diejenigen, die das vielleicht nicht glauben (können), können dabei einstimmen. Die studentische Nachfrage „Und wo?" markiert zusätzlich Distanz – eine Antwort wie „im Restaurant" oder „im Fernsehen" ist kaum zu erwarten – mit „in Afrika" und „in China" passen sich die Kinder an diese Distanzierung an, sie wählen eine – geografisch und soziokulturell – maximale Distanz aus. Nur S3 zeigt sich als ein Kind, das mit einer besonderen Erfahrung aufwarten kann: „mein Opa isst Schnecken". Hätte hier noch die Möglichkeit bestanden, die gegenüber den geäußerten Ekelgefühlen der anderen Kinder differente Erfahrung zu entfalten mit „Erzähl doch mal" o. ä., folgt stattdessen eine Art rhetorische Frage „Dein Opa isst Schnecken?", auf die S3 schließlich mit Distanzierung reagiert, hier: in zeitlicher Hinsicht „Ja, früher". Die gegenüber den Erfahrungen der anderen Kinder und vermutlich auch der Studierenden als different erkennbare lebensweltliche Erfahrung von S3 wird nicht dazu genutzt, den Austausch über individuelle Erfahrungen zu ermöglichen oder auch nur vor dem eigenen Erfahrungshintergrund fremd erscheinende Erfahrungen kennenzulernen. Vielmehr wird die individuelle Erfahrung des Kindes, die offenbar nicht in das Bild der Studierenden passt, ähnlich wie in der ersten Beispielsequenz, aus dem

Raum legitimer Themen ausgeschlossen – und dies, obwohl S3 an späterer Stelle Expertise demonstriert, und anfügt, dass man bei Schnecken „eher das Innere" isst.

Die knappe Analyse beider Sequenzen veranschaulicht, dass der Versuch, heterogene lebensweltliche Erfahrungen einzubeziehen, offenbar dann ein Potenzial der Bewertung und ggf. der Ausgrenzung entfaltet, wenn die von den Kindern geäußerten Erfahrungen außerhalb des normativen bzw. biografisch erworbenen Horizonts der Studierenden liegen. In beiden Sequenzen ziehen sich die Kinder nach den Äußerungen der Studierenden zurück: Die in wenigen Worten eingebrachten Erfahrungen der Kinder werden weder anerkannt – sie bekommen keine Möglichkeit zur Entfaltung –, noch wird eine Auseinandersetzung der anderen Kinder damit ermöglicht. Deutlich werden das soziale Zugehörigkeitsgefühl der Kinder (zu Vater bzw. Opa) und die Strategien, mit denen sie sich dem bewertenden schulischen oder institutionellen Zugriff auf ihre Lebenswelt entziehen. Die studentischen Interaktionen führen hier zur Ausblendung, in gewisser Weise sogar zur Ausgrenzung differenter Erfahrungen. Interaktiv stellen die Studierenden – sicherlich entgegen ihrer eigenen Intention – einen Raum her, in dem Differenzen zwischen Kindern unkenntlich und die Differenz Erwachsene/Kind dominant bleiben. Gerade bei Unterrichtsthemen wie Essen und Ernährung, die mit gesellschaftlichen Normen, sozialer Ungleichheit und kindlicher Identitätsentwicklung aufs Engste verwoben sind, lässt sich hier eine Tendenz der Verengung der Perspektive auf Normalitätsvorstellungen erkennen, die gerade *nicht* zum Gegenstand einer Auseinandersetzung, sondern zum strukturierenden Prinzip der Interaktion selbst werden.

2.2 Diskussionen mit Kindergruppen: Studentische Reflexionen sozialer Differenz

Weitere Erkenntnisse ergeben sich, wenn man die studentischen Reflexionen ihrer Erfahrungen bei den Gruppendiskussionen einbezieht. An zwei Beispielen können exemplarisch typische Verkürzungen in der studentischen Wahrnehmung und Reflexion sozialer Differenz skizziert werden: So hatte eine Studierendengruppe Kinder zur Bedeutung der Mahlzeiten an Festtagen befragt. Die Studierenden kamen enttäuscht von der Gruppendiskussion, die in einer Schule stattfand, zurück[11]: Alle sieben Kinder hätten sich zwar beteiligt, das Gespräch sei aber „unergiebig" gewesen. Essen sei für die Kinder an Festtagen nicht wich-

---

11 Zum ersten Beispiel gibt es nur Notizen, die während der studentischen Reflexionen ihrer Erfahrungen bei der Erhebung im Plenum des Seminars angefertigt wurden; für das zweite Beispiel werden Formulierungen aus dem schriftlichen Bericht der Studierenden herangezogen.

tig; nur, dass es dann besondere Getränke wie Cola oder Eistee gebe. Emotional bedeutsam sei, dass die Familie zusammenkomme, es (Geld-)Geschenke gebe und gebetet werde. Die Kinder hatten von ihrer Erfahrung mit dem islamischen Zuckerfest erzählt.

Die Studierenden, die weder über Kenntnisse darüber noch über Erfahrungen damit verfügten, empfanden das Gespräch zwar als lehrreich, in ihrer Reflexion stand jedoch im Zentrum, dass sie durch die als „homogen" erlebte Zusammensetzung der Gruppe nichts über die Unterschiedlichkeit von Kindern erfahren hätten. Interessanterweise wurde die spezifische religiös-kulturelle Einbindung der ernährungsbezogenen Praxis an Festtagen, in die die Kinder Einblick gegeben hatten, von den Studierenden zwar als fremd erlebt, aber sie wurde nicht zum Gegenstand der Reflexion über ihre eigenen Normalitätsvorstellungen. Die Bearbeitung der eigenen Erfahrung mit soziokultureller Differenz blieb insofern aus und konnte in ihrer (unterrichtsbezogenen) Bedeutung weder erkannt noch anerkannt werden.

Auch im zweiten Beispiel kristallisierte sich die Verkürzung der studentischen Wahrnehmung und Reflexion sozialer Differenz an der Zusammensetzung der Kindergruppe: Drei Studierende hatten mit sieben Kindern der Klassenstufe drei über elterliche Reglementierungen des Süßigkeitenkonsums gesprochen. Die Gruppendiskussion fand ebenfalls in der Schule statt, die Klassenlehrerin hatte laut Forschungsbericht der Studierenden bei der Auswahl der Kinder darauf geachtet, eine „gemischte Gruppe" zusammenzustellen. Weiter wird hier erwähnt, dass die Lehrerin „ein Mädchen aussortiert hat, weil es wohl übergewichtig ist und sie Bedenken hatte, dass sie sich unwohl fühlt mit dem Thema Süßigkeiten oder aber gemobbt wird". Ungeachtet der ethischen Fragen, die damit verbunden sein können, Kinder im schulischen Rahmen zu lebensweltlichen Themen zu befragen, wiederholt sich hier die Beobachtung aus dem Beispiel zum Zuckerfest – wenn auch in anderer Richtung: Die Studierenden sehen hier die Gruppe als „gemischt" an, gleichwohl hier entlang von Gesundheits- bzw. Körperdiskursen aktiv Homogenität hergestellt wurde. Differente Erfahrungen werden in dieser Gruppendiskussion somit nur in dem Rahmen sichtbar, der vorab pädagogisch begrenzt wurde, ohne dass diese Begrenzung von den Studierenden reflektiert worden wäre. Differente lebensweltliche Erfahrungen von Kindern werden – folgt man den beiden Beispielen – von den Studierenden offenbar nur dort wahrgenommen, wo sie den individuellen und gesellschaftlichen Normalitätserwartungen entsprechen.

Zusammenfassend lassen sich die Erkenntnisse wie folgt bündeln: In den beiden ersten Beispielsequenzen haben Kinder individuelle Erfahrungen eingebracht, aber dann wieder zurückgenommen bzw. relativiert. Deutlich wurde hieran, wie Kinder den Einblick in familiäre (Essens-)Praktiken vor einem – gleichwohl diffus bleibenden – schulisch institutionellen Zugriff schützen. Die in den beiden weiteren Beispielen aufgegriffenen studentischen Reflexionen zeigen außerdem, dass eigene Erfahrungen von Differenz und Fremdheit (Religion) und die Gefahr der Ausgrenzung aufgrund von Differenz (Körper) ausgeklammert bleiben. Ausgeblendet bleibt dadurch, dass lebensweltliche Erfahrungen – auch von Kindern – nicht nur als Produkt individueller Unterschiede verstanden werden können, sondern in gesellschaftliche Strukturen eingebunden und somit durch gesellschaftliche Differenz- und Hierarchieverhältnisse strukturiert sind.

2.3 ('Gesundes') Frühstück: Studentische Vorstellungen zu schulischer Ernährungsbildung

Die Verengungen der studentischen Perspektive auf normative Aspekte und eigene biografische Erfahrungen zeigen sich – und dies ist der dritte empirische Zugang – auch an ihren Vorstellungen zur schulischen Ernährungsbildung an der Grundschule. In den meisten Grundschulen ist das gemeinsame Frühstück fester Bestandteil und Ritual im Schulalltag. Auch in Schulbüchern und grundschulbezogenen Ernährungsprojekten steht das ‚Gesunde Frühstück' im Mittelpunkt. Die normative Erwartung an Ernährung im schulischen Kontext wird mit diesem Begriffspaar explizit ausgedrückt. Dabei ist jedoch zu beobachten, dass die gelebte Frühstückspraxis im Schulalltag meist nicht mit den idealtypischen, normativen Empfehlungen für ein ‚Gesundes Frühstück' in Deckung zu bringen ist und das ‚Gesunde Frühstück' nach Schulbuch durch den Projektcharakter als außeralltäglich markiert wird: Es existiert eine Diskrepanz zwischen dem Frühstücksalltag an Grundschulen und dem Unterrichtsprojekt ‚Gesundes Frühstück'.

In der Ausbildung von angehenden Grundschullehrer_innen im Sachunterricht zeigt sich, dass die Vorstellungen der Studierenden zu ihren Aufgaben in der Ernährungsbildung ebenfalls auf das ‚Gesunde Frühstück' ausgerichtet sind und damit auf die Konzeption außeralltäglicher Mahlzeitensituationen, die den normativen Empfehlungen weitestgehend entsprechen. Für eine bildungstheoretisch und fachdidaktisch fundierte Ernährungsbildung ist daher eine umfassende Reflexion der Studierenden über ihre biografisch-lebensweltlich geprägten Alltagsvorstellungen und subjektiven Theorien zum eigenen Essalltag sowie ihren Vorstellungen vom Essalltag von Kindern und Familien notwendig. In Gruppendiskussionen wurden Studierende[12] gefragt: „Was macht für Sie ein gutes Frühstück aus?" sowie „Was heißt für Sie ein gesundes Frühstück in der

---

12 Die Gruppendiskussionen wurden im Rahmen von Seminaren in den Fächern Sachunterricht sowie Alltagskultur und Gesundheit an der Pädagogischen Hochschule Heidelberg durchgeführt und inhaltsanalytisch ausgewertet.

Schule und welche Erfahrungen haben Sie damit gemacht?". Für die Auswertung des empirischen Materials waren die folgenden Fragestellungen erkenntnisleitend:

1. Welche Intentionen verbinden Studierende mit Ernährungsbildung im Allgemeinen und der Institution des ‚Gesunden Frühstücks' im Besonderen und wie steht dies in Verbindung mit ihren eigenen Alltagsvorstellungen zum Essen?
2. Welche Vorstellungen von einem ‚Gesunden Frühstück' in der Schule haben Studierende im Lehramt für Primarstufe in den für Ernährungsbildung relevanten Fächern?[13]

Die Antworten auf die Frage nach den Merkmalen eines ‚guten Frühstücks' folgen einer Differenzierung in Frühstück im Alltag und am Wochenende, wobei ein ‚gutes Frühstück' mit viel Zeit und großer, gelegentlich auch ungesunder, Lebensmittelauswahl assoziiert wird und eigentlich nur am Wochenende möglich ist. Für die Studierenden soll das alltägliche Frühstück als Start in den (Uni-)Alltag lange sättigen, gesunde Lebensmittel, u.a. Vollkornprodukte enthalten, Vitamine liefern, ausgewogen sein, Konzentration ermöglichen, eher wenig Zucker enthalten usw. Es steht aber gleichzeitig in Konkurrenz zum längeren Schlafen und morgendlichen Zeitstress. Auf der Ebene der Lebensmittel gehören dazu Obst, Gemüse, Vollkornbrot, Müsli, Haferflocken, Milch/-produkte, Milchalternativen, Käse, Wurst, Orangensaft, Rührei. Als nicht gesund werden Zucker, Nutella, weißes Toastbrot oder Schokocroissants klassifiziert.

In der Rezeption der Frage bestätigt sich die Vorannahme, dass die Studierenden vermeintliche Erwartungen an ihre Perspektiven auf Essen antizipieren, indem ‚gutes Frühstück' in den Diskussionen sehr schnell mit dem eigentlich eher den alltäglichen Routinen fernen Konzept des ‚gesunden Frühstücks' assoziiert und entsprechende Wertorientierungen auch in Bezug auf den gesundheitsförderlichen Wert einzelner Lebensmittel diskutiert werden. Es wird ausgelotet, welche Ernährungsweisen oder Lebensmittel in dieses Konzept passen.

Das ‚Gesunde Frühstück' in der Schule wird direkt in der institutionellen Rahmung mit ihren Möglichkeiten und Grenzen gesehen: Um gemeinsames Essen zu ermöglichen, muss Zeit für das Frühstück verankert werden. Um Kindern eine große Auswahl zu ermöglichen, würde sich eine Büffetform anbieten. Um Kinder partizipieren zu lassen, wird eine gemeinsame Zubereitung bzw. Gemüseanbau in der Schule vorgeschlagen. Die Frühstückssituation wird als Chance für interkulturelles Lernen wahrgenommen.

---

13 In Baden-Württemberg ist das der naturwissenschaftlich-technische Sachunterricht.

Neben den gemeinschaftlich organisierten Varianten zeigt sich gleichzeitig die Schwierigkeit, wie mit den individuell mitgebrachten Frühstücksdosen umgegangen werden soll, die nicht den Ansprüchen an eine gesundheitsförderliche Lebensmittelauswahl genügen. Im Lösungsansatz ‚Lieber ungesundes Frühstück als gar keines' zeigt sich in den Äußerungen der Studierenden der Konsens über den Wert eines Frühstücks für den Schulalltag auf der einen Seite und dem Bewusstsein über beschränkte Handlungsspielräume an den Grenzen zwischen privat und öffentlich organisierter Verpflegung auf der anderen Seite. Das ‚Mitfrühstücken' der Lehrkraft als Vorbild bzw. pädagogisch genutztem Lernen am Modell wird als sinnvoll, gleichzeitig jedoch als schwierig wahrgenommen, weil es das eigene Ernährungsverhalten u. U. einschränkt, wie der folgende Diskussionsausschnitt zeigt:

A: Ich find schon, der Lehrer muss auch essen. Am besten sogar mit den Kids, und dann auch selber nicht das Ungesündeste der Welt dabeihaben. Da kannst du dann nicht mehr ein Nutellabrot essen.
B: Nee.
A: Und Schokomüsli weiß ich auch nicht.
B: Das kannst du mal machen, weil die Kinder finden das auch mal ok.
A: Oh man, das wäre aber hart für mich.

Die diskutierte Lebensmittelauswahl für das ‚Gesunde Frühstück' ähnelt der des alltäglichen ‚guten Frühstücks'. Vermutlich entsprechend der Vorerfahrungen der schulischen Frühstücksrealität aus Schulpraktika wird die Liste der nicht zum ‚gesunden Frühstück' gehörenden Lebensmittel um Softdrinks, Süßigkeiten, Chips und Bäckertüte erweitert.

In der Analyse der Gesprächsdynamik zeigt sich die rollenbezogene Perspektive der Studierenden, die durch die Fragestellungen impliziert ist. Die Frage nach dem ‚guten Frühstück' wird in der Verbraucher_innenrolle im Kontext der (eigenen) alltäglichen Lebensführung beantwortet, wohingegen die Frage nach dem ‚Gesunden Frühstück' in der Schule in der Rolle als Lehrer_in mit einem Bildungs- und Erziehungsauftrag beantwortet wird. Dabei stehen sowohl eigene subjektive Theorien beim Blick auf die Schüler_innen im Raum, wie beispielsweise „Kinder mögen kein Gemüse", als auch die Rolle der Eltern, die im Kontext Ernährungsbildung oft im Seminarraum mitschwingt. Grundsätzlich wird ein eher empathischer Blick auf die Kinder und eine kritische Haltung in Bezug auf die Eltern deutlich.

In der Diskussion der Frage, was als Bildungsauftrag im Kontext Frühstück gesehen wird, werden viele Aspekte genannt, die weit über Gesundheitsförderlichkeit hinausgehen: z. B. Problematik der Lebensmittelverschwendung, Herkunft des Essens, Vielfalt, kulturelle Unterschiede und der Anspruch, Kinder entscheidungskompetent zu machen. Jedoch werden auch die physiologische

Relevanz des Frühstücks, Zucker- und Fettgehalte von Lebensmitteln und die Differenzlinie gesund/ungesund diskutiert, die sich aktuell auch in den Schulbüchern beim Thema Frühstück widerspiegelt, z. B. im „Perspektivrahmen Sachunterricht" (GDSU 2013) und „Pusteblume 1" (Bidlingmaier et al. 2016). In den Überlegungen, wie der Bildungsauftrag im Kontext umgesetzt werden soll, werden zahlreiche Ansätze formalen (fächerübergreifend, im Sachunterricht, regelmäßig in der Klassenlehrerstunde) und informellen Lernens (Vorbildfunktion der Lehrkraft, alltägliche Routinen in der Schule, Obst bereitstellen) formuliert. Als wichtiger Aspekt, jedoch aus einer defizitorientierten Perspektive, wird das Einbeziehen der Eltern thematisiert:

> M: bei Elternabenden, dass man die irgendwie auch auf denselben Stand bringt wie die Schüler, falls die eben keine Ahnung haben von gesunder Ernährung.

Die Rolle der Eltern und das Essen in Familien werden als problematisch für die Ernährungssozialisation der Schüler_innen wahrgenommen. Dieser Befund legt nahe, dass der Lebensweltbezug einer gelungenen Ernährungsbildung und die Verbindung bzw. das Verständnis des familiären Kontextes der Schüler_innen beim Thema Ernährung grundlegend ist. Gerade beim Thema Frühstück in der Schule wird das Abstecken der Verantwortungsbereiche zwischen Elternhaus und Schule deutlich. Essen kann hier als exemplarisches Feld gesehen werden, an dem die Grenze zwischen privater und öffentlicher Verantwortung ausgelotet und verhandelt wird. Dies wird von den Studierenden durchaus klar erkannt und als problematisch für ihre didaktischen Intentionen bewertet, mögliche konstruktive Optionen des Umgangs mit dieser Ausgangssituation stehen ihnen jedoch, soweit es aus den Diskussionen erkennbar wird, nicht zur Verfügung. Diese explorativen Befunde lassen sich wie folgt zusammenfassen:

1. Die Vermittlung und Einübung normativer Regeln für ‚gesunde' Ernährung stehen stark im Fokus der Studierenden, sobald sie sich in der Rolle als Lehrer_innen verstehen. Das ‚Gesunde Frühstück' in der Grundschule wird als wirksamer Ansatzpunkt für Ernährungsbildung genannt.
2. Didaktische Überlegungen sind stärker an Konzepten der Ernährungserziehung als an Ernährungsbildung ausgerichtet.
3. Familien werden als primäre Sozialisationsinstanz erkannt, teilweise werden sie als ‚Gegenspieler' der Ernährungs- und Gesundheitsbildung in der Grundschule wahrgenommen.

Die ernährungsphysiologische Rolle des Frühstücks für schulische Leistungsfähigkeit (vgl. ex. Kircher/Kohlenberg-Müller 2012; Littlecott et al. 2015), das Frühstücksverhalten von Kindern (vgl. RKI 2014) sowie die allgemeinen Ernährungsempfehlungen (vgl. DGE 2018) sprechen sicherlich dafür, das Thema

Frühstück im Rahmen von Ernährungsbildung zum Gegenstand zu machen. Jedoch scheint die Reduktion auf Gesundheitsförderlichkeit und der Automatismus der Begriffsassoziation Ernährung – Gesundheit wenig zielführend, ebenso wenig wie die Bewertung von familiären Ernährungsweisen anhand des Brotboxinhalts oder die Inszenierung des ‚gesunden Frühstücks' als außeralltägliche Praxis.

3. Essen lehren – programmatische Schlussfolgerungen

Am empirischen Material konnte ein Einblick in die Interaktionsstrategien, Reflexionen und Vorstellungen von Studierenden im Kontext schulischer Ernährungsbildung gewonnen werden, der die Verengung der studentischen Perspektive auf normative und biografische Aspekte deutlich werden lässt. Sichtbar gemacht wurde, dass den Studierenden ihre eigene Involviertheit in das Spannungsfeld von normativen Ansprüchen an ernährungsbezogenes Verhalten einerseits und dem Bildungsauftrag, der sich an der individuellen Selbstbestimmung sowie Akzeptanz von Pluralität und Differenz ausrichtet, andererseits, verborgen bleibt. Vor dem Hintergrund von Diversitätsreflexivität als Leitorientierung pädagogischer Professionalisierung[14] gilt es im Rahmen des Hochschulstudiums, die Studierenden für die Komplexität ernährungsbezogener Lebenswirklichkeiten zu sensibilisieren und die Anerkennung von Diversität von (ernährungsbezogenen) lebensweltlichen Erfahrungen zu fördern. Dazu benötigt es Räume für die individuelle und kollektive Auseinandersetzung mit ernährungsbezogener Differenz und Pluralität, sodass diese (auch) als Effekte von gesellschaftlichen Ungleichheitsstrukturen analysiert und eigene Normalitätsvorstellungen kritisch hinterfragt werden können. Auch die Reflexion der Rolle als Lehrer_in und des institutionellen Kontextes Schule ist im Zuge der Professionalisierung für eine umfassende Ernährungsbildung elementar.

Anknüpfend an die fachdidaktischen Standards muss eine ernährungswissenschaftliche und bildungstheoretisch begründete Didaktik (alltägliches) Essen und Trinken in den Kontext eines mehrperspektivischen Lern- und Erfahrungsfelds stellen. Studierende benötigen eine solide fachwissenschaftliche Basis der Ernährungswissenschaft als Natur- und Kulturwissenschaft ebenso wie eine fundierte erziehungswissenschaftliche Perspektive, die sie befähigt, zwischen Ernährungserziehung und Ernährungsbildung zu unterscheiden. Der Graben zwischen natur- und sozialwissenschaftlichem Blick auf Essen in der Schule sollte dabei nicht vertieft, sondern vielmehr durch konstruktive Allianzen über-

---

14 Zu Diversitätsreflexivität als theoretischer Leitfigur im pädagogischen Umgang mit Differenzen vgl. Klingler/Mecheril 2016; Walgenbach 2017; Maier 2018.

wunden werden, um einen Rahmen zu schaffen, in dem sich das Potenzial ernährungsbezogener formaler und informeller Bildungsprozesse erst entfalten kann.

Daraus ergibt sich die hochschuldidaktische Aufgabe, Lehrformate und Methoden zu entwickeln, die den Studierenden – nicht nur des Faches – eine intensive Reflexion von subjektiven Theorien, Präkonzepten und Deutungsmustern zu Essen, Ernährung und Didaktik der Ernährungsbildung in enger Verknüpfung mit fachwissenschaftlichen Grundlagen ermöglicht. Darüber hinaus benötigt es empirische Zugänge zum Essalltag von Kindern und Jugendlichen, um deren heterogene Erfahrungen und Lernvoraussetzungen erfassen und sodann zum Ausgangspunkt der schulischen Ernährungsbildung machen zu können. Für die hochschulische wie die schulische Didaktik stellt sich dabei gleichermaßen die Herausforderung, mit den biografisch erworbenen, zum Teil normativ geprägten, subjektiven Vorstellungen (von Studierenden und Schüler_innen) und den gleichzeitig normativen Ernährungsdiskursen in Öffentlichkeit und Wissenschaft umzugehen und einen ‚conceptual change' hin zu einer diversitätsreflexiven, lebensweltbezogenen Perspektive auf den Essalltag der Schüler_innen zu entwickeln.

Literatur

Baar, Robert/Maier, Maja S. (2012): Was ist Familie? Gruppendiskussionen als Unterrichtsmethode. In: Die Grundschulzeitschrift 26, H. 252/253, S. 46–51.

Baar, Robert (2013): „Also, 'ne Familie ist, da haben sich alle lieb." SchülerInnenvorstellungen im sozialwissenschaftlichen Sachunterricht. In: Schönknecht, Gudrun/Gläser, Edith (Hrsg.): Sachunterricht in der Grundschule entwickeln – gestalten – reflektieren. Frankfurt am Main: Grundschulverband, S. 249–260.

Bidlingmeier, Heike/Diersch, Thorsten/Djuga, Georg/Hiestand, Christa/Kanzler, Eberhard/ Kundmüller, Klaus/Schmidt, Joachim/Stengel, Karin (2016): Pusteblume. Das Sachbuch. Schulbuch für den Sachunterricht in Baden-Württemberg. Braunschweig: Schroedel.

Deutsche Gesellschaft für Ernährung (DGE) (2018): Qualitätsstandard für die Schulverpflegung. 4. Auflage. Bonn: DGE.

Diehm, Isabell/Kuhn, Melanie/Machold, Claudia (2017): Differenz und Ungleichheit in der Erziehungswissenschaft – einleitende Überlegungen. In: Dies. (Hrsg.): Differenz – Ungleichheit – Verhältnisbestimmung im (Inter-)Disziplinären. Wiesbaden: Springer VS, S. 1–26.

evb online (2005): „Bildungsziele und Kompetenzen in der Ernährungs- und Verbraucherbildung". www.evb-online.de/evb_revis.php (Abfrage: 26.08.2019).

Gesellschaft für Didaktik des Sachunterrichts (GDSU) (Hrsg.) (2013): Perspektivrahmen Sachunterricht. Bad Heilbrunn: Klinkhardt.

Häußler, Angela/Küster, Christine (2013): Vorsicht Falle! Oder: Gibt es den ethisch korrekten Weg zur Vermittlung von Konsumkompetenz? In: Haushalt in Bildung und Forschung 2, H. 2, S. 86–97.

Häußler, Angela/Schneider, Katja (2020): Interview. In: Schlegel-Matthies, Kirsten/Wespi, Claudia (Hrsg.): Wirksamer Unterricht für Lebensführung. Hohengehren: Schneider (i. E.).
Kircher, Julia/Kohlenberg-Müller, Katrin (2012): Frühstücksgewohnheiten und kognitive Leistungsfähigkeit bei Kindern und Jugendlichen. In: Ernährungs Umschau 59, H. 6, S. 312–318.
Klafki, Wolfgang (2007): Neue Studien zur Bildungstheorie und Didaktik. Zeitgemäße Allgemeinbildung und kritisch-konstruktive Didaktik. 6. Auflage. Weinheim und München: Juventa.
Klingler, Birte/Mecheril, Paul (2016): Hochschule und Bildungsungleichheit – diversitätsreflexive Anmerkungen. In: Bliemetsrieder, Sandro/Gebrande, Julia/Jaeger, Arndt/Melter, Claus/Schäfferling, Stefan (Hrsg.): Bildungsgerechtigkeit und Diskriminierungskritik. Weinheim und Basel: Beltz Juventa, S. 98–101.
landesrecht online (1983): „Schulgesetz für Baden-Württemberg (SchG) Teil 1: Das Schulwesen, § 1 Bildungs- und Erziehungsauftrag Absatz (2)". www.landesrecht-bw.de (Abfrage: 23.08.2019).
Littlecott, Hannah/Moore, Graham F./Moore, Laurence/Lyons, Ronan (2015): Association between breakfast consumption and educational outcomes in 9–11year old children. In: Public Health Nutrition 19, H. 9, S. 1575–1582.
Lohrmann, Katrin/Hartinger, Andreas (2012): Kindliche Präkonzepte im Sachunterricht. Empirische Forschung und ihr praktischer Nutzen. In: Grundschulzeitschrift 26, H. 252/253, S. 16–21.
Maier, Maja S. (2018): Qualitative Methoden in der Forschungspraxis. Dateninterpretation in Gruppen als Black Box. In: Maier, Maja S./Keßler, Catharina I./Deppe, Ulrike/Leuthold-Wergin, Anca/Sandring, Sabine (Hrsg.): Qualitative Bildungsforschung. Methodische und methodologische Herausforderungen in der Forschungspraxis. Wiesbaden: Springer VS, S. 29–50.
Methfessel, Barbara/Schlegel-Matthies, Kirsten (2011): Ernährung und Diätetik. In: Hoefert, Hans-Wolfgang/Klotter, Christoph (Hrsg.): „Gesunde Lebensführung" – kritische Analysen eines populären Konzepts. Bern: Hogrefe, S. 127–142.
Methfessel, Barbara (2015): Welche Moral hätten Sie denn gern? Essen im Konflikt zwischen unterschiedlichen Anforderungen an die Lebensführung. In: Hirschfelder, Günther/Ploeger, Angelika/Rückert-John, Jana/Schönberger, Gesa (Hrsg.): Was der Mensch essen darf. Ökonomischer Zwang, ökologisches Gewissen und globale Konflikte. Wiesbaden: Springer VS, S. 83–100.
Möller, Kornelia (1999): Konstruktivistisch orientierte Lehr-Lernprozeßforschung im naturwissenschaftlich-technischen Bereich des Sachunterrichts. In: Köhnlein, Walter/Marquardt-Mau, Brunhilde/Schreier, Helmut (Hrsg.): Vielperspektivisches Denken im Sachunterricht. Bad Heilbrunn: Klinkhardt, S. 125–191.
Robert Koch Institut (RKI) (2014): „Die Gesundheit von Kindern und Jugendlichen in Deutschland 2013". www.kiggs-studie.de/fileadmin/KiGGS-Dokumente/kiggs_tn_broschuere_web.pdf (Abfrage: 30.08.2019).
Schlegel-Matthies, Kirsten (2015): Gesundheit und Selbstverantwortung. Was kann und was sollte gelehrt werden? In: Haushalt in Bildung und Forschung 4, H. 2, S. 18–30.
Schmidt, Friederike (2017): Differenzen in der pädagogischen Praxis. Über Differenzkonstruktionen und -logiken von Pädagog_innen des Elementar- und Primarbereichs. In: Stenger, Ursula/Edelmann, Doris/Nolte, David/Schulz, Marc (Hrsg.): Diversität in der Pädagogik der frühen Kindheit. Im Spannungsfeld zwischen Konstruktion und Normativität. Weinheim und Basel: Beltz Juventa, S. 133–148.

Suter, Claudia/Högger, Dominique (2014): Ernährungsbildung – was sollen, dürfen und müssen Lehrerinnen und Lehrer? In: Haushalt in Bildung und Forschung 3, H. 4, S. 16–27.
Walgenbach, Katharina (2017): Heterogenität – Intersektionalität – Diversity in der Erziehungswissenschaft. 2. Auflage. Opladen und Toronto: Barbara Budrich.

Essen an Schulen

Zur Positionierung von Kindern
in den Verhandlungen zur Qualität
von Verpflegungsangeboten

Catherina Jansen

1. Einleitung

„Die Qualität muss besser werden", lautet der scheinbar einhellige Tenor, unter welchem die öffentliche und gleichsam wissenschaftliche Debatte um das Essen an Schulen seit Jahren geführt wird. Seitdem Deutschlands Schulen infolge des PISA-Schocks im Jahr 2000 sukzessive zum Ganztagsbetrieb umgebaut werden, steht immer häufiger auch die Frage im Blickpunkt, wie Schüler_innen über den langen Schultag hinweg verpflegt werden sollen. Schließlich geht es um nicht weniger als um den Erhalt und die Förderung von Gesundheit und Leistungsfähigkeit – Attribute, die Kindern und Jugendlichen heute nur mehr eingeschränkt attestiert werden (vgl. Heseker/Oepping 2013, S. 240). Die Debatte zur Schulverpflegung ist damit ganz wesentlich getragen von spezifischen Konstrukten zu Kindern, zu ihren Schädigungen, ihren Schutz- und Förderbedarfen und zu Maßnahmen, die die diagnostizierten Probleme lösen. Vor diesem Hintergrund soll der Frage nachgegangen werden, wie Kinder in der Qualitätsentwicklungsdebatte zum Schulessen textimmanent figuriert werden.

Die Gewährleistung einer Übermittagsverpflegung ist für Ganztagsschulen bundesweit obligatorisch (vgl. KMK 2004, S. 4). Zumindest in den alten Bundesländern ist dies ein gesellschaftliches Novum. Schließlich verschiebt sich hier ein Fürsorgeakt, der traditionell ausschließlich den Familien oblag, erstmals in den Zuständigkeitsbereich des Staates (vgl. Gottschall/Hagemann 2002, S. 15). Dass die Verpflegung an Schulen nicht ungeregelt vonstattengehen kann, wurde mit dem von der Bundesregierung in Auftrag gegebenen und von der Deutschen Gesellschaft für Ernährung (DGE) bereits 2007 erstmals veröffentlichten „Qualitätsstandard für die Schulverpflegung" eindrücklich aufgezeigt (vgl. DGE 2018, S. 7). Die Implementierung des Standards lässt jedoch bis heute auf sich warten und die öffentliche Diskussion um die Qualität respektive Qualitätsdefizite beim Essen an Schulen reißt seither nicht ab: Zahlreiche Vereine, Initiativen und Interessenverbände fordern deshalb seit Jahren mit Nachdruck die Durchsetzung obligatorischer Normen, genauer die verbindliche Einführung des Qualitätsstandards der DGE (ex. foodwatch 2018, o. S.).

Ungeachtet der Kulturhoheit der Bundesländer hat sich bislang vor allem die Bundesregierung mit Maßnahmen und Bemühungen hervorgetan, eine Qualitätsverbesserung der Schulverpflegung voranzutreiben. Besonders hervorzuheben ist hier etwa die Anschub- und Kofinanzierung der Vernetzungsstellen Schulverpflegung, welche die Multiplikation des DGE-Standards, die Beratung von Schulen und Schulträgern sowie die Vernetzung wichtiger Stakeholder im Bereich Schulessen gewährleisten sollen. Den jüngsten Vorstoß stellt schließlich ein Passus im aktuellen Koalitionsvertrag der Bundesregierung dar. Demnach will der Bund die Länder dabei unterstützen, die Standards der DGE flächendeckend – sowohl in Schulen als auch in Kitas und sonstigen Einrichtungen der Gemeinschaftsverpflegung – umzusetzen, mithilfe des eigens eingerichteten Nationalen Qualitätszentrums für Ernährung in Kita und Schule (vgl. CDU/CSU/SPD 2018, S. 90).

Was bei all den Bemühungen bislang gänzlich unberücksichtigt bleibt – sei es auf Seiten der Politik oder auf Seiten der hier dominierenden Wissenschaftsdisziplinen –, ist eine kritische Reflexion des Qualitätsbegriffs als solchem. Es stellt sich offenkundig nicht die Frage, ob und inwieweit Qualität als manifester Maßstab von außen angelegt werden kann, ob Qualität in Expert_innendiskursen zu definieren ist oder zuletzt doch subjektiv wahrgenommen und folglich divers interpretiert werden kann. Vielmehr scheinen Normierungs- und Standardisierungsbestrebungen zu negieren, dass Qualitätsbestimmungen immer in einem politischen Raum diverser Stakeholder (z.B. Disziplinen und Professionen, politische Verbände, Gastronomie, Schulen, Eltern, Schüler_innen) stattfinden. Die Frage ist also, wie diese Differenzen verhandelt und verhandelbar gemacht werden, welche Interessen wie dominieren, wie sich Widerstand zeigt und ob und wie es zu Verschiebungen kommt.

Einiges deutet jedenfalls daraufhin, dass insbesondere die Ansprüche und Perspektiven der Nutzenden des Schulessens – also der essenden Kinder und Jugendlichen – in der Qualitätsdebatte marginalisiert werden. Sie wird geführt nicht nur als alleiniger Expert_innendialog von Erwachsenen, sondern auch vornehmlich von einer einzelnen wissenschaftlichen Disziplin – nämlich der Ernährungswissenschaft.

2. Methodisches Vorgehen der Studie zur Qualität des Schulessens

Dem nachfolgenden Beitrag[1] zur Qualitätsdebatte zum Schulessen liegt vor diesem Hintergrund ein weitergefasstes Verständnis von Qualität zugrunde, das die Perspektiven unterschiedlicher Stakeholder miteinbezieht. Qualität wird hierbei als ein relationales und dynamisches Konstrukt begriffen, das von unterschiedlichen gesellschaftlichen Handlungszielen und subjektiven Erwartungen geprägt ist (vgl. Merchel 2013, S. 3). Insbesondere die Perspektiven der Nutzenden, aber auch die Perspektiven ‚auf' die Nutzenden sollen damit in den Fokus gerückt und reflektiert werden.

Hierbei werden zwei zentrale Forschungsfragen verfolgt: Zum einen wird gezeigt werden, welche unterschiedlichen Erwartungen an die Qualität von Schulverpflegung öffentlich formuliert und damit implizit an Schulen herangetragen werden. Hierbei ist anzumerken, dass Schulen zwar nicht immer die direkten Adressaten dieser Erwartungen sind, da sie letztlich nur bedingt die Verantwortung für die Schulverpflegung tragen. Die Erwartungen richten sich aber an etwas, das sich in ihrem Handlungsbereich vollzieht. Insofern müssen sich Schulen zumindest implizit von der öffentlichen Debatte angesprochen fühlen.

Zum anderen soll deshalb untersucht werden, wie die Erwartungen von entscheidungsverantwortlichen Akteur_innen vor Ort reflektiert und eingelöst, d.h. in konkrete Verpflegungskonzepte überführt werden. Mit in Betracht gezogen werden soll dabei, welche Rolle den zentralen Anspruchsgruppen – den essenden Kindern und Jugendlichen – hierbei zugedacht wird und wie deren Rolle im künftigen Qualitätsdiskurs neu verortet werden kann.

Der Beitrag greift auf eine Kombination von Dokumentenanalysen und Einzelfallstudien zurück (siehe hierzu Jansen 2019, S. 95 ff.): Die *qualitative Dokumentenanalyse* (vgl. Mayring 2010, S. 46 ff.) basiert auf einem Querschnitt politischer, (zivil-)gesellschaftlicher und wissenschaftlicher Textbeiträge und zielt darauf ab, normative Leitprinzipien zu rekonstruieren, die in der öffentlichen Diskussion um das Schulessen zum Tragen kommen. Unter Berücksichtigung eines a priori definierten Kriterienrasters wurden 134 Dokumente bzw. Dokumentenauszüge in die Analyse einbezogen, darunter z.B. Positionspapiere zivilgesellschaftlicher Interessenverbünde, wissenschaftliche und behördliche Empfehlungen, kommunale Konzeptpapiere sowie parlamentarische und parteiliche Veröffentlichungen der Länder und des Bundes. Die Dokumente wurden im Zeitraum 2010 bis 2015 veröffentlicht bzw. sind bis zu diesem Zeitraum

---

[1] Der vorliegende Beitrag beruht auf der Dissertation „Essen an Schulen zwischen Anspruch und Wirklichkeit. Erwartungen an Schulverpflegung in Anbetracht von Erfahrungen aus der Praxis", die 2019 unter gleichnamigem Titel erschienen ist (Jansen 2019).

handlungsrelevant. Die Analyse erfolgte kategorienbasiert in Anlehnung an die qualitative Inhaltsanalyse nach Mayring (2008). Hierbei wurden logisch und argumentativ miteinander zusammenhängende Kategorien zu übergeordneten Leitprinzipien abstrahiert. Die *Einzelfallanalysen* beruhen auf qualitativen, leitfadengestützten Expert_inneninterviews (vgl. Gläser/Laudel 2009; Meuser/Nagel 2010) mit entscheidungsverantwortlichen Akteur_innen an zehn verschiedenen Schulstandorten, darunter primär Schulleitungen und Vertreter_innen der kommunalen Schulträger. Die Einzelfälle variierten gezielt nach Schultypen, regionaler Infrastruktur und Bundesländern. Die Interviews waren darauf ausgerichtet, Erfahrungen, Handlungsmotive und Praktiken vor Ort zu rekonstruieren. Nicht zuletzt sollte nachvollzogen werden, inwiefern und weshalb übergeordnete Leitprinzipien in den jeweiligen Verpflegungskonzepten rezipiert, umgedeutet oder auch abgelehnt werden.

3. Der gesellschaftliche Erwartungshorizont zur Qualität von Schulverpflegung – Ergebnisse der Dokumentenanalyse

Anhand der Dokumentenanalyse lassen sich insgesamt sechs zentrale Leitprinzipien für die Gestaltung des Schulessens abstrahieren, die in der Debatte zum Schulessen relevant gemacht werden.

3.1 Gesundheitsförderung und Prävention

Erwartungsgemäß am dominantesten ist die öffentliche Diskussion um Schulverpflegung von ernährungs- und gesundheitswissenschaftlichen Argumentationsmustern geprägt. In einem häufig alarmierenden Duktus werden Kindern und Jugendlichen defizitäre Verhaltensweisen unterstellt, die nur durch eine verstärkte öffentliche Einflussnahme korrigiert werden können. Die Argumentation ist von einer erheblichen Risikowahrnehmung gerahmt. Vorlieben und Gewohnheiten werden in diesem Sinne etwa als „fatal" (Verbraucherzentralen 2011, S. 1) oder „eklatant" (Kreis Wesel 2012, S. 3), der Gesundheits- und Entwicklungszustand als „Besorgnis erregend" (StMUGV 2007, S. 3) bezeichnet.

Eine im ernährungsphysiologischen Sinne ausgewogene und vollwertige Schulverpflegung wird demzufolge als notwendiger öffentlicher Fürsorgeakt und wichtige Handlungsperspektive der kollektiven Gesundheitsförderung wahrgenommen. Die Vorbeugung von Übergewicht erscheint als besonders herausragendes Motiv. Schulen bzw. Schulmensen werden hierbei als ideale Settings interpretiert, eine wünschenswerte Verhaltensprägung, mithin Verhaltenskorrektur von Kindern und Jugendlichen, in Gang zu setzen. Gleichwohl steht in dieser Logik nicht nur das individuelle Kindeswohl im Blickpunkt. Ein für die

Argumentation häufig bemühtes Motiv ist auch die notwendige Eindämmung gesamtgesellschaftlicher bzw. volkswirtschaftlicher Folgekosten, für welche das kindliche Fehlverhalten letztlich mitverantwortlich gemacht wird. So heißt es z. B. nach einer Sachverständigenanhörung durch den Deutschen Bundestag in einer Meldung: „Eine ordentliche Schulverpflegung an allen Schulen in Deutschland sehen Experten als Schlüssel im Kampf gegen Übergewicht und zur Minimierung steigender Kosten für das Gesundheitssystem." (Deutscher Bundestag 2011)

Das Anliegen der Gesundheitsförderung von Kindern steht also nicht für sich allein als Wert, sondern wird volkswirtschaftlich relationiert: Die Gesundheit der Kinder ist als Maßnahmeziel deshalb funktional, weil damit die „Minimierung steigender Kosten für das Gesundheitssystem" (ebd.) erreicht wird.

3.2 Nachhaltigkeit

Als ebenfalls prägend für die öffentliche Debatte erweist sich das Leitprinzip der Nachhaltigkeit, wobei hier ein relativ enggefasstes Nachhaltigkeitsverständnis im Sinne regionaler und ökologischer Lebensmittelproduktion besteht. Gefordert wird ein erhöhter Anteil biologisch, vor allem aber regional erzeugter Produkte, die in der Schulverpflegung zum Einsatz kommen sollen. Dies soll letztlich auch beklagten Entfremdungstendenzen in der menschlichen Ernährung – verursacht durch intransparente, globalisierte Lebensmittelwertschöpfungsprozesse – entgegenwirken. Eng assoziiert mit diesem Leitprinzip ist auch das Ziel, Schüler_innen für einen nachhaltigen Lebensmittelkonsum zu sensibilisieren. So hieß es beispielsweise im Koalitionsvertrag der Hessischen Landesregierung für 2014 bis 2019:

> „Wir wollen ‚nachhaltigen Konsum' durch eine Bildungsoffensive und mehr Informationen stärken. Insbesondere wollen wir weitere regional-saisonale und ökologische Modellprojekte zur Schulverpflegung initiieren und die Essensverpflegung mit Besuchen auf landwirtschaftlichen Betrieben der Region verbinden. Wir werden zum Beispiel das Projekt ‚Bauernhof als Klassenzimmer' fortführen." (CDU Hessen/ BÜNDNIS 90/DIE GRÜNEN Hessen 2013, S. 85)

Zu erkennen ist die enge Verbindung zwischen Bildungsanliegen und Verpflegungskonzepten. Es geht nicht allein darum, Schüler_innen nachhaltig zu ernähren, sie sollen auch ein entsprechendes Ernährungsverhalten erlernen – durch eine einschlägige „Bildungsoffensive" und den „Bauernhof als Klassenzimmer".

Im Begründungszusammenhang für dieses Leitprinzip findet sich vor allem Kritik an strukturellen Rahmenbedingungen der Essensversorgung, die wenig nachhaltig sind und die allgemeinen Entfremdungstendenzen in der menschlichen Ernährung reproduzieren. Berücksichtigt werden sollte hierbei jedoch der zeitliche Entstehungskontext der analysierten Dokumente, die vor allem in Folge des sogenannten Sodexoskandals[2] im Jahr 2012 veröffentlicht wurden. Er machte eindrücklich die problematischen Folgen der längst etablierten zentralisierten Schulverpflegungsmonopole und die hiermit verbundenen globalen Lebensmittelwirtschaftskreisläufe sichtbar und eröffnete eine zumindest kurzzeitige kritische Debatte in den Medien zur Nahrungsversorgung über weite Entfernungen und in hochkomplexen intransparenten Systemen. Der Bedeutungsaufschwung der Nachhaltigkeit als Leitlinie für das Schulessen kann von daher als unmittelbarer Reflex auf jene Problematisierungskonjunktur gewertet werden.

Bemerkenswert dabei ist die normative Paradoxie, dass gerade in einer Bildungsinstitution, in der – inspiriert durch die UN-Dekade zur Bildung für nachhaltige Entwicklung – Schüler_innen für Nachhaltigkeit sensibilisiert werden sollen, die Verpflegung selbst als wenig nachhaltig identifiziert wird.

3.3 Soziale Gerechtigkeit

Im Leitprinzip der sozialen Gerechtigkeit, das sich gleichermaßen quer durch die Perspektiven der verschiedenen gesellschaftlichen Stakeholder der Debatte zum Schulessen zieht, kommen primär wohlfahrtspolitische Motive zum Ausdruck. So wird einerseits gefordert, öffentlich sicherzustellen, dass kein Kind aufgrund seiner finanziellen Möglichkeiten vom gemeinsamen Essen in der Schule ausgeschlossen wird. Andererseits wird dem Schulessen eine Kompensationsfunktion zugeschrieben, wonach herkunftsbedingte Benachteiligungen – im Sinne einer ausgewogenen und hinreichenden Ernährung – beim Essen in der Schule ausgeglichen werden sollen. Verknüpft wird das Leitprinzip demzufolge mit der Forderung nach für die Nutzenden kostenfreier oder zumindest in höherem Maße staatlich subventionierter Schulverpflegung. Soziale Ungleichheit, steigende Kinderarmut, aber auch ein unterstellter familialer Kompetenzverlust sind wesentliche hierin verankerte Motive. In einem Positionspapier der Verbraucherzentralen heißt es entsprechend:

„Die Bundesregierung ist gefordert, insbesondere für die Versorgung von Kindern und Jugendlichen aus einkommensschwachen Familien, verlässliche Strukturen zu schaffen und dafür Sorge zu tragen, dass diesen Kindern mindestens einmal pro Tag

---

2 Infolge des Verzehrs mikrobiell belasteter Tiefkühlerdbeeren aus China, in Verkehr gebracht durch den Caterer Sodexo, erkrankten seinerzeit mehrere Tausend Menschen, vor allem Schulkinder, an einer Norovireninfektion.

ein vollwertiges und schmackhaftes Essen zu akzeptablen Preisen bzw. kostenfrei zur Verfügung gestellt wird." (Verbraucherzentralen 2011, S. 3)

Das Konzept des bedürftigen, von Mangel geprägten Kindes konkurriert in der Qualitätsdebatte zum Schulessen also mit demjenigen des von Überfluss fehlgeleiteten und überernährten Kindes, wie es in der Leitfigur der ‚Gesundheitsförderung und Prävention' sichtbar wurde. Schulverpflegung gerät demnach nicht mehr nur zum Instrument der öffentlichen Gesundheitsfürsorge, sondern gleichermaßen zum staatlichen Mittel der Wohlfahrtspflege.

3.4 Förderung von Esskultur

Das Leitprinzip der Esskultur stellt gewissermaßen ein Bündel von gesellschaftlichen Zielvorstellungen dar, innerhalb derer die Berücksichtigung soziokultureller Qualitätsmerkmale des Essens zusammengefasst werden. Allem voran ist dieses Leitprinzip geprägt durch Vorstellungen von der gemeinschaftsstiftenden, sozialisierenden Komponente der Institution Mahlzeit. So soll das gemeinsame Essen von Schüler_innen, zusammen mit ihren Lehrkräften, dazu beitragen, die Kommunikation der Schulangehörigen zu verbessern und das Gemeinschaftsgefühl bzw. die Identifikation mit der eigenen Schulgemeinde zu steigern.

Weiterhin fallen unter das Leitprinzip die Ermöglichung und das Erfahrbarmachen von Genuss und interkulturellen Essgewohnheiten sowie die Förderung von esskulturellen Kompetenzen. Hinsichtlich letzterer wird dem Schulessen einmal mehr eine Kompensationsfunktion zugeschrieben. Denn auch wenn in den meisten Dokumenten überhaupt nicht spezifiziert wird, welche normativen Vorstellungen von einer ‚angemessenen' Esskultur hier eigentlich greifen, so wird doch regelmäßig ein gesellschaftlicher Verlust derselben unterstellt. Das gemeinsame Essen in der Schule könne (und solle) demzufolge auch dazu beitragen, esskulturelle Gepflogenheiten zu vermitteln und zu fördern. In einer Handreichung des Schulträgers Kreis Bergstraße heißt es exemplarisch:

> „Mitunter bestehende Defizite in der Esskultur der Elternhäuser können nicht komplett aufgefangen werden. Beim gemeinsamen Mittagessen der Schüler besteht jedoch die Gelegenheit, ohne Druck und Zwang regelmäßig wichtige zwischenmenschliche Regeln kennen und anwenden zu lernen." (Kreisgesundheitsamt Bergstraße 2005, S. 5)

Diagnostiziert wird zum einen ein esskulturelles Defizit in Familien, das jedoch nicht qualitativ bestimmt wird. Zum anderen wird der gemeinsamen Mahlzeit eine erzieherische Kompensationsfunktion zugeschrieben, die ebenso wenig qualitativ präzisiert wird. Es werden nur abstrakt „zwischenmenschliche Regeln" als Lernfeld benannt. Ohne dass also die esskulturelle Differenz zwischen Familie und Schule konkretisiert wird, wird nur die Differenz also solche exponiert.

Lehrkräften wird bei der esskulturellen Sozialisation bemerkenswerterweise häufig die Rolle als Vorbild zugedacht. Im Gegensatz zu vielen als kulturlos abqualifizierten Familien wird den Lehrkräften offenbar attestiert, das Gut der Esskultur bislang bewahrt zu haben.

3.5 Partizipation

Partizipation erweist sich als weiteres Schlüsselkonzept in der Debatte um Schulverpflegung. *„Es geht auch nicht, dass man über die Köpfe hinweg plant"*, heißt es in einer Plenarsitzung der Hamburgischen Bürgerschaft (2013, S. 3926). Ähnliches konstatiert die Stadt Duisburg in ihren Kommunalen Leitsätzen zur Verpflegungsorganisation an Ganztagsschulen:

> „Die Schulen sollen dazu motiviert werden, ihren unabdingbaren Beitrag zu einer gelungenen Schulverpflegung zu leisten, indem sie [...] die Akzeptanz gemeinsamer Schulmahlzeiten durch die Partizipation aller Beteiligten der Schulgemeinde bei allen Entscheidungsprozessen steigern." (Stadt Duisburg 2012)

Das (An-)Recht auf Partizipation, das vor allem der Gruppe der Nutzer_innen, also Kindern und Jugendlichen zugesprochen wird, wird nicht nur von zivilgesellschaftlichen Interessenverbünden und in wissenschaftlichen Positionspapieren geltend gemacht, sondern auch durch Schulgesetze, behördliche Empfehlungen und Stellungnahmen der Schulträger gestützt. Das Begriffsverständnis von Partizipation bleibt allerdings über alle Instanzen hinweg vage.

Konsens herrscht dahingehend, dass vor allem Schüler_innen, mitunter auch Eltern, Lehrkräfte und sonstige Beteiligte, in die Verpflegungskonzeption einzubeziehen sind. In welcher Weise diese Einbeziehung vonstattengehen soll, ob lediglich durch Information, ob durch Befragung, durch Mitbestimmung oder gar aktive Mitgestaltung, bleibt jedoch offen. Offen bleibt ebenso, wie Ansprüche zu verhandeln sind, die einschlägigen wissenschaftlichen Empfehlungen oder gesellschaftlichen Erwartungen zuwiderlaufen. Auffällig ist ferner, dass die öffentliche Forderung nach einer partizipativen Gestaltung der Schulverpflegung nicht nur einem Zugeständnis nach Schul- und Schüler_innenautonomie, d.h. nach demokratischer Beteiligung, geschuldet ist, sondern auch rein zweckbezogen zu sein scheint. Denn ein Mehr an Partizipation – wie auch immer diese geartet sein soll – wird, wie obiges Zitat verdeutlicht, auch unmittelbar mit einem Mehr an Akzeptanz der Schulverpflegung assoziiert.

3.6 Professionelles Handeln

Das Leitprinzip des professionellen Handelns stellt schließlich einen Gegenentwurf zur bislang wenig bis gar nicht staatlich regulierten Organisation der Schulverpflegung dar. Qualitätsmängel und Akzeptanzprobleme werden zahlreichen gesellschaftlichen Positionen zufolge darauf zurückgeführt, dass weder verbindliche Qualitätsstandards noch entsprechende behördliche Kontrollen existieren. Ungeachtet der Frage, wie sich dies mit lokalen Aushandlungs- und Partizipationsprozessen vereinbaren lässt, ist die Forderung, Verpflegungsstandards verbindlich vorzugeben, z. B. per Gesetz, weitverbreitet. So fordert etwa die Fraktion DIE LINKE im Bundestag in einem entsprechenden Diskussionspapier: „Die DGE-Qualitätsstandards für die Schul- und Kindergartenverpflegung sind in allen Schulgesetzen und Gesetzen für Kindertagesstätten verbindlich aufzunehmen. Die Einhaltung ist sicherzustellen und zu kontrollieren." (DIE LINKE im Bundestag 2012, S. 8)

Nicht nur hier ist erkennbar: Fast ausnahmslos werden die Verpflegungsstandards der DGE als Maßgabe für ein qualitativ hochwertiges Essen zugrunde gelegt, an der sich das laienhaft-provisorische vom professionellen Schulessen unterscheidet.

Zusammenfassend lässt sich feststellen, dass der skizzierte Erwartungshorizont gegenüber dem Essen in Schulen nicht nur normativ hoch aufgeladen, sondern auch in starkem Maße paternalistisch geprägt ist. Das Essen in der Schule dient demnach nicht mehr nur der unmittelbaren Bedürfnisbefriedigung der Essenden, es wird vielmehr zum universellen Hilfsmittel, gesamtgesellschaftliche Ernährungsprobleme auszugleichen. Die Positionierung der zentralen Anspruchsgruppen – der essenden Kinder und Jugendlichen – erscheint hierbei grundlegend passiv. Gleichwohl Schüler_innen mittels nicht näher spezifizierter Beteiligungsformate an der Gestaltung der Essensangebote partizipieren sollen, nehmen sie auf den Diskurs um Qualität nur sehr indirekt Einfluss, und zwar vor allem durch das Ausleben scheinbar defizitärer Verhaltensweisen, die es zu korrigieren oder zumindest zu kompensieren gilt.

In Anbetracht dessen erscheint es jedoch fraglich, wie die offenbar einhellig formulierten Qualitätsziele in der Praxis des Schulessens realisiert werden können. Denn an den meisten Schulen in Deutschland ist die Teilnahme am Verpflegungsangebot freiwillig. So kann zumindest hinterfragt werden, inwieweit sich gegenüber dem hier vermittelten Fürsorgeanspruch nicht Widerstände regen.

4. Leitorientierungen und Kompromissbemühungen verantwortlicher Akteur_innen in der lokalen Verpflegungspraxis

Um nachzuvollziehen, wie die genannten Leitprinzipien in der Organisation und Praxis des Schulessens reflektiert, eingelöst und ggf. auch umgedeutet werden und welche Positionierung hierbei schließlich die essenden Kinder und Jugendlichen erfahren, befasst sich der zweite Teil der Untersuchung mit den Handlungsmotiven, Sichtweisen und Erfahrungen entscheidungsverantwortlicher Akteur_innen vor Ort. An zehn Schulstandorten wurden dazu insbesondere die Schulleitungen und Vertreter_innen der kommunalen Schulträger interviewt.

Hierbei lässt sich zunächst eines festhalten: Kein Verpflegungskonzept, folgt man der Darstellung der Befragten, orientiert sich am gleichen Qualitätsverständnis. Und die meisten Schulen bzw. Schulträger unternehmen auch gar nicht den Versuch, einem von außen angelegten allgemeingültigen Qualitätsverständnis gerecht zu werden. So zeigt sich zwar, dass die meisten der im Vorfeld skizzierten Leitprinzipien sich auch in den Argumentationsmustern der verantwortlichen Akteur_innen niederschlagen, die Ansprüche zugleich aber relativiert, zum Teil auch explizit zurückgewiesen oder aber durch neue Perspektiven ergänzt werden. Nicht selten äußert sich hier auch ein deutlicher Widerstand gegen Expert_innentum von außen sowie gegen Anforderungen, die als überzogen oder illegitim empfunden werden. Situations- und standortabhängig werden in der Regel unterschiedliche Schwerpunkte gesetzt, mithin unterschiedliche Qualitätsansprüche verfolgt. Die Autonomie der Essenden sowie deren tatsächlichen oder gemutmaßten Bedürfnisse erweisen sich hierbei als wesentliche Einflussgrößen.

4.1 Gesundheitsförderung und Prävention

Im Hinblick auf das Leitprinzip der Gesundheitsförderung und Prävention zeigt sich, dass der Gesundheitswert des Verpflegungsangebotes zwar als selbstverständliches und obligatorisches Qualitätskriterium begriffen, die Vorgabe ernährungswissenschaftlicher Standards zugleich jedoch als alltagsfern bewertet wird – und zwar insbesondere deshalb, weil diese schwerlich mit den geschmacklichen Präferenzen von Schüler_innen zu vereinbaren seien. Kurz und bündig äußert sich hierzu ein Schulträger: „Wenn man alle Punkte der DGE einhält, dann hat man eine gute, gesunde Schulverpflegung, aber keiner geht hin!"

Hier wird nicht nur eine prinzipielle Unvereinbarkeit zwischen den DGE-Qualitätsstandards für das Schulessen und den geschmacklichen Vorlieben junger Menschen konstruiert, die Feststellung der Diskrepanz wird auch zu einer textimmanenten Kritik an diesen Standards: Auch wenn es so nicht explizit formuliert wird, schwingt doch in der Aussage mit, dass die DGE-Normen für das Schulessen wenig Sinn machen, wenn es am Ende nicht verzehrt wird. Bemerkenswerterweise sind die kulinarischen Präferenzen der Schüler_innen, deren Autonomie und die Ermöglichung von Genuss und Freude am Essen für die meisten der befragten Akteur_innen prioritäre Anforderungen, die es in der Konzeption und Umsetzung von Verpflegungsangeboten zu berücksichtigen gilt und die dann andere Leitlinien in den Hintergrund treten lassen.

Die Befragten distanzieren sich zum Teil deutlich vom DGE-Standard, der zwar mehrheitlich als grobe Orientierungsgrundlage aufgefasst, zugleich jedoch als idealistisch überhöht empfunden wird. Maßgeblich für die gesundheitliche Bewertung des Verpflegungsangebotes scheint für die Befragten stattdessen ein moderates ‚Alltagskonzept' von gesunder Ernährung zu sein. Verantwortliche bemühen sich dabei häufig um einen Balanceakt, der einerseits sicherstellt, dem der Schule zugewiesenen Fürsorgeauftrag wenigstens im Ansatz Rechnung zu tragen, der andererseits jedoch die geschmackliche Autonomie von Schüler_innen wahrt. Diesem Zugeständnis an Autonomie – zumindest hinsichtlich dessen, was gegessen wird – liegt allerdings nicht nur pädagogische Überzeugung zugrunde.

Vielmehr verbirgt sich auch ein wirtschaftliches Motiv dahinter, Schüler_innen als Konsument_innen mit Wahlrechten zu propagieren. Schulverpflegung erweist sich für die kommerziellen Anbieter ohnehin nicht als gewinnträchtiges Geschäft. Um Wirtschaftlichkeit zumindest im Ansatz zu gewährleisten, muss den Wünschen von Schüler_innen zwangsläufig Rechnung getragen werden. Ebenso zwangsläufig werden dann andere Zielvorstellungen von gutem Essen zurückgestellt. Ein Verpflegungsbeauftragter merkt dementsprechend an: „Sie [die Pächterin] kann ja nicht ihren finanziellen Ruin in Kauf nehmen, nur damit hier nur bio und vegetarisch gegessen wird."

Weil das Schulessen auf Marktprinzipien basiert, geraten die Versuche, es in gesunder Weise zu normieren, an Grenzen. Denn das Schulessen braucht einen Absatzmarkt. Vor diesem Hintergrund erlangen Schüler_innen eine starke Machtposition als Konsumierende, die DGE-Anliegen sabotiert.

4.2 Soziale Gerechtigkeit

Als weiteres wichtiges Leitmotiv erweist sich an der Mehrheit der Schulen die Gewährleistung eines niedrigschwelligen Zugangs zu Schulmahlzeiten ungeachtet der sozialen Herkunft bzw. der finanziellen Möglichkeiten der Schüler_innen. Auch wenn hierbei kein direkter Widerspruch aufgezeigt wird, zeigt sich doch, dass dieses Leitmotiv mit dem vorherigen konkurriert. Denn was von den befragten Schulleitungen und Schulträgern als weitaus drastischer wahrgenommen wird als die viel zitierte Übergewichtsproblematik, sind Kinder und Jugendliche, deren Ernährungsversorgung schlicht ungesichert sei. Berichtet wird etwa von Schüler_innen, die nicht gefrühstückt haben, die hungrig in die Schule kommen, die zugleich aber weder eine hinreichende Pausenverpflegung noch das notwendige Geld hierfür bei sich haben. Ein Schulleiter berichtet hierzu:

> „Ich habe vor 20 Jahren angefangen, hier Baguettes zu verkaufen. Weil viele Kinder, das merken wir als Lehrer, die kriegen kein Brot mehr mit. [...]. Da ging das Geschrei los bei den Theoretikern. Da ist REMOULADE drauf, das ist ungesund. Ich sag, ist mir völlig egal. Hauptsache, die kriegen so was. Und dann sehen Sie aber [...] da sehen Sie DREI Fünftklässler mit einem Baguette da stehen, die abwechselnd da dran beißen. Und ich Verrückter, ich=ich hab das erst gar nicht begriffen, ich sag: Wisst ihr, ihr steckt euch an, wenn ihr erkältet seid. Wissen Sie, was da war? Die haben sich zu dritt was geTEILT. Wir verkaufen das zum Selbstkostenpreis. Die Kinder hatten das GELD nicht. Das habe ich aber erst im zweiten Anlauf, weil mein Hirn so langsam war, erst begriffen. Verstehen Sie, über welche ProBLEME wir reden?"

In Anbetracht unmittelbar wahrgenommener Lebenswirklichkeiten mit manifester Ernährungsnot wird die Relevanz der ernährungswissenschaftlichen Perspektive im öffentlichen Diskurs um das Schulessen nicht nur radikal infrage gestellt, sondern es wird eine regelrechte Gegnerschaft konstruiert. Die für die Gesundheitsakteure typische Frage, ob schädliche „Remoulade" auf den Broten für die Schüler_innen ist, wird abqualifiziert. Stattdessen wird das eigene Tun als das überlegene dargestellt, denn hier wird sich um die ‚wirklichen Nöte' gekümmert.

4.3 Esskultur

Analogien zu den Ergebnissen der Dokumentenanalyse zeigen sich wiederum im Hinblick auf den immer wieder angeprangerten Verlust familialer Ernährungskompetenz und Esskultur, der sich auch in den Ausführungen der Schulleitungen und Schulträger niederschlägt. Berichtet wird etwa, dass in immer mehr Familien nicht mehr gekocht werde, Kinder dementsprechend die Bedeutung gemeinsamer Mahlzeiten nicht erfahren würden oder selbst in der weiterführenden Schule noch nicht in der Lage seien, mit Messer und Gabel zu essen. So trete die zunehmende (kulinarische) ‚Kulturlosigkeit' vieler Kinder und Jugendlichen beim Essen in der Schule deutlich zu Tage. Insbesondere wiederholt beobachtetes unzivilisiertes, wildes und lautstarkes Gebaren bei Tisch erzeugt offenbar pädagogischen Handlungsdrang. Bemerkenswerterweise wird dieses Phänomen aber nicht nur als generationsspezifisch wahrgenommen, sondern offenkundig auch als klassen- bzw. milieuspezifisches Problem, wie es der folgende Ausschnitt zeigt:

„[...] Auch dieses laute Rumpalavern oder dass man nicht mit vollem Mund über den Tisch schreit, wo der halbe Tisch bekleckert ist. Aber für diese Kinder ist das NORMAL. Für diese Kinder ist das normal. Und ich mache mir etwas Sorge, ich meine, in der Mensa wird's besonders DEUTLICH, welche Defizite in den Familien heranwachsen."

Pädagogisches Eingreifen wird in diesem Sinne auch als notwendige Maßnahme des sozialen Ausgleichs begriffen. Durch familiären Einfluss mutmaßlich benachteiligte Kinder sollen durch das Schulessen die Möglichkeit erhalten, zu gesellschaftlich anerkannten Verhaltensweisen aufzuschließen. Dabei wird vor allem der für die Esskultur so symbolträchtigen ‚warmen Mahlzeit' eine hohe Bedeutung beigemessen – das heißt, hier wird der Schule nach Auffassung der meisten Befragten durchaus Kompensationspotenzial zugeschrieben, wie folgendes Zitat einer Schulleiterin illustriert:

„Für viele Kinder ist es gar nicht mehr üblich, dass Familien gemeinsam essen, schon gar nicht warm essen. Da ist eher so 'ne Kühlschrankkultur, dass jeder sich dann holt, wann er Hunger hat oder am Kiosk vorbeigeht oder sowas. Und von daher legen wir ganz großen Wert drauf, dass die Kinder täglich ein WARMES Mittagessen haben."

Deutlich wird hierbei, dass sich die verantwortlichen Akteur_innen, die mit den Kindern unmittelbar konfrontiert sind, zwar einerseits gegen den expertokratischen und als alltagsfern wahrgenommenen Duktus der Ernährungswissenschaft verwahren. An dessen Stelle wiederum rückt eine gleichsam paternalistische (und auch klassistische) Perspektive, welche Kinder und Jugendliche als gewissermaßen kulturlose Opfer ihrer Umwelt figuriert.

Zugleich kann festgestellt werden, dass die tatsächlichen Bemühungen um die Förderung von Esskultur zumindest an den weiterführenden Schulen hinter den gesellschaftlichen Erwartungen und Visionen zurückbleiben. Was sich in den teils großen und unübersichtlichen Mensen an zwischenmenschlicher Interaktion und (ess-)kulturellen Gepflogenheiten vollzieht, entzieht sich nicht nur der genaueren Beobachtung, sondern in den meisten Fällen auch klar der Einflussnahme der befragten Akteur_innen. So wird etwa das gemeinsame Essen von Schüler_innen und Lehrkräften nur selten explizit forciert.

In den Interviews wird problematisiert, dass sich auch Lehrkräfte in ihrer Autonomie zu essen oder nicht zu essen, mithin ‚vorbildlich' zu essen, offenkundig schwer beeinflussen lassen und die Auseinandersetzung hiermit häufig gescheut wird. Beispielhaft bemerkt der Verpflegungsbeauftragte einer Gesamtschule:

„Was die Lehrer angeht, da muss ich allerdings sagen, das ist noch eine Riesenbaustelle, die ich auch überhaupt nicht bearbeiten kann, bearbeiten will und bearbeiten werde. Von den Lehrern gehen hier am Standort FÜNF in der Mensa essen."

Die Aussage verweist darauf, dass der öffentliche Diskurs zu Lehrkräften, die als Vorbilder für die Schüler_innen mitessen und sie so in Verhaltensstandards des Essens sozialisieren, offensichtlich abweicht von dem, was die schulische Praxis zu leisten vermag oder zu leisten bereit ist.

4.4 Partizipation

Im Hinblick auf das Leitprinzip der Partizipation sind die Sichtweisen, Motive und Praktiken der Schulleitungen und Schulträger ausgesprochen heterogen. Dass Partizipationsmöglichkeiten per se vor allem für Schüler_innen bestehen, scheint an den meisten Schulstandorten zwar als selbstverständlich erachtet zu werden, die Beteiligungsformate und die Qualität der Partizipationsbemühungen weichen jedoch stark voneinander ab.

Mehrheitlich gewähren die Schulen und Schulträger den Schüler_innen das, wozu sie per Schulgesetz verpflichtet sind: die Mitwirkung in Gremien, innerhalb derer ausgewählte Schüler_innen die Interessen ihrer Mitschüler_innen repräsentieren sollen. Häufig werden auch informelle Angebote der Mitsprache geschaffen, etwa durch die Anschaffung eines Meckerkastens, eines sogenannten Mensatagebuchs, durch schriftliche Befragungen und zum Teil auch durch direkte Ansprache. Seltener gibt es ausgewiesene Arbeitsgruppen, die sich konzeptionell mit Belangen der Schulmensa befassen. Ebenfalls eine Ausnahme stellt die direkte Mitwirkung an der Verpflegungsorganisation dar, wie am Beispiel einer Schule, die das Konzept „Schüler kochen für Schüler" praktiziert. Von wenigen Schulen wird die partizipative Einbindung von Schüler_innen auch explizit abgelehnt, nicht für notwendig bzw. als überreguliert empfunden. So unterschiedlich wie die Partizipationsbemühungen, so unterschiedlich und bisweilen widersprüchlich sind auch die dahinterliegenden Motive der Entscheidungsträger und die damit verbundenen Sichtweisen auf die Rolle der Schüler_innen. Während einige die Kompetenz und Kooperationswilligkeit von Schüler_innen und die in der Partizipation liegende Chance betonen, Schulentwicklungsprozesse anzustoßen, verbinden andere ihre Partizipationsstrategien mit konkreten pädagogischen Absichten, indem Schüler_innen beispielsweise Selbstwirksamkeit erfahren oder aber lernen sollen, Verantwortung für sich und andere zu übernehmen. Einige der Akteur_innen sind auch schlicht von einer kulinarischen Mündigkeit der Kinder und Jugendlichen überzeugt. Anders als in der öffentlichen, ernährungswissenschaftlich geprägten Debatte werden die Perspektiven der Kinder und Jugendlichen gegenüber der als konträr wahrgenommenen Erwachsenenperspektive teilweise wieder aufgewertet. So konstatiert etwa ein Schulträger:

> „Für mich ist zum Beispiel ganz ganz wichtig, wenn es um die Akzeptanz von Essen und um Akzeptanz der Räume geht, dass nicht … irgendwelche schlauen und nicht so schlauen Leute beim Schulträger oder von der Schulleitung oder sogar der Eltern entscheiden, was den Kindern zu schmecken und zu gefallen hat […] Deswegen lege ich persönlich auch immer ganz ganz viel Wert drauf, dass ich nicht immer nur ausschließlich mit irgendwelchen Schulleitungsmitgliedern rede, sondern dass versucht wird, auch immer wieder die SV mit einzubinden und auch unmittelbar Gespräche zu führen."

Offenkundig entbehren diese Erkenntnisse nicht einer gewissen Widersprüchlichkeit. Sie legen jedoch nahe, dass der öffentliche Diskurs darüber, wie die Qualität von Schulverpflegung gesichert werden kann und wer darüber zu urteilen hat, bei den Verantwortlichen Unsicherheit und bisweilen auch Reaktanz erzeugt. Denn wissenschaftlich vermeintlich gesicherte Erkenntnisse stehen nicht immer im Einklang mit dem, was Akteur_innen vor Ort wahrnehmen und als relevant erachten.

5. Resümee: Qualitätsentwicklung des Schulessens als Verhandlungsgegenstand zwischen erwachsenen Expert_innen und Schüler_innen

Es lässt sich festhalten, dass die gesellschaftliche Diskussion um Schulverpflegung in weiten Teilen den (ernährungs-)wissenschaftlichen Fachdiskurs widerspiegelt, nach dem das Essen an Schulen vor allem als Interventionsplattform der öffentlichen Gesundheitsförderung und Prävention fungieren sollte. Als defizitär postulierte Verhaltensweisen und Lebensumstände von Kindern und Jugendlichen liefern in der Öffentlichkeit häufig den Anlass, Qualitätsverbesserungen der Schulverpflegung einzufordern. Dass dies das Anliegen erschwert, gemeinsam mit Kindern und Jugendlichen über Qualität zu verhandeln, wird dabei kaum reflektiert.

Partizipation erweist sich in der Debatte um Schulverpflegung zwar als geflügelter Begriff und Leitprinzip. Die zugleich expertokratische und paternalistische Sicht, mit welcher die Debatte ausgetragen wird, legt jedoch den Verdacht nahe, dass der Partizipation ‚vor Ort' nur eine Alibifunktion zukommt. Sie soll vor allem die Akzeptanz der Schüler_innen sichern (vgl. DGE 2018, S. 26), nicht aber am Ergebnis rütteln. Was für Schüler_innen gut und richtig ist, ist schließlich schon im Vorfeld wissenschaftlich abgesichert.

In einschlägigen Handlungsempfehlungen zur Schulverpflegung bleibt der Begriff der Partizipation dementsprechend inhaltsleer oder zumindest ausgesprochen vage. Im DGE-Standard heißt es etwa: „Die Wünsche und Anregungen der Schüler sind in geeigneter Form in der Speisenplanung berücksichtigt" (DGE 2018, S. 18). Der Standard liefert jedoch keine weiteren Ausführungen dazu, was unter einer geeigneten Form verstanden werden kann, und vor allem, wie mit Wünschen umzugehen ist, die ernährungswissenschaftlichen Empfehlungen zuwiderlaufen. Solange Verpflegungsstandards nicht verbindlich vorgeschrieben werden, obliegt es den Schulen und Schulträgern, Antworten auf diese Frage zu finden und Kompromisse auszuloten. Dabei zeigt sich, dass abstrakte, nur mehr akademisch legitimierte Standards auch bei diesen auf erheblichen Widerstand treffen. Immer wieder wird von den schulischen Akteur_innen auf den fehlenden Bezug zur Praxis und zur Lebenswirklichkeit von Kindern und Jugendlichen verwiesen – auch wenn mitunter in Frage gestellt werden kann, ob die Praxisakteur_innen selbst diesen Bezug herstellen (können).

Dass Qualitätsentwicklung in sozialen Settings – auch und gerade im Sinne der Gesundheitsförderung – Partizipationsprozesse voraussetzt, ist nach heutigem Kenntnisstand unstrittig (vgl. ex. Loss/Warrelmann/Lindacher 2016, S. 441 ff.). Soll Partizipation hierbei nicht nur vorgetäuscht und als Strategie missbraucht werden, Akzeptanz für bereits Gesetztes zu erwirken, sondern tatsächlich ein Zugeständnis von Entscheidungsmacht beinhalten, dann ist die Position von Kindern und Jugendlichen neu zu verorten. Das heißt nicht, sich den als defizitär wahrgenommenen kindlichen Ansprüchen, so weit, wie es nötig und legitim erscheint, zu beugen. Es setzt vielmehr voraus, Kinder und Jugendliche als Verhandlungspartner_innen ernst zu nehmen, ihre Perspektiven wahrzunehmen und vor allem wertzuschätzen. Dies schließt nicht aus, normative Vorgaben der Erwachsenen als Erwachsene zu vertreten, aber sie müssen verhandelbar gemacht werden.

In Schulen geschieht dies bereits – mal mehr und mal weniger reflektiert. Auf den so wirkmächtigen wissenschaftlichen Diskurs nehmen Kinder und Jugendliche bislang offenkundig aber keinen ‚aktiven' und willentlichen Einfluss. Inwieweit die aktuell politisch forcierten Bemühungen zur Durchsetzung gegebener Qualitätsstandards den Interessen von Kindern und Jugendlichen gerecht werden, bleibt demnach fraglich. Im Sinne konsensfähiger Qualitätsentwicklungsstrategien erscheint es daher angezeigt, das Begriffskonstrukt Qualität weit mehr als bisher im unmittelbaren Dialog mit der Praxis und mit den Betroffenen zu verhandeln. Dies sollte die Perspektiven von Schulleitungen und Lehrkräften, Schulträgern, Eltern und Verpflegungsanbietern ebenso selbstverständlich miteinschließen, wie die Perspektiven der Kinder und Jugendlichen.

Literatur

CDU/CSU/SPD (2018): Ein neuer Aufbruch für Europa. Eine neue Dynamik für Deutschland. Ein neuer Zusammenhalt für unser Land. Koalitionsvertrag zwischen CDU, CSU und SPD. 19. Legislaturperiode.

Deutscher Bundestag (2011): Experten plädieren für Schulverpflegung. www.bundestag.de/dokumente/textarchiv/2011/36687232_kw48_pa_landwirtschaft-207008 (Abfrage: 06.06.2019).

DIE LINKE im Bundestag (2012): Diskussionspapier. Auf dem Weg zu einer guten und kostenfreien Schulverpflegung (online nicht mehr verfügbar; Dokument auf Anfrage bei der Autorin erhältlich).

DGE – Deutsche Gesellschaft für Ernährung e.V. (Hrsg.) (2018): Qualitätsstandard für die Schulverpflegung. 4. Auflage. 3. korrigierter Nachdruck.

foodwatch (2018): foodwatch fordert verpflichtende Standards für Schulessen. www.foodwatch.org/de/informieren/kinderernaehrung/aktuelle-nachrichten/foodwatch-fordert-verpflichtende-standards-fuer-schulessen/ (Abfrage: 27.05.2019).

Gläser, Jochen/Laudel, Grit (2009): Experteninterviews und qualitative Inhaltsanalyse als Instrumente rekonstruierender Untersuchungen. 3., überarbeitete Auflage. Wiesbaden: VS.

Gottschall, Karin/Hagemann, Karen (2002): Die Halbtagsschule in Deutschland. Ein Sonderfall in Europa? In: Aus Politik und Zeitgeschichte 2002, H. B41, S. 12–22.

Hamburgische Bürgerschaft – Bürgerschaft der Freien und Hansestadt Hamburg (2013): 20. Wahlperiode – 51. Sitzung am 24. Januar 2013: S. 3926. www.buergerschaft-hh.de/ParlDok/dokument/40040/plenarprotokoll-20-51.pdf (Abfrage: 06.06.2019).

Heseker, Helmut/Oepping, Anke (2013): Die Ressourcen von Ernährung und Bewegung im Rahmen der Prävention und Gesundheitsförderung an Schulen. In: Marchwacka, Maria A. (Hrsg.): Gesundheitsförderung im Setting Schule. Wiesbaden: Springer VS, S. 233–247.

Jansen, Catherina (2019): Essen an Schulen zwischen Anspruch und Wirklichkeit. Erwartungen an Schulverpflegung in Anbetracht von Erfahrungen aus der Praxis. Weinheim und Basel: Beltz Juventa.

KMK – Sekretariat der Ständigen Konferenz der Kultusminister der Länder in der Bundesrepublik Deutschland (2004): Allgemeinbildende Schulen in Ganztagsform in den Ländern in der Bundesrepublik Deutschland – Schuljahr 2002/2003 – Berlin.

Kreis Wesel (2012): Ausschreibung der Übertragung der Konzession zur Sicherstellung der Ganztagsverpflegung am Berufskolleg Wesel (online nicht mehr verfügbar; Dokument auf Anfrage bei der Autorin erhältlich).

Kreisgesundheitsamt Bergstraße, Arbeitskreis „Kinder und Jugendliche" (Hrsg.) (2005): Gesunde Ernährung in einer Gesunden Schule. Handreichung Schulverpflegung. Heppenheim. www.kreis-bergstrasse.de/pics/medien/1_1289914118/Gesunde_Ernaehrung_in_Schulen.pdf (Abfrage: 06.06.2019).

Loss, Julika/Warrelmann, Berit/Lindacher, Verena (2016): Gesundheitsförderung. Idee, Konzepte und Vorgehensweisen. In: Richter, Matthias/Hurrelmann, Klaus (Hrsg.): Soziologie von Gesundheit und Krankheit. Wiesbaden: Springer Fachmedien, S. 435–449.

Mayring, Philipp (2010): Einführung in die qualitative Sozialforschung. 6. Auflage. Weinheim und Basel: Beltz.

Mayring, Philipp (2008): Qualitative Inhaltsanalyse. Grundlagen und Techniken. 10. Auflage. Weinheim und Basel: Beltz.

Merchel, Joachim (2013): Qualitätsmanagement in der sozialen Arbeit. Eine Einführung. 4. Auflage. Weinheim und Basel: Beltz Juventa.

Meuser, Michael/Nagel, Ulrike (2010): Das ExpertInneninterview – Wissenssoziologische Voraussetzungen und methodische Durchführung. In: Friebertshäuser, Barbara/Langer, Antje/Prengel, Annedore (Hrsg.): Handbuch Qualitative Forschungsmethoden in der Erziehungswissenschaft. 3., vollständig überarbeitete Auflage. Weinheim und München: Juventa, S. 457–472.

StMUGV – Bayerisches Staatsministerium für Umwelt, Gesundheit und Verbraucherschutz (Hrsg.) (2007): Empfehlungen zur Schulverpflegung. https://www.km.bayern.de/download/1906_schulverpflegung.pdf (Abfrage: 14.11.2019).

Verbraucherzentralen und Verbraucherzentrale Bundesverband (2011): Essen und Trinken in Schulen. Positionen und Forderungen. www.schulverpflegung-thueringen.de/sites/default/files/2018-02/Positionen_und_Forderungen_Schulverpflegung_Thueringen.pdf (Abfrage: 06.06.2019).

Teil IV
Erziehungswissenschaftliche Essensforschung

Kinder und ihr Essen

Erziehungswissenschaftliche Perspektiven zur Pädagogizität des Essens

Lotte Rose, Friederike Schmidt und Marc Schulz

1. Problemstellungen erziehungswissenschaftlicher Essensforschung

Essen ist „der Anfang von allem", wie Eva Barlösius (2016, S. 19) in ihrem Standardwerk zur „Soziologie des Essens" konstatiert. Menschen sind zum eigenen Überleben auf Nahrung angewiesen, und damit sind gesellschaftliche Prozesse immer auch eng mit Nahrungsfragen – zumeist Nahrungsmängeln – verbunden. Zugleich ist Ernährung in den letzten zwei Dekaden verstärkt in den Fokus der öffentlichen und politischen Aufmerksamkeiten gerückt. Als bedeutender Gegenstand der Regulierung der Lebensführungsweisen der Subjekte wird Ernährung von verschiedenen Instanzen und an diversen Stellen als pädagogischer Gegenstands- und Handlungsbereich par excellence markiert. Jedoch sind bei diesen Bemühungen der Pädagogisierung des Essens erziehungswissenschaftliche Positionen marginal, obwohl der Themenkomplex der Ernährung ein wiederkehrender Gegenstand pädagogischer Reflexionen ist (vgl. hierzu 3.). Dieser Befund muss verwundern. Immerhin stellt die historische Studie von Sabine Seichter (2012) zum Zusammenhang von Erziehung und Ernährung heraus, dass Essen in der Moderne zu einem „pädagogischen Exerzierplatz des Zivilisationsprozesses" (ebd. 2016, S. 113) avanciert ist. Dabei wird „der Esstisch zum Schauplatz pädagogischen Übens und Lernens und die richtige Ernährung zum ‚Turngerät' der Domestizierung des Kindes" (ebd.).

Vor diesem Hintergrund wirft die langanhaltende erziehungswissenschaftliche Distanz zu Ernährung und Essen[1] Fragen auf. Sie kann darin begründet lie-

---

[1] Der Text verwendet zwar die Begriffe der Ernährung und des Essens, spricht aber von einer ernährungswissenschaftlichen *Essens*forschung, nicht *Ernährungs*forschung. Dies reflektiert, dass Essen die Alltagshandlung des Verzehrens und seiner Rahmungen bezeichnet, Ernährung aber das theoretisch-normative Konstrukt zu dieser Handlung ist (vgl. Steinberg 2011). Vor diesem Hintergrund ist die erziehungswissenschaftliche Essensforschung als eine zu verstehen, die sich primär der Alltagshandlung des Essens zuwendet, auch wenn dabei immer Aspekte der Ernährung als normative Maßgaben wirksam werden und damit auch in den Forschungsfokus geraten. Aus diesem Grund reflektieren unsere Ausführungen beide Begriffe.

gen, dass Ernährungsfragen als eine Domäne der Ernährungs- und Gesundheitswissenschaften angesehen und Essen dadurch bedingt nicht als *erziehungswissenschaftlicher* Gegenstand wahrgenommen wird. Ferner kann die bisherige disziplinäre Zurückhaltung gegenüber dem Essen damit zusammenhängen, dass Essen und Ernährung historisch als private Angelegenheiten und als exklusive Bereiche der familialen Erziehung und Sorge galten. Als solche erreichten Essen und Ernährung nur schwer den akademischen Diskursraum zu Erziehung und Bildung, der lange Zeit auf die Vorgänge in öffentlich-pädagogischen Institutionen konzentriert war und teils noch ist. Daneben spielt wohl auch eine Rolle, dass Essen und Ernährung – wie andere menschliche Reproduktionserfordernisse und -praktiken – traditionellerweise in das private Feld *weiblicher* Care-Zuständigkeiten fallen, die gesellschaftlich kaum anerkannt sind (vgl. Brückner 2018) und damit für die wissenschaftliche Beschäftigung wenig prestigeförderlich erscheinen.

Jedoch lässt sich seit der Jahrtausendwende eine Intensivierung der erziehungswissenschaftlichen Beschäftigung mit dem Essen identifizieren (vgl. hierzu 4.). Damit wird zugleich aber ein spezifisches Problem virulent. Kann in sozial-konstruktivistischer Perspektive kaum von einer genuin pädagogischen Bedeutung des Essens ausgegangen werden, stellen sich Fragen zu der erziehungswissenschaftlichen Relevanz von Essen. Zu klären ist, welchen spezifischen Beitrag eine *erziehungswissenschaftliche* Essensforschung leisten kann, welche Problemstellungen also in diesen Forschungen in den Blick einrücken und wie sich der besondere Bezug der Erziehungswissenschaft zum Essen darstellt – zumindest dann, wenn sich die Forschungsarbeiten nicht alleine darin begründen möchten, dass sie deshalb erziehungswissenschaftlich sind, weil sie von Erziehungswissenschaftler_innen durchgeführt werden.

Dabei scheinen Versuche, den „pädagogischen Blick" (Schmidt/Schulz/Graßhoff 2016) auf Essen vorab zu bestimmen – sei dieser präskriptiv-normativ oder theoretisch getragen –, wenig zielführend zu sein. Nicht nur lässt sich hierüber die Polyvalenz und Widersprüchlichkeit erziehungswissenschaftlicher Bezugnahmen auf Essen nicht hinreichend erfassen. Eine programmatische Ausrichtung erziehungswissenschaftlicher Essensforschung würde zudem eine Engführung von Forschungsprojekten erreichen, die sich – wollen sich die Arbeiten als erziehungswissenschaftliche verstanden wissen – nur noch im Spektrum dessen bewegen können, was als erziehungswissenschaftliche Forschung gilt, und damit nicht zuletzt nur noch bereits Bekanntes bestätigen.

Wissenschaftstheoretische Arbeiten haben darauf verwiesen, dass wissenschaftliche Erkenntnisbildung nicht zufällig oder willkürlich verläuft, sondern sich durch eine spezifische disziplinäre Logik auszeichnet. So zeigt u. a. Ludwik Fleck, dass wissenschaftliche Erkenntnisse von einer „bestimmte[n] Bereitschaft zu gewissen Beobachtungen" (Fleck 1935/2014, S. 213) geprägt sind, womit er bis dato verbreitete Annahmen einer objektiven Erkenntnisbildung widerlegt.

Diese „Wahrnehmungsbereitschaft" (ebd. 1947/2014, S. 404) bedingt und erreicht, dass sich den Forschenden bestimmte Dinge geradezu „direkt und bindend auf[drängen]" (ebd. 1935/2014, S. 219). Während Fleck die disziplinäre Spezifik des forschenden Blicks auf die schulende Einsozialisierung der Wissenschaftler_innen in ein wissenschaftliches Feld zurückführt, kann dies in diskurstheoretischer Perspektive auch auf einen Diskursraum bezogen werden. Die Forschungen sind nicht nur in einen „Raum des Sag-, Wiss- und Wahrnehmbaren" (Schmidt 2012, S. 77) grundlegend eingelassen, sondern sie bringen diesen Raum durch ihre Forschung mit hervor. Dabei lässt sich diskurstheoretisch feststellen, „dass es ohne einen bestimmten Diskurs die Phänomene, die sie bezeichnen, nicht gäbe" (Villa 2003, S. 23). Vielmehr sind „die Phänomene […] immer in einer bestimmten Weise durch das diskursive Feld, in denen sie bedeutet werden, geformt" (ebd.). Folglich ist methodologisch von einer diskursiven Praxis auszugehen, die Bedeutungen und Relevanzen setzt und verschiebt, indem sie die Dinge epistemisch bildet und ordnet (vgl. Foucault 1973/2008, S. 525; Wrana 2012, S. 196). Diese Einsicht in die diskursive Bedingtheit von Wissen lässt sich mit der ethnomethodologischen Frage *„Why that now?"* (Schegloff/Sacks 1984, S. 76) ergänzen – also der Frage, warum sich die erziehungswissenschaftliche Disziplin ausgerechnet *jetzt* intensiver für das Verhältnis von kindlicher Erziehung und kindlichem Essen interessiert.

Folglich lassen sich die Pädagogizität des Essens und die Spezifik erziehungswissenschaftlicher Essensforschung nicht gegenstandstheoretisch begründen. Stattdessen sind sie aus den jeweiligen Auslegungen des Essens als pädagogischem Gegenstand wie auch aus den erziehungswissenschaftlichen Bezugnahmen auf Essen und Ernährung nachzuvollziehen. Damit wird deutlich, dass es bei der Bestimmung der *erziehungswissenschaftlichen* Forschung zu Essen nicht alleine bei erziehungswissenschaftlichen Zugängen zum Thema bleiben kann, sondern hier auch weitere Diskurse zu berücksichtigen sind, in denen Essen pädagogisch wird.

Hieran schließen die nachfolgenden Bemühungen einer Spezifizierung erziehungswissenschaftlicher Essensforschung an. Wir beginnen mit einer Skizze der aktuell dominanten gesellschaftlichen Diskurse zum Verhältnis von Kindheit, Essen und Ernährung, die den erziehungswissenschaftlichen Diskursraum derzeit maßgeblich strukturieren. Damit lässt sich die Frage, warum sich die erziehungswissenschaftliche Disziplin gerade jetzt für das Essen interessiert, erhellen (2.). In einem zweiten Schritt systematisieren wir, wie Essen und Ernährung in den erziehungswissenschaftlichen Aufmerksamkeitsbereich einrücken, welche Aspekte dabei historisch (3.) sowie aktuell (4.) thematisch werden und welche Diskursfiguren sich identifizieren lassen. Im Sinne einer Entwicklung der erziehungswissenschaftlichen Essensforschung werden am Ende Perspektiven einer weiteren Auseinandersetzung aufgezeigt (5.).

2. Gegenwärtige gesellschaftliche Diskurse zu Kindheit, Essen und Ernährung

Die Art der erziehungswissenschaftlichen Beschäftigung mit dem Essen muss, wie zuvor dargelegt, in engem Zusammenhang zu gesellschaftlichen Diskursen betrachtet werden, um zu verstehen, weshalb das Themenfeld Essen und Ernährung gerade jetzt disziplinäre Relevanz erhält. Vier gesellschaftliche Entwicklungen sind hierbei von Belang, auf die nachfolgend eingegangen wird: die Diskurse zur Bevölkerungsgesundheit (2.1) und Nachhaltigkeit (2.2), Diskurse zu den Umbrüchen in den Ernährungs- und Sorgeverhältnissen (2.3) und damit zusammenhängende Diskurse zur angemessenen Ernährungsbildung (2.4).

2.1 Diskurse zur Bevölkerungsgesundheit

Das Narrativ der „Adipositas-Epidemie" (Branca/Nikogosian/Lobstein 2007, S. XI) gehört seit der Jahrtausendwende zu den konsensual und stabil verankerten gesundheitspolitischen Problemfiguren, die eine Intensivierung ernährungsbildender Präventionsmaßnahmen dringlich erscheinen lassen. Ein zentraler Auftakt hierzu war 2004 die Rede der damaligen Bundesministerin Renate Künast zur kritischen Ernährungslage der Bevölkerung, in deren Fokus die wachsenden Übergewichtsraten der Bevölkerung und die damit verbundenen Zivilisationskrankheiten, medizinischen Folgeschäden und volkswirtschaftlichen Belastungen standen. Im Jahr 2007 folgte das Eckpunktepapier „Gesunde Ernährung und Bewegung – Schlüssel für mehr Lebensqualität" mit dem die steigenden Übergewichtsraten im Land reduziert werden sollten, 2008 dann das Aktionsprogramm „IN FORM. Deutschlands Initiative für gesunde Ernährung und mehr Bewegung".

Die Sozial- und Gesundheitsstatistiken, die seit knapp 20 Jahren vermehrt vorgelegt werden, vermitteln fortlaufend das Bild einer höchst problematischen Entwicklung des Bevölkerungsgewichts. So finden sich wiederholt Hinweise darauf, dass das „Übergewicht einschließlich Adipositas in den letzten Jahren unverändert hoch ist" (Schienkiewitz et al. 2017, S. 21) und sich die Übergewichts- und Adipositasprävalenzen in Deutschland bei Heranwachsenden „auf hohem Niveau stabilisiert" (Schienkiewitz 2018, S. 16) haben – also nicht weiter ansteigen, wie oftmals kolportiert. Vor diesem empirischen Hintergrund wird den Fehlernährungen der Kinder eine hohe gesundheitspolitische Bedeutung zugeschrieben. In ihrer erziehungswissenschaftlichen Bilanzierung zum Essen konstatiert Vicki Täubig (2016a) denn auch, dass Dickleibigkeit „als pädagogische Aufgabe der Gegenwart" zu begreifen ist (ebd., S. 214) ist und ‚dicke' Kinder zum zentralen Gegenstand gesellschaftlicher Sorge werden. Zugleich werden Eltern für das Dicksein ihrer Kinder verantwortlich gemacht (vgl. Schmidt

2020a). Dies geht stellenweise so weit, dass ein hohes Gewicht im Kindesalter als Kindeswohlgefährdung diskutiert wird (vgl. Friedman 2015).

Trotz wissenschaftlicher Diskussionen um den Einfluss veränderter Lebens- und Ernährungsverhältnisse auf das Körpergewicht in modernen Industrienationen wird die Verantwortung für das Gewicht individualisiert. Im Fall der Kinder verbindet sich der Problemdiskurs um das Körpergewicht mit der Schuldzuweisung an Eltern und ihrer Anrufung, ihre Kinder besser zu ernähren (vgl. Schorb 2015, S. 187 ff.). Dies trifft insbesondere Mütter, die selbst hohes Körpergewicht haben (Schmitz 2018). Vor dem Hintergrund der nachweisbaren höheren Gewichtsraten in der Bevölkerungsgruppe mit niedrigem sozioökonomischen Sozialstatus (Schienkiewitz 2018, S. 16) geraten schließlich Eltern sozial benachteiligter Lebenslagen unter besonderen Verdacht, sich selbst und ihre Kinder falsch zu ernähren (vgl. Ottovay/Schorb 2009; Ottovay 2010).

Die Diskursfigur der Bevölkerungsgesundheit spiegelt das Phänomen der „Entgrenzung der Medizin" (Viehöver/Wehling 2011) wider, das eine Expansion der Adressat_innenschaft medizinischer Zugriffe zur Folge hat und die Ausdehnung der Pathologisierung von Ernährungsverhalten zeitigt. Zudem lässt sich hieran die „Medikalisierung des Essens" (Rose 2010) nachvollziehen, in deren Folge Ernährungshandeln ausschließlich – oder zumindest vornehmlich – als individuelle gesundheitspräventive Optimierungspraktik konzeptionalisiert wird und von den Individuen realisiert werden muss (vgl. Schmidt 2020b).

2.2 Diskurse zur Nachhaltigkeit

In jüngerer Zeit lässt sich eine zweite zentrale gesellschaftliche Diskursfigur zur Ernährung in der öffentlichen Debatte ausmachen: die der nachhaltigen Ernährung. Zunehmend in der Kritik sind die ökologischen Schäden der modernen Agrar- und Ernährungsindustrie, es werden aber auch ethische Fragen im Kontext der Nutztierhaltung und der Arbeitsverhältnisse in der Landwirtschaft, im Lebensmittelhandwerk und der Gastronomie diskutiert. Eine kritische Food-Bewegung mit Initiativen, Verbänden und NGOs ist entstanden, die eine Ernährungswende fordert (vgl. Lemke 2017), kommunale Ernährungsräte und Gardening-Projekte werden gegründet und öffentliche Protestaktionen inszeniert. Zudem profilieren sich Subjekte über ihre Ernährungsstile als ökologisch und sozial verantwortungsvoll konsumierend.

Diese Diskursfigur trägt ähnlich dramatisierende Züge wie die Debatte zu Adipositas, da sie gesellschaftliche Untergangs-Szenarien mobilisiert. So veröffentlicht die Organisation „Global Footprint Network" jährlich Berechnungen, die zeigen, dass die Menschheit in immer höherem Tempo zu viel planetare Ressourcen verbraucht – also ‚über ihre Verhältnisse' lebt. 2019 legte die renommierte internationale und interdisziplinäre „Eat-Lancet-Kommission" die

"Planetary Health Diet" vor, mit der eine gesunde *und* nachhaltige Ernährung der Weltbevölkerung gesichert werden kann. Sie machte deutlich, dass die Bevölkerung der Länder des globalen Nordens dafür ihren täglichen Verbrauch an Kalorien und tierischen Lebensmitteln drastisch reduzieren muss. Diese Meldungen erhöhen sowohl die gesellschaftliche Aufmerksamkeit für die menschliche Ernährung im Generellen als auch die pädagogischen Aufladungen der Ernährung. Schließlich werden aus ihnen, wie schon bei der Adipositas-Figur, ganz unmittelbar spezifische Lern- und Veränderungsbedarfe bei den Individuen abgeleitet.

2.3 Diskurse zur Verschiebung der Sorgeverantwortung

Für die Lebensphase Kindheit lässt sich feststellen, dass sie aktuell nicht mehr primär und exklusiv im Familienmoratorium stattfindet. Auch wenn der Besuch von Kindertageseinrichtungen für Kinder in Deutschland freiwillig ist, schließen die seit Jahren stabilen Besucher_innenzahlen der Kinder zwischen drei und sechs Jahren von deutlich über 90 Prozent (Statistisches Bundesamt 2019, S. 94) an die der verpflichtenden Grundschule an. Zudem hat sich sowohl bei der Kindertagesbetreuung als auch der Grundschule der Umfang der Aufenthaltszeiten ausgedehnt. Das bis in die 1990er Jahre gültige westdeutsche Modell der Halbtägigkeit von öffentlichen Betreuungs- und Bildungsangeboten, das komplementär zum konservativen Geschlechterkonzept des männlichen Familienernährers und der weiblichen Hausfrau war (vgl. Konrad 2015), wurde zwischenzeitlich abgelöst durch Ganztagsbetreuung in Kitas – von bis zu 45 Stunden pro Woche – und die Ganztagsschule.

Die Reformierung der Schule, wie sie bspw. mit dem Investitionsprogramm „Zukunft Bildung und Betreuung" (IZBB) (www.ganztagsschulen.org) gefordert und gefördert wird, markiert maßgeblich die Entwicklung weg von der Halbtagsschule hin zur Ganztagsschule. Gesellschaftlich gilt es als ‚normal' und akzeptabel, dass die Betreuung von Kindern sowohl öffentlich als auch privat erbracht wird. Diese Pluralität an privater und öffentlicher Erziehung, Bildung und Betreuung verändert die Lebensphase Kindheit erheblich, da die einzelnen Leistungen nicht nur additiv nebeneinander bestehen, sondern diese Lebensphase als ein neues soziokulturelles Kindheitsmuster formen (vgl. Bollig/Honig/Nienhaus 2016).

Diese für Westdeutschland neue Expansion der öffentlichen Erziehung und Bildung[2] erfordert auch eine neue Arbeitsteilung bei der Ernährung der Kinder.

---

2 Allerdings ist eine solche These sehr auf die alte Bundesrepublik zentriert, denn die staatlich organisierte Essensversorgung von Kindern gehörte schon früh zum selbstverständli-

Was lange ausschließlich zum Alltag von Internatsschulen (vgl. Kalthoff 1997) oder sozialpädagogischen Normalisierungsinstitutionen wie Kinderheimen (vgl. hierzu 4.) gehörte, in denen Kinder sich permanent aufhalten, ist Teil von Regelinstitutionen wie Kindertageseinrichtungen und Schulen geworden, die jetzt anstelle der Eltern die nutritive Versorgung übernehmen. Die Verschiebung respektive Neujustierung der privaten und öffentlichen Betreuungs- und Bildungsaufgaben verändert folglich auch die nutritiven Sorgeverhältnisse (vgl. Schmidt 2018a). Dabei zeichnet sich ab, dass diese zumindest für Westdeutschland neuartige Situation der nutritiven Versorgung von Kindern in privater *und* öffentlicher Verantwortung spezifische Effekte mit sich bringt.

Erstens entsteht mit der mehrheitlichen Übernahme der öffentlichen Verpflegungskosten durch die Eltern ein marktförmiges Kundenverhältnis zwischen Institution und Elternschaft. Dies bringt Eltern in die ökonomisch kritische Verbraucherposition, was auch gesundheitspolitisch forciert wird. So werden Eltern in dem Aktionsprogramm IN FORM über die Kampagne ‚Macht Dampf!' ermutigt, sich „für besseres Essen" in den pädagogischen Einrichtungen „stark" (IN FORM 2020, o. S.) zu machen. Konkret bedeutet dies, dass sich Eltern kritisch mit den institutionellen Verpflegungsangeboten befassen und die Institutionen zur Einhaltung der Qualitätsstandards, die die Deutsche Gesellschaft für Ernährung (DGE) für das Kita- und Schulessen entwickelt hat, auffordern sollen. Dazu werden den Eltern verschiedene Materialien zur Verfügung gestellt, wie bspw. ein Qualitätscheck oder auch Musterbriefe, die sich an Schulleitungen richten.

Zweitens gerät durch diese Verschiebung der nutritiven Sorgeverhältnisse wiederum die Frage nach elterlicher Erziehungs- und Ernährungskompetenz in die öffentliche und pädagogisch-institutionelle Aufmerksamkeit, die sich u. a. in der kindgemäßen ‚guten Versorgung' äußert. Insgesamt sind die professionellen Akteur_innen maßgeblich an der gesellschaftlichen Vorstellung von ‚guter Elternschaft' mit beteiligt, indem sie bewerten und beurteilen, ob und wie sich Eltern um ihre Kinder sorgen und wie sie für jene eine ‚gute' oder ‚riskante' Familie sind (Fegter et al., 2015). Dabei lassen sich gerade dann Tendenzen zur Diskriminierung konstatieren, wenn sich verschiedene Ungleichheitsdimensionen überkreuzen. So lässt sich nachweisen, dass sich migrantisierte Eltern häufig in der Situation sehen, Professionellen in pädagogischen Institutionen zeigen respektive beweisen zu müssen, dass sie ‚gute Eltern' sind (vgl. Westphal/Motzek-Öz/Otyakmaz 2017). Dies konkretisiert sich an der unterstellten gesund-

---

chen Alltag der DDR-Sozialisation. Vor diesem Hintergrund ist zu bedenken, dass möglicherweise wissenschaftliche und politische Diagnosen zur öffentlichen Gemeinschaftsverpflegung in pädagogischen Einrichtungen stark an den westdeutschen Kontext gebunden sind. Dies gilt auch für unsere eigenen.

heitsschädigenden, mangelhaften und quantitativ nicht ausreichenden Essensversorgung. Gerade bei Eltern in prekären Lebenslagen verbinden sich Diskurse allgemeinen elterlichen ‚Blamings' mit klassistischen Abwertungen der ‚Unterschichten' (vgl. Ottovay/Schorb 2009; Ottovay 2010).

In der öffentlichen Gemeinschaftsverpflegung von Kindern kondensiert damit drittens das alte Spannungsverhältnis zwischen dem Ideal der bürgerlichen Familie als Hort ‚guter Kindheit' und der gesellschaftlichen Realität familienergänzender und -ersetzender Institutionen als Orte, die Chancengleichheit absichern sollen. Dabei erscheint die elterliche Versorgung stellvertretend für die elterliche Erziehungs- und Sorgequalität, die im Fall der Mangelhaftigkeit von pädagogischen Institutionen kompensiert werden soll – ungeachtet dessen, ob sie dies faktisch leisten (vgl. Schulz 2016b). Exemplarisch zeigt sich dies in Befragungen pädagogischer Fachkräfte in Heimeinrichtungen, die andeuten, dass das abwertende Sprechen über die häuslichen Ernährungsverhältnisse der Kinder zur professionellen Selbstinszenierung gehört, mit welcher der institutionellen Ernährung eine besondere pädagogische Funktion verliehen wird (vgl. Rose/Adio-Zimmermann 2018). Ebenso ist die Vorstellung verbreitet, dass Eltern durch Ernährungsbildungsmaßnahmen, die ihre Kinder durchlaufen, quasi ‚mitgebildet' werden (vgl. Tandem 2007). Darüber hinaus mobilisiert mangelnde Verpflegungsqualität spezifische Elternmilieus. Die Vermutung liegt nahe, dass sich Eltern sozial privilegierter Lagen bei alledem als ‚pressure group' hervortun. Auch in diesem Ringen um Hoheiten bei der Kinderernährung zwischen Familie und öffentlicher Erziehung sind also Klassendifferenzen eingelagert.

Viertens erhöht die verstärkte medial-öffentliche Beobachtung der Gemeinschaftsverpflegung von Kindern wiederum den gesellschaftlichen Druck auf die Verantwortlichen zur Qualitätsentwicklung. Die Etablierung der institutionellen Mittagsverpflegung in pädagogischen Einrichtungen wurde und wird flankiert von zahlreichen Studien zur Qualitätsmessung und -entwicklung, die jedoch ausschließlich dem ernährungswissenschaftlichen Paradigma unterstellt sind (Rose/Seehaus 2019; Jansen 2019).

2.4 Diskurse zur Ernährungsbildung

Vor dem Hintergrund der zuvor skizzierten Problematisierungen des Ernährungsverhaltens gewinnen Fragen der Ernährungsbildung an Bedeutung. Primär im Kontext der Ernährungswissenschaft wird breit diskutiert, wie vor allem junge Menschen jene Ernährungskompetenzen erlernen können, die sowohl für ihr persönliches als auch das gesellschaftliche Wohlergehen erforderlich sind und wie die entsprechenden Vermittlungsprozesse pädagogisch zu optimieren sind (vgl. Methfessel 1999; Heindl 2003; Heseker 2005; Ellrott 2007; Heindl 2009; Bartsch et al. 2013). Analog dazu sind diverse Praxisprogramme der Ernährungsbildung entwickelt worden. Zudem ist die Berufssparte der Ernährungsberater_in entstanden.

In Bezug auf die normative Orientierung dieser Maßnahmen lassen sich neben dem Paradigma des ‚gesunden Essens' inzwischen auch Paradigmen der politischen und ökologischen Bildung ausmachen (vgl. ex. Schockemöhle/Stein 2015). Forciert ist dies sowohl durch die Agenda „Bildung für nachhaltige Entwicklung" der UN-Dekade 2005–2014, in der auch Ernährung zu einem Entwicklungsfeld gehörte, als auch durch die kritischen Umwelt- und Food-Bewegungen. Dabei lässt sich feststellen, dass in den öffentlichen und politischen Bemühungen einer Pädagogisierung von Ernährung und Essen zwei Bevölkerungsgruppen in den Fokus rücken: zum einen Heranwachsende als diejenigen, die ‚richtiges' Essen noch lernen müssen, zum anderen Erwachsene, genauer Mütter als diejenigen, die Heranwachsende ernähren.

Ernährungsbildung für Heranwachsende

In Bezug auf die Zielgruppe der Heranwachsenden rücken Kindertageseinrichtungen und Schulen in den besonderen Fokus als Orte für entsprechende Bildungsmaßnahmen. Bei bildungspolitischen Akteur_innen besteht Einigkeit, dass Ernährungsbildung in der Kita und Schule stattfinden soll. So sind in den Erziehungs- und Bildungsplänen der Länder für die Kindertageseinrichtungen Ernährung und Essen als Themen des Bildungsbereichs der Gesundheitsförderung fest verankert (vgl. Koch 2013). In den Empfehlungen der Kultusministerkonferenz zur „Verbraucherbildung an Schulen" (KMK 2013) ist Ernährungsbildung ebenfalls als Aufgabe aufgeführt. Begründet wird dies damit, dass viele Kinder und Jugendliche nur unzureichend über „Basis-, Struktur- und Orientierungswissen zu Ernährung und Gesundheit" (ebd., S. 2) verfügen. Die Umsetzung in den Ländern soll dabei im Fachunterricht erfolgen und/oder in den fächerübergreifenden Unterricht integriert sein.

Dies deutet bereits auf die offene Frage hin, in welchem Setting schulische Ernährungsbildung realisiert werden soll. Programmatisch und praktisch werden drei Modelle sichtbar: erstens die Installierung eines speziellen Unterrichtsfachs, wie es zu früheren Zeiten an westdeutschen Mädchenschulen mit dem Schwerpunkt Kochen oder an den Schulen der DDR mit dem Schwerpunkt Gartenbau[3] verbreitet war; zweitens die Integration von Ernährungsthemen in die vorhandenen Unterrichtsfächer; drittens die Durchführung von singulären, zeitlich begrenzten Projekten zur Ernährungsbildung im unterrichtsergänzenden Rahmen, z. B. in Projektwochen und Nachmittagsangeboten. Letztere Maß-

---

3 In den Schulen der DDR gab es über lange Zeit Schulgärten mit eigenem Fachunterricht und eigenen Fachlehrer_innen (vgl. Autorenkollektiv 1990). In Berlin entstanden zudem in den 1920er Jahren in zahlreichen Stadtteilen Gartenarbeitsschulen als Lernorte für Schulen (vgl. Haak 1920), von denen noch einige erhalten geblieben sind.

nahmen werden häufig in Kooperation mit außerschulischen Bildungsträgern angeboten. Zudem zeichnen sich hier Bemühungen ab, das Ernährungsthema weiter zu fassen und Fragen der landwirtschaftlichen und gartenbaulichen Lebensmittelproduktion einzubeziehen (vgl. Schockemöhle/Stein 2015).

Die verschiedenen Modelle der Ernährungsbildung werden dabei durch spezifische Akteursgruppen entwickelt und in den gesellschaftlichen Diskurs eingeführt. So wird das Konzept des Schulfachs zur Ernährung seit einigen Jahren vorzugsweise in Verlautbarungen des Bundesministeriums für Ernährung und Landwirtschaft (ex. BMEL 2016, S. 9) propagiert. Diese Bestrebungen werden besonders nachdrücklich vom Deutschen LandFrauenverband (dlv) und der Evangelischen Kirche unterstützt, die in einer gemeinsamen Resolution die Einführung eines Schulfaches zur Alltags- und Lebensökonomie an allen allgemeinbildenden Schulen forderten, in dem die „Vermittlung der Herkunft unserer Lebensmittel und die praktische Ernährungsbildung" ein zentraler Aspekt sein soll (vgl. DEK 2019). Daneben kann die von einer ernährungswissenschaftlichen Arbeitsgruppe ausgearbeitete „Reform der Ernährungs- und Verbraucherbildung in allgemeinbildenden Schulen" (Fachgruppe Ernährungs- und Verbraucherbildung 2005) als zentral für die Entwicklung der schulischen Ernährungsbildung angesehen werden. Das Ziel der Reform war, ernährungsbildende Inhalte in eine Reihe traditioneller Unterrichtsfächer zu integrieren – und nicht als eigenes Unterrichtsfach zu konzipieren. Ausgangspunkt war für die Autor_innengruppe die Erkenntnis, dass im Kindesalter erworbene Ernährungsmuster häufig ein Leben lang beibehalten werden. „Daher kommt einer frühzeitigen Vermittlung von Wissen über Lebensmittelzusammensetzung, Ernährungsphysiologie und der Zusammenhänge zwischen Ernährung und Gesundheit eine besondere Bedeutung zu. Vielfältige Kompetenz im Feld der Ernährung hat den Rang einer Kulturtechnik, ist unverzichtbares Bildungsgut einer Gesellschaft und unabdingbare Voraussetzung für Verbraucherentscheidungen" (ebd., S. 85). Der vorgelegte umfassende Referenzrahmen für die Ernährungs- und Verbraucherbildung in allgemeinbildenden Schulen ist jedoch bis heute von einer flächendeckenden Umsetzung weit entfernt.

Dass der Entwicklungsbedarf zur Ernährungsbildung insgesamt noch hoch ist, bestätigte die Studie „Ernährungsbezogene Bildungsarbeit in Kitas und Schulen" (Heseker 2019). Festgestellt wurde, dass die Ernährungsbildung insgesamt erhebliche Unterschiede aufweist, das entsprechende Qualifizierungsniveau bei den Fachkräften heterogen ist und Schulbücher zum Teil erhebliche fachliche Mängel zum Ernährungsthema haben.

‚Food Literacy' und mütterbezogene Ernährungsbildung

Angesichts dessen, dass Mütter eine wesentliche Rolle bei der nutritiven Versorgung ihrer Kinder spielen, gehören sie zu einer weiteren wichtigen Zielgruppe der Ernährungsbildung. Dies ist historisch nicht neu. Im Zuge der Bevölkerungskampagnen zur Reduzierung der Kindersterblichkeit wurden sogenannte Mütterschulen schon seit der letzten Jahrhundertwende zur Vermittlung von nutritivem Sachwissen eingerichtet. Neu ist jedoch die Intensität der Adressierung der Mütter durch die Gesundheitsprävention, die mittlerweile bereits die pränatale Phase erfasst (vgl. Schmidt 2020a). Mit dem EU-Projekt „Food Literacy" (BLE 2016) wurde erstmals ein deutliches Zeichen dafür gesetzt, Ernährungsbildung als Thema der Erwachsenenbildung zu profilieren. Im Sinne einer gesundheitsbezogenen „Grundbildung" (Döbert/Anders 2016) geraten zwar insgesamt alle Bevölkerungsschichten in die Aufmerksamkeit, insbesondere aber Familien in prekären Lebenslagen und/oder migrantisierte Familien. Maßgeblich hierfür ist die Diagnose, dass der sozioökonomische Status der Familie Einfluss darauf hat, wie sich das Kind entwickelt (vgl. RKI 2015). Dabei wird ein „Bewusstsein gesellschaftlicher Ungleichheit in der Gesundheit" (Kickbusch/ Hartung 2015, S. 10) als „bereits geschärft" benannt, welches „sowohl in Hinblick auf die sozialen Determinanten von Gesundheit wie auf zunehmende Ungleichheiten" (ebd.) sensibilisiert ist und mit der „Frage nach der Solidarität" (ebd.) verknüpft wird. Zugleich muss sich die Praxis der ‚Food Literacy' für die spezifische Zielgruppe der sogenannten Bildungsbenachteiligten (vgl. Best 2006) der Frage nach Klassismus stellen, da sie einer Normalisierungs- und Integrationslogik folgt.

Bei der Säuglings- und Kleinkinderernährung zeigen sich die Intensivierungen der ernährungsbezogenen Mütterbildung besonders deutlich. Hier sind Aufklärungs- und Unterstützungsmaßnahmen umfänglich institutionalisiert, die Müttern – die als die Primärverantwortlichen für die frühkindliche Entwicklung ausgewiesen werden – dabei helfen sollen, ihr Kind entsprechend den ernährungs- und gesundheitswissenschaftlichen Vorgaben zu stillen (vgl. Rose/Steinbeck 2015; Seehaus/Tolasch 2017; Tolasch und Pape i. d. Bd.). Auch beim Übergang zur Beikost und festen Kost stehen zahlreiche Bildungsangebote zur Verfügung (vgl. Pape 2017) Daneben fungieren Kinderärzt_innen (vgl. Ott/Seehaus 2012), Ratgeberliteratur (vgl. Sauerbrey i. d. Bd.), digitale Medien, Elternforen und klassische Erwachsenenbildungsangebote als Wissensvermittler_innen. Auch die Nahrungsmittelwaren selbst werden zu ‚Aufklärern', indem auf den Verpackungen Anweisungen zur sachgerechten Darreichung notiert sind.

Die Expansion ernährungsbezogener Eltern- und vor allem Mütterbildung lässt sich einerseits lesen als Folgeeffekt des Zerfalls informeller Lerngelegenheiten von (werdenden) Eltern zur Kinderernährung im Kontext privater Lebenswelten. Wo kein Erfahrungswissen zur Ernährungsaufgabe mehr angeeignet werden kann, wächst zwangsläufig der Bedarf nach kompensierenden Beratungs- und Bildungsangeboten. Andererseits lässt sich die nutritive Elternbildung als Ausdruck wohlfahrtsstaatlicher Veränderungen und der damit zusammenhängenden erhöhten gesellschaftlichen Aufmerksamkeit für elterliche Erziehungs- und Sorgeleistungen begreifen, die in einer neoliberalen Wettbewerbsgesellschaft zunehmend unter Optimierungsdruck gerät (vgl. Heimerdinger 2020). Eltern wird „Verantwortung verstärkt zugeschrieben und zugemutet" (Oelkers 2018, S. 113), zugleich werden „die Ziele im Sinne einer ‚guten Elternschaft' normativ von gesellschaftlich-politischer Seite vorgegeben" (ebd.). In der Forschung ist in diesem Rahmen auch von einem sozialpolitischen „turn to parenting" (Betz/Honig/Ostner 2017) die Rede, in dessen Rahmen die elterliche Ernährung verstärkt problematisiert und zum Gegenstand der Ernährungsbildung wird.

3. Erziehungswissenschaftliche Sondierungen zum Verhältnis von Kindheit, Essen und Ernährung

Die zuvor diskutierten vier gesellschaftlichen Diskursfiguren – Bevölkerungsgesundheit, Nachhaltigkeit, Verschiebung der Sorgeverantwortung und Ernährungsbildung – präformieren die aktuelle disziplinäre Beobachtungsrichtung der Erziehungswissenschaft auf das Essen. Gleichzeitig zeigen die nachfolgenden Ausführungen, dass Essen und Ernährung nicht erst in jüngster Zeit Gegenstand erziehungswissenschaftlicher Reflexionen sind. Veranschaulicht wird dies an zwei markanten historischen Einsatzpunkten: der Thematisierung von Ernährung und Essen in der privaten Erziehung der bürgerlichen Familie seit der Moderne (3.1) und seit der Industrialisierung im 19. Jahrhundert in pädagogischen Institutionen (3.2).

3.1 Essen in der Familie: Erziehungstraktate des Bürgertums

Bereits die ersten Schriften der modernen Pädagogik, die im Zuge des aufkommenden Bürgertums entstehen, widmen sich dem Essen der nachwachsenden Generation und verknüpfen mit dessen pädagogischen Bearbeitungen Erwartungen der individuellen und gesellschaftlichen Entwicklung (vgl. Seichter 2012). Hierbei spielen das in der Neuzeit aufkommende anthropologische Verständnis vom Menschen als sich selbst bestimmendes Wesen wie auch das in der Aufklärung entstehende Bild vom Kind als zukünftigem Bürger eine zentrale Rolle. In diesem Lichte gewinnen die Bedingungen und Risiken des kindlichen Aufwachsens, die sich in der Diskursfigur des ‚verletzlichen und verletzbaren Kindes' verdichten, eine neue gesellschaftliche Relevanz (vgl. Baader 2015). Sie schlägt sich auch in der erziehungswissenschaftlichen Thematisierung des Essens nieder. Dabei scheint die pädagogische Debatte zur Frage der ‚richtigen' Ernährung umso intensiver geführt zu werden, je jünger das Kind ist (vgl. Rousseau 1762/2010; Donzelot 1980).

Konkret wird in den Erziehungstraktaten des Bürgertums Nahrung in zweifacher Weise thematisiert: Erstens wird Nahrung als (ernährungs-)physiologisches Fundament von Erziehungs- und Bildungsprozessen markiert. Es werden Zusammenhänge zwischen der Ernährung des Menschen und seinen Entwicklungspotenzialen sowie Handlungsmöglichkeiten hergestellt (vgl. Locke 1693/ 2011). Daran schließen Konzepte zur Regulierung der Ernährung der Kinder an, die detaillierte Richtlinien zu altersgerechten sowie der Tageszeit angemessenen Speiseplänen umfassen. Diese orientieren sich, bürgerlichen Vorstellungen zur Lebensgestaltung folgend, an Prinzipien der Mäßigung (vgl. Salzmann 1796; von Ammon 1827/2012).

Zweitens wird Ernährung als Erziehungs- und Sozialisationsakteur thematisch. Exemplarisch hierfür ist Rousseaus Erziehungstraktat „Émile. Oder über die Erziehung" (1762/2010), in dem die Ernährung des Kindes als Möglichkeit zur wirkungsvollen Inszenierung und Vermittlung von Kultur und Moral diskutiert wird. So empfiehlt Rousseau beispielsweise, „Kinder nicht zu Fleischessern zu machen, denn wenn auch ihre Gesundheit nicht darunter leiden sollte, so wäre es doch mit Rücksicht auf ihre Charakterbildung bedenklich. Denn wie man auch immer diese Erfahrung erklären mag, so steht doch so viel fest, dass die starken Fleischesser im Allgemeinen grausamer und wilder sind als andere Menschen" (Rousseau 1762/2010, S. 262). Feuerbach (1850/1975) hingegen propagiert das Gegenteil. So sei der Pflanzenkost-Esser „ein vegetierendes Wesen", das „keine Tatkraft" hat (ebd., S. 263). So verschieden die Wirkungen von Nährweisen auf die Persönlichkeit gedacht werden, Einigkeit besteht darin, *dass* es eine Wirkung gibt und dass diese pädagogisch einzusetzen ist. In diesem Sinne ist auch Fröbels Hinweis zu verstehen, dass sich an den Speisen des Kindes mitentscheidet, ob es in seinem Leben „lebensfaul und lebensthätig, lebensmatt und lebensfrisch, lebensträge und lebensflink, lebensschwach und lebenskräftig" (Fröbel 1826, S. 72) wird. Die Idee einer kausalen Beziehung zwischen Ernährung und Fragen der kulturellen und sittlich-moralischen Bildung findet sich auch bei Kant (1803/1984), der Bezug auf Essenssituationen nimmt und diese als Basis für eine allgemeine pädagogisch-anthropologische Abhandlung menschlicher Ernährung nutzt.

Der historische Rückblick zeigt, dass die erziehungs- und bildungsspezifischen Bedeutungen von Ernährung und Essen für die Kindheit theoretisch konstatiert sowie plausibilisiert, dabei von einer bürgerlichen Erziehungs- und Bildungskonzeption getragen und vor diesem Hintergrund verschiedene normative Vorgaben zur kindlichen Ernährung gemacht werden. Diese Überlegungen basieren allesamt auf einer universellen Anthropologie des Kindes, die sich darin zeigt, dass die einzelnen Vorschläge – wie die Theoretisierungen zur Pädagogizität von Essen – allgemein ausgerichtet sind. Die Heterogenität der Ernährungsweisen und -bedingungen von Kindern wie auch die polyvalente pädagogische Bedeutung von Essen wird dabei weder berücksichtigt noch erfasst. Zugleich lassen sich aus diesen historischen Positionen zwei wirkmächtige Diskursfiguren herausarbeiten, die bis heute für die Perspektivierung des Zusammenhangs von Kindheit und Essen relevant sind: zum ersten das Konstrukt der existentiellen Bedeutung der Ernährung für die körperliche und geistige Entwicklung des Kindes und zum zweiten die Idee einer Einflusskraft von Ernährung auf die Charakterbildung des Kindes, bei der das Prinzip der Mäßigung eine leitende Rolle spielt.

3.2 Essen in der institutionellen Erziehung

Mit der aufkommenden Verbreitung öffentlicher, d. h. kirchlich-caritativer und staatlicher Institutionen für Kinder und Jugendliche ab Mitte des 19. Jahrhunderts spielt die praktische Versorgung von Heranwachsenden immer dann eine zentrale Rolle, wenn diese aufgrund der institutionellen Aufenthaltsdauer nicht von ihren Familien mit Mahlzeiten versorgt werden. Ideen- und sozialgeschichtlich betrachtet ist diese Entwicklung maßgeblich geprägt durch das Idealbild der bürgerlichen Familie, dem folgend die Versorgung von Kindern primär Privileg und Auftrag von Familien und nur sekundär Auftrag und Pflicht gesellschaftlicher Institutionen ist (vgl. Reyer 2006). So sind familienergänzende und -ersetzende Dienstleistungen wie die öffentliche Kleinkindererziehung oder Heimerziehung institutionsgeschichtlich betrachtet in ihren Anfängen als öffentliche Nothilfe angelegt gewesen, die für die leibliche Versorgung der Kinder Sorge tragen mussten. Zugleich hatten sie sich am Ideal der bürgerlichen Familie zu messen – kurzum: historisch betrachtet sind öffentliche Institutionen der Kindheit immer die zweitbeste Wahl für das Kind gewesen.

Auch die disziplinäre Beschäftigung der Erziehungswissenschaft mit Kindheit und Ernährung setzt an diesem Ideal an, wenn sie den bürgerlichen Familienraum verlässt und sich den Ernährungsweisen und -bedingungen von Kindern außerhalb der Familie öffnet. So ist auch nachvollziehbar, weshalb mit Beginn des 20. Jahrhunderts Ernährung in sozialpädagogischen, vielfach reformpädagogisch und psychoanalytisch inspirierten Arbeiten[4] zur institutionellen Erziehung ein Thema ist, und hier vornehmlich in der Heimerziehung (vgl. Makarenko 1948/1963; Freud/Burlingham 1951/1982; Bernfeld 1929/1996a, 1921/1996b; Aichhorn 1925/2005; Korzcak 1919/2005). Weil die Heime die Familie *ersetzen*, haben sie ihre Bewohner_innen tagtäglich *auch* zu ernähren. Dies ist der Grund, um sich mit dem Essen pädagogisch zu beschäftigen.

In den Arbeiten zur Heimerziehung, die mit zahlreichen empirischen Momentaufnahmen des Einrichtungsalltags illustriert sind, lassen sich dann auch gemeinsame Narrative herausarbeiten: Dazu gehört die Feststellung, dass „man

---

4 Exemplarische Auszüge aus sozialpädagogischen ‚Klassikern', in denen Essen thematisiert wird, finden sich in Rose/Schäfer (2009).

hungrige Kinder nicht erziehen kann" (Korzcak 1919/2005, S. 248) und sie erst erzogen werden können, wenn die Dominanz der „Mund- und Mageninteressen" aufgelöst wird (Bernfeld 1929/1996a, S. 252). Auch der Interessenskonflikt zwischen pädagogischen und ökonomischen Positionen wird angesprochen (vgl. ebd.). Gleichzeitig wird anhand der Alltagsbeschreibungen deutlich, dass die pädagogischen Einrichtungen grundsätzlich von Nahrungsknappheit betroffen sind und die Nahrungssicherung eine alltägliche Herausforderung darstellt, die sich in gesellschaftlichen Krisenzeiten weiter zuspitzt (vgl. ex. Freud/Burlingham 1951/1982). Dies produziert pädagogische Dilemmata: Exemplarisch schildert Makarenko (1948/1963), wie der Diebstahl von Fischen und den dazu gehörenden Fischreusen durch seine Zöglinge für ihn zu einem pädagogischen Problem wird, weil sich damit einzelne nicht nur persönliche Sättigungsvorteile, sondern auch die Möglichkeit zur Verteilung von Essensgeschenken an Auserwählte verschaffen. Erst als alle am Fang beteiligt und das Fangergebnis kollektiviert wird, ist die Situation für Makarenko akzeptabel.

Die Schriften zur Heimerziehung sind zudem von einer Kritik an bis dato üblichen pädagogischen Handhabungen des Essens bestimmt. So wird die quantitativ und qualitativ ‚armselige' Nahrung problematisiert, die gepaart mit Strenge am Tisch zur alltäglichen Erfahrung von Kindern in den Heimen gehört. Die Kritik richtet sich zudem gegen die Praxis des Essensentzugs als Strafe, die institutionellen Zwänge des Anstaltsessens und die rigiden Sittlichkeitsstandards bei Tisch. Stattdessen wird für Großzügigkeit bei der Nahrungsversorgung (ex. Bettelheim 1975, S. 164 ff.), das Recht auf kulinarische Genüsse der privilegierten Klassen (bspw. das „Recht auf Schokolade" für „arme proletarische Kinder, auch Heimzöglinge", Bernfeld 1929/1996a, S. 243) und mehr Liberalität plädiert. Schließlich gibt es auch die Forderung nach ‚kulinarischer Gleichheit' von Personal und Zöglingen: Gleiche Speisen für alle werden als „erzieherische Grundbedingung" ausgewiesen (Aichhorn 1951/1965, S. 133) und Erzieher_innen sollen Kindern nur dann Essen vorenthalten dürfen, wenn dies auch für sie selbst gilt (vgl. Korzcak 1919/2005, S. 249).

In den Texten ist zudem die psychoanalytische Theoriefigur der libidinösen Besetzung des nährenden Beziehungsobjekts durch das Kind präsent. Danach stellt das Kind „eine positive Beziehung zur Nahrung (Milch) her und dehnt sie allmählich auf die Person aus, die ihm die Nahrung zuführt. Seine Vorliebe für die Nahrung wird die Grundlage für seine Liebe zur Mutter" (Freud/Burlingham 1951/1982, S. 76). Auch wenn die kindliche Objektwelt sich mit dem Älterwerden weitet, „behält die Einstellung des ersten Lebensjahres, in dem Nahrung und Mutter gleichgesetzt waren, ihre Nachwirkung für die Eßlust oder -unlust des Kindes" (ebd.). Ähnlich argumentiert Bernfeld (1929/2006a), wenn er über die Kinder in seiner Heimeinrichtung schreibt: „Bei ihnen ist [...] alles Lieben und Geliebtwerden in den ‚Dialekt' des Mundes und des Magens übersetzt: ‚Wer meine Essensfreiheit schützt, liebt mich; den liebe ich wieder. Wer meine Essensfreiheit einschränkt, der haßt mich; den hasse ich wieder' – so lautet die unbewußte Grundgleichung, mit der sie ihre Beziehungen zur Umwelt zu regeln pflegen" (ebd., S. 252). Damit wird die Ernährung von Kindern als Produzentin und Spiegel intergenerationeller Beziehungs- und Machtverhältnisse ausgewiesen, bei der es um mehr und anderes geht als um das physiologische Nähren – nämlich um Beziehungen, um Zuneigung und Abwendung, Abhängigkeit und Autonomie, Über- und Unterordnung.

Die Schriften sind bei alledem von einer deutlich kinderparteilichen Perspektive und Kritik an repressiven Erziehungspraktiken der pädagogischen Einrichtungen geprägt, die den Zeitgeist der Hinwendung zu einer ‚Kindorientierung' widerspiegeln (vgl. Key 1902). Gefordert wird nicht allein ein großzügiges Nahrungsangebot, soweit keine Versorgungsengpässe vorliegen, sondern auch der Verzicht auf strenge Disziplinierungen des Verhaltens am Tisch oder der Essenszeiten und Bestrafungen.

3.3 Zwischenresümee: Historische Leitfiguren zur Pädagogisierung des Essens

In der Gesamtschau setzt sich das in den Erziehungstraktaten angelegte Thema, die Befriedigung von Nahrungsbedürfnissen als elementare Voraussetzung kindlicher Erziehbarkeit, auch in den Erörterungen zum Essen in pädagogischen Institutionen als Paradigma fort. Mit den reformpädagogisch-psychoanalytischen Positionen geraten jedoch Paternalismus und Mäßigung als Leitfiguren der Pädagogisierung des Essens von Kindern in die Kritik, und sie werden von der Leitfigur der psychosozialen Beziehungsrelevanz der Kinderernährung verdrängt. Mit dem analytischen Blick auf die Praxis der öffentlichen Kindheitsinstitutionen treten zudem die praktischen Herausforderungen öffentlich-institutioneller Kindheit hervor. So stellt sich die Frage nach der Pädagogik professioneller Dienstleistung auch hinsichtlich der gemeinsam geteilten Mahlzeit, zudem konkretisiert sich hier das Spannungsverhältnis zwischen pädagogischen und ökonomischen Kriterien an der Speisemenge und -qualität. Schließlich wird die Frage zum Klassismus der kulinarischen Ordnungen bedeutsam. Bernfeld (1929/1996a), marxistisch orientiert, verweist darauf, dass Ernährungsweisen sozial-distinktive Symboliken tragen und sich in ihnen gesellschaftliche Hierarchien niederschlagen, wenn er fordert, dass Kinder in Heimeinrichtungen nicht mehr ‚Armenküche' erhalten sollen, sondern so essen sollen, wie es der gutsituierten Bevölkerung möglich ist.

Zugleich zeigt das Kapitel, dass der erziehungswissenschaftliche Blick auf das Essen maßgeblich von zwei gesellschaftlichen Perspektiven bestimmt wird: erstens von der Perspektive auf das Kind als zukünftigem Bürger, welche zweitens eng mit der Idee von idealer Kindheit im Familienmoratorium verknüpft ist. Dieses Ideal wird seit dem 19. Jahrhundert zunehmend durchbrochen durch die Staatsmacht in Form der eingeführten Unterrichts- und Schulpflicht. Zugleich bleibt aber jener diskursive Rahmen bestehen, dass die Versorgung von Kindern primär den Familien als Privileg und Auftrag obliegt und sekundär als Auftrag und Pflicht der Gesellschaft, vertreten durch ihre pädagogischen Institutionen, zu übernehmen ist. Die Auflösung des Familienmoratoriums – bspw. durch Armut und Zwang zur Erwerbsarbeit der Eltern oder durch die Ausweitung der Schulpflicht – erhöht dabei die öffentliche Verantwortung für die Versorgung von Kindern, namentlich durch Einrichtungen der Kinder- und Jugendhilfe sowie der Schule, ohne jedoch den Primärrahmen selbst infrage zu stellen.

4. Aktuelle erziehungswissenschaftliche Forschungen zum Essen

Auch wenn Ernährung und Essen in historischen Texten episodisch als pädagogischer Themenkomplex (mit-)verhandelt wurden, ist dieser über lange Zeit in der Erziehungswissenschaft wenig profiliert. Nachfolgend werden die jüngeren deutschsprachigen Diskursentwicklungen in zwei Schritten systematisiert: Zunächst stellen wir das Spektrum erziehungswissenschaftlicher Forschungen zu Essen und Ernährung vor (4.1), um diese anhand zentraler Theoriefiguren zu ordnen (4.2). Wir schließen mit einer Zusammenfassung (4.3).

4.1 Zugänge und Orte erziehungswissenschaftlicher Forschungen zum Essen

Nach der Jahrtausendwende nehmen im deutschsprachigen Raum die erziehungswissenschaftlichen Beiträge zum Essen deutlich zu. Es erscheinen zwei historische Studien zur Verhandlung der Ernährung von Kindern (vgl. Seichter 2012, 2014), die den engen Zusammenhang zwischen Erziehung und Ernährung herausarbeiten, eine disziplinäre Einführung zu Sozialer Arbeit und Essen (vgl. Meyer 2018) sowie theoretisch unterschiedlich ausgerichtete Sammelbände (vgl. ex. Rose/Sturzenhecker 2009; Althans/Schmidt/Wulf 2014; Althans/Bilstein 2015; Täubig 2016b). Hinzu kommen zahlreiche qualitativ-empirische Studien, hier insbesondere Ethnografien und Diskursanalysen zur privat-familialen und öffentlich-institutionellen Versorgung.

Dabei ist die Empirie zum *Essen in der Familie* weit weniger ausgebaut als die zum Essen in Institutionen der Bildung, Erziehung und Betreuung. Dies mag erstaunen angesichts der öffentlich-medial verbreiteten Problematisierung der Kinderernährung und Essenserziehung in Familien. Gleichzeitig verweist es aber auf den Umstand, dass Forschungszugänge zum privat-familialen Räumen komplexer sind als zu öffentlichen Kindheitsinstitutionen. Die ritualtheoretisch angelegte Studie zum Essen in der Familie (vgl. Audehm 2007) analysiert anhand ethnografischer Beobachtungen, wie sich Familien bei der Mahlzeit als Gemeinschaften konstituieren. Dabei werden über die Sitzordnungen, Möblierungen, Tischästhetik, Speisen, Zeittakte und Regeln der Konversation des Körpers und des Verhaltens nicht nur Geschlechter-, Klassen- und Alterspositionen markiert, sondern es wird auch eine pädagogische Generationenordnung hervorgebracht. Des Weiteren thematisieren verschiedene erziehungs- und sozialisationstheoretische Studien Praktiken des Essens in der Familie als einen Kristallisationspunkt familialer Konstitution neben anderen (vgl. Smolka/Rupp 2007; Krinninger/Müller 2012; Krinninger 2016).[5]

Deutlich ausdifferenzierter ist die Empirie zum *Essen in öffentlichen Kindheitsinstitutionen* wie Krippen (vgl. ex. Nentwig-Gesemann/Nicolai 2016), Kindertageseinrichtungen (vgl. ex. Mohn/Hebenstreit-Müller 2007; Mohn/Althans 2014; Bender/Krompàk 2017), Schulen (vgl. ex. Kallert et al. 2004; Schütz 2015; Rose/Seehaus 2019) und stationärer Kinder- und Jugendhilfe (vgl. ex. Eßer/Köngeter 2012; Behnisch 2018). Auch hier zeigen sich aufschlussreiche Gewichtungen. Während die Regelinstitutionen der Kindertageseinrichtungen und Schule häufige und zeitlich früh untersuchte Felder sind, sind die Forschungen zu Normalisierungsinstitutionen für Kinder mit familialen oder individuellen Problemdiagnosen deutlich seltener vertreten. So gehört zwar die ‚totale Institution' der Heimerziehung historisch betrachtet zur ersten pädagogischen Institution, für die das Essen thematisiert wurde, und diese Thematisierung setzte sich in den 1980er Jahren und 2010er Jahren weiter fort (vgl. Behnisch 2018, S. 38). Dennoch wurde Essen immer nur neben anderen Themen der institutionellen Alltagsgestaltung behandelt. Ähnliches gilt für die freizeitpädagogische Kinder- und Jugendarbeit mit ihrem breiten Spektrum zwischen offener und verbandlicher Praxis (vgl. Rose/Schulz 2007; Kullmann 2009; Gosse 2020).

Insgesamt lässt sich konstatieren, dass ein beträchtlicher Teil dieser Arbeiten eng mit den im zweiten Kapitel skizzierten Diskussionen um das Verhältnis von privater und öffentlicher Sorge zusammenhängen. Vor dem Hintergrund der gesellschaftlichen „Etablierung der Zwei-Erwerbstätigen-Familie" (Mierendorff/Ostner 2014, S. 204) und der veränderten Vorstellungen der pädagogischen Gestaltung des Aufwachsens von Kindern werden zunehmend Fragen zur exklusiven oder geteilten Versorgungshoheit aufgeworfen (vgl. Baader/Kelle

---

5 Aus Soziologie und Ernährungswissenschaft liegen weitere Beiträge zum Familienessen vor, die regelmäßig zu Bezugspunkten der erziehungswissenschaftlichen Beiträge zum Familienessen werden (vgl. Brombach 2001, 2003, 2005; Bartsch 2006; Leonhäuser et al. 2009; Reitmeier 2013, 2014).

2019). Dies spiegelt die moderne Realität der Kinderernährung in doppelter Verantwortung von Familie *und* öffentlichen Institutionen wider.

4.2 Was wird mit welchem Erkenntnisinteresse untersucht?

Vor diesem Hintergrund lässt sich die Frage stellen, welche Erkenntnisinteressen die erziehungswissenschaftliche Forschung zum Essen leiten. Hierfür lassen sich verschiedene, wenngleich häufig eng miteinander verbundene Interessen differenzieren, die nachfolgend systematisiert werden.

Pädagogische Ordnungsbildungen
Ein zentraler Fokus ist die Untersuchung von Ordnungsbildungen in pädagogischen Institutionen, wie sie sich in den Praktiken des Essens vollziehen, u. a. in der Organisation, den Räumen, Zeiten, Requisiten, Verteilungsmodalitäten sowie Verhaltens- und Konversationsstandards. Gefragt wird danach, wie die Teilnehmenden sich sozial positionieren und positioniert werden – zueinander als Essende, zu den Essensgebenden und zum Essen selbst. Sichtbar wird ein breites Spektrum institutioneller Versorgungs- und Essensformate. So lassen sich typologisch die Formate der institutionellen und privaten Nahrungsversorgung (z. B. durch von zu Hause mitgebrachte Speisen), der gemeinsamen und der nicht gemeinsamen, individualisierten Nahrungsaufnahme und der durch Erwachsene betreuten und der nichtbetreuten Essenssituationen unterscheiden. Sie stehen in einem engen Zusammenhang zu den jeweiligen Institutionstypen, aber auch zu den Altersgruppen der Kinder, den Essenszeiten und pädagogischen Zielsetzungen, und sie strukturieren den institutionellen Tagesablauf, Kindergruppen, Essenszugänge und nutritiven Selbstverfügungsmöglichkeiten der Kinder. Gerade dort, wo die Rolle der Verpflegung bei den institutionellen Übergangspassagen von der Kindertageseinrichtung zur Grundschule fokussiert wird, werden institutionentypische Differenzen als Spiegel der spezifischen institutionellen Sinnzusammenhänge und pädagogischen Selbstverständnisse erkennbar (vgl. Tull 2019 und i. d. Bd.; Schulz 2019).

Für das Essen in der Schule lassen sich als binäre Pole zum einen „geschlossen-familienähnliche" (Schütz 2015, S. 180), von Erwachsenen eng betreute Settings und das „offen-kantinenähnliche Setting" (ebd.) nachweisen, in dem Interventionen der Erwachsenen erheblich nachlassen (vgl. auch Seehaus 2014; Rose/Seehaus 2019). Sie bringen jeweils unterschiedliche Handlungsspielräume, je „spezifisches Subjektbildungspotenzial" (Schütz 2015, S. 180), eigene pädagogische Bedingungen und Wirkungen hervor. Sie verweisen zudem auf Vorstellungen zu altersspezifischen Erziehungsnotwendigkeiten. Während insbesondere jüngere Schulkinder bei der Mahlzeit intensiven erzieherischen Maßnahmen von Seiten der Erwachsenen unterliegen und die familienähnlichen Essenssituationen vor allem zu einem „Erziehungsort" (ebd., S. 177) werden lassen, wird den Älteren mit der Mensa ein relativ deregulierter Raum zugestanden, in dem Eigenverantwortlichkeit abverlangt und erwartet wird und die Relevanz der Peer-Kultur erheblich zunimmt (vgl. ebd.; Rose/Seehaus 2017). Im Kontext der Transformationen von der Halbtags- zur Ganztagsschule und der damit verbundenen neuen Austarierung des Verhältnisses von Schul- und Peerkultur erweist sich das Schulessen als ein Ort, der – auch wenn sich hier die Peerkultur stärker Raum greifen kann – im Wesentlichen Schule bleibt, weil sich normative Anforderungen und Kontrollvorgänge der Schule fortsetzen. Das Schulessen stellt insofern eine Kippfigur zwischen Informalisierung und Formalisierung dar, als peerkulturelle Praktiken in die Mensa hineingetragen, dort aber ‚verschult' werden (vgl. Schütz 2015).

Diese Spannung zwischen Kinderkultur und Institutionenordnung bestimmt auch das Essen in Kindertageseinrichtungen: In den Krippen lässt sich mikroanalytisch zeigen, wie das Tischgeschehen von allen Beteiligten, also auch von den sehr jungen Kindern, selbst strukturiert wird (vgl. Mohn/Hebenstreit-Müller 2007; Nentwig-Gesemann/Nicolai 2016). Entlang der analytischen Frage, inwiefern „Kinder an der Konstruktion von Werten und Normen, von Umgangsformen und Ritualen" (Nentwig-Gesemann/Nicolai 2016, S. 58) des Essens mitwirken dürfen, wird sichtbar, dass Essen im Spannungsfeld zwischen peerkultureller und normativer Praxis stattfindet und exkludierende und inkludierende Modi der Interaktionsorganisation hervorbringt. Auch für den Kindergarten (vgl. Schulz 2016a, 2016b; Dietrich 2016) lässt sich nachzeichnen, dass die eher individualisierten Frühstückssituationen Kinder dazu anhalten, sich selbst als selbständige und eigenverantwortliche Individuen aufzuführen, die ihr Essen kompetent bewältigen können, während gemeinsame Essenssituationen, wie bspw. das Mittagessen, dem Kind abverlangen, sich gerade nicht als Individuum, sondern als Teil des Essenskollektivs hervorzubringen. Sichtbar wird zudem, dass die Speise selbst eine erhebliche symbolische Bedeutung bei der sozialen Figuration des Essens hat. Während bei der gemeinsamen Mahlzeit das institutionell vorgegebene Menü das Essen der Kinder homogenisiert und damit als kollektive Handlung inszeniert, werden die – wie beim Frühstück üblich – von zu Hause mitgebrachten Speisen als materielle Differenzmarker von allen Beteiligten verwendet (vgl. Schulz 2016a).

Bearbeitung sozialer Differenzlinien
Was die Untersuchung sozialer Differenzverhältnisse in institutionellen Essenssituationen betrifft, sind primär die generationalen und geschlechtsspezifischen im Blick, ansatzweise auch die ethnisch-kulturellen und religiösen.

Die Essensversorgung in pädagogischen Einrichtungen mobilisiert das generationale Machtverhältnis in bestimmten Institutionen, wie etwa in der stationären Jugendhilfe oder beim betreuten Essen der jüngeren Kinder in der

Schule, sowie dort, wo das Essen als kollektives, generationenübergreifendes Mahl gerahmt ist (vgl. Adio-Zimmermann/Behnisch/Rose 2016; Behnisch 2018; Rose/Seehaus 2019). Eine prominente Rolle spielt in diesem Kontext die erwachsene Kontrolle des Essens*zugangs* der Kinder als institutioneller Machtfaktor.

Darüber hinaus werden die Geschlechterdifferenzen beim Essen in pädagogischen Einrichtungen fokussiert. So reproduziert sich bei den Mahlzeiten in pädagogischen Einrichtungen eine exponierte Position von Frauen bei der Essensverteilung, die sich kultursymbolisch als generell aufgeladene Geschlechtergeste erkennen lässt, langandauernde Arbeitsteilungen zwischen den Geschlechtern bei der Essenssicherung widerspiegelt und Frauen Macht zuweist (vgl. Althans 2014). Die in den Einrichtungen üblichen Speiseausgaben von Frauen an Kinder lässt sich vor diesem Hintergrund nicht nur „als Gender-Inszenierung im kulturellen Imaginären" (ebd., S. 50) lesen, vielmehr bricht im Umgang mit der Nahrung die Verdrängung der Bedeutung der Geschlechtskörper in der schulischen Unterweisung „aus dem professionellen Imaginären wieder auf" (ebd., S. 61). Nachweisbar ist zudem ein enger Zusammenhang zwischen Generationenordnung und Geschlechterordnung. Dort, wo die pädagogische Präsenz von Erwachsenen, die – wie beim betreuten Schulessen – die Situation normativ streng und engmaschig steuern, intensiv ist, werden Praktiken des doing gender nur marginal sichtbar. Wo also die Generationenverhältnisse den Raum dominieren, überlagert dies intersektional die Geschlechterverhältnisse und verhindert die Durchsetzung von Geschlechtersymboliken als sozial strukturierende Ordnungskategorie. Hingegen nehmen sie verstärkt dort Raum ein, wo – wie in der Mensa – die Erwachsenen als Regulierende kaum präsent sind (vgl. Rose/Seehaus 2017).

Auch Fragen religiöser und ethnisch-kultureller Differenzordnungen des Essens geraten in den Forschungsfokus, wobei dies bislang auf den Kontext der Verpflegung in Einrichtungen für unbegleitete, geflüchtete Minderjährige beschränkt ist (vgl. Alagöz et al. 2017; Rose 2020). Der Blick auf die entsprechenden Diskurse und Praktiken verweist auf eine starke institutionelle Neigung zum ‚othering' der Personengruppe wie auch ihres Essens, verbunden mit der Bereitschaft, kulinarischen Eigenheiten in der Verpflegungspraxis entgegenzukommen und erzieherische Anpassungen an die hegemoniale Speisekultur des Aufnahmelandes nur zurückhaltend abzuverlangen. Diese Bereitschaft ist für andere Zielgruppen institutioneller Verpflegung, deren kulinarische Sozialisation auch nicht unbedingt den Standards der institutionellen Küche entspricht, weniger nachweisbar.

Bildungsanliegen und -prozesse

Der Fokus auf Bildung lässt sich als eine weitere zentrale Forschungsperspektive bestimmen. So wird vor dem Hintergrund des Bedeutungsgewinns von Kindertageseinrichtungen als Bildungseinrichtungen diskursanalytisch untersucht, wie sich im Zuge einer zunehmenden bildungspolitischen Diskursivierung von Essen als Bildungsgegenstand gesundheitserzieherische und bildungsfördernde Ansinnen verbinden (vgl. Koch 2013). Diese verdichten sich in einem Bildungsverständnis, das stark auf die kindliche „Bewusstseinserlangung" (ebd., S. 212) für das ‚richtige', ‚gesunde' Essen abzielt, gleichzeitig aber als höchst diffus und mehrdeutig charakterisiert wird. Dies ermöglicht spezifische pädagogische Handlungs- und Interpretationsspielräume einer Essensbildung (vgl. ebd.). Dabei spielt die Didaktisierung von Lebensmitteln als Medium der (Sprach-) Förderung eine zentrale Rolle (vgl. Schulz 2016a; Bender/Krompàk 2017; Flämig i. d. Bd.). Jedoch zeigen sich diese Nahrungsbezüge, gerade wenn die didaktisierten Lebensmittel auch verzehrt werden, durchaus ambivalent: Einerseits können sie mit Genuss verbunden sein und damit lernmotivierend wirken, andererseits können Kinder im umgekehrten Falle einer Ablehnung der Speisen „unter didaktischen Druck geraten" (Bender/Krompàk 2017, S. 48), indem versucht wird, sie zum Verzehr der Speisen zu überreden, oder indem am Nahrungsbezug Einschätzungen zu der Persönlichkeit der Schüler_innen seitens der Fachkräfte entwickelt werden.

Im Kontext der bildungsbezogenen Forschungen zum Essen erweist sich die Gesundheitsfigur als besonders prominentes Thema. Studien zeigen wie Kindheitsinstitutionen, insbesondere die Schule, als „Präventionsakteure" (Seehaus/Gillenberg 2019, S. 233; vgl. auch Seehaus/Gillenberg 2016; Schulz 2019; Schmidt 2020c) ausgewiesen werden und das Mittagessen als bedeutender „Beitrag zur Ernährungsprävention" (Seehaus/Gillenberg 2019, S. 235) erklärt wird. Auf der empirischen Grundlage alltäglicher Versorgungs- und Essenspraktiken in diversen Kindheitsinstitutionen kann jedoch rekonstruiert werden, dass die Gesundheitsnorm, die die Debatten zur Verpflegung von Kindern dominiert, sich „nicht bruchlos in der Praxis wiederfindet" (Seehaus/Gillenberg 2016, S. 166), sondern weitreichenden Verwerfungen und Umdeutungen unterliegt. Für die Professionellen sind weitere normative Leitfiguren wirksam, die gegen die der Gesundheit abgewogen werden, wie etwa ethische Motive der Verteilungsgerechtigkeit und Fragen der Triebregulation, und es wird damit ein polyvalenter pädagogischer Sinn der institutionellen Essenssituation deutlich. Zugleich zeigt sich, dass zwar auch Kinder um die Norm der gesunden Ernährung wissen (vgl. Mohn/Althans 2014), dass für sie beim Essen aber vor allem Beziehungsaspekte relevant sind. Es werden sowohl Freundschaften sowie Beziehungen geknüpft, gestaltet und verfestigt als auch soziale Positionierungen innerhalb der Schüler_innenschaft und gegenüber den Erwachsenen vorgenommen. Dabei scheint die Gesundheitsnorm zu einer exponierten „Arena der demonstrativen generationellen Differenzmarkierung" (Seehaus/Gillenberg 2019, S. 260) zu werden.

Kindliche Essensversorgung als professionelle Aufgabe
Mit der Verlagerung der Kinderernährung in öffentliche Institutionen verändern sich auch institutionelle und professionelle Selbstverständnisse. So kann gezeigt werden, dass in den Legitimationsdiskursen von Lehrkräften, die im Kontext der Einführung von Ganztagsschulen geführt werden, das Mittagessen in der Schule als eine häufige Begründungsfolie für die Einführung ganztägiger schulpädagogischer Angebote gebraucht wird (vgl. Fritzsche/Rabenstein 2009; Bender 2011, S. 87f.). Sie ist getragen von Problembildern zum Essen von Kindern, das durch die Schulverpflegung verbessert werden soll. Ähnliches zeigen auch Gruppendiskussionen mit Erzieher_innen und Lehrkräften aus dem Elementar- und Primarbereich zu ihren pädagogischen Erfahrungen mit dem Essen von Kindern (vgl. Schmidt 2018). Das professionelle Wahrnehmen und Sprechen ist stark durch problemorientierte Perspektiven auf das Essen wie auch die Essfertigkeiten der Kinder, aber auch durch Defizitkonstrukte zu den elterlichen Erziehungs- und Sorgeleistungen bestimmt. Zwar stellen pädagogische Institutionen vermehrt Nahrungsangebote bereit, die Gruppendiskussionen zeigen aber, dass die Professionellen an traditionellen Erziehungs- und Sorgevorstellungen orientiert bleiben, in denen die Ernährung des Kindes primär mütterliche Aufgabe ist.

Demgegenüber legen die programmanalytischen Untersuchungen der gesundheitspolitischen Bemühungen der Ernährungsprävention in der Kindheit nahe, dass sich das Verhältnis von elterlicher und pädagogisch-institutioneller Erziehung und Sorge im Umbruch befindet (vgl. Kutscher/Schmidt 2019). So wird deutlich, wie das Essen von Kindern in den letzten 20 Jahren zunehmend in den Fokus gesellschaftlicher Aufmerksamkeit gerät und versucht wird, nicht nur immer früher präventiv auf die Ernährungsweisen der Kinder einzuwirken, sondern auch Eltern immer nachdrücklicher als Präventionsakteur_innen in die Pflicht zu nehmen (vgl. Schmidt 2020a). In diesem Lichte erweitert sich der öffentliche und staatliche Zugriff auf die Lebensführungsweisen der Subjekte.

4.3 Zentrale Befunde aktueller erziehungswissenschaftlicher Essens- und Ernährungsforschung

Die aktuellen erziehungswissenschaftlichen Forschungsarbeiten weisen ein inzwischen breites Spektrum an theoretisch-systematischen, historisch-quellenkritischen als auch empirisch-theoretisierenden Perspektiven auf, das sich auf die Vielschichtigkeit der privat-familialen und öffentlich-institutionellen Versorgung bezieht.

Mit der historisch-systematischen Analyse des Zusammenhangs von Erziehung und *Ernährung* wurde aufgezeigt, auf welche Weise das Denken über Erziehung und Ernährung analogisiert ist (vgl. Seichter 2012). Nicht nur gehen daraus heute wirkmächtige Bilder über Kindheit und die Kinderernährung hervor, die pädagogische Zugriffsmöglichkeiten und -notwendigkeiten legitimieren (vgl. ebd., S. 66 ff.). Auch zeigen historische Analysen von sozialpädagogischen Klassikern, dass die „Ernährung von Menschen schon immer zu den basalen Aufgaben Sozialer Arbeit" (Rose/Schäfer 2009, S. 21) gehörte.

Ein erheblicher Teil der Forschungsbeiträge sind qualitative Studien zu privat-familialen oder öffentlich-institutionellen *Essenssituationen*. Sie sind darauf ausgerichtet zu zeigen, wie die Mahlzeiten konkret arrangiert werden, was in diesen geschieht und wie die Akteur_innen diese Situationen je spezifisch gestalten. In ihren verschiedenen Zugängen eint die Studien, dass sie die Pädagogizität des Essens nicht voraussetzen. Weder gehen sie von einer genuin pädagogischen Bedeutung von Essen aus noch von einer der Ernährung inhärenten, spezifisch gelagerten pädagogischen Qualität. Vielmehr ist ihr Anliegen herauszuarbeiten, wie im Allgemeinen das Soziale in den Situationen des Essens und im Besonderen das Pädagogische hervorgebracht wird. In diesem Sinne interessiert die Arbeiten auch weniger, *was* an Essen und Ernährung pädagogisch ist, sondern vielmehr, *wie* auf Essen und Ernährung im privat-familialen und öffentlich-institutionellen Alltag sowie in Diskursen eingegangen wird, *wie* Essen und Ernährung mit Erziehungs- und Bildungsprozessen verbunden werden und *wie* sich Essen und Ernährung zu pädagogischen Gegenstands- und Handlungsbereichen konstituieren. Dies unterscheidet diese Forschungen von den stark normativ bestimmten Diskursskripten, wie sie in den öffentlichen und politischen Diskussionen zum Essen von Kindern wie auch in Teilen der Ernährungspädagogik vertreten werden.

Dabei wird insbesondere in den empirischen Studien, die die öffentlich-institutionellen Arbeitsfelder der Kinder- und Jugendhilfe und der Schule untersuchen, deutlich, dass Essenssituationen pädagogisch polyvalent bedeutsam sind. Essen fungiert als ein, den öffentlich-institutionellen Alltag strukturierendes und organisierendes Element, das als solches auf das pädagogische Geschehen einwirkt. Zudem zeigen die Studien zu den Arrangements der Essenssituationen im pädagogischen Alltag, wie diese Situationen in den pädagogischen Institutionen konkret gestaltet und vollzogen werden, welche Muster der Organisation diese öffentlich-institutionellen Arbeitsfelder bestimmen, wie sie pädagogisch gerahmt und wie die Situationen von den verschiedenen im Geschehen involvierten Personen genutzt werden. Dabei wird nicht nur eine Vielfalt der Versorgungsarrangements und eine Heterogenität von Versorgungssettings deutlich, die je eigene erziehungs- und bildungsspezifische Relevanzen entfalten, sondern auch, wie Essen in pädagogischen Zusammenhängen in der Herstellung sozialer Ordnungen bedeutsam wird.

Die Befunde der vorliegenden Studien legen zudem nahe, dass sich Grundzusammenhänge und Probleme moderner Pädagogik am Essen verdichten: Dazu gehört erstens das generationale Verhältnis zwischen Kindern und Erwachsenen. Verdichtet zeigt sich dies an der Mahlzeit, die sich als Ort der Re-Produktion der generationalen Ordnung spezifizieren lässt (vgl. Bühler-Niederberger 2005). Zugleich obliegt die Verantwortung für die Versorgung der Kinder den Erwachsenen, die damit immer auch – bewusst oder unbewusst – entscheiden, was sie an Wissen und Ess-Kultur an die jüngere Generation weitergeben. Eng damit verbunden ist ein zweiter Grundzusammenhang: das Verhältnis von Macht und Freiraum. So sind die öffentlich-institutionellen Essenssituationen vielfach als „stark autoritär strukturierte Erziehungsveranstaltung" (Seehaus 2014, S. 138) gestaltet, während die Möglichkeiten der Selbstbestimmung der Kinder und so auch ihre Bedeutung als non-formales Bildungssetting wenig genutzt werden. Drittens wird das Verhältnis von privaten und öffentlichen Sorgeleistungen evident, indem sich letztere Leistungen „vom familienabhängigen Ausnahmefall zum gesellschaftlich erwünschten Regelfall" (Mierendorff 2013, S. 51) gewandelt haben.

Zugleich muss aber festgehalten werden, dass die gesellschaftlichen Diskurse derzeit weniger auf die Qualität dieser jeweiligen Leistungen abzielen als vielmehr grundlegend auf die Frage nach hinreichenden Leistungsmöglichkeiten. Dies verdichtet sich gerade in der öffentlichen Gemeinschaftsverpflegung mit ihrem programmatischen Anspruch als Ort der ‚Ernährungsbildung' und ‚Chancengleichheit'. Diese institutionelle Verpflegung wird unter ernährungswissenschaftlichen Gesichtspunkten in ihrer Qualität erheblich problematisiert (vgl. ex. BMEL/Arens-Azevedo/Pfannes/Tecklenburg 2014). Gleichwohl werden mit dieser mangelhaften Nahrung über das ‚Bildungs- und Teilhabepaket' Kinder aus genau jenen Familien versorgt, denen defizitäres Ernährungswissen und ‚schädliches' Ernährungsverhalten zugeschrieben wird.

5. Entwicklungsaufgaben einer erziehungswissenschaftlichen Essensforschung

Der Überblick zur erziehungswissenschaftlichen Forschungssituation offenbart Leistungen, aber auch Lücken. Abschließend sollen diese Forschungsdesiderate (selbst-)kritisch als disziplinäre Entwicklungsaufgaben für die Zukunft dargestellt werden.

Methodische Erweiterungen
Zunächst lässt sich konstatieren, dass die Forschungen derzeit mehrheitlich als qualitative, schwerpunktmäßig ethnografische Studien angelegt sind. Sie konzentrieren sich auf Basis teilnehmender Beobachtungen auf die praxeografisch-mikroanalytischen Rekonstruktionen der Essensereignisse und die Explizierung der eingelagerten situativen Binnen- bzw. Feldlogiken. Narrative Interviewverfahren und Diskursanalysen spielen nur eine nachgeordnete Rolle. Nicht zum

Einsatz kommen bislang quantitative Erhebungsinstrumente als auch partizipative Forschungsverfahren (vgl. Eßer/Sitter 2018), die darauf abzielen, die Perspektive der essenden Kinder respektive ihre subjektive Deutungen zu erfassen. Letzteres ist auch gerade deshalb bedeutsam, weil derzeit in adultozentristischem Modus ausschließlich aus der Erwachsenenposition *über* Kinder und ihr Essen geforscht wird. Strategien, Kinder zu ihrem Essen selbst ‚zum Sprechen' zu bringen, fehlen noch. Die offensichtliche Präferenz für ethnografische Zugänge ist dabei der allgemeinen methodologischen Konjunktur hin zu offeneren, zu sozialer Komplexität angemessen reagierenden Forschungsverfahren geschuldet. Zu vermuten ist aber auch, dass die Dominanz der Ethnografie eng mit der Ausschließlichkeit *quantitativer* Instrumente in der *ernährungswissenschaftlichen* Forschung zur Kinderernährung zusammenhängt, die nicht in der Lage sind, soziale Gestaltungs- und Aneignungsprozesse des Kulinarischen empirisch zu erfassen.

Bedenkenswert ist schließlich, dass die ethnografische Co-Präsenz der Forschenden im Feld des Essens häufig nicht den faktischen Mitverzehr der Speisen einschließt. Ethnograf_innen *beschreiben* zwar praktisch teilnehmend ‚von außen' das Essen der Anderen, ohne dass sie aber an den Sinneseindrücken der Speise selbst teilnehmen und diese als ethnografische Daten einfangen. Dies verwundert umso mehr, als die Ethnografie programmatisch gerade auf die gesamte Sinnlichkeit der Körpersensorik als Erfassungsinstrumente ausgerichtet ist (vgl. Schulz 2015), faktisch aber in den Essensforschungen die forscherischen Erfahrungen der ausschließlich leiblich spürbaren Prozesse des Genusses, Ekels, Völlegefühls oder der Sättigung ausgeschlossen werden. Damit wird eine spezifische Datenqualität, die im Kontext des Kulinarischen aus der Sache heraus besonders aufschlussreich sein könnte, als Analysematerial strukturell ausgeschlossen. So kommen zwar visuelle Beschreibungen sozialer Praktiken des Essens zustande, ohne dass jedoch ein maßgeblicher Kern des Essens – nämlich Leiblichkeit, Gefühle, Haptik, Gustatorik, die einvernehmliche oder zwanghafte Überschreitung von Körpergrenzen – überhaupt erziehungswissenschaftlich thematisiert und bspw. phänomenologisch, praxistheoretisch, ethnopsychoanalytisch oder autoethnografisch analysiert werden kann (vgl. ebd., S. 49 f.). Damit bleibt der erziehungswissenschaftlichen Essensforschung die soziale Akteurschaft des Essensobjekts selbst verschlossen, zudem kann sie sich nicht zu den Erkenntnissen der Ernährungsforschungen verhalten, die maßgeblich genau um diese Substantialität kreisen – zum einen um die Nährstoffgehalte und ihre physiologischen Wirkungen, zum anderen um das Erlernen des ‚Mögens' spezifischer Lebensmittel.

Erweiterungen der empirischen Gegenstände
In Bezug auf die Untersuchungsorte der erziehungswissenschaftlichen Essensforschung offenbaren sich markante Spezialisierungen, bei denen viele Essens-

orte der Kinderwelten unberücksichtigt bleiben. Die kindlichen Essenserfahrungen werden vorzugsweise anhand des Alltags der Mahlzeiten untersucht und damit in Situationen, die ‚in der Hand' der Erwachsenen liegen. Dies reproduziert ein hegemoniales Konstrukt zum Kinderessen, das kaum anders als unter erwachsener Rahmung und ‚Hoheit' vorstellbar scheint.

Dies übersieht aber nicht nur die realen Möglichkeiten für Kinder heute, sich – zu Hause und auf dem Konsummarkt – eigenständige Zugänge zum Essen zu verschaffen, sondern auch, dass diese ihnen auch offensiv zugestanden werden; wenn auch die Folgen immer wieder problematisiert werden, bspw. dass Kinder eigenständig nicht das Erwünschte essen. Wenig Berücksichtigung finden damit die zahlreichen Varianten autonomen Essens von Kindern, seien es die im häuslichen Kontext, aber auch die außerhalb, allein oder in der Peergroup. Ebenfalls nicht ausreichend berücksichtigt werden das Essen in der Familie, an kommerziellen Orten – ob mit Erwachsenen oder selbständig – oder auch bei exponierten Ereignissen wie Festen und Reisen. Ebenso fehlt Empirie zur Aneignung der Räume des Lebens- und Genussmittelmarktes, sei dies in Begleitung Erwachsener, in der Kindergruppe oder allein. Dasselbe gilt für die vielfältigen Ereignisse der Ernährungsbildung in pädagogischen Einrichtungen und der ernährungsbezogenen Gesundheitsprävention in klinischen Einrichtungen, wie z. B. Reha-Programmen für Kinder mit hohem Körpergewicht. Schließlich fehlen auch Studien zum Essen in jenen Institutionen, in denen sich Kinder aufgrund besonderer Lebensumstände und -bedingungen aufhalten, z. B. Förderschulen, Zufluchten, Kinder- und Jugendpsychiatrien oder Einrichtungen für geflüchtete unbegleitete Minderjährige.

Die Intensität der Essensforschungen in Regel- und Normalinstitutionen für Kinder steht zweifellos in einem engen Zusammenhang mit der gesellschaftlichen Zuteilung von Aufmerksamkeit. Diese öffentlichen Bildungsinstitutionen, in denen heutzutage ein Großteil des Kinderalltags stattfindet, stehen mit ihren bildungs- und erziehungsökonomischen Leistungsfähigkeiten im Ensemble des ‚institutionellen Aufwachsens' in besonderer Weise im kritischen Blick, weil sich an ihnen gesellschaftliche Konflikte um das Verhältnis von Staatlichkeit und Familie, Öffentlichkeit und Privatheit, auch zu Sorgezuständigkeiten und -qualitäten zeigen.

Vor diesem Hintergrund ist eine erziehungswissenschaftliche Essensforschung empirisch in verschiedene Richtungen zu erweitern: Dies gilt vor allen Dingen für die Formen autonomen Essens der Kinder in Peer- und Freizeitkontexten, an kommerziellen Orten der Kinder- und Jugendkultur (vgl. dazu jedoch Schmidt 2018b, 2019). Des Weiteren sind die Untersuchungen auf der horizontalen Ebene des Tagesablaufs von Kindern in Single- oder Multi-care-Arrangements zu verstärken, die Aufschluss darüber geben können, wie zu welchen Zeitpunkten unter Beteiligung welcher Akteur_innen welche Versorgungsformate konstituiert werden. Diese Ausweitung des Forschungsfokus über die intensiv untersuchte Mittagsmahlzeit hinaus hin zum gesamten Alltag des Essens würde einen Beitrag liefern, der nicht nur die Verhältnisse von privat-familialer und öffentlich-institutioneller Sorge darstellt, sondern auch die Verwobenheit pädagogischer Ordnungen des Essens empirisiert. Auf einer vertikalen Ebene kann gleichfalls weiter empirisch vergleichend zwischen den einzelnen Institutionen ausdifferenziert werden, in denen Kinder Essen erhalten und zu sich nehmen, aber auch zwischen sozialen Lebenswelten, in denen Kinder aufwachsen und damit immer auch essen.[6]

Theoretische Spezifizierungen
Aus *pädagogisch-anthropologischer* Perspektive interessiert, welche Effekte das Essen in pädagogischen und familialen Institutionen auf Kind- und Jugend-Sein hat, wie über das Essen das Aufwachsen von Kindern in spezifischer Weise bedingt und ermöglicht wird, wie dabei zwischen Kindern und Erwachsenen unterschieden und systematisiert und versucht wird, auf Kinder Einfluss zu nehmen, um sie – kulinarisch und sozial – ‚in Form' zu bringen.

Davon ausgehend, dass beim Essen Ordnungen des Humanen hergestellt werden, drängen sich für die Zukunft aus *ungleichheitstheoretischer Perspektive* Vertiefungen intersektionaler erziehungswissenschaftlicher Essensforschungen zu sozialen Differenzen und Differenzierungen des Essens auf. Vor allem die Klassenfrage des Essens, die bereits, wie gezeigt, Thema der ‚pädagogischen Klassiker' war, ist offensiver in den Blick zu nehmen. Wenn bei Familien in prekären Lebenslagen – sei es z. B. aufgrund von Armut, Bildungsbenachteiligung, Krankheit oder auch Migrations- und Fluchterfahrungen – aufgrund hegemonialer Gesundheits- und Ernährungsstandards vermeintlich ‚schädliche' Ernährungsweisen diagnostiziert werden, liegt diese Klassenfrage unmittelbar ‚auf dem Tisch'. Das gilt genauso, wenn jene Familien zur besonders bedürftigen Zielgruppe von Ernährungsprävention erklärt oder wenn politisch verhandelt wird, wer die Kosten für die institutionelle Mittagsversorgung ihrer Kinder übernimmt.

Aus *bildungstheoretischer Perspektive* lässt sich die Frage bearbeiten, wie die Institutionen weniger aufgrund ihrer bildungs- und erziehungsökonomischen Leistungsfähigkeiten, sondern vielmehr anhand ihrer pädagogischen Bedeutung als ‚soziale Orte' empirisch gefasst werden können. Bernfeld (1925/1979) hat bereits darauf verwiesen, dass es die Institutionen sind, die erziehen (vgl. ebd.,

---

6 So stellt etwa im deutsch-deutschen Vergleich die öffentlich-institutionelle Nahrungssorge biografisch für Personen, die in der ehemaligen DDR aufgewachsen sind, eine gelebte Realität dar, während in der ehemaligen BRD die sogenannten ‚Hauptmahlzeiten' im familialen Raum stattfanden. Diese differenten Einsozialisationen in öffentlich-institutionelle und privat-familiale Versorgungsmuster präformieren die aktuellen familialen Praktiken erheblich mit.

S. 28). Aus der Logik der „Instituetik" (ebd.) heraus ergibt sich die Notwendigkeit, sich erziehungswissenschaftlich stärker mit der Positionierung des Kindes in der pädagogisch-institutionellen Nahrungsversorgung zu befassen. Genauer zu untersuchen ist, welche Selbstverfügungsmöglichkeiten Kindern in diesen Bildungssettings zugestanden und wie Kinder als Akteur_innen involviert sind und werden und ob und wie diese Selbstbestimmung über die Entscheidung hinausgeht, wie viel von einer Speise gegessen oder verweigert wird.

Daher muss auch aus *erziehungstheoretischer Perspektive* die Diskussion um *Essenserziehung* aufgenommen werden. Auch wenn der Terminus ‚Erziehung' angesichts der Diskurskonjunktur zum Kind als selbsttätiges Bildungssubjekt unpassend zu sein scheint und auch im Kontext der Kinderernährung der Begriff der Ernährungs*bildung* dominiert, sind doch die profanen erzieherischen Realitäten beim Essen unübersehbar, wie die bisherige erziehungswissenschaftliche Empirie zum Essen in pädagogischen Einrichtungen zeigen kann. So wird in vielen Studien praxeografisch nachgezeichnet, dass die Mahlzeiten durch stark normierende, auch repressive Disziplinierungsprozeduren bestimmt sind, mit denen Kinder in die hegemoniale Kultur ‚gesitteten Essens' eingewiesen werden. Vor diesem Hintergrund ist die zukünftige erziehungswissenschaftliche Essensforschung herausgefordert, auf kritische Distanz zur verbreiteten Konjunktur des Bildungsbegriffs zu gehen bzw. den zugrundeliegenden Bildungsbegriff zu reflektieren und sich umso genauer den mit ihr verdeckten und dabei vielfach machtvollen Erziehungsphänomenen zuzuwenden.

Theoretisch zu klären sind nicht nur die theoriebegrifflichen Konzepte der Erziehung und der Bildung im Kontext des Essens, sondern auch die der Ernährung und des Essens. Viele erziehungswissenschaftliche Publikationen verwenden beide Begriffe nebeneinander, scheinbar synonym, zumindest wird eine Bedeutungsdifferenz nicht markiert. Auch dieser Text nutzt zwar beide Begriffe, versteht sich aber auch als ein theoretischer Konturierungsversuch. Was sich in unseren Ausführungen abzeichnet, ist – wie eingangs bereits erwähnt – das charakteristische Profil einer erziehungswissenschaftlichen *Essens*forschung: Im Zentrum der Forschungen stehen die Alltagsvollzüge der nutritiven Versorgung und des Verzehrs und ihre sozialen Rahmungen – also das, was gängiger Weise als *Essen* bezeichnet wird. Das, was mit dem Begriff der Ernährung gefasst wird, nämlich normative Fragen des Nahrungskonsums, bleibt peripher. Dies markiert in einem ersten Schritt eine Abgrenzung der erziehungswissenschaftlichen Essensforschungen zu den Forschungen der Ernährungswissenschaften. Gleichwohl bleibt dabei noch vieles offen, das auf zukünftige Aufgaben verweist. Zu schärfen sind die Unterschiede zwischen Essen und Ernährung als theoretische und empirische Begriffe und damit auch zwischen Essens- und Ernährungsforschung als wissenschaftlichen Konzepten – mit der Perspektive der ebensolchen Schärfung von möglichen Kreuzungspunkten.

Normative Essensforschung in der Erziehungswissenschaft

Die erziehungswissenschaftliche Essensforschung profiliert sich derzeit ausschließlich auf empirischer und theoretischer Ebene. Zahlreiche Studien liefern umfangreiche Einblicke in Praktiken und Diskurse zum Essen im Kinderleben und verhandeln theoretische Bezüge. Ausgeblendet werden normative Fragestellungen. Zwar werden die normativen Konzepte, die in den Diskursen und Praktiken zu Essen und Ernährung reproduziert und erzeugt werden, zum empirischen Gegenstand gemacht und in kritisch-distanzierter Manier reflektiert, gleichwohl werden eigene normative Debatten und Positionierungen durchgängig vermieden.

Dies mag ein Reflex sein auf die normative Dominanz in den öffentlichen, massenmedialen, gesundheits- und sozialpolitischen und ernährungswissenschaftlichen Debatten zur Kinderernährung. Angesichts dessen, dass dieser Themenkomplex hoch emotionalisiert und durch Setzungen zu ‚guter' Kinderernährung (und Familienernährung) präjustiert ist, scheint eine differenziertere, forschungsbasierte und interdisziplinäre Auseinandersetzung zu der Frage, wie und was Kinder essen und wie und was sie zu Essen und Ernährung lernen *sollen,* kaum möglich. Eine erziehungswissenschaftliche Positionierung zu diesen Fragen scheint auch deshalb auszubleiben, da die Disziplin zwar einerseits den Anspruch erhebt, genau zu diesen praktischen pädagogischen Fragen über eine relevante Expertise zu verfügen, andererseits sich aber scheut, diese im selben normativen Duktus wie die anderen Diskursakteur_innen zu platzieren – nämlich im Stil der paternalistischen Verkündigung von unverrückbaren Eindeutigkeiten und Wahrheiten. Dilemmatisch ist dies genau deshalb, weil die hegemoniale Deutungsmacht dazu, wie über Essen und Ernährung von Kinder zu ‚reden' ist, erkenntnispolitisch diesen objektivistisch-normativen Duktus geradezu einfordert. So besehen ist die Passung der ‚Redeweisen' der Ernährungswissenschaften, der Gesundheitspolitik und der massenmedialen Öffentlichkeiten, die ständig selbstreferentiell um die normative pädagogische Frage kreisen, wie Kinder gesundes Essen lernen können, sehr hoch.

Schwer wird es damit aber für Versuche, die bestehenden normativen Diskursskripte zu öffnen und entsprechenden Debatten unter neuen Voraussetzungen zu führen, indem aus den Erziehungswissenschaften institutionell als auch historisch informiert neue paradigmatische Bezugspunkte eingeführt werden. Dazu müssen die Dimensionen der Polyvalenz und der Differenz- und Machtverhältnisse des Essens, das Wissen um die Co-Produktion pädagogischer Prozesse und um die Körperlichkeit des Essens gehören, aber auch die modernen normativen kinderpolitischen Entwicklungen zur Stärkung kindlicher Autonomie. Dies umfasst Fragen der Partizipation in Ernährungs- und Esssituationen, des Schutzes der körperlichen Integrität des Kindes bis hin zu Kinderrechten beim Essen. Darüber hinaus steht aber auch die Auseinandersetzung mit Zielen und Praktiken der Ernährungsbildung an, gerade auch in der

Verbundenheit zur Alltagsverpflegung in den öffentlichen Einrichtungen. Die entscheidende offene Frage ist hier, ob und wie Kinder das, was sie in der Ernährungsbildung lernen, auch beim täglichen Essen erfahren können und sollen.

Literatur

Adio-Zimmermann, Nora/Behnisch, Michael/Rose, Lotte (2016): Gemeinschaft am Tisch. Ethnografische Befunde zum Essensalltag in der Heimerziehung. In: Täubig, Vicki (Hrsg.): Essen im Erziehungs- und Bildungsalltag. Weinheim und Basel: Beltz Juventa, S. 190–209.

Aichhorn, August (1925/2005): Verwahrloste Jugend. Die Psychoanalyse in der Fürsorgeerziehung. 11. Aufl. Bern: Hans Huber.

Alagöz, Safak/Behnisch, Michael/Ungar, Alexandra (2017): Essenssituationen in der Jugendhilfe aus Sicht junger Flüchtlinge. In: Migration und Soziale Arbeit 39, H. 2, S. 160–167.

Althans, Birgit (2014): Das Essen und seine Genderscripte. In: Althans, Birgit/Schmidt, Friederike/Wulf, Christoph (Hrsg.): Nahrung als Bildung. Interdisziplinäre Perspektiven auf einen anthropologischen Zusammenhang. Weinheim und Basel: Beltz Juventa, S. 45–63.

Althans, Birgit/Bilstein, Johannes (Hrsg.) (2016): Essen – Bildung – Konsum. Pädagogisch-anthropologische Perspektiven. Wiesbaden: Springer VS.

Althans, Birgit/Schmidt, Friederike/Wulf, Christoph (Hrsg.) (2014): Nahrung als Bildung. Interdisziplinäre Perspektiven auf einen anthropologischen Zusammenhang. Weinheim und Basel: Beltz Juventa.

Arens-Azevedo, Ulrike/Pfannes, Ulrike/Tecklenburg, M. Ernestine, im Auftrag der Bertelsmann Stiftung (2014): Is(s)t Kita gut? KiTa Verpflegung in Deutschland: Status quo und Handlungsbedarfe. www.bertelsmann-stiftung.de/fileadmin/files/BSt/Publikationen/ GrauePublikationen/GP_Isst_Kita_gut.pdf (Abfrage: 08.06.2020).

Audehm, Kathrin (2007): Erziehung bei Tisch. Zur sozialen Magie eines Familienrituals. Bielefeld: transcript.

Autorenkollektiv (1990): Schulgartenarbeit in Übersichten. Wissensspeicher für den Schulgartenunterricht der Klassen 3 und 4. Berlin: Volk und Wissen.

Baader, Meike Sophia (2015): Vulnerable Kinder in der Moderne in erziehungs- und emotionsgeschichtlicher Perspektive. In: Andresen, Sabine/Koch, Claus/König, Julia (Hrsg.): Vulnerable Kinder. Interdisziplinäre Annäherungen. Wiesbaden: Springer VS, S. 79–101.

Baader, Meike Sophia/Kelle, Helga (2019): Transorganisationale Wohlfahrtspraktiken in der Kindheit. Einführung in den Schwerpunkt. In: Zeitschrift für Soziologie der Erziehung und Sozialisation 39, H. 2, S. 115–118.

Barlösius, Eva (2016): Soziologie des Essens. Eine sozial- und kulturwissenschaftliche Einführung in die Ernährungsforschung. Weinheim und Basel: Beltz Juventa.

Bartsch, Silke/Büning-Fesel, Margareta/Cremer, Monika/Heindl, Ines/Lambeck, Andrea/Lührmann, Petra/Oepping, Anke/Rademacher, Christel/Schulz-Greve, Sabine für die DGE-Fachgruppe Ernährungsbildung (2013): Ernährungsbildung – Standort und Perspektiven. In: Ernährungs-Umschau 60, H. 2. www.ernaehrungs-umschau.de/fileadmin/Ernaehrungs-Umschau/pdfs/pdf_2013/02_13/EU02_2013_M084_M095.qxd.pdf (Abfrage: 30.06.2020).

Bartsch, Silke (2006): Jugendesskultur: Bedeutungen des Essens für Jugendliche im Kontext Familie und Peergroup. Dissertation an der Pädagogischen Hochschule Heidelberg. www.ub.uni-heidelberg.de/archiv/6872/ (Abfrage: 21.06.2020).

Behnisch, Michael (2018): Die Organisation des Täglichen. Alltag in der Heimerziehung am Beispiel des Essens. Regensburg: Walhalla.

Bender, Ute (2011): Mittagsmahlzeit an Ganztagsschulen – schulische Esskultur entwickeln. In: Appel, Stefan/Rother, Ulrich (Hrsg.): Mehr Schule oder doch: Mehr als Schule? Schwalbach und Taunus: Wochenschau, S. 87–93.

Bender, Ute/Krompàk, Edina (2017): Essbare Dinge in Lehr- und Lernprozessen – Sprachförderung mit Lebensmitteln im Kindergartenalltag. In: Zeitschrift für Interpretative Schul- und Unterrichtsforschung 6, H. 1, S. 39–52.

Bernfeld, Siegfried (1925/1979): Sisyphos oder die Grenzen der Erziehung. Frankfurt am Main: Suhrkamp.

Bernfeld, Siegfried (1929/1996a): Die Ernährungsfrage in Erziehungsanstalten – Zur Psychologie der Revolten. In: Hermann, Ulrich (Hrsg.): Siegfried Bernfeld. Sämtliche Werke. Bd. 11: Sozialpädagogik. Weinheim und Basel: Beltz, S. 249–254.

Bernfeld, Siegfried (1921/1996b): Kinderheim Baumgarten – Bericht über einen ernsthaften Versuch mit neuer Erziehung. In: Hermann, Ulrich (Hrsg.): Siegfried Bernfeld. Sämtliche Werke. Bd. 11: Sozialpädagogik. Weinheim und Basel: Beltz, S. 9–156.

BEST Institut für berufsbezogene Weiterbildung und Personaltraining GmbH (Hrsg.) (2006): Food Literacy. Schmackhafte Angebote für die Erwachsenenbildung und Beratung. Wien: Verlag Gesundheit. www.gggessen.ch/logicio/client/gggessen/archive/document/11_Food_Literacy_Handbuch.pdf (Abfrage: 21.06.2020).

Bettelheim Bruno (1975): Der Weg aus dem Labyrinth: leben lernen als Therapie. Stuttgart: Klett-Cotta.

Betz, Tanja/Honig, Michael-Sebastian/Ostner, Ilona (Hrsg.) (2017): Parents in the Spotlight. Parenting Practices and Support from a Comparative Perspective. In: Journal of Family Research/Zeitschrift für Familienforschung, Special Issue/Sonderheft 11.

Bollig, Sabine/Honig, Michael-Sebastian/Nienhaus, Sylvia (2016): Vielfalt betreuter Kindheiten. Ethnographische Fallstudien zu den Bildungs- und Betreuungsarrangements 2–4jähriger Kinder. Belval: Université du Luxembourg. Auch online unter urn:nbn:de:0111-pedocs-123053 (Abfrage: 08.06.2020).

Branca, Francesco/Nikogosian, Haik/Lobstein, Tim (Hrsg.) (2007): Die Herausforderung Adipositas und Strategien zu ihrer Bekämpfung in der Europäischen Region der WHO. Zusammenfassung. Kopenhagen: WHO Regionalbüro für Europa. www.euro.who.int/__data/assets/pdf_file/0003/98247/E89858G.pdf (Abfrage 30.06.2020).

Bröckling, Ulrich (2007): Das unternehmerische Selbst. Soziologie einer Subjektivierungsform. Frankfurt am Main: Suhrkamp.

Brombach, Christine (2001): Mahlzeit – Familienzeit? Mahlzeiten im heutigen Familienalltag. In: Ernährungs-Umschau 48, H. 6, S. 238–242.

Brombach, Christine (2003): Das Mahlzeitverhalten von Familien im Verlauf von drei Generationen. In: Ernährung im Fokus 3, H. 5, S. 130–134.

Brombach, Christine (2005): Der „lange Arm" der Familie – Am Beispiel des Kochens. In: Ernährung im Fokus 5, H. 7, S. 201–207.

Brückner, Margrit (2018): Care – Sorgen als sozialpolitische Aufgabe und als soziale Praxis. In: Otto, Hans-Uwe/Thiersch, Hand/Treptow, Rainer/Ziegler, Holger (Hrsg.): Handbuch Soziale Arbeit (6. Aufl.). München: Reinhardt, S. 212–218.

Bühler-Niederberger, Doris (2005): Kindheit und die Ordnung der Verhältnisse. Weinheim und München: Juventa.

Bundesanstalt für Landwirtschaft und Ernährung (BLE) (2016): Essen als Thema in der Erwachsenenbildung. Food Literacy. Bonn: BLE. www.bzfe.de/_data/files/3971_2020_food_literacy_05_13_20.pdf (Abfrage: 30.06.2020).

Bundesministerium für Ernährung und Landwirtschaft (BMEL) (2016): Grünbuch Ernährung, Landwirtschaft, Ländliche Räume. Gute Ernährung, starke Landwirtschaft, lebendige Regionen. Berlin: BMEL. www.bmel.de/SharedDocs/Downloads/DE/Broschueren/Gruenbuch.pdf;jsessionid=95B959D0F7ED925F781334824291BCC6.internet2841?__blob=publicationFile&v=2 (Abfrage: 30. 06. 2020).

Deutscher Evangelischer Kirchentag (2019): Resolution 37. „Wert(e)volles Wissen weitergeben – LandFrauen fordern Schulfach". www.wllv.de/fileadmin/dateien/aktuelles/2019/2019-06-17__dlv-Resolution_Lebensmittelverschwendung_37_ev_Kirchentag.pdf (Abfrage: 30. 06. 2020).

Dietrich, Cornelie (2016): Essen in der KiTa: Institution – Inszenierung – Imagination. In: Althans, Birgit/Bilstein, Johannes (Hrsg.): Essen – Bildung – Konsum. Pädagogisch-anthropologische Perspektiven. Wiesbaden: Springer VS, S. 65–75.

Döbert, Marion/Anders, Markus P. (2016): Health Literacy im Kontext von Alphabetisierung und Grundbildung. In: Löffler, Cordula/Korfkamp, Jens (Hrsg.): Handbuch zur Alphabetisierung und Grundbildung Erwachsener. Münster und New York: Waxmann, S. 446–456.

Donzelot, Jacques (1980): Die Ordnung der Familie. Frankfurt am Main: Suhrkamp.

Eat (o. J.): Healthy Diets From Sustainable Food Systems. Food Planet Health. www.eatforum.org/content/uploads/2019/01/EAT-Lancet_Commission_Summary_Report.pdf (Abfrage: 30. 06. 2020).

Ellrott, Thomas (2007): Wie Kinder essen lernen. In: Ernährung – Wissenschaft und Praxis 1, H. 4, S. 167–173.

Eßer, Florian/Köngeter, Stefan (2012): Doing Family in der Heimerziehung. In: Sozial Extra 36, H. 7/8, S. 37–40.

Eßer, Florian/Sitter, Miriam (2018): Ethische Symmetrie in der partizipativen Forschung mit Kindern. Forum Qualitative Sozialforschung/Forum: Qualitative Social Research, 19, H. 3. www.qualitative-research.net/index.php/fqs/article/view/3120/4280 (Abfrage: 30. 06. 2020).

Fachgruppe Ernährung und Verbraucherbildung (2005): Schlussbericht. REVIS-Modellprojekt. Reform der Ernährungs- und Verbraucherbildung in Schulen 2003–2005. http://www.evb-online.de/docs/schlussbericht/REVIS-Schlussbericht-mit_Anhang-mit.pdf (Abfrage: 30. 06. 2020).

Fegter, Susann/Heite, Cathrin/Mierendorff, Johanna/Richter, Martina (2015): Neue Aufmerksamkeiten für Familie – Diskurse, Bilder und Adressierungen in der Sozialen Arbeit. In: neue praxis. Zeitschrift für Sozialarbeit, Sozialpädagogik und Sozialpolitik, Sonderheft 12, S. 3–11.

Feuerbach, Ludwig (1850/1975): Die Naturwissenschaft und die Revolution. In: Thies, Erich (Hrsg.): Ludwig Feuerbach. Werke in sechs Bänden. Bd. 4: Kritiken und Abhandlungen III. Frankfurt am Main: Suhrkamp, S. 243–265.

Fleck, Ludwik (1935/2014): Über die wissenschaftliche Beobachtung und die Wahrnehmung im allgemeinen. In: Werner, Sylwia/Zittel, Claus (Hrsg.): Ludwik Fleck. Denkstile und Tatsachen. Gesammelte Schriften und Zeugnisse. Frankfurt am Main: Suhrkamp, S. 211–238.

Fleck, Ludwik (1947/2014): Schauen, Sehen, Wissen. In: Werner, Sylwia/Zittel, Claus (Hrsg.): Ludwik Fleck. Denkstile und Tatsachen. Gesammelte Schriften und Zeugnisse. Frankfurt am Main: Suhrkamp, S. 390–419.

Foucault, Michel (1973/2008): Archäologie des Wissens. In: Foucault, Michel/Honneth, Axel/Saar, Martin (Hrsg.): Michel Foucault. Die Hauptwerke. Frankfurt am Main: Suhrkamp, S. 471–699.

Freud, Anna/Burlingham, Dorothy (1951/1982): Heimatlose Kinder. Zur Anwendung psychoanalytischen Wissens auf die Kindererziehung. Frankfurt am Main: Fischer Taschenbuch.
Friedman, May (2015): Mother Blame, Fat Shame, and Moral Panic: ‚Obesity' and Child Welfare. In: Fat Studies: An Interdisciplinary Journal of Body Weight and Society 4, I. 1, S. 14–27.
Fritzsche, Bettina/Rabenstein, Kerstin (2009): „Häusliches Elend" und „Familienersatz": Symbolische Konstruktionen in Legitimationsdiskursen von Ganztagsschulen in der Gegenwart. In: Ecarius, Jutta/Groppe, Carola/Malmede, Hans (Hrsg.): Familie und öffentliche Erziehung. Theoretische Konzeptionen, historische und aktuelle Analysen. Wiesbaden: Springer VS, S. 183–200.
Fröbel, Friedrich W. A. (1826): Die Menschenerziehung, die Erziehungs-, Unterrichts- und Lehrkunst, angestrebt in der allgemeinen deutschen Erziehungsanstalt zu Keilhau. Keilhau: Verlag der allgemeinen deutschen Erziehungsanstalt.
Gosse, Katharina (2020): Pädagogisch betreut. Die offene Kinder- und Jugendarbeit und ihre Erziehungsverhältnisse im Kontext der (Ganztags-)Schule. Wiesbaden: Springer VS.
Haak, Friedrich (1920): Schülergärten für unsere Jugend. Ein Mahnruf und eine Anregung. Berlin: Weidmannsche Buchhandlung.
Heimerdinger, Timo (2020): Infant nutrition and competition. Ethnographic remarks on a paradigm change in recent parenting. In: Vögele, Jörg/Heimerdinger, Timo (eds.): Infant Feeding and Nutrition during the Nineteenth and Twentieth Centuries – perceptions and dynamics. Göttingen: Cuvillier, 2020, S. 143–156.
Heindl, Ines (2003): Studienbuch Ernährungsbildung. Ein europäisches Konzept zur schulischen Gesundheitsförderung. Bad Heilbrunn: Klinkhardt.
Heindl, Ines (2004): Ernährung, Gesundheit und institutionelle Verantwortung – eine Bildungsoffensive. In: Ernährungs-Umschau 51, H. 6, S. 224–230.
Heseker, Helmut (2019): Ernährungsbezogene Bildungsarbeit in Kitas und Schulen (ErnBildung). Schlussbericht für das Bundesministerium für Ernährung und Landwirtschaft. www.bmel.de/SharedDocs/Downloads/DE/_Ernaehrung/GesundeErnaehrung/StudieErnahrungsbildunglang.pdf?__blob=publicationFile&v=3 (Abfrage: 30.06.2020).
Heseker, Helmut (Hrsg.) (2005): Neue Aspekte der Ernährungsbildung. Frankfurt am Main: Umschau Zeitschriftenverlag.
IN FORM (2020): So machen sich Eltern stark für besseres Schulessen. Online-Dokument: www.in-form.de/wissen/eltern-fuer-besseres-schulessen/ (Abfrage: 26.06.2020).
Institut für familiale und öffentliche Erziehung, Bildung und Betreuung e.V. (IFOEBB) (2003): Essen in Kinderbetreuungseinrichtungen. Ergebnisse aus Beobachtungen und Befragungen. Frankfurt am Main: IFOEBB.
Jansen, Catherina (2019): Essen an Schulen zwischen Anspruch und Wirklichkeit. Weinheim und Basel: Beltz Juventa.
Kalthoff, Herbert (1997): Wohlerzogenheit: eine Ethnographie deutscher Internatsschulen. Frankfurt am Main: Campus.
Kant, Immanuel (1803/1984): Über Pädagogik. Bochum: Ferdinand Kamp.
Key, Ellen (1902): Das Jahrhundert des Kindes. Studien. Berlin: S. Fischer.
Kickbusch, Ilona/Hartung, Susanne (2015): Die Gesundheitsgesellschaft. Konzepte für eine gesundheitsförderliche Politik. Bern: Huber.
Kultusministerkonferenz (KMK) (2013): Verbraucherbildung an Schulen. Beschluss der Kultusministerkonferenz vom 12.09.2013. www.kmk.org/fileadmin/pdf/PresseUndAktuelles/2013/Verbraucherbildung.pdf (Abfrage: 26.06.2020).

Koch, Sandra (2013): Der Kindergarten als Bildungsort – Wie Essen bildet. In: Siebholz, Susanne/Schneider, Edith/Busse, Susann/Sandring, Sabine/Schippling, Anne (Hrsg.): Prozesse sozialer Ungleichheit. Bildung im Diskurs. Wiesbaden: Springer VS, S. 205-215.

Konrad, Franz-Michael (2015): Common Traditions, Split Paths: Early Childhood Education and Care in the Federal Republic of Germany and the German Democratic Republic (1949-1990). In: Willekens, Harry/Scheiwe, Kirsten/Nawrotzki, Kristen (eds): The Development of Early Childhood Education in Europe and North America. Palgrave Macmillan: London, S. 132-149.

Korzcak, Janusz (1919/2005): Wie man ein Kind lieben soll. Göttingen: Vandenhoek & Ruprecht.

Krinninger, Dominik (2016): How to do education while eating. Die Familienmahlzeit als praktisch-pädagogisches Arrangement. In: Täubig, Vicki (Hrsg.): Essen und Bildung. Ein vergessenes Feld erziehungswissenschaftlicher Forschung. Weinheim und Basel: Beltz Juventa, S. 91-108.

Krinninger, Dominik/Müller, Hans-Rüdiger (2012): Die Bildung der Familie. Zwischenergebnisse aus einem ethnographischen Forschungsprojekt. In: Lange, Andreas/Soremski, Regina (Hrsg.): Bildungswelt Familie – Familie als Bildungswelt. In: Themenheft der Zeitschrift für Soziologie der Erziehung und Sozialisation 32, H. 3, S. 233-249.

Kullmann, Kirsten (2009): Pizza oder Suppe? Verhandlungen zum Essen im Jugendhaus. In: Rose, Lotte/Sturzenhecker, Benedikt (Hrsg.): ‚Erst kommt das Fressen…!' Über Essen und Kochen in der Sozialen Arbeit. Wiesbaden: Springer VS, S. 177-189.

Kutscher, Nadia/Schmidt, Friederike (2019): Verteilte Erziehungs- und Sorgeverantwortung im Kontext digitalisierungs- und ernährungsbezogener Wohlfahrtspraktiken. In: Zeitschrift für Soziologie der Erziehung und Sozialisation 39, H. 2, S. 152-167.

Lemke, Harald (2017): Philosophie der allgemeinen Ernährungsbildung. In: Wittkowske, Steffen/Polster, Michael/Klatte, Maria (Hrsg.): Essen und Ernährung. Bad Heilbrunn: Klinkhardt, S. 207-227.

Leonhäuser, Ingrid-Ute/Meier-Gräwe, Uta/Möser, Anke/Köhler, Jaqueline/Zander, Uta (2009): Essalltag in Familien. Ernährungsversorgung zwischen privatem, und öffentlichem Raum. Wiesbaden: Springer VS.

Locke, John (1693/2011): Gedanken über Erziehung. Stuttgart: Reclam.

Makarenko, Anton S. (1948/1963): Der Weg ins Leben. Ein pädagogisches Poem. Berlin: Aufbau.

Methfessel, Barbara (Hrsg.) (1999): Essen lehren – Essen lernen. Beiträge zur Diskussion und Praxis der Ernährungsbildung. Hohengehren: Schneider.

Meyer, Christine (2018): Essen und Soziale Arbeit. Eine Einführung. Wiesbaden: Springer VS.

Mierendorff, Johanna (2013): Normierungsprozesse von Kindheit im Wohlfahrtsstaat. Das Beispiel der Regulierung der Bedingungen der frühen Kindheit. In: Kelle, Helga/Mierendorff, Johanna (Hrsg.): Normierung und Normalisierung der Kindheit. Weinheim und Basel: Beltz Juventa, S. 38-57.

Mierendorff, Johanna/Ostner, Ilona (2014): Kinder im Wohlfahrtsstaat. Leitbilder der aktuellen Sozialpolitik. In: Bühler-Niederberger, Doris/Alberth, Lars/Eisentraut, Steffen (Hrsg.): Kinderschutz. Wie kindzentriert sind Programme, Praktiken, Perspektiven? Weinheim und Basel: Beltz Juventa, S. 200-221.

Mohn, Bina E./Hebenstreit-Müller, Sabine (2007): Zu Tisch in der Kita: Mittagskonzert und Mittagsgesellschaft. Kamera-Ethnographische Studien 2 des Pestalozzi-Fröbel-Hauses Berlin. Göttingen: IVE Institut für Visuelle Ethnographie.

Mohn, Bina E./Althans, Birgit (2014): Mahl_Zeit. Essen im Übergang von KiTa und Schule. Göttingen: IWF Wissen und Medien gGmbH.

Nentwig-Gesemann, Iris/Nicolai, Katharina (2016): Interaktive Abstimmung in Essenssituationen – Videobasierte Dokumentarische Interaktionsanalyse in der Krippe. In: Wadepohl, Heike/Mackowiak, Katja/Fröhlich-Gildhoff, Klaus/Weltzien, Dörte (Hrsg.): Interaktionsgestaltung in Familie und Kindertagesbetreuung. Wiesbaden: Springer VS, S. 53–81.

Oelkers, Nina (2018): Kindeswohl: Aktivierung von Eltern(-verantwortung) in sozialinvestiver Perspektive. In: Jergus, Kerstin/Krüger, Jens Oliver/Roch, Anna (Hrsg.): Elternschaft zwischen Projekt und Projektion. Wiesbaden: Springer VS, S. 103–120.

Ott, Marion/Seehaus, Rhea (2012): „Es ist halt durchs Stillen, dadurch ergibt es sich einfach". Familiale Arbeitsteilungsmuster und Naturalisierungseffekte von Stilldiskursen. In: Moser, Vera/Rendtorff, Barbara (Hrsg.): Riskante Leben? Geschlechterdimensionen reflexiver Modernisierungsprozesse. 8. Jahrbuch für Frauen- und Geschlechterforschung. Opladen: Barbara Budrich, S. 131–140.

Ottovay, Kathrin (2010): I got a brain there! ‚Gesund essen' im Spannungsfeld von Selbstermächtigung und Aktivierungsimperativ. Ein britisches Fallbeispiel. In: Jahrbuch für kritische Medizin und Gesundheitswissenschaften 46, S. 69–95. www.med.uni-magdeburg. de/jkmg/wp-content/uploads/2013/03/JKMG_Band46_Kapitel06_Ottovay.pdf (Abfrage: 30.06.2020).

Ottovay, Kathrin/Schorb, Friedrich (2009): Von der Ernährungskrise zur Ernährungsrevolution – Wenn der Fernsehkoch Jamie Oliver Sozialpolitik macht. In: Rose, Lotte/Sturzenhecker, Benedikt (Hrsg.): ‚Erst kommt das Fressen…!' Über Essen und Kochen in der Sozialen Arbeit. Wiesbaden: Springer VS, S. 249–266.

Pape, Judith (2017): Von Brust zu Brei – Maternalisierung von Ernährungsverantwortung in Beikostkursen. In: Tolasch, Eva/Seehaus, Rhea (Hrsg.): Mutterschaften sichtbar machen. Sozial- und kulturwissenschaftliche Beiträge. Geschlechterforschung für die Praxis, Bd. 4. Opladen/Berlin/Toronto: Barbara Budrich, S. 255–270.

Reitmeier, Simon (2013): Warum wir mögen, was wir essen. Eine Studie zur Sozialisation der Ernährung. Bielefeld: transcript.

Reitmeier, Simon (2014): Ernährungssozialisation in der frühen Kindheit. In: Ernaehrungs Umschau international 61, H. 7, S. 116–122. www.ernaehrungs-umschau.de/fileadmin/Ernaehrungs-Umschau/pdfs/pdf_2014/07_14/EU07_2014_M386_M392.pdf (Abfrage: 30.06. 2020).

Reyer, Jürgen (2006): Einführung in die Geschichte des Kindergartens und der Grundschule. Bad Heilbrunn: Klinkhardt.

Robert Koch-Institut (2015): Gesundheit in Deutschland. Gesundheitsberichterstattung des Bundes. Berlin: RKI.

Rousseau, Jean-Jacques (1762/2010): Émile. Oder über die Erziehung. Köln: Anaconda.

Rose, Lotte (2010): Hauptsache gesund! Zur Medikalisierung des Essens in pädagogischen Einrichtungen. In: Sozial extra 34, S. 50–53.

Rose, Lotte (2020): Das ‚andere' Essen. Eine Exploration zur Verpflegung unbegleiteter minderjähriger Flüchtlinge in Einrichtungen der Jugendhilfe. In: Jahrbuch für Kulinaristik 2020 (i.E.).

Rose, Lotte/Adio-Zimmermann, Nora (2018): Ethnografie des Essens in der Heimerziehung. Annäherungen an ein übersehenes ‚Tagesgeschäft' der stationären Jugendhilfe. In: Aghamiri, Kathrin/Reinecke-Terner, Anja/Streck, Rebeca/Unterkofler, Ursula (Hrsg.): Doing Social Work – Ethnografische Forschung als Theoriebildung. Opladen/Berlin/Toronto: Barbara Budrich, S. 193–216.

Rose, Lotte/Schäfer, Kathrin (2009): Literarisches Tuttifrutti: Erzählungen zum Essen in Klassikern der Sozialpädagogik. In: Rose, Lotte/Sturzenhecker, Benedikt (Hrsg.): ‚Erst kommt das Fressen...!' Über Essen und Kochen in der Sozialen Arbeit. Wiesbaden: Springer VS, S. 21–46.

Rose, Lotte/Schulz, Marc (2007): Gender-Inszenierungen. Jugendliche im pädagogischen Alltag. Königsstein/Taunus: Ulrike Helmer.

Rose, Lotte/Seehaus, Rhea (2017): Was passiert beim Schulessen? Befunde einer ethnografischen Studie. In: Wittkowske, Steffen/Polster, Michael/Klatte, Maria (Hrsg.): Essen und Ernährung. Herausforderungen für Schule und Bildung. Bad Heilbrunn: Klinkhardt, S. 47–59

Rose, Lotte/Seehaus, Rhea (Hrsg.) (2019): Was passiert beim Schulessen? Ethnografische Einblicke in den profanen Verpflegungsalltag von Bildungsinstitutionen. Wiesbaden: Springer VS.

Rose, Lotte/Steinbeck, Stephanie (2015): Die Stillernährung des Säuglings. Ethnografische Notizen zu einer Geschlechterasymmetrie qua Natur. In: Seehaus, Rhea/Rose, Lotte/Günther, Marga (Hrsg.): Vater, Mutter, Kind? Geschlechterpraxen in der Elternschaft. Opladen/Berlin/Toronto: Barbara Budrich, S. 101–122.

Rose, Lotte/Sturzenhecker, Benedikt (Hrsg.) (2009): ‚Erst kommt das Fressen...!' Über Essen und Kochen in der Sozialen Arbeit. Wiesbaden: Springer VS.

Salzmann, Christian Gotthilf (1796): Konrad Kiefer oder Anweisung zu einer vernünftigen Erziehung. Schnepfental: Verlage der Buchhandlung der Erziehungsanstalt.

Schegloff, Emanuel A./Sacks, Harvey (1984): Opening up Closings. In: Baugh, John/Sherzer, Joel (eds.): Language in Use. Readings in Sociolinguistics. Englewood Cliffs: Prentice-Hall, S. 69–99.

Schienkiewitz Anja/Brettschneider, Anna-Kristin/Damerow, Stefan/Rosario, Angelika Schaffrath (2018): Übergewicht und Adipositas im Kindes- und Jugendalter in Deutschland – Querschnittergebnisse aus KiGGS Welle 2 und Trends. In: Journal of Health Monitoring 3, H. 1, S. 16–23. www.edoc.rki.de/bitstream/handle/176904/3031.2/JoHM_01_2018_Adipositas_KiGGS-Welle2.pdf?sequence=7&isAllowed=y (Abfrage: 30.06.2020).

Schienkiewitz Anja/Mensink, Gert B.M./Kuhnert, Ronny/Lange, Cornelia (2017): Übergewicht und Adipositas bei Erwachsenen in Deutschland. In: Journal of Health Monitoring 2, H. 2, S. 21–27. www.edoc.rki.de/bitstream/handle/176904/2655/21AXYyB7Gu0mo.pdf?sequence=1&isAllowed=y (Abfrage: 30.06.2020).

Schmidt, Friederike (2012): Implizite Logiken des pädagogischen Blickes. Eine rekonstruktive Studie über Wahrnehmung im Kontext der Wohnungslosenhilfe. Wiesbaden: Springer VS.

Schmidt, Friederike/Schulz, Marc/Graßhoff, Gunther (2016). Pädagogische Blicke. Erziehungswissenschaftliche Perspektiven auf Wahrnehmung. In: Schmidt, Friederike/Schulz, Marc/Graßhoff, Gunther (Hrsg.): Pädagogische Blicke. Weinheim und Basel: Beltz Juventa, S. 7–23.

Schmidt, Friederike (2018a): „Es verschiebt sich alles viel viel mehr in die Kita und Schule". Perspektiven von Pädagog*innen auf Erziehung und Sorge im Kontext der Nahrungsversorgung. In: Diskurs Kindheits- und Jugendforschung 13, H. 2, S. 211–224.

Schmidt, Friederike (2018b): Fast Food Restaurants. In: Burghardt, Daniel/Zirfas, Jörg (Hrsg.): Pädagogische Heterotopien: Von A bis Z. Weinheim und Basel: Beltz Juventa, S. 82–93.

Schmidt, Friederike (2019). Jugend und Schnellrestaurants. In: Blumenthal, Sara-Friederike/Sting, Stephan/Zirfas, Jörg (Hrsg.): Pädagogische Anthropologie der Jugendlichen. Weinheim und Basel: Beltz Juventa, S. 288–302.

Schmidt, Friederike (2020a, i.E.): Konfigurationen von Ängsten und Unsicherheiten in präventiven Gesundheitsmaßnahmen. In: Fuchs, Thorsten/Meseth, Wolfgang/Thompson,

Christiane/Zirfas, Jörg (Hrsg.): Erziehungswirklichkeiten in Zeiten von Angst und Verunsicherung. Weinheim und Basel: Beltz Juventa.

Schmidt, Friederike (2020b): Verhindern und Normieren. Über präventive Bemühungen der Optimierung der Ernährung von Kindern. In: Zeitschrift für Pädagogik 66, H. 1, S. 47–54.

Schmidt, Friederike (2020c): In Sorge ums Kind. Transformationen der Sorge am Beispiel von Ernährungspräventionen. In: Dietrich, Cornelie/Uhlendorf, Niels/Beiler, Frank/Sanders, Olaf (Hrsg.): Anthropologien der Sorge im Pädagogischen. Weinheim und Basel: Beltz Juventa, S. 202–212.

Schmitz, Lisa (2018): Dicke Mutter, dickes Kind? In: Deutsche Hebammenzeitschrift 70, H. 7, S. 11–14.

Schockemöhle, Johanna/Stein, Margit (Hrsg.) (2015): Nachhaltige Ernährung lernen in verschiedenen Ernährungssituationen. Handlungsmöglichkeiten in pädagogischen und sozialpädagogischen Einrichtungen. Bad Heilbrunn: Klinkhardt.

Schorb, Friedrich (2015): Die Adipositas-Epidemie als politisches Problem. Gesellschaftliche Wahrnehmung und staatliche Intervention. Wiesbaden: Springer VS.

Schulz, Marc (2015): ‚Sinnliche Ethnografie' als Fiktion und ‚Augen-Ethnografie' als Praxis. Anmerkungen zum ethnografischen Wahrnehmen und Erkennen als epistemologisches Problem. In: Zeitschrift für Qualitative Forschung 16, H. 1, S. 43–55.

Schulz, Marc (2016a): Die Inszenierungs- und Aufführungsformate von Mahlzeiten im Kindergartenalltag. In: Althans, Birgit/Bilstein, Johannes (Hrsg.) (2016): Essen – Bildung – Konsum. Pädagogisch-anthropologische Perspektiven. Wiesbaden: Springer VS, S. 29–47.

Schulz, Marc (2016b): Essen im Kindergarten. In: Täubig, Vicki (Hrsg.): Essen im Erziehungs- und Bildungsalltag. Ein vergessenes Feld erziehungswissenschaftlicher Forschung. Weinheim und Basel: Beltz Juventa, S. 132–150.

Schulz, Marc (2019): Institutionelle Verpflegungssituationen als Orte kindlicher ‚Bildungsarbeit'. Ein vergleichender Blick auf Kindergarten und Schule. In: Rose, Lotte/Seehaus, Rhea (Hrsg.): Was passiert beim Schulessen? Ethnografische Einblicke in den profanen Verpflegungsalltag von Bildungsinstitutionen. Wiesbaden: Springer VS, S. 265–284.

Schütz, Anna (2015): Schulkultur und Tischgemeinschaft. Eine Studie zur sozialen Situation des Mittagessens an Ganztagsschulen. Wiesbaden: Springer VS.

Seehaus, Rhea (2014): Erziehung und Bildung am Mittagstisch. Eine Untersuchung normativer Ansprüche und praktischer Vollzüge des Schulessens. In: Soziale Passagen 6, H. 1, 125–140.

Seehaus, Rhea/Gillenberg, Tina (2014): Nahrungsgaben als Bildungsgaben. Eine diskursanalytische Untersuchung zum Schulessen. In: Althans, Birgit/Schmidt, Friederike/Wulf, Christoph (Hrsg.): Nahrung als Bildung. Weinheim und Basel: Beltz Juventa, S. 205–217.

Seehaus, Rhea/Gillenberg, Tina (2016): Gesundes Schulessen – zwischen Diskurs und täglicher Praxis. In: Täubig, Vicki (Hrsg.): Essen im Erziehungs- und Bildungsalltag. Weinheim und Basel: Beltz Juventa, S. 151–168.

Seehaus, Rhea/Gillenberg, Tina (2019): Schulessen zwischen Gesundheitsanliegen und Praxisalltag. In: Rose, Lotte/Seehaus, Rhea (Hrsg.): Was passiert beim Schulessen? Ethnografische Einblicke in den profanen Verpflegungsalltag von Bildungsinstitutionen. Wiesbaden: Springer VS, S. 229–264.

Seehaus, Rhea/Tolasch, Eva (2017): Vom Eltern-Projekt zum Mutter-Projekt. Über Fürsorge-Verantwortlichkeiten in der Stillberatung. In: Tolasch, Eva/Seehaus, Rhea (Hrsg.): Mutterschaften sichtbar machen. Sozial- und kulturwissenschaftliche Beiträge. Opladen/Berlin/Toronto: Barbara Budrich, S. 227–239.

Seichter, Sabine (2012): Erziehung und Ernährung. Ein anderer Blick auf Kindheit. Weinheim und Basel: Beltz Juventa.

Seichter, Sabine (2014): Erziehung an der Mutterbrust. Eine kritische Kulturgeschichte des Stillens. Weinheim und Basel: Beltz Juventa.

Seichter, Sabine (2016): Die Geburt der Erziehung aus dem Geiste der Ernährung. In: Althans, Birgit/Bilstein, Johannes (Hrsg.): Essen – Bildung – Konsum. Pädagogisch-anthropologische Perspektiven. Wiesbaden: Springer VS, S. 113–125.

Smolka, Adelheid/Rupp, Marina (2007): Die Familie als Ort der Vermittlung von Alltags- und Daseinskompetenzen. In: Harring, Marius/Rohlfs, Carsten/Palentien, Christian (Hrsg.): Perspektiven der Bildung. Kinder und Jugendliche in formellen, nicht-formellen und informellen Bildungsprozessen. Wiesbaden: Springer VS, S. 219–236.

Statistisches Bundesamt (2019): Statistiken der Kinder- und Jugendhilfe. Kinder und tätige Personen in Tageseinrichtungen und in öffentlich geförderter Kindertagespflege am 01. 03. 2019. www.destatis.de/DE/Themen/Gesellschaft-Umwelt/Soziales/Kindertagesbetreuung/Publikationen/Downloads-Kindertagesbetreuung/tageseinrichtungen-kindertagespflege-5225402197004.pdf?__blob=publicationFile (Abfrage: 30. 06. 2020).

Steinberg, Antje (2011): Scheitert die Ernährungskommunikation? Qualitative Inhaltsanalyse von Printratgebern. Wiesbaden: Springer VS.

TANDEM (2007): Eltern-Mitmach-Aktion: Wir wollen uns gesund ernähren. Methodenheft zur Eltern- und Familienbildung. Freiburg: Herder.

Täubig, Vicki (Hrsg.) (2016a): Essen im Erziehungs- und Bildungsalltag. Weinheim und Basel: Beltz Juventa.

Täubig, Vicki (2016b): Essen im Erziehungs- und Bildungsalltag erforschen. In: Täubig, Vicki (Hrsg.): Essen im Erziehungs- und Bildungsalltag. Weinheim und Basel: Beltz Juventa, S. 212–232.

Tull, Marc (2019): Essen in Kindertageseinrichtungen und Grundschulen. Eine ethnographische Studie zur Inszenierung von Frühstücken und Mittagessen. Wiesbaden: Springer VS.

Viehöver, Willy/Wehling, Peter (Hrsg.) (2011): Entgrenzung der Medizin. Von der Heilkunst zur Verbesserung des Menschen? Bielefeld: transcript.

Villa, Paula-Irene (2003): Judith Butler. Frankfurt am Main: Campus.

von Ammon, Friedrich A. (1827/2012): Die ersten Mutterpflichten und die erste Kindespflege. Bremen: Unikum.

Westphal, Manuela/Motzek-Öz, Sina/Otyakmaz, Berrin Öslem (2017): Elternschaft unter Beobachtung, Herausforderungen für Mütter und Väter mit Migrationshintergrund. In: Zeitschrift für Soziologie der Erziehung und Sozialisation 37, H. 2, S. 142–158. www.academia.edu/36088731/Elternschaft_unter_Beobachtung_Herausforderungen_f%C3%BCr_M%C3%BCtter_und_V%C3%A4ter_mit_Migrationshintergrund (Abfrage: 30. 06. 2020).

Wrana, Daniel (2012): Diesseits von Diskursen und Praktiken. Methodologische Bemerkungen zu einem Verhältnis. In: Friebertshäuser, Barbara/Kelle, Helga/Boller, Heike/Bollig, Sabine/Huf, Christina/Langer, Antje/Ott, Marion/Richter, Sophia (Hrsg.): Feld und Theorie. Herausforderungen erziehungswissenschaftlicher Ethnographie. Opladen/Berlin/Toronto: Barbara Budrich, S. 185–200.

Die Autorinnen und Autoren

Michael Behnisch, Dr., Professor für Methoden und Konzepte der Sozialen Arbeit an der Frankfurt University of Applied Sciences, Frankfurt am Main. Arbeitsschwerpunkte: Handlungsfelder der Kinder- und Jugendhilfe, insbesondere Hilfen zur Erziehung, Methoden Sozialer Arbeit, sozialpädagogisches Fallverstehen.
Mail: behnisch@fb4.fra-uas.de

Mara Beitelstein, B. A. Erziehungswissenschaften der Universität Erfurt.

Katja Flämig, Dr. phil., Fachgruppenleitung Abteilung Kinder und Kinderbetreuung am Deutschen Jugendinstitut e.V. München. Arbeitsschwerpunkte: Erziehungswissenschaftliche Kindheitsforschung zur frühen Bildung, Pädagogik der frühen Kindheit, qualitative Sozialforschung.
Mail: katja.flaemig@paedagogik.uni-halle.de

Burkhard Fuhs, Prof. Dr. Dr. habil., Professur für Lernen und Neue Medien, Schule und Kindheitsforschung an der Universität Erfurt. Erziehungs- und Kulturwissenschaftler. Arbeitsschwerpunkte: Kindheits- und Familienforschung, Kindermedien, Qualitative Methoden, Kultureller Wandel, Alltag und Biografie.
Mail: burkhard.fuhs@uni-erfurt.de

Katharina Gosse, Dr., Vertr.-Professorin für Theorien, Geschichte und Ethik der Sozialen Arbeit an der Hochschule RheinMain, Wiesbaden. Arbeitsschwerpunkte: Kinder- und Jugendarbeit, Jugendhilfe und (Ganztags-)Schule und qualitative Sozialforschung (insb. Ethnografie). Mitglied im wissenschaftlichen Netzwerk essenspaed.de.
Mail: katharina.gosse@hs-rm.de

Theresia Haack, M. A. Sonder- und Integrationspädagogik der Universität Erfurt.

Angela Häußler, Dr., Professorin für Alltagskultur und ihre Didaktik im Fach Alltagskultur und Gesundheit an der Pädagogischen Hochschule Heidelberg, Oecotrophologin. Arbeitsschwerpunkte: Ernährungs- und Verbraucherbildung, Alltägliche Lebensführung/Care-Arbeit, Genderforschung, Nachhaltiger Konsum.
Mail: a.haeussler@ph-heidelberg.de

Anja Herrmann, Dr. phil., wissenschaftliche Mitarbeiterin am Institut für Kunst und visuelle Kultur der Carl von Ossietzky Universität Oldenburg. Arbeitsschwerpunkte: Kunst- und Medienwissenschaft, kulturwissenschaftliche Gender und Fat Studies. Mitglied im DFG-Nachwuchsforscher*innennetzwerk „Fat Studies. Doing, Becoming, and Being Fat" und Redakteurin bei FKW// Zeitschrift für Geschlechterforschung und visuelle Kultur, www.fkw-journal.de.
Mail: anjaherrmann@posteo.de

Catherina Jansen, Dr. oec. troph., Wissenschaftliche Mitarbeiterin im Zentrum für Ernährung, Lebensmittel und nachhaltige Versorgungssysteme an der Hochschule Fulda. Arbeitsschwerpunkte: Sozialwissenschaftliche Ernährungsforschung, insbesondere im Kontext der institutionellen Ernährungsversorgung und der Alltagsversorgung im privaten Raum.
Mail: catherina.jansen@oe.hs-fulda.de

Yesim Karabel, B. A. Pädagogik der Kindheit und Familienbildung der TH Köln.

Jochen Lange, Dr., Juniorprofessor für Erziehungswissenschaft mit Schwerpunkt Mediendidaktik und Unterrichtsforschung an der Pädagogischen Hochschule Freiburg. Arbeitsschwerpunkte: Qualitative Forschung (insb. Ethnografie) zur Materialität und Medialität von Bildungsprozessen, der Sachunterrichtsdidaktik, Schulkultur und Lernbeobachtung sowie zu der sozialwissenschaftlichen Kindheitsforschung.
Homepage: www.jochen-lange.de. Mail: jochen.lange@ph-freiburg.de

Maja S. Maier, PD Dr. phil., Akademische Mitarbeiterin im Institut für Erziehungswissenschaft an der Pädagogischen Hochschule Heidelberg. Arbeitsschwerpunkte: Qualitative Schul- und Bildungsforschung, Pädagogische Professionalität und Professionalisierung, Methodologien und Methoden qualitativer Forschung, Kindheits- und Jugendforschung, Geschlechter- und Familienforschung.
Mail: maja.s.maier@ph-heidelberg.de

Juliane Noack Napoles, Dr.'in phil., Professorin für Erziehungswissenschaft für die Soziale Arbeit an der Brandenburgischen Technischen Universität (BTU). Arbeitsschwerpunkte: Pädagogische Dimensionen von Identität, Vulnerabilitätsforschung, eudaimogenetische Zugänge zur Pädagogik und Sozialen Arbeit.
Mail: noacknap@b-tu.de

Judith Pape, M. A., Doktorandin am Promotionszentrum Soziale Arbeit, Arbeitsschwerpunkte: Genderforschung, Kindheits-, Elternschafts- und Familienforschung, qualitative Forschungsmethoden (insb. Ethnografie).
Mail: judithpapeperez@gmail.com

Deniz Penzkofer, M. A. Erziehungswissenschaft mit dem Schwerpunkt Sozialpädagogik der PH Freiburg.

Kristina Pfoh, B. A. Pädagogik der Kindheit und Familienbildung der TH Köln.

Jana Romahn, B. A. Pädagogik der Kindheit und Familienbildung der TH Köln.

Lotte Rose, Dr., Professorin an der Frankfurt University of Applied Sciences, Fachbereich Soziale Arbeit und Gesundheit. Arbeitsschwerpunkte: Gender Studies, Elternschaftsforschung, Human Animal Studies, Fat Studies, Ethnografie. Leitung des Gender- und Frauenforschungszentrums der Hessischen Hochschulen (gFFZ), Mitgründerin des wissenschaftlichen Netzwerks essenspaed.de.
Mail: rose@fb4.fra-uas.de

Ulf Sauerbrey, PD Dr. phil. habil., assoziiert am Institut für Allgemeinmedizin, Universitätsklinikum Jena und Akademischer Rat a. Z. am Fachgebiet Grundschulpädagogik und Kindheitsforschung der Universität Erfurt. Arbeitsschwerpunkte: Medialisierte Beratung/Ratgeberforschung, Kindheitspädagogik, Theorien der Erziehung und Bildung, qualitative Sozialforschung.
Mail: ulf.sauerbrey@uni-erfurt.de

Claudia Schick, B. A., wissenschaftliche Hilfskraft am Universitätsklinikum Jena und an der Universität Erfurt. Arbeitsschwerpunkte: Ratgeberforschung, Theorien des Kinderspiels, qualitative Sozialforschung.

Friederike Schmidt, Dr., wissenschaftliche Mitarbeiterin an der AG 1 Allgemeine Erziehungswissenschaft der Universität Bielefeld. Arbeitsschwerpunkte: Theorie und Geschichte von Erziehung und Bildung, historisch-pädagogische Anthropologie, Kindheitsforschung, Rekonstruktive Sozialforschung. Mitgründerin des wissenschaftlichen Netzwerks essenspaed.de.
Mail: friederike.schmidt@uni-bielefeld.de

Katja Schneider, Dr., Professorin für Ernährung, Gesundheit und ihre Didaktik, Fach Alltagskultur und Gesundheit an der Pädagogischen Hochschule Heidelberg, Oecotrophologin. Arbeitsschwerpunkte: Ernährungs- und Verbraucherbildung, Ernährungsökologie/Nachhaltigkeit und Ernährung, Essen in der Schule, Schule und Gesundheit.
Mail: k.schneider@ph-heidelberg.de

Friedrich Schorb, Dr., Wissenschaftlicher Mitarbeiter am Institut für Public Health und Pflegeforschung IPP. Arbeitsschwerpunkte: Soziale Ungleichheit und Gesundheit, Soziologie der Gesundheit, Gewichtsdiskriminierung und Fat

Studies. Initiator des wissenschaftlichen DFG-Netzwerks „Fat Studies: Doing, Becoming and Being Fat".
Mail: schorb@uni-bremen.de

Marc Schulz, Dr., Professor für Kindheits- und Familiensoziologie an der TH Köln. Arbeitsschwerpunkte: Kindheits-, Familien- und Jugendforschung, Bildungs- und Institutionenforschung (Kinder- und Jugendhilfe) und Qualitative Sozialforschung (insb. Ethnografie). Mitgründer des wissenschaftlichen Netzwerks essenspaed.de und Mitglied des Ernährungsbeirats Köln und Umgebung.
Mail: marc.schulz@th-koeln.de

Sven Schulz, Dr. med., ärztlicher Mitarbeiter am Institut für Allgemeinmedizin des Universitätsklinikums Jena. Arbeitsschwerpunkte: Ärztegesundheit, Depression, Ratgeberforschung, Lehre.

Linda Thiele, B. A. Pädagogik der Kindheit und Familienbildung der TH Köln.

Eva Tolasch, Dr., Wissenschaftliche Mitarbeiterin am Arbeitsbereich Qualitative Methoden und Mikrosoziologie des Instituts für Soziologie an der FSU Jena. Arbeitsschwerpunkte: Qualitative Ansätze (insb. diskursanalytische Aktenuntersuchung und Ethnografie), Eltern- bzw. insb. Mutterschaftsforschung, kritische Gesundheitsforschung (Körpergewicht und Säuglingsnahrung), Geschlechter- und Körpersoziologie sowie soziale Ungleichheit.
Mail: eva.tolasch@uni-jena.de

Marc Tull, Dr., Wissenschaftlicher Mitarbeiter der Abteilungen Sozialpädagogik I & III der Universität Trier. Arbeitsschwerpunkte: Differenzkonstruktion und -bearbeitung, Diskriminierung, Professionskultur Sozialer Arbeit, Qualitative Sozialforschung, Mitglied des Netzwerks essenspead.de.
Mail: tull@uni-trier.de

Andrea Vosen, B. A. Pädagogik der Kindheit und Familienbildung der TH Köln.

Sonja Wobig, B. A., wissenschaftliche Hilfskraft am Universitätsklinikum Jena. Arbeitsschwerpunkte: Ratgeberforschung, Lernberatung, Qualitative Sozialforschung.

Sabine Seichter
Erziehung und Ernährung
Ein anderer Blick auf Kindheit
Mit einem Vorwort von Micha Brumlik
3. Aufl. 2020, 292 Seiten, broschiert
ISBN: 978-3-7799-6174-1
Auch als E-BOOK erhältlich

In dieser kulturwissenschaftlichen Studie erklärt die Autorin das Denken über Erziehung über die Praxis der Ernährung. Dabei greift sie eine uralte, aber im Zuge der Verwissenschaftlichung vergessene Frage auf und setzt die pädagogische Theorie und die reale Alltagswirklichkeit von Erziehung und Ernährung in einem großen geschichtlich-empirischen Bogen in einen verblüffenden Zusammenhang.

www.beltz.de
Beltz Juventa · Werderstraße 10 · 69469 Weinheim

Lotte Rose | Friedrich Schorb (Hrsg.)
Fat Studies in Deutschland
Hohes Körpergewicht zwischen
Diskriminierung und Anerkennung
2017, 248 Seiten, broschiert
ISBN: 978-3-7799-3464-6
Auch als E-BOOK erhältlich

Inspiriert durch die Entwicklung der Fat Studies in englischsprachigen Ländern versammelt der vorliegende Band Beiträge aus Deutschland, die sich aus unterschiedlichen disziplinären, professionellen und praktischen Perspektiven kritisch mit der Stigmatisierung von dicken Körpern und dicken Menschen auseinandersetzen. Der Band bietet einen umfangreichen Datenfundus zu den Lebenswelten von Menschen mit hohem Körpergewicht. Thematisiert werden rechtliche Fragen des Diskriminierungsschutzes, die Darstellung von Dickleibigkeit in den medialen Öffentlichkeiten und der Umgang mit hochgewichtigen Menschen in den helfenden Berufen des Gesundheits- und Sozialwesens. Zudem werden Strategien einer anti-diskriminierenden Körperpolitik und -praxis in Kunst, Kultur, sozialer Bewegung und Wissenschaft vorgestellt.

www.beltz.de
Beltz Juventa · Werderstraße 10 · 69469 Weinheim